Gweld Sêr

Y MEDDWL A'R DYCHYMYG CYMREIG

Golygydd Cyffredinol
John Rowlands

Mae teitl y gyfres hon o astudiaethau beirniadol ar lenyddiaeth yn fwriadol eang ac annelwig, oherwydd gobeithir cynnwys ynddi ymdriniaethau amrywiol iawn â lluosogedd o bynciau a themâu. Bu tuedd hyd yn hyn i ysgolheigion a beirniaid ysgrifennu hanes llenyddiaeth, ac fe fydd sefydliadau megis y Ganolfan Uwchefrydiau Cymreig a Cheltaidd a'r Academi Gymreig yn sicrhau bod y gweithgareddau sylfaenol hynny yn parhau. Ond daeth yn bryd hefyd inni drafod a dehongli'r themâu sy'n ymwau trwy'n llenyddiaeth, ac edrych yn fanylach ar y meddwl a'r dychymyg Cymreig ar waith. Wrth gwrs fe wnaed rhywfaint o hynny'n barod gan feirniaid mor wahanol â Saunders Lewis, Bobi Jones a Hywel Teifi Edwards, ond mae yna agweddau lu ar ein dychymyg llenyddol sydd naill ai heb eu cyffwrdd neu'n aeddfed i gael eu trafod o'r newydd.

Y gyfrol hon yw'r nawfed gyfrol yn y gyfres, yn dilyn *DiFfinio Dwy Lenyddiaeth Cymru* (gol. M. Wynn Thomas, 1995), *Tir Neb* (Gerwyn Wiliams, 1996) a ddyfarnwyd yn Llyfr y Flwyddyn gan Gyngor Celfyddydau Cymru a *Cerddi Alltudiaeth* (Paul Birt, 1997), *Yr Arwrgerdd Gymraeg* (E. G. Millward, 1998), *Pur fel y Dur* (Jane Aaron, 1998) a enillodd wobr goffa Ellis Griffith, *Sefyll yn y Bwlch* (Grahame Davies, 1999), *Y Sêr yn eu Graddau* (gol. John Rowlands, 2000) a *Soffestri'r Saeson* (Jerry Hunter, 2000) a oedd ar restr fer Llyfr y Flwyddyn Cyngor Celfyddydau Cymru. Yn y gyfrol bresennol y mae'r golygydd, M. Wynn Thomas, wedi casglu ynghyd erthyglau yn ymwneud mewn amrywiol ffyrdd â'r cysylltiad rhwng Cymru ac America. Er mai llenyddol yw'r gogwydd yn bennaf, trafodir hefyd bynciau fel pensaernïaeth, ffotograffiaeth, y felan a'r canu poblogaidd. Y mae yma erthyglau ysgolheigaidd ynghyd ag ysgrifau personol gan feirdd a llenorion Cymraeg sy'n cydnabod mai canrif America oedd yr ugeinfed ganrif.

Bydd cyfrolau pellach yn y gyfres yn ymdrin â phynciau megis yr awdur a'r darllenydd ar ddiwedd yr ugeinfed ganrif, y ddelwedd o Gymru yn y nofel Gymraeg ddiweddar, merched yn llenyddiaeth yr Oesoedd Canol, agweddau ar feirniadaeth a theori lenyddol yng Nghymru'r ugeinfed ganrif, a'r dychymyg hoyw mewn llenyddiaeth Gymraeg.

Y MEDDWL A'R DYCHYMYG CYMREIG

Gweld Sêr

Cymru a Chanrif America

Golygwyd gan

M. Wynn Thomas

GWASG PRIFYSGOL CYMRU
CAERDYDD
2001

Manylion Catalogio Cyhoeddi (CIP) y Llyfrgell Brydeinig

Mae cofnod catalogio'r gyfrol hon ar gael gan y Llyfrgell Brydeinig

ISBN 0-7083-1703-0

Cyhoeddwyd gyda chymorth ariannol Cyngor Celfyddydau Cymru

Llun y clawr: *Chieftain*, lithograff gan Hanlyn Davies, 1978. Atgynhyrchwyd drwy ganiatâd caredig yr artist.

Cysodwyd yng Ngwasg Prifysgol Cymru, Caerdydd
Argraffwyd yng Nghymru gan Wasg Dinefwr, Llandybïe

Er cof am
Brinley Rees
(1916–2001)

Cynnwys

Rhestr o Luniau

Cyfranwyr

JOHN BARNIE: brodor o'r Fenni sydd wedi cyhoeddi 12 casgliad o farddoniaeth, ffuglen ac ysgrifau, gan gynnwys *Y Felan a Finnau* (Gwasg Prifysgol Cymru, 1992) a *The Wine Bird* (Gomer, 1998), cyfrol sy'n cyfosod trigolion Friars Point, Coahoma County â'r Fenni. Ef yw golygydd y cylchgrawn *Planet* ac mae hefyd yn chwarae gitâr yn y grŵp *The Salubrious Rhythm Co.*

SIMON BROOKS: golygydd presennol *Barn* a chyn-olygydd y cylchgrawn blaengar *Tu Chwith*. Bu am gyfnod yn ddarlithydd yn Adran y Gymraeg, Prifysgol Cymru, Caerdydd. Cyhoeddwyd nifer o erthyglau ganddo yn ymwneud â'r hyn sy'n nodweddu diwylliant yng Nghymru, ac ar hyn o bryd mae'n gorffen cyfrol am feirniadaeth a theori lenyddol yng Nghymru'r ugeinfed ganrif.

MENNA ELFYN: bardd a dramodydd sydd wedi ennill gwobrau am ei gwaith. Mae'n awdur saith cyfrol o gerddi a'r diweddaraf yn eu plith yw *Cusan Dyn Dall/Blind Man's Kiss* (Bloodaxe, 2001). Ers y daith gyntaf honno a ddisgrifir yn ei hysgrif, mae wedi bod yn ymwelydd cyson â'r Unol Daleithiau, gan weithio fel libretydd, bardd preswyl a thiwtor ysgrifennu creadigol.

JERRY HUNTER: mae Jerry Hunter yn frodor o Cincinnati, Ohio, UDA, a bu'n darlithio mewn Astudiaethau Celtaidd ym Mhrifysgol Harvard cyn ymuno ag Adran y Gymraeg, Prifysgol Cymru, Caerdydd yn 1995, lle y mae'n uwch-ddarlithydd. Mae wedi cyhoeddi mewn nifer o feysydd, gan gynnwys barddoniaeth Gymraeg yr Oesoedd Canol, cyfnod y Dadeni, llenyddiaeth Gymraeg fodern a theori lenyddol. Ymddangosodd ei lyfr cyntaf, *Soffestri'r Saeson: Hanesyddiaeth a Hunaniaeth yn Oes y Tuduriaid*, yn y gyfres hon yn 2000.

GWYNETH LEWIS: cyhoeddwyd pum cyfrol o gerddi ganddi, yn y Gymraeg ac yn y Saesneg, gan gynnwys *Sonedau Redsa* (Gomer, 1990), *Parables and Faxes* (Bloodaxe, 1995), *Cyfrif Un ac Un yn Dri* (Barddas, 1996) a *Zero Gravity* (Bloodaxe, 1998). Enillodd ei chyfrol ddiweddaraf, *Y Llofrudd Iaith* (Barddas, 1999), wobr Llyfr y Flwyddyn, Cyngor Celfyddydau Cymru.

IWAN LLWYD: bardd a newyddiadurwr o Dalybont, Bangor, a enillodd goron Eisteddfod Genedlaethol Cwm Rhymni 1990 am ei gasgliad 'Gwreichion'. Mae wedi cyhoeddi sawl cyfrol o farddoniaeth, ac wedi ysgrifennu ar gyfer y teledu a'r theatr. Enillodd ei gyfrol *Dan Ddylanwad* wobr Llyfr y Flwyddyn, Cyngor Celfyddydau Cymru, yn 1997. Ei gyfrol ddiweddaraf yw *Owain Glyndŵr*, a ysgrifennwyd ar y cyd gyda Gillian Clarke, ac yn ddiweddar cyhoeddodd Gwasg Carreg Gwalch gyfrol ganddo ef a Twm Morys yn seiliedig ar eu cyfres deledu *Eldorado*.

MIHANGEL MORGAN: awdur dros hanner cant o storïau byrion, nofelydd, bardd, *film buff* anwybodus, hwntw. Mae'n hoff o erddi a cherddi a chŵn. Cyhoeddwyd cyfrol am Jane Edwards ganddo yng nghyfres Llên y Llenor (Gwasg Pantycelyn, 1996), ac yn 1993 enillodd Fedal Ryddiaith yr Eisteddfod Genedlaethol am ei nofel *Dirgel Ddyn*.

J. GERAINT ROBERTS: pensaer siartredig o Axton, Sir y Fflint. Tra'n fyfyriwr yng ngholeg Girton, Caergrawnt, bu'n ymchwilio i wreiddiau teulu Frank Lloyd Wright yng Nghymru, ar ochr ei fam, a hefyd yn dadansoddi cynlluniau ac ysgrifau y pensaer mawr hwnnw. Ar hyn o bryd mae'n astudio rhai agweddau ar adeiladau gwerinol gogledd Cymru.

C. W. SULLIVAN III; Athro Saesneg o fri ym Mhrifysgol Dwyrain Carolina, awdur cyfrolau ac ysgrifau am lên gwerin, chwedloniaeth a gwyddonias. Ef yw awdur *Welsh Celtic Myth in Modern Fantasy* (1989) a golygydd *The Mabinogi: a Book of Essays* (1996), ynghyd ag wyth cyfrol arall. Mae'n aelod cyflawn o'r *Academi Gymreig*.

GWYN THOMAS: un o feirdd mwyaf adnabyddus Cymru, ac awdur nifer fawr o astudiaethau ysgolheigaidd, gan gynnwys *Y Bardd Cwsg a'i Gefndir* (Gwasg Prifysgol Cymru, 1971), *Y Traddodiad Barddol* (Gwasg Prifysgol Cymru, 1976) a *Duwiau'r Celtiaid* (Gwasg Carreg Gwalch, 1992). Cyhoeddir ei gyfieithiadau Saesneg o gerddi Dafydd ap Gwilym gan Wasg Prifysgol Cymru yn 2001. Athro Emeritws y Gymraeg ydyw ym Mhrifysgol Cymru, Bangor.

M. WYNN THOMAS: cyhoeddwyd pedair cyfrol ar ddeg ganddo, yn y Gymraeg a'r Saesneg, yn ymwneud â dwy lenyddiaeth Cymru a llên y Taleithiau Unedig. Mae'n Athro yn Adran y Saesneg, Prifysgol Cymru, Abertawe, ac yn Gyfarwyddwr y Ganolfan Ymchwil i Lên ac Iaith Saesneg Cymru. Fe'i gwnaed yn Gymrawd yr Academi Brydeinig yn 1995.

DANIEL WILLIAMS: mae Daniel Williams yn ddarlithydd yn Adran y Saesneg, Prifysgol Cymru, Abertawe. Ef yw Is-gyfarwyddwr y Ganolfan Ymchwil i Lên ac Iaith Saesneg Cymru. Mae'n ymchwilio i'r berthynas rhwng cenedligrwydd a llenyddiaeth, ac ymysg ei gyhoeddiadau mae erthyglau ar Gymreictod Raymond Williams, ac ar y cysylltiadau rhwng awduron y gwledydd Celtaidd yn y 1890au.

Rhagair

Haerwch mai canrif America oedd yr ugeinfed ganrif ac fe dynnwch nyth cacwn am eich pen ar unwaith, wrth i rai amau hynny, eraill ddathlu hynny a'r gweddill iregi grym gormesol y byd 'Eingl-Americanaidd'. Ac ar ben hyn oll clywir ambell un yn protestio (yn ddigon teg) nad yw 'America' gyfystyr â'r Unol Daleithiau, ac na ddylid diystyru Canada, America Ladin ac Ynysoedd y Caribî. Serch hynny, mentrais lunio cyfrol am gydberthynas Cymru â'r Unol Daleithiau yng nghanrif America, gan fabwysiadu'r hen arfer llygredig, cyfleus o gyfystyru'r Taleithiau Unedig ag America gyfan.

Hyd y gwelaf i, mae modd rhannu awduron Cymru'r ugeinfed ganrif yn ddwy garfan, sef y rheini sy'n arddel perthynas ag America, a'r rheini sy'n bleidiol i Ewrop. Mae angen llyfr am yr ail garfan, yn sicr, llyfr a fyddai'n astudio'r gwahanol syniadau am Ewrop a arddelid gan awduron o genhedlaeth Ambrose Bebb, Saunders Lewis ac R. T. Jenkins hyd at ysgrifenwyr ifainc ein cyfnod ni (ynghyd ag awduron cyfoes hŷn, wrth gwrs, megis Emyr Humphreys a Ned Thomas). Ond llyfr am y rhai sy'n perthyn i'r garfan gyntaf yw'r llyfr hwn, a hwyrach ei bod yn briodol mai hwy sy'n cael y sylw cyntaf oherwydd ni chraffwyd yn fanwl ar weledigaethau'r Cymry 'Americagarol' hyn o'r blaen. Llyfr am apêl America yw hwn yn bennaf felly, a chanolbwyntir ar y modd y gall diddordeb byw yn yr Unol Daleithiau gyffroi'r dychymyg a chydberthnasu â chonsýrn am Gymru. Ond nid anghofir y ddrwgdybiaeth y mae America wedi ei hennyn ym meddyliau rhai, a sonnir hefyd am y defnydd a wnaed o chwedlau Cymru gan rai o nofelwyr y Taleithiau ac am y gweddau Cymreig ar yr adeiladau enwog a gynlluniwyd gan yr Americanwr athrylithgar hwnnw o dras Gymreig, Frank Lloyd Wright. Ac yng nghyswllt y celfyddydau cain, mae'n werth nodi mai llun gan Hanlyn Davies, Cymro sydd bellach wedi ymgartrefu yn yr Unol Daleithiau ond a oedd yn un o'm cyfeillion bore oes, sydd i'w weld ar glawr y gyfrol hon.

Carwn ddiolch yn gynnes iawn i Ned Thomas, cyn-gyfarwyddwr Gwasg Prifysgol Cymru, am fy nghynorthwyo i batrymu cynnwys y gyfrol hon, ac mae arnaf ddyled, yn ogystal, i nifer o swyddogion presennol y Wasg am oruchwylio'r gwaith o gynhyrchu'r llyfr. Hoffwn gydnabod yn fwyaf arbennig gyfraniad Llion Pryderi Roberts, a fu wrthi'n hynod ddiwyd yn casglu lluniau priodol ynghyd â golygu'r testun yn gariadus o fanwl. Ymfalchiaf, hefyd, yn y ffaith fod y gyfrol hon yn rhan o'r gyfres ardderchog a olygir gan John Rowlands, a diolchaf iddo'n gynnes am ei bugeilio'n ddiogel i'r gorlan arbennig honno.

M. WYNN THOMAS

1

America: Cân Fy Hunan

M. WYNN THOMAS

> Rwy'n fy nathlu i fy hun,
> A'r hyn a gymeraf arnaf a gymeri dithau arnat,
> Oherwydd y mae pob gronyn sy'n perthyn i fi yn eiddo
>   lawn cymaint i tithau.[1]

Glaniodd yr awyren ym maes awyr Logan yn hwyr yn y prynhawn. Felly, erbyn i fi gael gafael mewn tacsi i'm cludo i ganol dinas Boston roedd hi'n awr frig. Mae gan yrwyr Boston yr enw o fod ymhlith y gwylltaf o holl yrwyr y Taleithiau, a gwyddwn yn dda, o'm profiadau blaenorol o ymweld â'r lle, nad celwydd mo'r farn gyffredinol honno amdanynt. Felly roedd bod yn eu canol ar adeg mor brysur yn dipyn o fenter. I gyrraedd y ddinas o'r maes awyr, mae'n rhaid mynd trwy dwnel ac yna dod i'r man lle mae nifer o ffyrdd prysuraf Boston yn torri ar draws ei gilydd. Nid yw'r gyffordd honno'n un rwydd i'w thramwyo ar y gorau; ond am bump o'r gloch y prynhawn, mae dynesu ati mewn car yn gallu codi arswyd ar ddyn. Teimlo'r tyndra yn cynyddu, fel y bydd wrth inni wylio Gary Cooper yn disgwyl i'r trên gyrraedd yn *High Noon*.

A'r prynhawn arbennig hwnnw yn fy hanes, bu ond y dim i'm pryderon dwysaf gael eu gwireddu. Wrth i yrrwr y tacsi fwrw i'r dwfn, a mentro'n eofn i ganol y cerrynt, dyma gar yn ymrithio'n ddirybudd yn syth o'i flaen. Clywais floedd a rheg, a theimlo cryndod y tacsi wrth i'r brêc ddal arno. Melltithiais innau dan fy anadl, gan rythu'n ddig ar yr ynfytyn a deithiai bellach yn ddigon diddig o'n blaenau, fel pe na bai arno fai yn y byd. Un o yrwyr gorffwyll Boston ydoedd, mae'n amlwg, a gwgais ar gist ei gerbyd. Ond yna fe'm synnwyd; oherwydd yr hyn a welwn yn y man hwnnw oedd bathodyn bychan crwn a delw'r ddraig goch yn dwt yn ei ganol, a'r gair 'Cymru' yn goron ar y cyfan. Ni fentrais gyfaddef wrth yrrwr y tacsi fy mod yn medru dehongli'r arwyddion cyfrin hynny. Ond sibrydais wrthyf fy hun fy mod i wedi taro ar ddihareb newydd: gwaethaf Cymro, Cymro oddi cartref.

Mae hon yn stori wir; ac mae'n dadlennu'r modd y byddwn ni, er hwyrach yn ddiarwybod i ni'n hunain, yn gweld yr hyn yr ydym ni'n disgwyl ei weld, a'r hyn y byddwn ni'n dymuno'i weld, pan fyddwn ni'n ymweld ag America. Ar ôl treulio blynyddoedd yn gwylio *Starsky and Hutch* a *The Dukes of Hazzard* ar y teledu fe dybiwn i fy mod i'n gyfarwydd â dulliau'r Americanwyr o drin ceir. Ond pwy a feddyliai y gallai Cymro yrru cyn wyllted â'r un ohonynt? Y prynhawn hwnnw yn Boston fe chwalwyd dwy ddelwedd nad oeddynt mewn gwirionedd yn ddim ond dwy ystrydeb; y naill yn ddelwedd anghywir o 'America' a'r llall yn ddelwedd anghywir o 'Gymru'. A sylweddolais ymhellach nad oes modd didoli'r hyn a welwn ni yn y Taleithiau oddi wrth yr hyn a ragwelwn fydd yno'n ein disgwyl. Mae ffenest y car y teithiwn ynddo yn America yn sgrin deledu (am mai oddi ar y sgrin fach honno y codwn y rhan fwyaf o'n delweddau o'r wlad); ac mae hefyd yn ddrych, lle y cawn gip, megis ar osgo, ar ein hanian ni'n hunain.

Fe gofiwn am y stori hyfryd o awgrymog a adroddir gan y bardd Dic Jones am ei ymweliad ef ag 'Ellis Island', yr ynys enwog lle y glaniodd cynifer o'r trueiniaid a deithiodd i'r Taleithiau gan freuddwydio am fywyd gwell. Wrth i'r cwch a gludai Dic a'i wraig gyffwrdd â'r lan, clywyd datganiad y tywysydd: 'And this is Ellis Island'. 'Wel, wel', ebe Dic wrtho ef ei hun, 'pwy feddyliai eu bod nhw'n cynganeddu yn y lle 'ma?' A gwir y gair, oherwydd ym meddyliau Cymro a Chymraes bydd America a Chymru o hyd yn cynganeddu yn y dulliau mwyaf annisgwyl – a'r rheini'n ymddangos yn hollol amhriodol a chyfeiliornus, mae'n siŵr, o safbwynt ymwelwyr o wledydd eraill, heb sôn am safbwynt yr Americanwyr eu hunain. Felly y bu hi erioed, mae'n debyg. Sylwer, er enghraifft, ar sylwadau William Davies Evans yn ei lyfr taith cyfareddol, *Dros Gyfanfor a Chyfandir: sef Hanes Taith o Gymru at Lanau y Môr Tawelog ac yn ôl, trwy brif Dalaethau a Thiriogaethau yr Undeb Americanaidd* (1883):

> Yn ôl y Parch R. F. Bowen, awdwr *America Discovered by the Welsh*, y mae [yr] enw Alleghany o darddiad Cymreig, sef o *gallu* a *geni*, yn golygu genedigaeth alluog neu enwog, wedi ei gael oddiwrth yr hen breswylwyr, yr *Alligeni Indians*, llwyth a dybiai ef ydoedd o hiliogaeth Cymry a ddaethai gyda Madog ab Owen Gwynedd i America dros 700 o flynyddoedd yn ôl.[2]

Chwedloniaeth bur, meddem ni. Wel ie, ond gwlad y breuddwydion yw America, ac mae'r breuddwydion hynny'n gadael eu hôl hyd yn oed ar ein 'disgrifiadau' mwyaf gwrthrychol ni o'r Taleithiau. Dyma'r ffordd y disgrifir America yng nghyfrol olaf (Cyfrol 9) y cyhoeddiad mawreddog, awdurdodol hwnnw a olygwyd gan y Parchedig John Parry, *Encyclopaedia Cambrensis: Y Gwyddoniadur Cymreig* (1877):

> Ni bu y gyfran o gyfandir mawr America, a elwir yn *Unol Daleithiau*, yn faes i ymfudiaeth am yn agos i gan mlynedd ar ôl i ymfudiaeth o Ewrop lifo tua'r trefedigaethau Yspaenaidd yn America. Ond y mae y cynnydd cyflym a rhyfedd sydd wedi bod yn yr ystyr hwn tua'r Unol Daleithiau yn eglur ddangos fod llwyddiant cenhedloedd yn dibynu yn fwy ar eu rhagoriaethau moesol nag ar y manteision anianyddol a feddiennir ganddynt. Nid oedd gan breswylwyr Gogledd America gynt fwyn-gloddiau aur, na thiriogaeth nodedig am ei ffrwythlonrwydd; ac heb law hyny, yr oedd y tir wedi ei orchuddio mewn rhan fawr iawn â choedwigoedd mor dewion, fel nas gallesid o'r bron dreiddio drwyddynt. Ond yr oeddynt yn feddiannol ar wybodaeth, diwydrwydd, cariad at ryddid, arferion da, ac ymarweddiad moesol diargyhoedd; a chan eu bod yn feddiannol ar y cymhwysterau hyn, hwy a lwyddasant i droi yr anialwch yn dir cynnyrchiol, a gwneuthur i'r wlad wenu gan ddigon-olrwydd a llwyddiant y ddynoliaeth, ac i fod yn wrthrychau o edmygedd cenhedloedd eraill.[3]

Dyna enghraifft wych o wrthrychedd goddrychol. Ni ellir gwell esiampl o'r modd y dehonglwyd hanes y Taleithiau gan hoelion wyth y sefydliad Anghydffurfiol yng Nghymru yn y ganrif ddiwethaf. Bwrir yr Ysbaenwyr o'r neilltu yn syth ar gychwyn y darn (am na fedd Catholigion ar ruddin moesol, mae'n debyg), ac yna eir ati i lunio pregeth am y rhinweddau Anghydffurfiol, Rhyddfrydol hynny a droes anialwch y cyfandir yn Ganaan Newydd.

Pwysleisiaf y wedd oddrychol ar ein hymwneud ni, fel Cymry, â'r Unol Daleithiau, am mai dyma brif destun y gyfrol hon.[4] Cyfrol a fydd yn ymwneud, yn bennaf, nid â'r Taleithiau fel y cyfryw, ond â'r *Alleghanies*, yn ystyr William Davies Evans a'r Parchedig R. F. Bowen o'r enw hwnnw. Hynny yw, canolbwyntir ar enedigaethau'r dychymyg; y modd y bu i Gymry'r ugeinfed ganrif greu America ar eu llun a'u delw hwy eu hunain. Ar yr un pryd, priodol fyddai pwysleisio, yn syth o'r cychwyn, fod gan America hithau ei chyfran amlwg yn y creu hwnnw. Wedi'r cyfan, onid cyfranogi o'u breudd-wydion hi'n bennaf a wna'r holl gyfryngau torfol ledled daear? Ac onid epil y cyfryngau hynny ydym ni i gyd bellach, rhwng bodd ac anfodd? Yn y Gymru gyfoes, pwy na ŵyr am Marilyn Monroe a Monica Lewinsky, am Frank Sinatra a Madonna, am Elvis ac am *ET*? Pwy nad yw erioed wedi gwrando ar jazz? Sawl un na fedrai enwi'r un ffilm a gysylltir â John Wayne neu Clint Eastwood neu Jack Nicholson? Beth am Joe Louis, neu Michael Jordan, neu Carl Lewis, neu Muhammad Ali: onid yw eu campau hwy'n hysbys i bawb? Onid cyfeirio at daith i Graceland y mae'r canwr gwlad Cymreig (ac Eirug Wyn) pan yw'n sôn am roi diwrnod i'r brenin? Ble fyddai *Superted* oni bai am *Superman*? A fyddai Dafydd Iwan wedi canu'r un fath pe na bai Joan Baez wedi dangos y ffordd iddo? Ac oni fyddai modd i'r rhan fwyaf ohonom rannu hanes diweddar yn gyfnodau drwy gyfeirio at y newidiadau a fu yng ngwleidyddiaeth America ac yn ei diwylliant torfol? Onid hawdd fyddai inni sôn am gyfnod *Bilko*, *I Love Lucy*, *The Lone Ranger*, *Jailhouse Rock* ac Andy Williams; cyfnod Bob Dylan, JFK, Martin Luther King, Malcolm X a Woodstock; cyfnod Watergate, *Apocalypse Now*, *The Godfather* a'r ornest focsio, *Rumble in the Jungle*; cyfnod *ET*, *Dallas*, *Star Wars* (a Star Wars Ronald Reagan), *The A-Team*, Prince, Michael Jackson a Madonna; cyfnod *Twin Peaks*, *Jurassic Park*, hip-hop, a *Titanic*? Nid yw'n rhyfedd fod Mihangel Morgan yn canu mawl i James Dean ac yn cyfaddef 'Bod yn Ffan i Elizabeth Taylor'. Onid awr fawr Hywel Gwynfryn oedd honno pan gyfarfu â'r *champ* ei hun, Muhammad Ali? Onid Elvis Presley yw hoff ganwr Ffred Ffransis, o bawb? Ac wrth gwrs, gŵyr pawb fod Iwan Llwyd yn gallu meddwi ar holl randibŵ'r Unol Daleithiau:

> Amtrak, playback, Burgerbars a Big-Mac,
> Freeway boardwalk, Broadway Don't Walk,
> Greyhound southbound, New Jersey Turnpike,
> Golden Gate Interstate, Bourbon Street first-strike:
>
> gwlad o enwau sy'n fwy cyfarwydd erbyn hyn
> nag enwau Palesteina neu Rodd Mam –
> Boston a'r Little Big Horn, Alberquerque a Santa Fe,
> Elvis frenin, Martin Luther King a JFK. [5]

Er bod y Taleithiau wedi cynhyrchu llu o lenorion dethol o'r radd flaenaf (Herman Melville, Emily Dickinson, Henry James, T. S. Eliot, Ezra Pound, Wallace Stevens, William Faulkner, Arthur Miller, Saul Bellow, Toni Morrison a'u tebyg), diwylliant poblogaidd y wlad sydd wedi cyffroi dychymyg ein canrif ni, yn bennaf oherwydd ei fod wedi goresgyn cenhedloedd y ddaear (Barbie i bawb o bobl y byd), ond hefyd yn rhannol am ei fod wedi chwyldroi'n syniadau ni am gelfyddyd drwy anwybyddu'r ffin draddodiadol rhwng celfyddyd aruchel a chelfyddyd dorfol (dyna sut yr esgorwyd ar gerddoriaeth Louis Armstrong, George Gershwin a Lennie Bernstein, lluniau Jackson Pollock ac Andy Warhol, ysgrifeniadau Jack Kerouac ac Allen Ginsberg a Norman Mailer). Cymysg fu ymateb artistiaid a deallusion Cymru i'r ffenomen hon, ond a siarad yn fras, gellir gwahaniaethu rhwng dau fath eithafol o ymagweddu. Ar y naill law, ymwrthodir yn llwyr â diwylliant America, a hynny mewn sawl ffordd – drwy ei anwybyddu'n llwyr, er enghraifft, a hoelio'r sylw'n gyfan gwbl ar gelfyddyd uchel Ewrop (fel y gwnâi Saunders Lewis a'i debyg, hyd y gwelaf i); neu drwy ffieiddio'r rwtsh a gynhyrchir gan y fath ddiwylliant israddol; neu drwy ystyried y diwylliant hwnnw'n fodd mileinig i'r gyfundrefn gyfalafol Eingl-Americanaidd feistroli'r ddaear gyfan. (Ceir amcan o nerth syfrdanol y gyfundrefn honno pan sylweddolir bod un o bob pum gweithiwr yn yr Unol Daleithiau yn cael ei gyflogi bellach gan *McDonalds*.) Ar y llaw arall, ceir carfanau sy'n ymserchu'n lân yn niwylliant America – am ei fod mor egnïol ac mor herfeiddiol o arbrofol, am ei fod mor eofn o benrhydd, am nad oes pall ar ei newydd-deb syfrdan, neu am mai o America y daw chwedloniaeth fwyaf pwerus ein dyddiau ni (boed honno ar ffurf *Star Wars* neu *The Wild Bunch* neu *Batman* neu *Hill Street Blues*).

Fel yr awgrymwyd eisoes, dau ymateb eithafol o syml a amlinellir uchod. Y gwir amdani yw mai ymateb llawer mwy cymysg, a llawer mwy cymhleth, a geir yn gyffredinol, a bod yr ymateb hwnnw'n gweddu i'r moddau amrywiol y mae Cymru ac America yn cyd-berthyn. Dylid sylwi, er enghraifft, ar y gwahaniaethau amlwg rhwng ymagweddiad diwylliant Cymraeg a diwylliant Saesneg Cymru yn y cyswllt hwn. Mae'n amlwg fod diwylliant Saesneg pwerus America'n gallu bod yn fygythiad i'r naill ond yn atyniad, neu'n ysgogiad, i'r llall. Ar y llaw arall, bu'n haws ar brydiau, efallai, i'r Cymry Cymraeg uniaethu â rhai o'r grwpiau lleiafrifol hynny yn yr Unol Daleithiau – megis y bobl groenddu, neu'r Indiaid Cochion, neu'r bobloedd o dras Sbaenaidd – sy'n ddarostyngedig i'r drefn lywodraethol fwyafrifol. Mae'n bwysig nodi, ymhellach, fod agwedd y Cymry at America wedi newid llawer o gyfnod i gyfnod yn ystod y ganrif hon, a bod y newidiadau'n ddrych, nid yn unig i newidiadau yn y Taleithiau Unedig ond hefyd i newidiadau yng Nghymru ei hun.

A dyna ddychwelyd, felly, at y ffaith mai ein profiad ni fel Cymry fydd, fel arfer, yn pennu'r olwg a gawn ar America. Fel arwydd o hynny fe gynhwyswyd nifer o ysgrifau personol yn y gyfrol hon, ysgrifau lle mae rhai o lenorion Cymru'n dangos inni darddleoedd eu diddordeb arbennig nhw yn y Taleithiau Unedig. Teg, felly, fyddai i fi, yn fy nhro, gynnig gair o'm profiad innau, a hynny nid oherwydd ei fod o bwys ynddo'i hun, ond am y gall fod yn fodd i agor cil y drws ar rai o'r amgylchiadau cymdeithasol yma yng Nghymru sydd wedi dylanwadu ar ein ffordd ni o amgyffred America yn ystod hanner canrif olaf yr ugeinfed ganrif. Ac eto fyth mae cynnwys gair personol fel hyn yn ffordd o gydio'n diwylliant ni wrth ddiwylliant y Taleithiau, oherwydd mae tystio'n arfer a nodweddai'r seiat Gymreig a hefyd yn arfer a gymeradwyir gan ysgolheigion America ar hyn o bryd am ei fod yn ffordd o gyfaddef na cheir y fath beth â gwrthrychedd pur hyd yn oed ym maes ysgolheictod.

* * * *

Adeg y rhyfel oedd hi pan oedd mam yn fy nghario i, a chyn i fi gael fy ngeni bu'n rhaid i'm rhieni gynnig llety, am gyfnod byr, i rai o filwyr ifainc America a oedd ar fin gwneud cyrch ar draethau Normandi. Lawer tro ar ôl hynny clywais fy mam yn dyfalu'n ddwys beth tybed fu ffawd y GIs hynny ar D-Day. Ni chlywodd fy rhieni air oddi wrthynt weddill eu bywyd. Cyfeiriaf at hyn nid am fy mod yn argyhoeddedig fod acenion y milwyr wedi fy swyno yn y groth a pheri i fi ymserchu yn eu gwlad, ond am mai adeg y rhyfel y cyfarfu gwerinwyr cyffredin gwledydd Prydain ag Americanwyr am y tro cyntaf; a gadawodd y profiad hwnnw ei ôl arnynt mewn nifer o ffyrdd tra gwahanol. Gweld dynion duon am y tro cyntaf; rhyfeddu at doreth y danteithion (yn enwedig y sigarennau a'r neilons) a oedd gan y GIs; dotio ar harddwch y llanciau; cenfigennu wrthynt am eu bod yn dwyn y merched tra bo'r bechgyn lleol yn dioddef yn y fyddin; synnu at gymdeithas ddiddosbarth lle roedd y bobl gyffredin yn meddu ar ryw hyder rhyfedd yn eu galluoedd eu hunain. Cymysgedd dryslyd, cyffrous o'r profiadau hyn i gyd, mae'n debyg, oedd ymateb pobl gyffredin i Americanwyr ar y pryd. Roedd y cof am ffilmiau Hollywood yn ystod y 1930au yn gefndir i'r cyfan; ac roedd yr ymwneud â'r GIs, yn ei dro, yn rhagarwyddo'r hyn oedd i ddod – y modd y byddai America gref yn tra-awdurdodi dros Ewrop gyfan (yn economaidd, yn filitaraidd, ac yn ddiwylliannol) yn ystod y cyfnod wedi'r rhyfel. Ac yn Hiroshima a Nagasaki, wrth gwrs, y gwelwyd y wedd arswydus ar nerth y goruwchbŵer newydd.

Eithr cof plentyn yn unig sydd gen i am y cyfnod cynnar hwnnw yn syth ar ôl y rhyfel, a'r hyn sy'n ymddangos o flaen fy llygaid yw darlun o drên yn gwibio heibio i gar moethus tra bo awyren urddasol yn hedfan uwch eu pennau. Llun mewn llyfr ydoedd, darlun mewn geiriadur Americanaidd a gefais yn anrheg gan fodryb garedig, ac i fi, bryd hynny, roedd yn ddarlun o fyd estron, hudolus. Wedi'r cyfan doedd gennym ni, na'n cymdogion, ddim car; ac roedd awyren mor ddieithr â charped hud. Atgyfnerthid rhyfeddod y darlun gan yr iaith oddi tano a oedd mor estron. Sonnid am 'sidewalk' a 'trunk'; am 'automobile' a 'gasoline'. Roedd yn amlwg nad Saesneg oedd yr iaith hon, a hwyrach mai'r pryd hwnnw y sylweddolais, mewn ffordd amrwd, annelwig, fod byd o wahaniaeth rhwng Lloegr ac America.

Doedd gennym ni ddim set deledu, chwaith, bryd hynny. Golyga hynny fod gennyf gof byw am y troeon prin iawn hynny y profwn y wefr o wylio ambell raglen ar y 'bocs' yn nhŷ fy ffrind, ac un o'r rhaglenni a adawodd ei hôl ddyfnaf ar fy nychymyg oedd *The Cabin in the Clearing*. Mae'n siŵr nad oes angen imi ei disgrifio hi – hawdd gwybod wrth ei theitl mai rhaglen ydoedd yn darlunio hanes teulu bach dewr yn ymdrechu i fyw, yn y bedwaredd ganrif ar bymtheg, yng nghanol un o goedwigoedd mwyaf dyrys America. Ac wrth gwrs, fe ddaeth yr Indiaid Cochion ysgeler heibio yn eu tro ac ymosod ar y trueiniaid heddychlon, diamddiffyn hyn. Golygfa arswydus oedd honno pan anelodd y brodorion anwar eu saethau fflamllyd at do gwellt y caban bach a'i osod ar dân. Wyddwn i ddim bryd hynny fod y 'diwylliant' a gynhyrchodd *The Cabin in the Clearing* wedi gosod dinasoedd cyfain ar dân, o Dresden i Nagasaki, a'i fod, yr union ddwthwn hwnnw, yn ymgyrchu'n waedlyd yng Nghorea. Mynd yn ysglyfaeth i'r myth wnes i, a darganfod yn ddiweddarach (pan es ati i ddarllen nofelau megis *The Last of the Mohicans* a *The Deerslayer*) fod hanes hynod ddiddorol a chymhleth i'r myth hwnnw. A hyd yn oed ar ôl imi sylweddoli, ymhen hir a hwyr, sut y medrai mythau ystumio hanes, ni chefais fy nadrithio. Yn wir, un o gryfderau pennaf llenyddiaeth America yw'r modd y mae wedi ymdrin ag amwysedd mythau canolog y genedl, fel y gwelir yn nofel gynnil, awgrymog F. Scott Fitzgerald, *The Great Gatsby*. Seilir cariad ffôl Jay Gatsby tuag at Daisy Buchanan ar freuddwyd wag, a honno'n freuddwyd sy'n bwdr ar sawl cyfrif. Serch hynny, llwydda Fitzgerald i'n hargyhoeddi fod elfen o fawredd yn perthyn i'r breuddwydio trasig hwnnw, ac yn sylwadau enwog Nick Carraway ar ddiwedd y stori ceir cipolwg ar ramant amwys, ryfedd America ei hun:

And as the moon rose higher the inessential houses began to melt away until gradually I became aware of the old island here that flowered once for Dutch sailors' eyes – a fresh, green breast of the new world. Its vanished trees, the trees that made way for Gatsby's house, had once pandered in whispers to the last and greatest of all human dreams; for a transitory enchanted moment man must have held his breath in the presence of this continent, compelled into an aesthetic contemplation he neither understood nor desired, face to face for the last time in history with something commensurate to his capacity for wonder.[6]

Gafaelodd rhamant y wlad ynof yn yr ysgol elfennol, pan ofynnwyd inni lunio map ohoni. Bryd hynny y sylweddolais rywfodd (wn i ddim sut) fod America'n gyfandir o le a bod ei hanferthedd yn ddigon i gyffroi'r dychymyg. Yr un adeg, aethpwyd â fi i weld ffilm Disney am Eira Wen a'r Saith Corrach, a dyna agor drws y dychymyg led y pen. Hwyrach mai fy nghenhedlaeth i oedd y genhedlaeth gyntaf yng Nghymru i uniaethu'r Unol Daleithiau â byd hudolus, lledrithiol ffantasi a chwedl. Ac fel y darganfûm i, maes o law, nid gwedd fodern ar hen chwedlau Ewrop yn unig a ddeuai o gyfeiriad America ond hefyd y doreth o gymeriadau chwedlonol yr esgorai'r ffilmiau cartŵn arnynt – Tom a Jerry, Top Cat, Road Runner, Bugs Bunny, a llu o rai eraill.

Ond dim ond ar ôl cyrraedd yr ysgol ramadeg y dechreuais synhwyro grymoedd dihysbydd Unol Daleithiau'r America, a hynny'n bennaf am fod ein hathro Lladin ni mor elyniaethus tuag ati. Sais oedd ef a fuasai'n filwr yn yr Ail Ryfel Byd, a'i gŵyn byth a beunydd oedd fod y byd i gyd yn credu bellach mai'r Iancs a drechodd yr Almaenwyr. Eithr nid gwir hynny, mynnai ef; yn hytrach Prydain (Seisnig) a arbedodd y dydd, ac ni wnaethai'r Iancs ymffrostgar, llwfr, ond ymuno yn y frwydr ymhell ar ôl i'r llanw droi. Manteisiai Mr Bowler ar bob cyfle i gyhoeddi'r neges hon – yn arbennig pan fyddem yn trafod *Caesar's Gallic Wars* – a sylweddolaf erbyn hyn ei fod yn lleisio gofid cenhedlaeth gyfan o Saeson a welai nerth Prydain yn prysur nychu yng nghyfnod y cyrch ofer ar Suez wrth i'r Unol Daleithiau, dan arweiniad hynaws Eisenhower, fagu mwy a mwy o rym. Yn rhannol oherwydd agwedd ddicllon Mr Bowler, ni chefais hi'n rhwydd, yn ddiweddarach, i feddwl am 'ymerodraeth Eingl-Americanaidd'. Carfanau croes oedd y Saeson a'r Americanwyr yn fy nhyb i ac o'r herwydd tueddwn i ochri gyda'r Americanwyr, gan ei bod yn amlwg ddigon nad oedd Saeson fel Mr Bowler am gydnabod bodolaeth Cymru o gwbl.

Atgyfnerthwyd yr argraff hon o'r tyndra rhwng Lloegr ac America pan es i astudio'r Saesneg yn Ngholeg Prifysgol Cymru, Abertawe. Bryd hynny, barn F. R. Leavis (Coleg Downing, Caergrawnt) oedd yn teyrnasu bron ym mhob man, a dim ond llond dwrn o awduron Lloegr a berthynai i'r 'Traddodiad Mawreddog' dethol iawn yr oedd ef yn ei barchu. Dirmygai ddiwylliant America am ei fod yn ddi-chwaeth, yn gomon, yn boblyddol, ac yn aflednais. Edmygwn (ac edmygaf) athrylith Leavis fel beirniad llên, ond synhwyrwn yr un pryd ei fod ef a Mr Bowler o'r un rhywogaeth: Saeson oeddynt yn methu goddef fod eu Prydain Fawr Seisnig ar i lawr ac America ar i fyny. Teimlwn yr adeg honno nad gan Sais y cawn yr olwg orau ar ddiwylliant yr Unol Daleithiau; ond yn ffodus ddigon nid Sais oedd yn dysgu llenyddiaeth America yn Abertawe eithr dau ŵr yr wyf bellach yn ddyledus iawn iddynt – un ohonynt yn Americanwr a'r llall yn Gymro.

Cymro o Gastell-nedd oedd Brian Way, a raddiodd yng Ngholeg Prifysgol Cymru, Aberystwyth cyn mynd yn ei flaen i Goleg Downing, Caergrawnt, lle y daeth yn un o ddisgyblion disgleiriaf F. R. Leavis. Serch hynny, ymwrthodai ag agwedd drahaus Leavis at lenyddiaeth America, yn bennaf am fod y gymdeithas ddiwydiannol yn ne Cymru yr hanai ef ohoni wedi magu parch ynddo at y gydraddoliaeth a'r gwerthoedd gwerinol a nodweddai ddiwylliant America. Edmygai lenorion diwygiol yr Unol Daleithiau, yn arbennig nofelwyr cyfnod troad y ganrif, fel Frank Norris (*The Octopus*), Theodore Dreiser (*An American Tragedy*) a James T. Farrell (*Judgment Day*). Gan mai sosialydd Cymreig oedd Brian Way, agwedd amwys oedd ganddo at wlad a dueddai i ddyrchafu'r unigolyn uwchlaw ei gymdeithas ac a wadai'r modd y naddir pob person o graig y gymuned arbennig y maged ef neu hi ynddi. Yr un modd, deallai i'r dim nad cymdeithas 'ddiddosbarth' oedd cymdeithas America, er ei bod yn ymddangos felly, am nad yr un oedd yr ymraniadau cymdeithasol oddi mewn iddi hi â'r rhai yr arferid â hwy yng ngwledydd Ewrop. Mynegid Cymreictod Brian, felly, yn ei allu i ddatgelu tyndra'r berthynas a fodolai rhwng llenorion America a'u cymdeithas, a buan y des i ddeall mai yng nghampweithiau'r llenorion hynny (ac nid gan feirniaid Saesneg) y caed y beirniadaeth-au mwyaf treiddgar a chyfoethog ar y wlad.

Roedd Brian gyda'r cyntaf, er enghraifft, i ddangos nad un o nofelau'r abswrd oedd nofel wych Joseph Heller *Catch-22* (fel y tybid ar y pryd, gan fod dirfodaeth yn dal yn ffasiynol yn Ewrop), eithr ei bod yn feirniadaeth radical, liwgar-ddyfeisgar ar yr holl gyfundrefn gyfalafol yn America a oedd yn elwa ar ryfela. Crynhoir hyn yn achos Milo Minderbinder, y swyddog milwrol sy'n gyfrifol am fwydo'r milwyr. Manteisia ar hynny i droi'r dŵr i'w felin ei hun a chychwyn busnes 'M & M Enterprises: Fine Fruits and Produce'. A chan mai'r Almaenwyr, sef y gelyn ei hun, yw ei gwsmeriaid gorau, y mae ef yn eu parchu: 'Maybe they did start the war, and maybe they are killing millions of people, but they pay their bills a lot more promptly than some allies of ours I could name.'[7] Sylweddolai Brian fod Joseph Heller yn perthyn i linach wiw nofelwyr radical America, llinach y perthynai awduron croenwyn megis John Dos Passos, John Steinbeck, a Nathaniel West iddi, ond hefyd a gynhwysai nofelwyr croenddu megis Richard Wright, Ralph Ellison a James Baldwin.

Da o beth fod Brian Way wedi tynnu fy sylw at y gweddau cymdeithasol hyn ar lenyddiaeth America, oherwydd un o blant y capel oeddwn i, a chawn fy nenu at y gweddau 'capelog' ar y llenyddiaeth honno. Hynny yw, ymatebwn i'r pregethu a'r moesoli sydd i'w weld yn niwylliant America o hyd, ac sydd yn arbennig o amlwg yng ngweithiau'r awduron mawr hynny yn y bedwaredd ganrif ar bymtheg (megis Emily Dickinson, Nathaniel Hawthorne, Emerson a Thoreau) a hanai o daleithiau Lloegr Newydd, y taleithiau y rhoddodd Piwritaniaeth fod iddynt. Apeliai'r llenorion hyn ataf am reswm arall, hefyd, sef eu bod nhw, fel finnau, yn gynnyrch cyfnod rhwng trai a llanw. Roedd diwylliant crefyddol Lloegr Newydd yn araf ddiflannu wrth i seciwlariaeth ymledu, ac esgorodd y newid-iadau hynny ar genhedlaeth o lenorion mentrus o arbrofol o ran gweledigaeth, amgyffred a thechneg. Meddylier, er enghraifft, am y defnydd anghonfensiynol a wnaed o emynyddiaeth yng ngherddi Emily Dickinson, neu am y modd y mae Hawthorne yn tanseilio arferiad y Piwritaniaid o lunio moeswersi ar ffurf alegorïau.

Ond er mai amheuwyr oedd yr awduron hyn i gyd, mae'n debyg, daliai rhai agweddau ar Biwritaniaeth yn dynn yn eu dychymyg, yn fwyaf arbennig yr arfer o ystyried mai maes brwydr oesol, eithafol, rhwng y Da a'r Drwg yw enaid pobun. A chan yr athrylith arteithiedig, Herman Melville, y ceir y mynegiant mwyaf ingol o'r weledigaeth drasig honno pan yw'n canmol gwaith ei ffrind mynwesol Nathaniel Hawthorne yn 1850, a hynny flwyddyn cyn cyhoeddi *Moby Dick*:

> Certain it is . . . that this great power of blackness in him derives its force from its appeal to that Calvinistic sense of Innate Depravity and Original Sin, from whose visitations, in some shape or other, no deeply thinking

mind is always and wholly free . . . You may be witched by his sunlight, transported by the bright gildings in the skies he builds over you, but there is the blackness of darkness beyond, and even his bright gildings but fringe and play upon the edges of thunderclouds . . . Now it is that blackness in Hawthorne, of which I have spoken, that so fixes and fascinates me.[8]

Apeliai difrifoldeb a dwyster ysbrydol awduron mawr America yn y bedwaredd ganrif ar bymtheg yn fawr ataf, ac ymddangosai i fi bryd hynny nad oedd yr un angerdd i'w ganfod yng ngweithiau awduron Saesneg. Ymhellach, rhoddodd yr angerdd hwnnw fod i ddulliau newydd o ysgrifennu, megis damhegion enigmatig (*Billy Budd* a *Benito Cereno*; *The Scarlet Letter* a *Young Goodman Brown*; *The Fall of the House of Usher* a *Narrative of A. Gordon Pym*; *The Turn of the Screw* a *The Beast in the Jungle*), rhamantau rhyfedd (*The Blithedale Romance*), a myfyrdodau athronyddol telynegol (*Walden* ac ysgrifau apelgar Emerson).

Ni chrybwyllais, hyd yn hyn, enw'r Americanwr ifanc a fu'n athro dylanwadol arnaf. George Dekker oedd ef, a buasai yntau, hefyd, yn fyfyriwr ôl-raddedig yng Nghaergrawnt. Yno y gweithiodd ar *Cantos* Ezra Pound, a maes o law cyhoeddodd un o'r astudiaethau cyntaf (ac un o'r astudiaethau gorau) o'r gyfrol enfawr, arloesol honno o gerddi. Eithr, er gwaetha'r ffaith fod gwaith ymchwil George Dekker o'r radd flaenaf, gwrthododd Caergrawnt ddyfarnu gradd doethur iddo, am nad oedd Ezra Pound, ym marn mawrion y brifysgol honno, yn awdur o safon a haeddai sylw ysgolheigion go iawn. Enghraifft wych arall oedd hon, yn fy nhyb i, o'r rhagfarn Seisnig y des ar ei thraws gyntaf yn Mr Bowler, ac felly atgyfnerthwyd yr argraff oedd gennyf eisoes fod Lloegr yn eiddigeddus iawn, nid yn unig o rym economaidd a grym milwrol yr Unol Daleithiau, ond hefyd o nerth cynyddol ei diwylliant.

Gwnaeth George Dekker un argraff fawr arnaf – argraff hynod seml eithr argraff hynod ddofn hefyd. Pan glywais ef y tro cyntaf yn darllen cerddi Whitman yn ei lais dwfn a'i ddull hamddenol, sylweddolais o'r newydd mai gwlad estron oedd America, bod ganddi ei hiaith ei hun ar un ystyr, a'i bod wedi esgor ar ddulliau cwbl wreiddiol o lenydda. Sylweddolais hefyd, yn raddol, nad oedd gan Americanwyr, fel y cyfryw, farn (heb sôn am ragfarn) am wlad ddinod fel Cymru, ac y golygai hynny fod fy mherthynas i, fel Cymro, ag Americanwyr yn gwbl wahanol i fy mherthynas i â'r Saeson niferus hynny a gredai eu bod eisoes wedi hen fesur hyd a lled Cymru fach (a Chymry bach). Daliaf i gredu fod diffyg gwybodaeth

Americanwyr am Gymru, a'u diffyg diddordeb ynddi, yn medru bod yn llesol iawn. Oherwydd nid oes ganddynt fawr o ddiddordeb mewn gwledydd eraill, chwaith – yn wahanol, dyweder i'r Ffrancwyr sydd weithiau'n ymddangos yn awyddus i drin Cymry fel Saeson, am fod Lloegr yn wlad o bwys, yr un fath â Ffrainc. Anwybodaeth radlon a geir yn America, fel arfer, a pharodrwydd, yn sgil hynny, i'n derbyn ni ar ein telerau ni'n hunain. Gwlad rhyddid yw'r Unol Daleithiau i Gymry yn y cyswllt hwn, o leiaf yn fy mhrofiad cyfyng i.

Eithr er nad oes ots yn y byd gan Americanwyr am na Chymru na Lloegr bellach, nid felly roedd hi yn y bedwaredd ganrif ar bymtheg. Yn wir, rheswm pwysig arall pam yr ymddiddorwn yn llên y Taleithiau Unedig oedd mai un o brif themâu awduron mawr canol y ganrif honno oedd ymdrech America i ymsefydlu'n genedl drwy ymryddhau oddi wrth ddylanwad Lloegr ar ei llên. 'Gadawer i America ganmol hyd yn oed gyffredinedd ei hawduron ei hunan, cyn canmol . . . hyd yn oed awduron mwyaf ardderchog unrhyw wlad arall', meddai Melville heb flewyn ar ei dafod, a'r un oedd barn Whitman a lliaws o awduron eraill.[9] Yr un modd, ymdrechai'r llenorion yn fwriadus i greu llenyddiaeth o fath newydd a fedrai ddathlu nodweddion arbennig ei gwlad ei hun. Apeliai hyn i gyd yn fawr ataf yng nghanol y 1960au, pan oedd nifer o awduron Saesneg Cymru, yn ogystal â'n hawduron Cymraeg, yn ceisio llunio llenyddiaeth newydd, genedlaethol. Gwerthfawrogwn y ffaith fod America hithau'n wlad a fu'n wlad ôl-drefedigaethol yn ei dydd.

Brodor o Galiffornia oedd George Dekker, a buan y sylweddolais nad oedd yn gyfforddus wrth drin awduron o Loegr Newydd, dyweder, neu o daleithiau'r De. Parthau estron oedd y parthau hynny iddo ef, bron i'r un graddau ag i finnau, a dyna pryd y sylweddolais nad un wlad unffurf enfawr oedd yr Unol Daleithiau eithr ei bod hi'n cynnwys lliaws o ardaloedd, diwylliannau a phobloedd gwahanol iawn i'w gilydd. Brithgi o wlad ydoedd, a dechreuais bori yn ei llenyddiaethau amrywiol, gan fy nghanfod fy hun fel Cymro yn annisgwyl iawn mewn aml i lyfr – rhannwn brofiad yr awdur croen-ddu Ralph Ellison o berthyn i ddiwylliant 'anweledig', er enghraifft; ac ymuniaethwn â Scott Fitzgerald am mai un o wŷr yr ymylon oedd yntau. Ond gwaith llenorion taleithiau'r De a wnâi'r argraff fwyaf arnaf bryd hynny, yn enwedig nofelau mawrion William Faulkner. Yn ei ryddiaith ddwys-synfyfyriol ef yr ymdeimlwn orau â'r ffordd yr oedd y gorffennol yn cyniwair y presennol yn nhaleithiau eitha'r De, ac edmygwn yn fawr ei allu unigryw i farwnadu diwylliant a gollwyd, er nad oedd gen i (ragor na Faulkner ei hun, o ran hynny) gyd-ymdeimlad o gwbl â chaethwasanaeth. Ymgollwn ym mrawddegau anhygoel Faulkner – y brawddegau cymalog, dolennog hynny nad oes na dechrau na diwedd iddynt am eu bod yn ceisio cydgwmpasu'r gorffennol a'r presennol yr un pryd. Flynyddoedd yn ddiweddarach deuthum i ddeall fod dylanwad Faulkner i'w weld ar gampwaith Emyr Humphreys am hanes Cymru yn y ganrif hon, *Outside the House of Baal.*

Yn wahanol i weddill dinasyddion y taleithiau unedig, gwyddai trigolion taleithiau'r De yn iawn beth oedd colli rhyfel, oherwydd fe'u trechwyd yn Rhyfel Cartref America, a datgymalwyd yr hen gymdeithas. O'r herwydd, ni rannai awduron y De, yn negawdau cynnar yr ugeinfed ganrif, ffydd gyffredinol dinasyddion America mai ond llwyddiant a ffyniant oedd yn eu haros gan fod hanes yn gyfan gwbl o'u plaid. Yn hytrach, daliai awduron y parthau deheuol i gredu mai natur anwadal, gymysgryw oedd natur y ddynoliaeth ac mai swyddogaeth llenorion oedd creu testunau cymhleth, amlweddog a fynegai'r gwirionedd hwnnw. Amlygwyd y gred hon ar y naill law yng nghampweithiau amlochrog William Faulkner, Katherine Anne Porter, Eudora Welty, Robert Penn Warren ac Allen Tate, ac ar y llaw arall yn y dull newydd o ddehongli llenyddiaeth ('The New Criticism') a ddatblygwyd gan John Crowe Ransom a'i arfer yn fwyaf arbennig gan Allen Tate a Robert Penn Warren. Apeliai hyn i gyd yn fawr ataf pan oeddwn yn fyfyriwr, am y teimlwn fod yr agweddau, y gwerthoedd, a'r arferion hyn i gyd yn berthnasol i Gymru. Ymhellach, ymddangosai fod cyfatebiaeth rhwng ymdrech nifer o'r awduron hyn i ddiogelu'r hyn oedd o werth mewn diwylliant a oedd dan fygythiad ac ymdrechion rhai o awduron Cymru yn ystod y 1960au i warchod yr hen ddiwylliant Cymraeg. Yn wir, roedd mudiad Adfer yn ddigon tebyg, ar un olwg fras, i fudiad y 'Fugitives' y perthynai Allen Tate ac eraill iddo. Mudiad oedd hwnnw a oedd yn elyniaethus i'r diwylliant materol, cyfalafol, cystadleuol, trefol, torfol a oedd yn fygythiad i'r diwylliant ceidwadol, gwâr, gwledig yr oedd y 'Fugitives' yn bleidiol iddo. Fel y gwelir eto yn mhennod Daniel Williams yn y gyfrol hon, mae'n fuddiol cynnig cymhariaeth rhwng diwylliant Cymru ac ambell wedd ar ddiwylliant yr Unol Daleithiau.

Yn gefndir i'm diddordeb i yn America yr adeg honno, wrth gwrs, oedd yr hyn a welwn ar y teledu. Yn wir, bron na ddywedwn i, wrth fwrw golwg tuag yn ôl, mai'r cyfrwng a ddangosai America, yn anad dim byd arall, oedd y teledu i mi bryd hynny. Wedi'r cyfan, cyrhaeddodd y teledu ein tŷ ni ar union adeg yr argyfwng ynghylch

Cuba; a chyn bo hir ar ôl hynny saethwyd Kennedy'n farw. Yr un pryd gwaethygodd yr helyntion yn Alabama a Mississippi wrth i'r bobl dduon ymgyrchu'n heddychlon am eu hawliau yn wyneb pob gormes a thrais: difrodwyd rhannau helaeth o Chicago; a chynhaliwyd cyfarfod protest urddasol, bythgofiadwy yn Washington. Maes o law daeth yn bosib derbyn lluniau'n fyw o America, ond oherwydd y gwahaniaeth amser rhwng Prydain a'r Unol Daleithiau roedd yn rhaid aros ar eich traed yn bur hwyr, weithiau, os oeddech am wylio'r lluniau hynny. Felly yn oriau mân y bore y gwelais i Neil Armstrong yn troedio tir y lleuad am y tro cyntaf, ac y synnais wrth weld Cassius Clay'n trechu'r 'arth fawr hyll' Sonny Liston. Gwlad breuddwydion yn wir oedd America'r adeg honno, a phriodol hynny oherwydd dyma gyfnod mudiadau mawr gobeithlon yr ifainc – y Beats, 'flower power', Simon and Garfunkel, Bob Dylan, a'r gwrthdystiadau yn erbyn y rhyfel yn Fietnam. Teimlwn wefr wrth ddarllen y gweithiau a ddeilliai o'r holl gyffro hwnnw, yn fwyaf arbennig llyfr Norman Mailer, *The Armies of the Night*. Fe wn i erbyn hyn fod gan draddodiad gwleidyddol radical Cymru ei gyfran yn y gwrthdystiadau hynny, gan mai prif drefnydd a phrif ladmerydd yr awduron a wrthwynebai'r rhyfel oedd Denise Levertov, bardd a ymfalchïai'n fawr ei bod hi'n perthyn, ar ochr ei mam, i Angel Jones o'r Wyddgrug. Ond sylweddolwn ar y pryd fod y digwyddiadau yn America'n dylanwadu'n bur drwm ar nifer o ymgyrchoedd yng Nghymru – yn fwyaf arbennig, mae'n debyg, ar ymgyrch Cymdeithas yr Iaith. Teimlwn, felly, fod Cymru ac America yn cydgerdded i'r un cyfeiriad. Ymddangosai i fi fod burum rhyddid yn gweithio yng nghymdeithas yr Unol Daleithiau, pa mor geidwadol neu adweithiol bynnag roedd hi'n dal i fod, ac felly, yn nes ymlaen, fe'i cefais hi'n hawdd gwerthfawrogi'r mudiadau rhyddid eraill a ymddangosodd yn America ac a ddylanwadodd yn eu tro ar Gymru – mudiad hawliau merched, mudiad yr hoywon, mudiad hawliau ethnig ac ati.

Ond dyna hen ddigon o hel atgofion personol, ac eithrio gair byr neu ddau i orffen am ddylanwad fy nghefndir Cymreig i, maes o law, ar y modd y dehonglais farddoniaeth Walt Whitman yn *The Lunar Light of Whitman's Poetry*, llyfr a gyhoeddwyd gan Wasg Prifysgol Harvard. Ceisiais ddangos fod Whitman, er gwaethaf y pwyslais a roesai ar gymeriad unigryw pob unigolyn, yn mynegi yn ei gerddi brofiad y dosbarth gweithiol yr hanai ef ohono. Roedd y dosbarth hwnnw wedi profi newid byd go ysgytwol adeg llencyndod Whitman, wrth i gymdeithas taleithiau'r Gogledd gael ei chwyldroi gan gyfundrefn gyfalafol newydd. Roedd y pwyslais hwn a osodwn i ar gyd-destun cymdeithasol *Leaves of Grass* yn gwbl groes i'r arfer, yn America, o ystyried Whitman yn brif ladmerydd y gred sanctaidd y seiliwyd cymdeithas yr Unol Daleithiau arni, sef fod pob unigolyn yn fod cyflawn, hunangynhaliol. Ond wrth gwrs, nid yn America y cefais fy magu eithr yn ardaloedd diwydiannol de Cymru, a'r fan honno roedd yr ymwybyddiaeth eich bod chi'n gynnyrch cymdeithas weithfaol go arbennig yn ymwybyddiaeth a oedd wedi ei meithrin ym mêr eich esgyrn. Ar ben hynny, pan oeddwn yn ysgrifennu'r llyfr, cefais hyd i esboniadau diddorol iawn ar y berthynas gyfoethog sydd rhwng llenor a'i gymdeithas, yn ysgrifeniadau'r Cymro disglair, Raymond Williams. Pe bawn i wedi treulio cyfnod o amser yn yr Unol Daleithiau, mae'n debyg y byddwn innau, yn y pen draw, wedi dod i rannu dealltwriaeth ei gyd-wladwyr o farddoniaeth Whitman, ond nid oeddwn wedi ymweld ag America o gwbl cyn imi ysgrifennu'r llyfr. Wrth reswm, golygai hynny fod agweddau hynod bwysig ar waith Whitman ynghudd oddi wrthyf; ond golygai hefyd fod rhai agweddau – ac yn bennaf y wedd gymdeithasol ar ei waith – yn fwy amlwg i Gymro fel fi nag oeddynt i'r Americanwyr eu hunain.

Wrth fwrw golwg tuag yn ôl, sylweddolaf erbyn hyn mai ymatebion digon diniwed i America – ac ymatebion a ymylai, ar brydiau, ar fod yn sentimental – oedd y rheini a berthynai i'm bywyd cynnar i, ac a amlinellir uchod. Deallaf bellach, er enghraifft, nad ar hap yn unig y datblygwyd cyrsiau Astudiaethau Americanaidd yn y prifysgolion ar draws gwledydd Prydain yn y cyfnod ar ôl y rhyfel. Symbylwyd, ac yn wir ariannwyd, y datblygiadau hynny i raddau gan lywodraeth yr Unol Daleithiau, drwy gyfrwng ei llysgenhadaeth yn Llundain – a hyd yn oed gyda rhywfaint o gymorth gan y CIA, am wn i. Hynny yw, ni fyddai'n gwbl gyfeiliornus i rywun awgrymu fod y datblygiadau hyn, a ymddangosai'n ddatblygiadau academaidd diniwed iawn ar y pryd, yn rhan, mewn gwirionedd, o gynllun bwriadus llywodraeth yr Unol Daleithiau i lywio, ac i liwio, barn. Gellid eu hamgyffred, felly, fel enghraifft fach arwyddocaol o wirionedd yr hyn a gredid gan rai Cymry amlwg yn ystod y 1950au a'r 1960au; sef bod perygl y byddai meddwl y Cymry'n cael ei feddiannu gan werthoedd y diwylliant Americanaidd.

* * * *

Nid yw'n syndod mai'r wedd ddinistriol ar ddiwylliant America a bwysleisid gan nifer o awduron mwyaf Cymru yn y cyfnod yn syth ar ôl y rhyfel. Oni aned 'Oes America' ar 6 Awst 1946 pan ollyngwyd bom ar Hiroshima a laddodd, neu a glwyfodd, 128,000 o bobl? 'Chwalwr i'r Chwalwr wyf. / Mae'r Codwm yn fy nghodwm',[10] meddai Waldo tua'r adeg honno, gan led adleisio, eithr yn anfwriadol, y geiriau iasol a leisiwyd gan Robert Oppenheimer, prif gyfarwyddwr y prosiect yn Los Alamos, pan welodd fom niwclear yn ffrwydro am y tro cyntaf.

Ychydig flynyddoedd yn unig wedi'r heddwch, yr oedd America ar flaen y gad unwaith yn rhagor, y tro hwn yn brif arweinydd lluoedd y Cenhedloedd Unedig a frwydrai yng Nghorea. Yr argyfwng hwnnw, wrth gwrs, a symbylodd Waldo i wrthod talu ei drethi, ac am y weithred honno ymhen hir a hwyr y'i carcharwyd. 'Mor henffasiwn erbyn hyn yw'r bom a ollyngwyd uwch Hiroshima / A Nagasaki', meddai Gwenallt yn goeglyd yn ei gyfrol *Gwreiddiau* (1959): 'rhyw belen griced o fom, / Ond fe gollodd ei beilot, er hynny, ar ôl y dinistr, ei bwyll.'[11] Cyfrol am ddynoliaeth a gollasai ei phwyll oedd y gyfrol honno ar ei hyd. Cyfrol ydoedd am y Rhyfel Oer, ac am fyd a reolid gan yr hen dduwiau cawraidd cyntefig, Mamon a Moloch:

> Pan ddaw'r rhyfel nesaf rhwng Rwsia a'r Unol Daleithiau
>   Nid ymladd a wnânt tros Gristionogaeth a'u
>   gwleidyddiaeth hwy:
> Yn llaw'r cadfridogion, y technegwyr a'r bwrocratiaid y
>   mae eu llywodraethau:
>   Yr un drindod faterol sydd yn rheoli'r ddwy. (t.34)

Gwawdiai Gwenallt y modd yr ymffrostiai America ei bod yn genedl dduwiol ac yr hawliai, yn wir, mai hi oedd cenedl etholedig Duw ei hun. Cais ddangos ei bod yn hytrach wedi esgor ar fyd erchyll lle roedd gwerthoedd Cristnogaeth wedi eu gwyrdroi yn gyfan gwbl:

> 'Diolch mai i ni, ac nid i'n gelynion,' meddai Truman,
>   'Y rhoddodd Duw y Bom': ac ar y ddwy dref
> Efe a'm harweiniodd i'w gollwng, a'u llosgi a'u difa
>   Er mwyn ein democratiaeth a Theyrnas Nef. (t.32)

Cydblethir nifer o elfennau gwahanol yn nadansoddiad Gwenallt o ddiwylliant 'Oes America'. Er enghraifft, fe'i gwelir fel diwylliant unffurf, nid annhebyg i gymdeithas dotalitaraidd, am nad oes ynddo le i anghydffurfwyr ('Yn y gwledydd totalitaraidd nid oes gwrthryfelwyr . . . '). 'Pwrpas pob dim' yn y byd hwn, meddir, 'yw ein cyflyru; fe'n cyflyrir gan y sinema'. Mwythir y bobl gyffredin gan foethusion, ac fe'u llygrir gan y danteithion a roddir iddynt i'w cadw'n dawel:

> Yn y gweriniaethau, hysbysebu yw'r gelfyddyd
> I gadw â'r nwyddau newydd y bobl yn ddof:
> Lladdant bob gwrthryfelwr â modur, pob anghydffurfiwr
> â swyddi
> Oni fyddo'r werin yn fud ac ufudd fel cŵn Pavlov. (t.33)

Yn wir, un o ofnau dyfnaf Gwenallt yw fod 'Oes America' yn fygythiad i bob celfyddyd ystyrlon, oherwydd fod y doniau i gyd yn mynd yn eiddo i'r Mamon modern gwancus sy'n 'bwrw ei anniwylliant ar y sgrinau trydan' (t.33). Yn ôl ei arfer, gwêl Gwenallt fod cyntefigrwydd dyn yn cael hyd i ffyrdd newydd, niweidiol, i'w fynegi ei hun drwy gyfrwng cynnydd a ffyniant y diwylliant cyfalafol modern. Ond yn anffodus tuedda (fel y gwnaethai yn y gerdd 'Y Draenog') i gysylltu'r cyntefigrwydd hwnnw ag anian ac â moesau'r bobl dduon:

> Nid oes gan y dyn gwyn, gwareiddiedig ddiwylliant heddiw
> Yn benillion, ceinciau a dawnsiau fel y bu:
> Ac yn ei anniwylliant y mae'n benthyca diwylliant arall, –
> Jazz, sgiffl, sigl a swae y dyn du. (t.32)

Ond un o sythweliadau craffaf Gwenallt oedd mai dwy ochr i'r un geiniog oedd ofni'r bom ac ymroi fel lladd nadroedd i ymblesera:

> Yn y distawrwydd rhwng ffrwydro'r bom uwch Hiroshima
> A gollwng y bom nesaf, ni allwn ond mwynhau'r byd:
> Carafana ar y meysydd, picnica ar ochr yr hewlydd
> A bola-heulo ar y traethau yn ein hyd. (t.35)

Yn y gyfrol *Gwreiddiau* ar ei hyd, ymdeimlir ag ofnadwyaeth y cyfnod pan oedd y tyndra rhwng yr Undeb Sofietaidd a'r Unol Daleithiau yn bwrw cysgod angenfilaidd ar draws y cyfandiroedd i gyd. Ac ymateb Cymry cenhedlaeth Gwenallt i'r fath argyfwng oedd troi at y Beibl er mwyn cael hyd i'r symbolau a'r ieithweddau a fedrai fynegi naws diwedd y byd. Dyma'n union a wna Waldo yn y cerddi hynny yn *Dail Pren* a ysgrifennwyd ddiwedd y 1940au neu yn ystod y 1950au. Y gerdd fwyaf ohonynt i gyd, wrth gwrs, yw 'Mewn Dau Gae', a bron na ellir awgrymu mai America a roes fod iddi, gan mai gofidiau Waldo am yr hyn a arwyddid, yn ei dyb ef, gan y rhyfel yng Nghorea oedd gwreiddyn y gainc. Diddorol sylwi, ymhellach, i'r gerdd gael ei hysgrifennu yr union adeg pan oedd Allen Ginsberg yntau yn dechrau ysgrifennu yn null deifiol proffwydi'r Hen Destament. Yn 'A Supermarket in California', 'Howl', ac 'America' ceir cerddi breuddwydiol, chwyrn gyhuddgar, datguddiadol y byddai'n ddiddorol iawn eu cymharu â cherddi Waldo, neu â cherdd hir ffyrnig Gwenallt 'Jezebel ac Elïas'.

Ond ar ffurf nofel y cafwyd, maes o law, y driniaeth fwyaf cynhwysfawr ar y bygythiad i Gymru a ddeuai o du'r Unol Daleithiau yn y 1950au. 'Dernyn o apocalups yr ugeinfed ganrif yw'r nofel hon', meddai Pennar Davies yn ei ragair i *Anadl o'r Uchelder*, nofel am ddyfodol agos pan yw Cymru'n rhan o ymerodraeth Anglo-Sacsonia, sef gwladwriaeth ormesol newydd a grëir drwy uno America a gwledydd Prydain.[12] Ymateb i'r bygythiad milwrol o du'r Undeb Sofietaidd yw'r uno hwn, ac ar ôl iddo ddigwydd manteisia arweinwyr Anglo-Sacsonia ar eu cyfle a chreu cymdeithas dotalitaraidd a reolir gan y fyddin ac a gyfiawheir gan yr angen parhaus i sicrhau 'diogelwch' y dinasyddion. (Hawdd gweld fod *Nineteen Eighty-Four* yn bwrw'i chysgod dros ffantasi Pennar.)

Serch hynny, nid gofidio am rym milwrol yr Unol Daleithiau y mae Pennar yn bennaf. Ei bryder yw y gallai'r Rhyfel Oer greu'r fath amgylchiadau fel y byddai'r Cymry'n troi at America am swcwr ac yn cael eu hudo gan foesau llygredig y wladwriaeth haerllug o faterol honno nes colli pob golwg ar fyd yr ysbryd. Ymhellach, ofn dwysaf Pennar – gan gofio, efallai, am lwyddiannau ysgubol yr efengylwr Americanaidd Billy Graham yn y 1950au – yw y gallai crefyddwyr Cymru, hyd yn oed, gael eu llygru gan ddulliau America o grefydda. Hynny yw, gallai'r gweinidogion fynd yn weision i Famon ac i Foloch bron yn ddiarwybod iddynt eu hunain, am eu bod yn argyhoeddedig y dylid cyfaddawdu â'r gymdeithas sydd ohoni, drwy fabwysiadu dulliau torfol, apelgar o efengylu er mwyn ennill eneidiau.

Clywir tinc o'r modd y mae Pennar yn dychanu'r gyfundrefn Eingl-Americanaidd yn yr enwau a rydd ar rai o'i gymeriadau. Nahum D. Flewelling yw enw rheolwr unbenaethol gogledd Cymru, ac esbonnir mai 'ymgorfforiad o gyfforddusrwydd' yw'r Cymro Americanaidd Lincoln Bedo. Yn nhyb Pennar, diwylliant israddol yw diwylliant y Taleithiau, fel yr awgrymir pan eglurir bod drama foesol glasurol Saunders Lewis, *Siwan*, wedi ei chyfieithu dan y teitl di-chwaeth *The Lady and the Lord*. Arwydd sicr i Pennar a'i debyg nad oedd gan yr

Americanwyr chwaeth o fath yn y byd, oedd eu bod wedi ffoli ar farddoniaeth ffuantus Dylan Thomas, ac wedi ei drin fel Cymro go iawn. Nid yw'n syndod, felly, dod ar draws y bardd Melyn Griffiths yn *Anadl o'r Uchelder*, bardd y gwneir hwyl am ei ben am ei fod yn anelu at 'liwgarwch gwisg a geirfa a moes . . . mae'n sicr mai cyhoeddusrwydd cyfoglyd a'i lladdodd yn y diwedd' (t.70).

Un o brif gymeriadau'r nofel yw Elias John, efengylwr yr awgrymir ei fod yn ymdebygu i Ioan Fedyddiwr, a'i fod yn paratoi'r ffordd ar gyfer dyfodiad yr Ysbryd. Yn y modd hwn, ensynnir bod diwedd y byd yn agosáu, wrth i'r ddynoliaeth ddynesu at y flwyddyn dwy fil. Yn sgil hyn, llwydda Pennar Davies i drin America fel gwladwriaeth sy'n cyfateb yn fras, yn y modd y mae'n uwchlywodraethu, i ymerodraeth drahaus Rhufain yng nghyfnod Iesu Grist. Awgrymir bod gwladweinwyr gwladwriaeth ymerodraethol yr Unol Daleithiau'n ymdrybaeddu mewn trythyllwch ac yn cydgynllwynio'n ddichellgar, fel y gwna'r ymerawdwyr yn nofel enwog Robert Graves, *I Claudius*. Mae'n hysbys, wrth gwrs, mai breuddwyd Thomas Jefferson, George Washington, a sefydlwyr eraill y Taleithiau Unedig oedd y byddai eu gwlad yn ymddatblygu'n Rhufain newydd, ac fe'n hatgoffir o hynny gan y 'Senedd' sy'n cyfarfod yn y 'Capitol' yn Washington. Eithr gwatwar eu gobeithion y mae Pennar Davies yn *Anadl o'r Uchelder*, gan ddangos – fel y gwna'r nofelydd Americanaidd Gore Vidal yn ogystal – mai breuddwyd gwrach yw'r freuddwyd honno bellach. Ac mae Cymro arall wedi gwawdio'r un modd, oherwydd, fel yr esboniodd Emyr Humphreys, meddwl yn rhannol am America yng nghyfnod John F. Kennedy yr oedd ef pan ysgrifennodd y gerdd rymus 'A Roman Dream'. Sonnir ynddi am ysgolhaig encilgar, ofnus sy'n cael ei orfodi gan ymerawdwr gorffwyll i ladd rhyw ddiniweityn dienw. Ymdrin y mae'r gerdd, ar ffurf dameg, â'r dirdra anrhagweladwy sy'n llechu yng nghanol pob gwladwriaeth nerthol.

Traha'r Unol Daleithiau sy'n ennyn dirmyg Bobi Jones yn 'Y Gêm', stori fer a gyhoeddwyd gyntaf yn *Taliesin* 10 (1965), ac amlygir hyn yn syth o'r cychwyn:

> Gwyddwn wrth y modrwyau rhyfeddol ar ei fysedd ei fod ef, o raid, naill ai'n esgob, yn sipsi, yn swyddog gorseddol neu'n Americanwr. A phan welais ei het Buffalo Bill a llydanrwydd ei gerddediad cyffredinol a chlywed ehangder ei aroglau ymerodrol, gwyddwn mai Americanwr oedd-ef. O'i ledol, neu o leiaf yng nghornel y cysgod a syrthiai dan ei gesail, fe lechai rhywbeth mab-debyg, diferyn o grwt byr tywyll na allai neb ei ddychmygu'n tyfu'n Americanwr byth; a sleifiai hwnnw hyd y

llawr ar ei ôl fel petai'n bechadur dan warchod y Duwdod. Americanwr Junior.[13]

Am droi'r fantol yn erbyn yr Americanwyr y mae Bobi Jones, gan eu bod, yn ei dyb ef, yn trin diwylliannau Ewrop (gan gynnwys diwylliant Cymru) fel petaent yn llawn arferion afresymol, od, cyntefig. Ceir sôn felly yn y stori am gêm hurt a chwaraewyd gan ddau Americanwr ar draeth y Borth, ond bod y Cymro sy'n adrodd yr hanes yn ddigon diymhongar i gyfaddef y gall fod ystyr dirgel i'w harferion sydd ynghudd oddi wrtho ef:

> Fel gyda phopeth arall o'r math hwn nid oes gan y rhai nas deall ddim amgyffred o werth mân bwyntiau fel hyn; a'r gwir yw bod rhai o'r tu allan yn gallu ymddwyn yn bur ddirmygus ac anwaraidd heb sylweddoli fod o bosib draddodiad hirfaith yn ymgysylltu'n gyfriniol â phethau a ystyrir ar olwg arwynebol yn ddibwrpas ac islaw sylw. Drwy ddirgel ffyrdd y mae'r gorffennol yn ei fynegi ei hun, ac y mae haenau o amser yn gallu gorwedd dros gyfoeth lawer a'i drawsffurfio'n annisgwyl ond i'r sawl sy'n dewis treiddio i'r gyfaredd. (tt.20–1)

* * * *

Symbol o haerllugrwydd ymerodraethol America yw Buffalo Bill i Bobi Jones, ond yn llwyr fel arall y gwêl Gwyn Thomas ef pan yw'r bardd yn ymweld â Dodge City. Arswyda wrth syllu ar hagrwch a bryntni'r ddinas fodern, ond ymgysura wrth gofio fod yr hen arwyr yn dal i droedio 'paith anfarwoldeb':

> Yno,
> Yno y mae Sitting Bull a Geronimo. Yno,
> Yno y mae Doc Halliday, Wyatt Earp, a Bill Hickok,
> Ac yno, yn y tir pell, o hyd yn oedi
> Mewn bodolaeth y mae yntau, Buffalo Bill Cody.[14]

Gŵyr Gwyn Thomas yn iawn am y gwirionedd dadrithiol sydd gan hanes i'w adrodd wrthym am yr 'arwyr' tybiedig hyn. Ond nid dyna neges y gerdd hon, oherwydd cydnabod ein hawydd ni y mae am fyd mwy rhamantus na'r byd sydd ohoni, a mawryga allu'r dychymyg i ddelweddu'r awydd hwnnw. Amlygwyd hyn yng ngherddi'r beirdd o gyfnod Homer i gyfnod Beirdd yr Uchelwyr, ac awgryma Gwyn Thomas fod y gallu hwnnw i'w weld ar ei orau o hyd, yn ein hoes ni, yn ffilmiau Hollywood am hen arwyr y gorllewin gwyllt. A chan mai gwlad a hudai ddychymyg Ewrop gyfan fu America o'r cychwyn, nid yw'n syndod mai hi bellach yw cynhyrchydd chwedlau a mythau mwyaf pwerus, a mwyaf peryglus, ein cyfnod ni.

Nodir amwysedd grym y mythau hyn a grëir gan y sinema yn un o gerddi eraill Gwyn Thomas, 'Wmgawa'. Cyfeiria'r teitl at y gair hud a ddefnyddid gan Tarzan (sef Johnny Weissmuller) i ddofi holl anifeiliaid gwyllt y goedwig, ac awgrymir yn chwareus mai symbol yw'r gair hwnnw o'r swyngyfaredd a berthyn i ffilmiau Hollywood, y gallu rhyfedd sydd ganddynt i ddewino'r byd i gyd. Ond ar y llaw arall, wrth ddisgrifio 'Wmgawa' fel gair 'Affricanaidd', awgryma Gwyn Thomas fod gweddau ymerodraethol ar ffilmiau Tarzan, ac ar ffilmiau poblogaidd Hollywood yn ddiwahân, am mai iaith, a gwerthoedd, yr Unol Daleithiau a geir ynddynt mewn gwirionedd, pa mor gydwladol bynnag y maent weithiau'n medru ymddangos.

> Gair buddiol at bob galw yw,
> Geiriadur o air ydyw;
> Gair da, y gair gora'
> Yn Affrica i gyd yw WMGAWA.[15]

Mae Gwyn Thomas yn mynd i'r afael eto â'r deuoliaethau sy'n nodweddu America yn 'Parrot Carrie Watson', cerdd yn adrodd hanes yr aderyn cwrtais, parablus, apelgar a ddefnyddid yn Ffair Fawr y Byd, Chicago (1893), i ddenu dynion i mewn i babell a oedd yn ddiniwed yr olwg ond a gysgodai buteindy heb ddim ond merched duon ar gael ynddo:

> Hyd y gwyddys, felly, hwn –
> Yn Ffair Fyd fawr Chicago –
> Oedd yr ornitholegol bimp
> Cyntaf y gŵyr hanes dynoliaeth amdano.[16]

Hwyrach mai Gwyn Thomas oedd yr awdur Cymraeg cyntaf o bwys i werthfawrogi diwylliant poblogaidd America, ac yn hynny o beth roedd yn rhagflaenu cenhedlaeth gyfan o awduron a pherfformwyr Cymraeg, fel y dengys Simon Brooks yn ei bennod yntau. Ymhellach, rhannai Gwyn Thomas ddiddordeb arbennig llawer o Gymry Cymraeg ifainc y 1960au (gan gynnwys aelodau Cymdeithas yr Iaith) yn ymgyrchoedd heddychlon arwrol y bobl dduon, dan arweiniad Martin Luther King ac eraill, i sicrhau hawliau cymdeithasol cyfartal. A chan mai drwy gyfrwng y teledu'n bennaf y denwyd sylw'r byd at yr ymgyrchoedd hynny, roedd hi'n briodol iawn i Gwyn Thomas goffáu King drwy lunio gwaith hir, amlgyfrwng i'w ddangos ar deledu Cymru i gofnodi dioddefiadau'r duon yn America o gyfnod y gaethglud i'n cyfnod ni. Yn *Cadwynau yn y Meddwl*, cydblethir barddoniaeth â darnau o hen fwletinau newyddion, ffilmiau'n dangos bocswyr duon yn ymladd, ac emynau Negroaidd i fynegi ing yr ymdrech a'r dioddef a gyrhaeddodd ei benllanw pan lofruddiwyd Martin Luther King.[17] A'r hyn sy'n ddiddorol yw bod y cynhyrchiad modern arloesol hwn am un o wŷr amlycaf yr Unol Daleithiau yn ymdebygu, o ran naws a phatrwm a rhythm, i gyrddau efengylaidd Cymru mewn oes a fu. Hynny yw, llwydda Gwyn Thomas i led awgrymu fod cydberthynas (eithr o bell yn unig, wrth gwrs) rhwng hanes darostyngiad y Cymry a hanes dioddefaint arswydus y bobl dduon; ac felly fod gan y Cymry gydymdeimlad byw ag ymgyrchoedd y duon, cydymdeimlad â'i wraidd yn y wleidyddiaeth radicalaidd y rhoddodd hanes dioddefus y werin Gymraeg fod iddo.

Gwyn Thomas, felly, oedd un o'r awduron Cymraeg cyntaf i ddwyn perthynas â'r Unol Daleithiau drwy ddefnyddio'r union gyfryngau a briodolir bellach i'r taleithiau, sef cyfrwng ffilm a theledu. Ond, fel y dengys Jerry Hunter yn ei bennod ef yn y gyfrol hon, rhaid mynd yn ôl ddegawdau os am adnabod yr awdur Cymraeg cyntaf i gynnig inni'r olwg ar America sy'n cynganeddu orau ag ymateb awduron ein cyfnod ni. T. H. Parry-Williams yw'r awdur hwnnw, ac yn yr ysgrifau a'r cerddi sy'n ymwneud â'i deithiau i'r Unol Daleithiau mynegir profiadau sydd, mewn aml i ffordd, yn rhagfynegi profiadau Iwan Llwyd, Robert Minhinnick a theithwyr aflonydd eraill. Roedd Parry-Williams yn deithiwr o argyhoeddiad, a hynny i raddau am fod pob teithiwr yn gorfod ufuddhau i egwyddor ansicrwydd ac o'r herwydd yn ymgydnabod â mympwyoldeb bywyd yn ei hanfod. Trwy deithio llwyddai i ymddihatru oddi wrth y sicrwydd a'r pendantrwydd sylfaenol a geid yn y traddodiad Anghydffurfiol (ac a fynegid, eithr ar ffurf wahanol, yn null clasurol Saunders Lewis o lenydda). Un ffordd o wneud hynny oedd drwy bwysleisio chwaraegarwch serendipaidd bywyd – a dyna pam, wrth gwrs, y smaliai mai 'rhigymau' ac nid 'cerddi' barddonol a ysgrifennai ef. Ffordd arall oedd drwy wyrdroi'r syniad am 'Ragluniaeth', ac awgrymu fod deddfau materol annirnad ac anghaffael yn pennu'n rhawd. I'r deddfau hynny, er enghraifft, y priodolir y ffaith y gallai ef, ar ymweliad â Chicago, fod yn troedio, yn ddiarwybod iddo, ryw fan lle bu camre'i frawd.

Am siglo'r sylfeini yr oedd Parry-Williams, a pha le gwell i wneud hynny nag yn yr Unol Daleithiau? Crynhoir nifer o brif themâu y 'Rhigymau Taith' yn y gerdd 'Niagara':

> 'Roedd enfys fore ar y tawch a'r stŵr
> Yng ngwynder dymchwel disgynfa'r dŵr,
>
> A'm llygaid innau'n ei chael yn eu tro
> Yn 'sgytwad na chollir o gorff na cho'.
>
> Ysigol yw gwyrthiau'r ddaear ar ddyn
> Pan fo hwnnw ar daith gydag ef ei hun.[18]

Yma, yn ôl ei arfer, mae Parry-Williams yn mabwysiadu confensiynau cyfarwydd y beirdd Rhamantaidd (yr enfys fore; rhyfeddodau byd natur yn cael eu serio ar y cof) ond yn eu tanseilio drwy eu defnyddio i gyfeiriadau cwbl groes i'r arfer. Am ddadysbrydoleiddio'r cread y mae ef. Ac yn wir mynn, yn ei ffordd chwareus, nad yw dyn ei hun fawr mwy na chorff, fel yr awgrymir pan yw'n sôn yn gellweirus am y modd y mae ei lygaid yn derbyn ''sgytwad na chollir o gorff na cho''. Ymhellach, awgryma fod dyn yn ymddieithrio oddi wrtho ef ei hun pan yw'n teithio; bod atom ei hunaniaeth, megis, yn cael ei hollti, a bod hynny'n geni rhyw ymwybyddiaeth newydd sydd yn gynhyrfus ond hefyd yn annifyr. Fel y dywed mewn man arall: 'Nid wy'n byw / Un amser nac yn unlle'n gyfan oll: / Mae darn o hyd ar grwydyr neu ar goll' (t.43). Ac os taw ystyr bro iddo ef oedd cynefin a gynhwysai, ac felly a gyfannai, y darnau i gyd ('Mae darnau ohonof ar wasgar hyd y fro', t.147) apeliai anferthedd America ato am ei fod yn medru bod yn Gymro ar wasgar yno *heb* orfod ceisio ymgyfannu.

Yr hyn sy'n peri arswyd i'r bardd yn 'Niagara' yw '[g]wynder dymchwel disgynfa'r dŵr', a hynny am y gwêl yn y rhuthriad hwnnw enghraifft frawychus o fateroldeb dieneiniad y cread. Fel y dywed mewn cerdd arall, 'Daear yw'r cyfan': dyna'r weledigaeth ysgytwol a gafodd yn y Grand Canyon, pan sylweddolodd fod ffurfiau holl '[d]emlau pinaglog crefyddau'r byd' i'w canfod yng nghreigiau gogoneddus, gwatwarus yr 'agen ddofn'. Sylweddolodd fod yn rhaid creu geirfa newydd i fynegi'r weledigaeth newydd hon, a bathodd y gair 'creigiogrwydd' (sy'n rhyw fath o wyrdroad o'r gair 'euogrwydd') i arwyddo'r canfyddiad.

Mae'r modd yr ymatebai Parry-Williams i'r Unol Daleithiau'n cyfateb, mewn sawl ffordd awgrymog, i ymatebion dwysaf awduron ein cyfnod ni i'r wlad honno; a'r ffordd orau o ddangos hynny yw drwy osod y gerdd 'Nebraska' ochr yn ochr â'r sylwadau trawiadol a geir yn *America* (1986), traethawd myfyrgar telynegol gan y cymdeithasegydd Ffrengig dylanwadol Jean Baudrillard:

> Chwythed y peiriant y mwg o'i gorn
> Dros y gwastadeddau indian-corn,
>
> Gan leibio'r dwyrain i'w grombil tân,
> A hollti'r pellterau ar wahân,
>
> I mi gael cyrraedd rhyw dir lle mae
> Rhywbeth i'w weld heblaw gwlad o gae. (t.85)

Mae gyrru fel hyn (ar draws anialdiroedd America) yn creu math o anweledigrwydd, tryloywder, neu drawslinedd ym mhopeth, dim ond drwy eu dadberfeddu. Mae'n fath o hunanladdiad arafsymudol, marwolaeth drwy leihau ffurfiau . . . Nid rhywbeth tyfiannol yw cyflymdra. Mae'n nes at fyd y mwynau . . . Defod yw cyflymdra sy'n datgelu cyfrinach y gwacter eithaf inni: awydd hiraethlon ydyw am i ffurfiau lithro i'r llonyddwch mawr yn ôl.

Yn nyfnderoedd ei bod, cymdeithas yr Unol Daleithiau, er gwaethaf ei holl eangderau, ei chlyfrwch technolegol, [a'i] chydwybod dda ddi-lol . . . yw'r *unig gymdeithas gyntefig sydd ar ôl* . . . Mae presenolrwydd y gymdeithas hon yn mynd â gwynt rhywun, ond oherwydd nad oes ganddi unrhyw ymwybyddiaeth o orffennol a'i galluoga i werthuso'r presennol hwn, mae'n gyntefig iawn yn y bôn . . . Math ysblennydd o goll cof yw gyrru (yn America). Yno mae popeth i'w ddarganfod, a phopeth i'w ddileu . . . Yr eiliad tyngedfennol yw'r eiliad creulon hwnnw pryd y sylweddolir nad oes diwedd i'r daith, nad oes unrhyw reswm mwyach paham y dylai ddirwyn i'w therfyn . . . Mae'r ymsymudiad hwnnw sy'n symud drwy'r gofod o'i wirfodd yn newid i amsugnad gan ofod ei hun . . . yn union fel sy'n digwydd yn achos peiriant jet: nid yw hwnnw'n ymdreiddio'n rymus i'r gofod ond yn hytrach yn symud drwy greu gwactod o'i flaen sy'n ei sugno.[19]

Ymdrech ofer yw holl brysurdeb gwyllt cymdeithas yr Unol Daleithiau, yn nhyb Jean Baudrillard, i wrthbrofi'r gwirionedd mawr gwaelodol a ddatguddir yn nhirweddau swrrealaidd America; sef nad oes nac ystyr nac arwyddocâd i fywyd dynol. Gwêl ef hyn orau yn Salt Lake City, lle saif dinas orlandeg, ordrefnus gerllaw y llyn marw a ddisgrifiwyd mor arswydus o dda gan T. H. Parry-Williams:

– Dyfroedd diffaith, rhyw fôr o lyn
Sy'n swrth gan heli, a'i 'sborion gwyn

Yn cras gramennu ar garreg a choed,
Yn nod y glythineb halltaf erioed,

Nes ei wneuthur trwy gydol blynyddoedd hir
Yn fôr diarddel mewn anial dir. (t.84)

Un o hoff brofiadau T. H. Parry-Williams yn ddyn ifanc oedd teithio ar gefn ei fotor-beic, *KC16*, ar hyd lonydd Cymru: 'Y mae'r ffordd oddi tanodd a'r gwrychoedd o boptu yn troi'n rhwyllwaith dyrys o linellau cyfochr . . . Ni allaf ddisgrifio'r teimladau annaearol a brofir ar ei gefn ar nos dywyll, a'r golau tanbaid ar y blaen. Eisteddir megis yn y cyswllt rhwng canol dydd a chanol nos, a phopeth yn gwibio o'r nos i'r dydd ac yn ôl i'r nos.'[20] Rhywbeth tebyg yw apêl motor-beic i Iwan Llwyd, fel yr awgrymir yn ei gerdd yn canu clodydd yr Harley Davidson, ac felly nid yw'n syndod mai ganddo ef y cafwyd, yn ein cyfnod ni, gyfrol o gerddi am ''Mericia' sy'n cyfateb, ar sawl golwg, i gyfrol T. H. Parry-Williams o rigymau taith. Wedi'r cyfan, mae America'n apelio'n fawr at bob creadur aflonydd, gan mai hi yw gwlad symudoldeb. Gwelir hyn hyd yn oed yn y modd y mae ystyr un o ddiarhebion mwyaf cyfarwydd yr iaith Saesneg yn cael ei droi o chwith yn yr Unol Daleithiau. Ystyr 'a rolling stone gathers no moss' i'r Sais yw mai drwg o beth yw symud o un lle i'r llall ar hyd yr amser, am nad yw hynny'n rhoi cyfle i ddyn ymgartrefu'n iawn yn ei gynefin. Ond ystyr i'r gwrthwyneb sydd i'r un ddihareb yn yr Unol Daleithiau, sef mai da o beth yw i ddyn barhau i symud yn gyson, am fod hynny'n ei atal rhag pydru byw yn ei unfan. Mae'n briodol, felly, mai cyfrol am deithio'n aflonydd o amgylch yr Unol Daleithiau yw *Dan Ddylanwad*.

Ni fyddai'n briodol i mi drafod y llyfr yn fanwl yn y fan hon, gan fod Jerry Hunter yn rhoi sylw arbennig iddo yn ei bennod ef. Digon am y tro, felly, yw sylwi fod Iwan Llwyd wedi llwyddo i lunio cyfrol amlweddog sy'n mynegi amwyster agwedd y Gymru gyfoes at yr Unol Daleithiau. Profwn y blas a gaiff yr awdur wrth ddwyn atgofion hiraethus am y rhyddid dilyffethair a arwyddir gan 'Route 66', y lôn chwedlonol sy'n rhedeg o naill ben y cyfandir i'r llall; ond hefyd rhannwn ei siom o ddarganfod, wrth ymdeithio ar hyd y lôn honno, fod y breuddwyd yn troi'n ddim ond 'nosweithiau effro mewn motels llychlyd'. Sonnir droeon yn y gyfrol am ramant cyfnod a fu – cyfnod canu'r felan, y 'blues', cynnar yn New Orleans neu'r adeg pan oedd Nashville yn ei anterth a '[ph]awb yn credu breuddwyd roc a rôl' – ond cydnabyddir hefyd nad yr un yn union yw'r breuddwyd a'r realiti: 'am y fan lle cynhaliwyd yr ŵyl,' medd Iwan Llwyd ar ôl ymweld â threflan Woodstock, 'doedd dim sôn: / "Mae o dros 60 milltir i lawr y lôn"' (t.23). Cyfaddefir mai gwlad yr addewid yn wir oedd yr Unol Daleithiau i'r miliynau o ffoaduriaid o Ewrop a laniodd yn Ellis Island, ond cofir hefyd am y bobl dduon a gludwyd yn eu tyrfaoedd i America yn gwbl groes i'w hewyllys, ac am yr Indiaid cochion a ddifawyd bron yn llwyr wrth i'r bobl wynion ymledu'n ddiatal ar draws y cyfandir.

Ymhlith yr holl ymatebion croes i ''Mericia' a geir yn *Dan Ddylanwad*, efallai mai'r ymateb mwyaf arwyddocaol, ar sawl cyfrif, yw hwnnw a geir yn y gerdd sy'n sôn am ymweld â 'Cymry Philadelphia'. Yno, ar ôl nodi fod y Cymry, yn gwbl groes i'r Eidalwyr a'r Gwyddelod, wedi ymdoddi'n ddi-sôn-amdanynt i gymdeithas gymysgryw yr Unol Daleithiau nes diflannu o'r golwg bron yn llwyr, mae Iwan Llwyd yn gorffen ar nodyn herfeiddiol o orfoleddus:

> 'rwyt ti'n gyrru fel Philadelphian'
> ac wrth i mi roi nhroed lawr
> ar y Freeway am y de,
> mae'r iaith yn cadw cwmni,
> yn stopio i gael coffi 'to-go'.
> yn gyrru drwy'r nos:
>
> wneith hi ddim aros yn llonydd
> a'i phen yn ei phlu: mae hi berchen y lôn
> yn ei hawlio hi,
> ac yn gadael hen eiriau fel hiraeth a Chymry-ar-wasgar
> yng nghanol y sbwriel siopa ym Mala Cynwyd. (tt.24–5)

Yn y llinellau bywiog hyn datgelir un olwg ar America sy'n nod-weddu diwylliant Cymraeg ein cyfnod ni; sef y gred fod y Gymraeg a Chymreictod yn llwyr abl i ddal eu tir yn erbyn pob her a ddaw o gyfeiriad y wlad lle y gwelir y gweddau eithaf ar y byd modern. Wedi'r cyfan, os cipiodd yr Unol Daleithiau ein Dylan Thomas oddi wrthym, a'i droi'n Bob Dylan, yna fe lwyddom ninnau, yn ein tro, i ddalu'r pwyth yn ôl drwy herwgipio Bob Dylan a'i droi'n Bob Delyn.

Does dim rhyfedd, felly, fod Iwan Llwyd yn cychwyn *Dan Ddylanwad* drwy ddatgan: 'ar fore o Fai / dwi'n hedfan o Fanceinion / efo Bob Delyn yn fy mhen' (t.13).

* * * *

Y tro diwethaf imi lanio ym maes awyr enfawr O'Hare, ger Chicago, fe'm siomwyd ar yr ochr orau; oherwydd yno, ymhlith y llu o ymadroddion cyfarch ym mron pob iaith dan haul sy'n croesawu'r ymwelydd, fe welais y gair bach cartrefol 'Croeso'. Ac wrth reswm, fe'm cyfareddwyd. Teimlais am funud fod America fawr yn fy nghyfarch i yn fy iaith fy hun. A dyna ran bwysig o apêl yr Unol Daleithiau, wrth gwrs, sef ei bod yn ein cymell ni rywsut i'w hamgyffred hi yn ein ffordd arbennig ein hunain. Carreg ateb o wlad yw'r Taleithiau Unedig ar un ystyr. Pan yw Richard Gere yn holi beth yw enw Julia Roberts yn y ffilm enwog *Pretty Woman* (1990) yr ateb a ddaw yw: 'What would you like it to be?'

Mae gan yr Americanwyr hwythau, yn eu tro, eu syniadau Americanaidd rhamantus am Gymru, a rhoddir sylw i rai o'r rheini gan Charles W. Sullivan yn ei gyfraniad ef i'r gyfrol hon. Ymhellach, ceir pennod ddiddorol gan Geraint Roberts am y gweddau Cymreig ar bensaernïaeth Frank Lloyd Wright. Ond fel yr awgrymwyd ar ddechrau'r bennod hon, prif bwnc y llyfr yw'r moddau gwahanol y mae'r Cymry Cymraeg wedi ymddiddori yn America yn yr ugeinfed ganrif, a phriodol felly fyddai i fi orffen drwy sôn am un enghraifft arbennig o'r ffordd y bydd y Cymry'n mynd â Chymru gyda nhw pan fyddant yn ymweld â'r Unol Daleithiau.

Yn gymharol ddiweddar bu farw Rachel Mary Davies, un o gymeriadau mwyaf lliwgar ardal Gorseinon, ac fe gafodd hi angladd teilwng iawn, a saith o weinidogion yn bresennol ynddo. Roedd hi'n fenyw ddeallus, hynod lengar, ond yn ifanc bu'n gaeth i'w chartref am flynyddoedd am ei bod yn gofalu am ei mam yn gyntaf ac yna ei thad. Dim ond ar ôl iddo ef farw y cafodd hi'r cyfle i gael ei hyfforddi fel athrawes, i fynychu dosbarthiadau nos (gan gynnwys rhai a gynhelid gan Waldo) ac i deithio fel y mynnai. Ac fe fanteisiodd ar y cyfleon hynny hyd eithaf ei gallu – yn wir, parhaodd i deithio pellteroedd daear yn awchus tan iddi gyrraedd ei phedwar ugain. A'r cariad mawr arall oedd ganddi oedd capel bach Seion Waungron. Llond dwrn yn unig o bobl oedd yn mynychu'r achos, a byddai Rachel Mary'n eu ffonio nhw'n gyson bob nos Sadwrn i sicrhau eu bod nhw'n dod i'r cwrdd fore Sul. Felly ni synnwyd Jac Jones, Pengelli, pan gododd y ffôn ryw nos Sadwrn a chlywed llais Rachel Mary yn ei orchymyn yn ôl ei harfer: "Nawr cofiwch, Jac, mae'n gwrdde mawr yn Seion fory, a 'rwy'n dishgwl ichi fod 'co.' 'Iawn, iawn, Rachel Mary', medde Jac, 'fe'ch gwela'i chi 'na'. 'Wel na, ddim y tro 'ma, Jac,' oedd yr ateb annisgwyl. 'Pam?' medde Jac yn syn, gan ofni fod rhywbeth mawr o'i le: 'fyddwch chi ddim 'na, 'te?' 'Wel na, alla'i ddim, chi'n gweld', medde Rachel Mary, 'achos 'rwy'n ffonio o Chicago'.

Cadwed Chicago ei Al Capone, felly; a'i Murray the Hump; a'i Auntie Henrietta; a'i Frank Sinatra hefyd, o ran hynny. Am un person yn unig y byddaf i'n meddwl, pa bryd bynnag y byddaf yn agos i'r lle. A Rachel Mary yw'r person hwnnw.

Nodiadau

[1] 'Cân fy hunan' (sef cyfieithiad o gerdd Walt Whitman, 'Song of Myself'), M. Wynn Thomas (gol.), *Dail Glaswellt* (Caerdydd, 1995), 35.

[2] William Davies Evans, *Dros Gyfanfor a Chyfandir, Hanes Taith o Gymru at Lanau y Môr Tawelog ac yn ôl, trwy brif Dalaethau a Thiriogaethau yr Undeb Americanaidd* (Aberystwyth, 1883), 33.

[3] Y Parchedig John Parry (gol.), *Encyclopaedia Cambrensis: Y Gwyddoniadur Cymreig*, Cyfrol 9 (Dinbych, 1877) rhwng 716 a 717.

[4] Trafodir perthynas Cymru ag America yn y canrifoedd a fu, ynghyd â nifer o agweddau pwysig eraill ar y berthynas rhwng y ddwy wlad, yn y llyfrau canlynol: David Williams, *Wales and America* (Caerdydd, 1948); William D. Jones, *Wales in America: Scranton and the Welsh, 1868–1928* (Caerdydd, 1993); Gwyn A. Williams, *Madoc: The Making of a Myth* (Llundain, 1979); Gwyn A. Williams, *The Search for Beulah Land: The Welsh and the Atlantic Revolution* (Llundain, 1980); A. Conway, *The Welsh in America* (Caerdydd, 1961); Hywel Teifi Edwards, *Eisteddfod Ffair y Byd, Chicago, 1893* (Llandysul, 1990); E. G. Hartmann, *Americans from Wales* (Boston, 1967); 'Looking Towards America (and back)' (rhifyn arbennig o *The New Welsh Review*, Cyf.VIII–IX (Gwanwyn 1996), 32).

[5] Iwan Llwyd, *Dan Ddylanwad* (Bodedern, 1997), 14.

[6] F. Scott Fitzgerald, *The Great Gatsby* (Harmondsworth, 1963), 187–8.

[7] Joseph Heller, *Catch-22* (Llundain, 1962), 325–6.

[8] Herman Melville, 'Hawthorne and his Mosses', yn R. W. B. Lewis (gol.), *Herman Melville: Stories, Poems and Letters* (Efrog Newydd, 1962), 42–3.

[9] Aralleiriad o sylw a wneir yn 'Hawthorne and his Mosses', 47.

[10] Waldo Williams, 'Cân Bom', *Dail Pren* (Aberystwyth, 1957), 86.

[11] D. Gwenallt Jones, *Gwreiddiau* (Llandysul, 1959; argraffiad 1975), 84–5.

[12] Pennar Davies, *Anadl o'r Uchelder* (Abertawe, dim dyddiad).

[13] Bobi Jones, 'Y Gêm', *Taliesin*, 10 (Gorffennaf 1965), 17.

[14] Gwyn Thomas, *Symud y Lliwiau* (Dinbych, 1981), 15.
[15] Gwyn Thomas, *Wmgawa* (Dinbych, 1984), 16.
[16] Gwyn Thomas, *Am Ryw Hyd* (Dinbych, 1986), 47.
[17] Gwyn Thomas, *Cadwynau yn y Meddwl* (Dinbych, 1976).
[18] *Casgliad o Gerddi T. H. Parry-Williams* (Llandysul, 1987), 77.
[19] Chris Turner (cyf.), Jean Baudrillard, *America* (Efrog Newydd, 1988), 8–11.
[20] J. E. Caerwyn Williams (gol.), *Casgliad o Ysgrifau T. H. Parry-Williams* (Llandysul, 1984), 5.

2

Mae'n Wlad i Ni

GWYN THOMAS

Mae'n wlad i mi, mae'n wlad i chi – America. Y 'chi', yn yr achos hwn, ydi pobol Cymru, Lloegr, Ffrainc, Sbaen, Rwsia ac ymlaen ac ymlaen. Meddyliwch am hyn: cyfaill imi o swolegydd yn dweud ei fod, gyda'i waith, yn un o goedwigoedd yr Amazon rai blynyddoedd yn ôl, ac yn dod i lain agored lle'r oedd rhai o bobol encilgar y fforestydd mawrion yn byw; a beth a glywai yn fan'no ond pêr-leisio Elvis Presley. Dyna inni amcan am faint o wlad ydi America.

Ymhle y mae America? I mi mae hi'n dechrau mewn sinc, gwyrdd, sef gwneuthuriad pictjiwrs ym mro fy mebyd, Blaenau Ffestiniog, sef y Park Cinema, a rhwng muriau craciog y pictjiwrs arall, y Forum. Mae hi'n dechrau gyda deniadau fel cowbois prynhawn Sadwrn, Johnny Mack Brown, Dick Foran a Roy Rogers; gyda digrifwyr fel Laurel an' Hardy, a digrifwyr(!) fel y Three Stooges ac Abbot a Costello; gyda chwedlau parhaus y ceid penodau ohonynt yn wyth-nosol, chwedlau am Flash Gordon, Batman ac arwyr eraill; gyda chartwnau Mickey Mouse a Donald Duck a Mighty Mouse, a Snow White a Pinocchio; a chyda choedwigoedd trofannol y stiwdios lle y swingiai Tarzan, y troediai Jungle Jim mewn clampiau o esgidiau mawr, ac y gwibiai Sabw. Seliwloid o wlad!

Saesneg oedd iaith y wlad; ac eto nid Saesneg oedd hi chwaith. Yn fy mebyd i yr oedd yna rywfaint o Wynedd oes ein tywysogion yn dal gafael yn gyndyn yn ysgythredd y mynydd-dir ac yr oedd yna, rywle ym môn y gymdeithas oedd yn byw yno, amheuaeth o Saeson ac o'u Saesneg. Ond doedd iaith America ddim yn rhan o'r un hanes, a dyna pam yr ydw i, yn amlach na heb, yn cyfeirio ati fel Americaneg, a dydi'r Americaneg ddim yn cario'r un beichiau diwylliannol â'r Saesneg.

Roedd gan rai yn ardal fy mebyd berthnasau yn America – yn y cyswllt hwn mae 'Utica' yn canu clychau yn fy meddwl. Roedd y rhain 'wedi'i gwneud hi'n dda', yn aml yn gyfoethogion – na chofiodd am eu tylwyth yn yr hen wlad yn eu hewyllysiau. Ond gyda'r Ail Ryfel Byd, 1939–45, a dyfodiad America i rcngocdd y Cynghreiriaid, wele Americanwyr go-iawn yn cyrraedd ac yn troedio'n strydoedd. Sefydlwyd gwersyll i filwyr o America yng Nghwm Mynhadog ('Roman Bridge' ar lafar). Roedd y milwyr, at ei gilydd, 'yn fwy na ni', ac, at ei gilydd, yn 'hogiau clên'. Daeth chwedlau i'm clustiau yn yr ysgol bach: yr oedd Americans yn taflu hanner c'ronau a tjiwing-gym i blant yr ardal gyda'r nosau. A daeth rhai chwedlau rhyfeddach, am griw o'r ardal yn mynd i Roman Bridge i dueddau'r gwersyll yn yr haf, at yr afon lle'r oedd American-wyr yn nofio, a dyma un yn gofyn (yn ei Americaneg) i'm cyfeillion, 'Hogiau, 'fuasech chi'n hoffi gweld sybmarîn?' Ni fyddai yna'r un dim y byddai'n well gan yr hogiau ei gweld na sybmarîn. 'Iawn'. A dan y dŵr â'r milwr. Yna, dyma beriscop o bidlan yn codi, fel Caledfwlch, o'r dyfroedd a gwawr o adnabyddiaeth yn dod i lygaid rhai oedd yn ddigon cyfarwydd â pherisgopau o'u gweld ar y newyddion a ddangosid yn y pictjiwrs! Ac wedyn yr oedd yna sibrydion oedolion a dueddai i bylu ar ddyfodiad plant a oedd, yr oeddem ni'n rhyw dybio, yn ymwneud â gweithgareddau 'perisgopaidd' braidd yn wahanol i'r un sybmarinaidd.

Ar ryw olwg mae amryw nad ydyn' nhw ddim yn Americanwyr yn 'darganfod' America. Dydi'r darganfod ddim yn anodd gan fod y 'wlad' o'n cwmpas ni gymaint, ac wedi bod felly'n gynyddol am ganrif a mwy. Wrth sôn am ddarganfod, yr hyn yr ydw i'n ei feddwl, yn fy achos i, yw na chefais i mo f'addysgu am America; yr oedd fy addysg i'n dra Ewropeaidd. Hyd y cofiaf, yn yr ysgol yr oedd yna rywfaint o sôn am y lle yn rhai o'm gwersi Daearyddiaeth, a dyna ni. Yn y brifysgol, mae gen i gof am ddilyn un cwrs am hanes America, ond, 'chafodd hynny fawr o argraff arnaf. Roedd rhai nofelwyr Americanaidd yn rhan o gwrs Saesneg ar 'Y Nofel' a ddilynais. Darllenais sbelan o Henry James, ond yr oedd hwnnw mor droellog ei fynegi nes ei fod o yn y rhan fwyaf o'i lyfrau – yn fy marn i, yr adeg honno – yn tueddu i'w lethu ei hun, a'm llethu innau. Yr eithriad i hyn oll oedd ei stori ysbryd wirioneddol drawiadol, *The Turn of the*

Screw, yr unig stori ysbryd sy'n sefyll i'w chymharu â storïau ysbrydion M. R. James.

Ond yr oedd yna un nofel ar y cwrs hwnnw a gafodd argraff fawr arnaf fi, sef *Moby Dick*. Gofynnodd rhywun i T. H. Parry-Williams un tro pa weithiau y byddai o'n mynd â nhw gydag o i ynys bellennig; roedd *Moby Dick* yn un o'r gweithiau a ddewisodd. Does fawr ryfedd; mae hi'n gefnfor o nofel, yn un y mae ei dyfnderodd o ystyr wedi parhau gyda mi dros y blynyddoedd. Yn ei nofel mae Herman Melville yn barod i wynebu materion sydd yn ysgrythurol o ran eu haruthredd. Mae geiriau'r hen Gapten Ahab, ac yntau'n crwydro'r moroedd yn ei ymchwil ddiorffwys am y morfil mawr gwyn yn dal gyda mi:

> Is it I, God, or who, that lifts this arm? But if the sun move not of himself; but is as an errand-boy in heaven; nor one single star can revolve, but by some invisible power; how then can this small heart beat; this one small brain think thoughts; unless God does that beating, does that thinking, does that living, and not I. By heaven, man, we are turned round and round in this world, like yonder windlass, and Fate is the handspike. And all the time, lo! that smiling sky and this unsounded sea! (t.466)

Yn Adran y Gymraeg, yng Ngholeg y Gogledd, Bangor, fe gyfeiriai John Gwilym Jones ein sylw, yn ei ddosbarthiadau ar ddrama, at rai dramâu Americanaidd hefyd – bendith arno. Ond wedi dweud hyn, fe welir na ddaeth fawr o America i mi o'm haddysg. Fe ddaeth i mi, fel i'r rhan fwyaf ohonom ni, bron o'r awyr yr ydym ni'n ei hanadlu.

Oedwn ennyd gyda'i llên. Nid yma y mae'r brif America i mi. Rwyf wedi darllen (nid astudio) pethau gan yr enwau mawr, yn nofelwyr a beirdd a dramodwyr, ond – gydag eithriadau – heb wirioni arnynt. Yr argraff sydd gen i (a phwysleisiaf mai argraff ydi hi) ydi fod llawer o lenyddiaeth y wlad, fel y dywedir bod llawer o'i phoblogaeth hi, yn rhy flonegog. Mae yna, i mi, ormod o wmffiau o eiriau mewn llawer o'r gweithiau. Ond, wedyn, y rhyddid i wneud hyn, i beidio ag edrych ormod dros eu hysgwyddau, i fod yn eneidiau rhydd yw cryfder awduron llenyddiaeth America. Er hyn, ar wahân i'm Herman Melville hoff, 'fuaswn i ddim yn cael fy nhemtio i fynd â llawer o'i llenyddiaeth gyda mi mewn detholiad cyfyng i unrhyw ynys bellennig. Yr hyn sy'n dod gliriaf i'm cof wrth geisio meddwl am y pethau hyn ydi rhai o synwyriadau cryfion William S. Burroughs a rhai llinellau o 'Howl' Allen Ginsberg, dau y byddai – yn ôl pob sôn – gofyn eu pilio oddi ar y nenfwd, lle y dyrchafent yn ysbeidiol dan ddylanwad pob mathau o gyffuriau mwy ffrwydrol na'i gilydd. Mae rhinweddau sbladdar o eiriau'n amlycach na dim byd arall yn 'Howl', mae yna ryw ddisgleirdeb llachar a phwerus iawn yn y dweud:

> I saw the best minds of my generation destroyed by madness,
>   starving, hysterical naked,
> dragging themselves through the negro streets at dawn
>   looking for an angry fix,
> angelheaded hipsters burning for the ancient heavenly
>   connection to the starry dynamo in the machinery of night . . .(t.9)

Uwchlaw popeth, y mae *pethau* dinasoedd, pethau'r ugeinfed ganrif, yn hydreiddio'r gerdd ac yn hydreiddio dychymyg y bardd. I mi, yr oedd, ac y mae, hyn yn ddeniadol iawn; dyma rywun sydd wedi teimlo rhywbeth i'r byw mewn dinasoedd a chanddo'r geiriau i ddweud am hynny. I un yn byw mewn gwlad y mae iddi hi gymaint o orffennol, cymaint o draddodiad, cymaint o'r amaethyddol â Chymru – ac mae gen i lawer iawn, iawn i'w ddweud wrth y pethau hyn oll – roedd llenyddiaeth fel yna'n dangos posibiliadau cyffrous. Rydw i'n dweud hyn er fy mod i'n argyhoeddedig nad oes gan 'betheuach' llenyddiaeth – pa un ai dinas sy'n gefndir iddi neu'r wlad neu ba beth bynnag – ddim oll i'w wneud â'i mawredd hi.

Ond cyn Ginsberg roedd eraill, roedd Ezra Pound, roedd T. S. Eliot. Am reswm da dydi'r ddau hyn ddim yn fy nharo i fel Americanwyr; yr oedden' nhw yn gymaint o Ewropeaid nes bod hynny'n tynnu peth o'r America ohonyn' nhw. A rhaid i mi fy ngorfodi fy hun i feddwl am Eliot fel Americanwr. Dyma un y byddwn i, yn sicr iawn, yn ei ddewis fel fy hoff awdur o America. Un o'r pethau cyfareddol yn ei gylch o ydi fod dyn a oedd yn ei gyflwyno'i hun i'r byd mor barchus a siwtiog, mor an-Nylan Thomasaidd ac mor an-Allen Ginsbergaidd ag oedd modd, yn fwy o chwyldroadwr o ran techneg (sydd yn deillio, yn ei achos o, o deimlad) na'r ddau yna gyda'i gilydd. Mae'r egni sydd yn ei farddoniaeth hefyd yn taro'n chwithig, ar y dechrau, o'i gymharu â'i lais o'i hun yn darllen ei waith heb wthio teimlad iddo fo trwy berfformio. Mae llais yr hen Eliot yn dal i rygnu yn fy nghlustiau o hen recordiau cyflymdra 78 y byddwn i'n gwrando arnyn' nhw ers talwm:

> The wounded surgeon plies the steel
> That questions the distempered part;
> Beneath the bleeding hands we feel
> The sharp compassion of the healer's art
> Resolving the enigma of the fever chart.
>
> ('East Coker', t.20)

Yn ddiweddarach, yn enwedig wrth deithio yn y car rhwng Bangor a Chaerdydd, byddwn yn gwrando ar yr un llais yn adrodd darnau o 'The Waste Land', ac yn cael fy synnu drosodd a throsodd gan ddisgleirdeb llathr delweddau'r bardd, a chan y cyfoeth o adleisiau oedd yn gweu trwy ei eiriau:

> The Chair she sat in, like a burnished throne,
> Glowed on the marble, where the glass
> Held up by standards wrought with fruited vines
> From which a golden Cupidon peeped out
> (Another hid his eyes behind his wing)
> Doubled the flames of sevenbranched candelabra
> Reflecting light upon the table as
> The glitter of her jewels rose to meet it,
> From satin cases poured in rich profusion.
> In vials of ivory and coloured glass
> Unstoppered, lurked her strange synthetic perfumes,
> Unguent, powdered, or liquid – troubled, confused
> And drowned the sense in odours . . .(t.64)

Dydi rhywun ddim yn blino ar bethau fel yna.

Ond, fel y nodwyd yn barod, dydi'r geiriau ddim yn eiriau y byddai rhywun yn dweud wrtho'i hun 'Llais America' wrth eu clywed neu eu darllen. Rydw i'n meddwl mai mewn pethau llawer mwy 'poblogaidd' y mae clywed America. Mae'r llais yn llawer cliriach i mi yn Raymond Chandler, neu'n fwy clir fyth – am y rheswm syml fy mod i wedi bod yn gyfarwydd ag o am gymaint mwy o amser – yn Edgar Rice Burroughs. Tarzan ydi ei greadigaeth arbenicaf o. Mae gen i gof imi nodi o'r blaen fy mod i'n meddwl weithiau fod cymeriadau fel Tarzan, sydd yn apelio mor eang at ddychymyg llaweroedd – fel y mae Frankenstein neu Dracula – yn nes at y dychymyg a greodd ein Mabinogi ni na chymeriad mwy cyfewin lenyddol. Yn sicr, mae Tarzan yn rhan o hiliogaeth o arwyr sy'n perthyn i wylltineb y goedwig, arwyr sy'n cynnwys ein Myrddin ni. 'Delfryd negyddol' ydi Myrddin meddai un sylwedydd, R. Bernheimer; ymgorfforiad ydi o o'r ofnau a deimlai ein hynafiaid oedd yn fyw yn y coedwigoedd yng ngodreon eu cyfannedd, yr ofnau a droes yn fodolaeth, sef y Dyn Gwyllt o'r Coed. Fel sy'n digwydd weithiau, fe newidiodd y ddelwedd ei harwyddocâd gydag amser – yn y ddeunawfed ganrif, er enghraifft, gyda geni'r syniad o'r Anwar Anrhydeddus (*Noble Savage*). Bellach yr oedd y Dyn Gwyllt o'r Coed yn 'ddelfryd cadarnhaol', yn greadur oedd wedi cadw peth o ddiniweidrwydd cyntefig Eden, ac un a ddangosai esiampl dda i 'wareiddiad' dirywiedig. Mae Tarzan yn yr olyniaeth gadarnhaol hon.

Rydw i'n dynesu fwyfwy at hanfodion America i mi. Dynesu at fyd y ffilm. Ond cyn cyrraedd 'fan'no, mae'n rhaid sôn am nodwedd o America sydd lawn mor gyrhaeddgar ddylanwadol â'i ffilmiau, sef ei cherddoriaeth. Yn fy ieuenctid cynnar, y lleiswyr mewn bri mawr oedd rhai fel Frank Sinatra a Johnny Ray. Mae'n well gen i Sinatra heddiw na'r adeg honno. Doedd gen i fawr i'w ddweud wrtho fo na Johnny Ray na fawr un canwr arall yr adeg honno. Ond pan oeddwn i yn laslanc dyma Bill Haley a'i Gomedau'n sirioli'r ffurfafen, ac yna dyma'r Dyn ei Hun, Elvis Presley'n siglo i'n byd ni. Y gân gyntaf rydw i'n cofio'i chlywed gan Presley oedd 'Heartbreak Hotel'. Roedd o'n canu fel pe bai ganddo lond ei geg o letus, ond doedd hynny'n mennu dim ar ei apêl. Gallaf ddeall pam y mae yna, o hyd, griwiau o bobol (canol oed hwyr neu hen cynnar, fel finnau) yn hel at ei gilydd ar adegau i wisgo fel Elvisiau, i sôn am yr hen ddyddiau, i chwarae ei ganeuon ac i'w ddynwared. Mae'r holl beth yn chwithig a thrist a chwerthinllyd ar yr un pryd: ond dyna fel yr ydym ni. Mae'r byd a wnaethpwyd o Elvis Presley ar ei farwolaeth (fel y byd a wnaethpwyd o Diana yn ddiweddar) yn dangos mor agos yr ydym ni at yr Oesoedd Canol a chynt gyda'u cyltiau rhyfedd hwythau. Yr hyn sy'n syndod mewn oes sydd, meddir, am newid mor gyson â'r lleuad, ydi fod yr holl brofiad o wrando ar yr hen frawd, a'i weld o, yn dal mor gryf. Neu, efallai nad ydi o'n rhyfeddod o gwbwl, achos mae gennym ni heddiw ein dulliau gwyrthiol o gadw cofnodion mor fyw o bethau sydd wedi hen farw neu sydd wedi heneiddio a musgrellu. Ar draws y blynyddoedd rwyf wedi darllen nifer o lyfrau a ysgrifennwyd am Elvis ac am ei ddiwedd siabi. Yn Gymraeg y mae gennym ddywediad sydd, o'i ddweud mewn ffordd arbennig, yn rhyw led edmygus, sef 'dydi o ddim hanner call'. Felly Elvis: meddyliwch, mewn difrif, am Richard Nixon yn cyflwyno bathodyn iddo oedd yn ei wneud yn swyddog o'r Biwro Ffederal gyda Gofal am Narcoteg a Chyffuriau Peryglus! Neu meddyliwch am un o gyfeillion Elvis yn ei atgoffa o hambyrgyr arbennig o flasus oedd i'w chael gannoedd o filltiroedd o'i gartref yn Graceland, ac yntau wedyn yn penderfynu hedfan yno yn ei jet bersonol i brynu rhai o'r cyfryw hambyrgyrs. Dyma America. Ond roedd Elvis wedi ei fagu ar yr hen grefydd Gristnogol yn y De, a thua'i ddiwedd – yn ôl un o'i ffrindiau – roedd Elvis yn dyfynnu (fel yr oedd o'n medru dyfynnu) o'r Ysgrythur: 'Canys pa lesâd i ddyn, os ennill efe yr holl fyd, a cholli ei enaid ei hun?' Mae'r Gristnogaeth yna, hefyd, yn rhan o America.

Mae cerddoriaeth America wedi dal i ffrydio'n llanw enfawr dros y byd a gwneud ein pobol ifainc ni a phobol ifainc rhannau helaeth o'r byd yn fwyfwy Americanaidd. Fersiwn Jerry Lee Lewis o gân arbennig sy'n cyfleu hyn oll, efallai: 'Move over Beethoven'. Mae yna ddiffyg chwaeth anhraethol a chwerthinllyd yn hyn'na, ond mae yna rywbeth herfeiddiol ac iachusol-dwp ynddo fo hefyd.

Ond, i mi, yn anad unpeth, gwlad y ffilm ydi America. Gwlad ydi Cymru nad ydi hi ddim wedi llwyddo i gyflwyno ei harwyr a'i harwresau yn Gymraeg mewn dulliau poblogaidd – yn bennaf am fod gwneud hynny'n rhy ddrud, am 'wn i. Fe'u cyflwynwyd ar lafar ac mewn llyfrau ac, i ryw raddau, mewn caneuon; ond ddim ar ffilm. Yn blentyn, fe wyddwn i am Arthur ac Owain Glyndŵr – o glywed amdanynt ac o ddarllen amdanynt. Ond os oeddech chi'n gweld Errol Flynn fel Robin Hood, neu – yn well – yn gweld John Wayne neu Robert Mitchum fel arwr o gowboi, roedd yr arwyr-actorion hynny'n fwy 'presennol' i'r rhan fwyaf nag oedd arwyr y darllenid amdanyn' nhw. Trwy gyflwyniadau ffilm fe lwyddodd America i wneud ei hoes arwrol hi, sef cyfnod y Cowboi, yn rhan o'n hanes ninnau. Ac fe wnaeth hynny trwy lwyddo i ddweud storïau mewn dull hawdd i bawb ei amgyffred, dull sydd wedi ei sefydlu ei hun fel prif ddull chwedleua'r ugeinfed ganrif. I fwynhau chwedlau America doedd dim rhaid i rywun fod yn llythrennog ac, wrth ddechrau gwylio, doedd dim rhaid i rywun fedru iaith y chwedlau. Mae yna gannoedd o lyfrau sy'n dweud ac ail-ddweud nad fel y'u portreedir nhw mewn ffilmiau yr oedd yr arwyr cowbois go-iawn – nid fel y dangoswyd hynny mewn mwy nag un ffilm, er enghraifft, yr oedd hi yn yr OK Corral go-iawn. Fe wyddom bellach hefyd (oni ddarllenasom bethau fel *Bury My Heart at Wounded Knee* a gweithiau tebyg?) fod yr Indiaid Cochion a bortreedid, yn amlach na heb, fel anwariaid creulon am gyhyd yn ffilmiau America, wedi cael eu trin yn ddidrugaredd yn y byd go-iawn. Yn union fel y triniwyd pobol dduon yn yr un wlad, nes y daeth eu harwyr go-iawn hwythau, Martin Luther King a Muhammad Ali i ddechrau llacio'r cadwynau a fu'n eu dal cyhyd. Mae yna faterion sydd yn perthyn i ochor dywyll iawn y Byd Newydd. Ond nid ymdrin â hanes go-iawn (os oes y fath beth) yr oedd y rhan fwyaf o ffilmiau, ond troi hanes yn fytholeg, peth sydd yn gryfach na hanes go-iawn, a pheth sydd – trwy gydol y canrifoedd – wedi llunio meddylfryd pobloedd a chenhedloedd. Yn f'amgylchiadau arbennig i fy hun, roedd mytholeg y Cymry a'u hanes go-iawn yn ddylanwadau cryfion arnaf fi: dim ond un fytholeg arall ac un hen hanes arall a allai gymharu â mytholeg America, sef mytholeg a hanes yr Israeliaid.

Mae ffilm yn cyflwyno arwynebedd, ac os oes un peth y mae America wedi gwirioni arno uwchlaw pob dim, arwynebedd neu ymddangosiad ydi hynny. Mae yna ymadrodd cyffredin yn dweud na all y camera ddim dweud celwyddau. Mae yna ryw fath o wirionedd yn y dweud, ond mae'r un mor wir i honni nad oes yna fawr un ddyfais chwaith sy'n gallu dweud anwiredd cystal. Mae perswâd y camera'n eithriadol o gryf – dyna pam y mae cymaint o bobol yn cymryd yn ganiatol mai bywyd go-iawn ydi bywyd actorion operâu sebon. Mae mor gryf nes fy mod i'n credu fod yna bwrpas i ryw fath o sensoriaeth er mwyn lles cymdeithas, yn enwedig lle y mae ffilmiau'r dwthwn hwn yn y cwestiwn. Mae'r mater o ymddangosiad, ar y naill law, a bodolaeth arall nad ydi hi ddim yn rhan o'r ymddangosiad, rhyw fath o 'fywyd go-iawn' ar y llaw arall, yn un o gyfareddiadau pwysig America. Mae'r mater yn bod mewn gwledydd eraill hefyd, wrth reswm, ond y mae o, rydw i'n meddwl, yn fwy amlwg yn America nag yn unlle arall – fe fyddai Daniel Owen wedi cael tomen-nydd o ddefnydd ar gyfer ei fath ef o nofelau yn America. Fe wyddom i gyd fel y defnyddiwyd y ffilm i ddiddanu, i wneud i bobol anghofio eu trueni ac fel y daeth y ffilm, o dipyn i beth, yn gyfrwng hysbysebu, lle y mae ymddangosiad yn bwysicach na dim byd arall. Mae'n dra gwybyddus fod dulliau hysbysebu ar ffilm (a fideo) wedi symud i fyd gwleidyddiaeth. Fe 'hysbysebwyd' J. F. Kennedy i arlywyddiaeth America gan gyfryngau gweledol. Mae yna stori, arwyddocaol, am ddadl gyhoeddus rhyngddo fo a Nixon yn cael ei chyfleu i'r cyhoedd ar deledu a radio. Roedd y rhan fwyaf o'r rheini oedd yn gwrando ar y radio'n meddwl mai Nixon oedd wedi cael y gorau, a'r rheini oedd yn gwylio ar y teledu'n meddwl mai Kennedy a orfu. Pam hyn? Am fod Kennedy yn edrych yn well ac am ei fod yn fwy golygus na Nixon. (Y mae'r stori hon yn cofnodi peth o hanes amgyffrediad diwylliannol pobol yn yr ugeinfed ganrif. Mae gwrando, fel y mae darllen, yn weithgarwch mwy deallusol nag ydi gwylio-a-gwrando. Mae'r mwyafrif llethol ohonom ni wedi symud i fyd y gwylio-a-gwrando.) Ar ôl ei lofruddiaeth waedlyd y daeth y cyhoedd i wybod am wreica anniwall Kennedy, sef rhan o'r gwirionedd oedd y tu ôl i'r ymddangosiad dymunol a theuluaidd. Pa effaith y byddai'r wybodaeth honno wedi ei chael ar safle Kennedy pe bai wedi dod yn wybyddus yn ystod ei fywyd sydd fater i ddyfalu yn ei gylch.

Bu'r gwahaniaeth hwn rhwng ymddangosiad a bywyd go-iawn yn rhan o gyfaredd byd y ffilmiau, byd Hollywood, er yn gynnar yn ei hanes. Yn y 1920au, oni fu i Fatty Arbuckle, ffefryn y plant a'r comedïwr glân dymunol, gael ei gyhuddo o dreisio Virginia Rappe mewn parti gwyllt, trais y dywedir iddo achosi ei marwolaeth yn y man? Mae'r hyn a ddigwyddodd i Marilyn Monroe yn crynhoi mewn modd adfydus y gwahaniaeth rhwng yr ymddangosiad a'r bywyd go-iawn. Mae yna, am 'wn i, bortread lled-ochor cyrhaeddgar iawn o'i bywyd hi yn y ddrama *After the Fall* gan Arthur Miller, a fu'n ŵr iddi am gyfnod. At hynny, mae yna lu o lyfrau amdani hi sy'n ceisio datrys dirgelwch ei marwolaeth annhymig – a ddaeth â J. F. Kennedy a'i frawd Robert, aelodau un o deuluoedd mwyaf grymus America, eto i'r drafodaeth.

Ond un o'r hanesion tristaf y gwn i amdano lle mae'r gwahaniaeth rhwng yr ymddangosiad y gwyddai'r cyhoedd amdano a'r hyn oedd yn digwydd go-iawn ar ei gryfaf ydi hanes diwedd actores o'r enw Lupe Velez a'i lladdodd ei hun yn 1944. Dyma un o sêr y ffilmiau a fu, am gyfnod, yn wraig i Johnny Weissmuller, yr actor enwocaf un am actio Tarzan. Erbyn 1944 roedd ei gyrfa fel actores ar y goriwaered, roedd ei chysgu-o-gwmpas hi bellach yn llai dethol, roedd hi'n byw o ddylêd, ac yn 36 oed. Yna fe'i cafodd ei hun yn feichiog gan ryw Harald Ramand. A, wel, nid bod hynny'n ddim byd mawr – galwer am Dr Killkare (ffugenw gwamal yr erthylwr arferol!). Ond roedd Lupe yn Babyddes Fecsicanaidd. Penderfynodd ei lladd ei hun yn hytrach na lladd y baban. Ar ôl parti bychan gyda chyfeillesau, aeth i fyny'r grisiau a llyncu potelaid o Seconal; yna gorweddodd ar ei gwely satin gyda chroes yn ei dwylo i farw. A bu farw. Mewn papur o'r enw *The Examiner* disgrifiwyd ei marwolaeth hi fel hyn gan Louella Parsons:

> Lupe was never lovelier as she lay there, as if slumbering . . . A faint smile, like secret dreams . . . Looking like a child taking a nappy, like a good little girl . . . Hark! there are the doggies . . . scratching at the door . . . They're whimpering, they're whining . . . they want their little Lupita to take them out to play.

Roedd y gwir yn wahanol, o leiaf yn ôl Kenneth Angers yn ei lyfr sardonig *Hollywood Babylon* (1975). Ac, fel llais Louella Parsons, mae ei eiriau o'n dangos inni agwedd arall ar America:

> When Juanita, the chambermaid, had opened the bedroom door at nine . . . no Lupe was in sight. The bed was empty. The aroma of scented

candles, the fragrance of tuberoses almost, but not *quite* masked a stench recalling that left by Skid-Row derelicts. Juanita traced the vomit trail from the bed, followed the spotty track over to the orchid-tiled bathroom. There she found her mistress, Señorita Velez, head jammed down in the toilet bowl, drowned.

The huge dose of Seconal had not been fatal in the expected fashion. It had mixed retcherously with the Spitfire's [Velez] Mexi-Spice Last Supper. The gut action, her stomach churning, had revived the dazed Lupe. Violently sick, an ultimate fastidiousness drove her to stagger towards the sanitary sanctum of the *salle de bain* where she slipped on the tiles and plunged head first into her Egyptian Chartreuse Onyx Hush-Flush Model Deluxe.

Fel y mae rhywun yn heneiddio mae'r Byd Newydd yn dangos mwy a mwy o arwyddion yr hen fyd, ond ar raddfeydd mwy dramatig – mae yna wir, o ryw fath, fod popeth yn America yn fwy nag yn unlle arall. Hyn, yn anad dim, sy'n gwneud y lle'n wahanol i ba bynnag 'fan 'ma' y gall rhywun gyfeirio ato. Mae rheswm am hynny, wrth gwrs – mae yna gymaint o bobol o bob 'fan 'ma' wedi mynd i America ac wedi cyfrannu at lunio cymeriad y lle. Mae yna gannoedd o bethau sy'n hollol hurt mewn dulliau cynhenid Americanaidd – mae eu cannoedd sianeli teledu'n dystiolaeth barhaus o hynny. Mae yna bethau sy'n llwgr ac yn ddrygionus iawn ar gydwybod America – mae llefain Indiaid Cochion a phobol dduon yno o hyd, fel y mae hunllefau rhai ardaloedd yn ei dinasoedd. Mae yno obsesiwn ynghylch ymddangosiad. Ond mae yno hefyd gyffro, mae yno ddyfeisgarwch (mae eu Dyffryn Silicon, eu Cape Kennedy yn arwyddion neon llachar yn dynodi agweddau presennol ar y dyfeisgarwch hwnnw) ac, uwchlaw popeth, mae yna fenter nad ydi hi ddim wedi ei chlymu wrth orffennol, gorffennol sydd, o hyd, yn ddylanwadol yn Ewrop. Mae yna hefyd fenter sydd – er gwaethaf ei fwlgareiddiwch yn aml, a'i schmalzineb – yn rym creadigol, lliwgar, diddorol a newydd.

Llyfrau y cyfeiriwyd atynt

Herman Melville, *Moby Dick* (Llundain, 1954).
Allen Ginsberg, *Howl and Other Poems* (San Francisco, argraffiad 1959).
T. S. Eliot, *Four Quartets* (Llundain, argraffiad 1955).
——, *Collected Poems 1909–1935* (Llundain, argraffiad 1954).
Kenneth Angers, *Hollywood Babylon* (Llundain, argraffiad 1986). Daw'r dyfyniadau am Lupe Velez o dudalennau 231–8.

3

O'r Ymfudwr Ffuglennol i'r Twrist Barddol: Teithiau Llenyddol i America

JERRY HUNTER

'Good bye Yankee, not worth another thought'

Ar ddiwedd *Profedigaethau Enoc Huws* mae Daniel Owen yn taflu prif gymeriad ei nofel yn ddisymwth o ganol ei helyntion yn Sir y Fflint i fywyd gwell yn Chicago. Wedi'i eni'n fab llwyn a pherth, ei dwyllo gyhyd gan Gapten Trefor, a'i rwystro yn ei fywyd carwriaethol, dyma'r nofelydd yn rhoi iawndal o'r diwedd i'r Enoc dioddefus, a hynny yn nhermau gwynfyd economaidd America, fel y dengys brawddeg olaf y nofel:

> Ond gan mai Profedigaethau Enoc Huws ydyw testyn fy hanes, ac yntau, erbyn hyn, yn byw bywyd boneddwr yn Chicago, ac yn fawr ei barch, waeth i mi derfynu yr hanes yn y fan hon nag yn rhywle arall, ac hwyrach y dywed rhywrai y dylaswn fod wedi ei derfynu er's talwm.[1]

'Cymru Lân' yw teitl pennod gyntaf y nofel, ac mae'r teitl hwn yn boenus o goeglyd; nodweddir Cymru Enoc Huws gan foesau amheus a phroblemau economaidd. Gwahanol iawn yw'r golwg olaf ohono 'yn byw bywyd boneddwr yn Chicago, ac yn fawr ei barch'. Er nad yw Daniel Owen yn ymhelaethu ar natur bywyd newydd Enoc yn Chicago, ergyd diweddglo'r nofel yw iddo gael popeth yno yr oedd arno ei eisiau yng Nghymru. Fe bortreedir yr Unol Daleithiau fel rhyw fath o Iwtopia y gall Cymro ddianc iddi rhag poenau'r byd. Ac yn anad dim, cyfoeth America yw'r hyn sydd yn ei gwneud yn Iwtopia: masnachwr, mân gyfalafwr, yw Enoc Huws, ac felly ni ellid dychmygu diweddglo mwy hapus na'i symud i ganol gwlad gyfalafol fawr y gorllewin.

Pan ymddengys taid Enoc am y tro cyntaf, fe'i disgrifir fel 'yr Americanwr', a'i nodwedd amlycaf yw ei gyfoeth: 'Ni allai Mrs Prys roi mwy o wybodaeth yn nghylch y boneddwr na'i fod yn Sais – yn dod o'r 'Mericia, ac yn ol pob argoelion yn gyfoethog iawn.'[2] Cyfle arall i elwa arno yw'r Americanwr i'r Capten ar y dechrau, ond wedi sylweddoli mai gŵr sobr a chall ydyw, cyfeddyf yr hen walch nad oes ganddo siawns yn y byd o'i dwyllo o'i arian: '"Welais i erioed ddaioni o'r titots yma oddigerth Enoc Huws. Mae nhw yn rhy *cautious* i speciletio, ac felly, *good bye, Yankee, not worth another thought"*.' Mae'r Capten yn synhwyro mai dyn a berthyn i fyd gwahanol yw'r 'Americanwr', byd gwahanol iawn o ran cyfoeth a moesau i 'Gymru lân' y Capten. Ac mae hyn o'r pwys mwyaf o safbwynt datblygiad y stori: mae taid Enoc – 'yr Americanwr' bondigrybwyll – yn gosod y patrwm ar gyfer epiffani Enoc Huws ei hun. Wedi darllen brawddeg olaf y nofel a dysgu na ddylid pryderu bellach ynghylch problemau Enoc Huws, wedi dysgu bod ei fudo i America gyfystyr â datrys ei helyntion lu, gall y darllenydd roi'r nofel i lawr gan adleisio geiriau'r Capten a dweud am Enoc yntau, '*good bye, Yankee, not worth another thought*'.

Ar ddiwedd *Profedigaethau Enoc Huws* mae Daniel Owen yn dibynnu'n llwyr ar ymdreiddiad hanes y mudo mawr Americanaidd – gan gynnwys y propaganda a geisiai bortreadu'r wlad honno fel Iwtopia economaidd – i'r ymwybyddiaeth boblogaidd Gymreig. Nid oes rhaid iddo ymhelaethu ar dynged Enoc; y cwbl sydd ei angen yw cyfeirio at yr Iwtopia Americanaidd wrth iddo ddwyn Enoc yn sydyn i'w glannau, megis ar esgyll rhyw fath o *Deus ex Machina*.[3]

Hyd y gwyddys, Thomas More a fathodd y gair *Utopia*. Dyma'r enw a roddodd ar y wlad ddelfrydol a ddisgrifir yn ei gampwaith dychanol *Utopia* (ysgrifennwyd tua 1514–16). Tarddiad yr enw ffuglennol yw'r gair Groeg *topos*, 'lle', a'r rhagddodiad negyddol *ou*. Ystyr llythrennol *ou-topos*, felly, yw 'an-le', 'di-le', 'nunlle', 'lle nad yw'n lle'. Roedd llunio 'nunlle' ffuglennol yn fodd i More ddychanu ffaeleddau'r byd go iawn. Felly mae Iwtopia, fel thema lenyddol, ynghlwm o'r cychwyn wrth ddisgwrs gwleidyddol a chymdeithasol. Mae hefyd ynghlwm o'r cychwyn wrth hanes America; dywed More – neu siaradwr ffuglennol More – iddo seilio'i *Utopia* ar 'hanes' a glywodd gan forwr a aeth i America gydag Amerigo Vespucci ym 1497–8.[4] Rhoddodd hanes 'darganfod' y byd 'newydd' yn y gorllewin rym rhith ffaith i'r math newydd hwn o lenyddiaeth.[5] Yn ddiweddarach, daeth y gair Iwtopia i olygu 'gwlad ddelfrydol ddychmygol', a'r gair dystopia i olygu gwlad ddychmygol sy'n gwyrdroi'r breuddwyd Iwtopaidd.

Er mwyn llwyr amgyffred swyddogaeth gysyniadol unrhyw wlad ddychmygol, unrhyw Iwtopia, mae'n rhaid ystyried y berthynas rhwng y weithred o ddychmygu a'r ymdeimlad o fod yn perthyn i unrhyw wlad. Yn ôl Benedict Anderson, mae pob un wlad neu genedl yn 'wlad wedi'i dychmygu', yn '*Imagined Nation*':

> I propose the following definition of the nation: it is an imagined political community . . . It is *imagined* because the members of even the smallest nation will never know most of their fellow-members, meet them, or even hear of them, yet in the minds of each lives the image of their communion.[6]

Ni ellwch ganfod eich cenedl yn ei chyfanrwydd; ni ellwch gwrdd â phob un o'ch cyd-drigolion (yn enwedig ar yr un pryd); er gweld daearyddiaeth eich gwlad wedi'i phortreadu mewn modd haniaethol ar fap, ni ellwch weld holl diroedd diriaethol y wlad ar yr un pryd (ac mae credu bod map yn darlunio gofod daearyddol eich cenedl hefyd yn weithred sy'n dibynnu ar y dychymyg).

Mae Iwtopia'n wlad ddychmygol sydd yn wahanol i'r wlad yr ydych yn byw ynddi; hynny yw, nid dychmygu'r genedl yr ydych yn perthyn iddi yr ydych, eithr dychmygu gwlad amgenach. Eto, mae'r weithred o *ddychmygu* yn ganolog i'r ddwy broses, y broses o deimlo'n rhan o genedl a'r broses o ddyfeisio gwlad ffuglennol er mwyn beirniadu'r wlad neu'r genedl yr ydych yn perthyn iddi. Yn wir, prif nod propaganda gwladgarol yn aml yw ceisio argyhoeddi trigolion rhyw wlad benodol eu bod hwy'n byw mewn gwlad ddelfrydol, y wlad orau bosibl yn y byd, Iwtopia. Hanfod propaganda o'r fath yw ffrwyno'r dychymyg er mwyn effeithio ar y ffordd y mae pobl yn canfod rhinweddau (a diffygion) y wladwriaeth.

A dyna union natur disgwrs gwladgarol yr Unol Daleithiau: ymffrostio mai hi yw 'y wlad fwyaf goddefgar yn y byd', ymffrostio yn 'y ddemocratiaeth fwyaf datblygedig yn y byd', ac yn y blaen. Dyna hefyd wraidd un o'r ystrydebau mwyaf cyffredin a glywir am natur cymdeithas yr Unol Daleithiau, sef disgrifio'r wlad fel '*melting pot*', hen ystrydeb o drosiad sy'n awgrymu y gall unrhyw unigolyn, grŵp neu garfan ymdoddi i'r potes cenedlaethol ac elwa o'r herwydd. (Sylwer mai ystrydeb ddeufiniog ydyw; awgryma y gall unrhyw un ymdoddi, ond mae'r weithred o ymdoddi ei hun yn awgrymu colli elfen o'ch hunaniaeth wreiddiol.) Y mae tuedd yn nisgwrs gwlatgarol yr Unol Daleithiau i weld y wlad felly fel y wlad ddelfrydol, Iwtopia sydd yn llawn cyfoeth ac sydd yn derbyn unrhyw unigolyn neu grŵp a fyn fanteisio ar y cyfoeth hwnnw. Yng ngeiriau Lauren Berlant:

> What is specific to America is the way it has politically exploited its privileged relation to utopian discourse: the contradiction between the 'nowhere' of utopia and the 'everywhere' of the nation dissolved by the American recasting of the 'political' into the terms of providential ideality, 'one nation under God'.[7]

Fe â ymhellach:

> Whereas other modern nations are constituted in part by an implicit and often contested national covenant – that the nation (as political formation) will unify to express and protect 'the people' in a state of ideal relations – in America the possibility of a sutured national-popular consciousness has been a central distinguishing mark of state mythic utopianism. America has from the beginning appropriated the aura of the neutral territory, the world beyond political dissensus, for its own political legitimation.[8]

Rhyddid, undod a chyfartaledd yw clustnodau'r disgwrs Iwtopaidd sydd yn ceisio portreadu'r Unol Daleithiau fel y wlad ddelfrydol, ond yn sail i'r delfrydau oll y mae'r Iwtopia economaidd, yr addewid y daw cyfoeth i unrhyw un sydd yn fodlon ymuno yn y prosiect cenedlaethol.

Mewn gwirionedd, tra bod gobaith rhyddid gwleidyddol a chrefyddol wedi denu pobl i America dros y blynyddoedd, yr hyn sydd i gyfrif fwyaf am y dilyw o fewnfudwyr a greodd y wlad yw'r addewid o gyfoeth. Yn ôl Glanmor Williams, roedd hyn cyn wired am y Cymry ag am unrhyw genedl arall:

> Ysbardunwyd yr ymfudwyr bron i gyd gan yr un math o gymhellion yn y bôn. Does dim dwywaith mai gwella'u byd yn economaidd ac yn faterol oedd dyhead pennaf y mwyafrif llethol. Hon yw'r neges fawr ganolog sy'n

rhedeg trwy lythyrau'r ymfudwyr eu hunain, propaganda'r sawl oedd yn ceisio'u denu drosodd, sylwadau'r wasg, a llenyddiaeth gyfoes.[9]

'Yr oedd wedi ei lyncu gan Iancïyddiaeth'

Drwy gyfrwng propaganda a gyhoeddwyd i ddenu ymfudwyr, drwy gyfrwng llythyrau a ddanfonwyd yn ôl i Gymru, a thrwy gyfrwng llenyddiaeth boblogaidd y bedwaredd ganrif ar bymtheg fe ymdreiddiodd fersiwn – neu fersiynau – o ddisgwrs Iwtopaidd America i'r ymwybyddiaeth boblogaidd Gymreig. Ac er i'r 'afonig fach a redodd o Gymru'[10] i'r Unol Daleithiau sychu erbyn dechreuad yr ugeinfed ganrif, arhosodd y duedd i ddelfrydu'r Unol Daleithiau – ac i ddychanu'r union ddelfryd hwnnw – yn rhan eglur o'r traddodiad creadigol Cymreig. Fe'i gwelir yn y chwedlau llafar am America a recordiwyd yn yr ugeinfed ganrif, ac yn enwedig yn y straeon celwydd golau. Yn y chwedlau hyn mae'r siaradwr yn disgrifio 'hanes' ei brofiadau ef wrth ymfudo i weithio yn America, gwlad lle mae popeth yn anghredadwy o fawr. Mae America'r celwydd golau yn wlad a nodweddir gan gyfoeth, gorwneud a gorddweud. Er enghraifft, fe ddaw'r canlynol o stori gelwydd golau hir a adroddwyd gan y Parchedig J. A. Roberts o Landudno am Siôn Ceryn Bach (John Prichard):

> Wedyn fuo fo yn Mericia. 'Chydig iawn fuo fo yn Mericia, a mi ddoth adra rŵan o'r Mericia . . . a gwlad y rhyfeddoda' o'dd Mericia. O'dd o'n dwad efo 'nhad o g'nebrwng yn Llanllechid, 'te. Dyn 'di cwarfod â'i ddiwadd yn y chwaral 'te . . . a mi o'dd rheiny'n angladda' mawr, yn g'nebrynga mawr iawn, iawn, c'nebrynga rywun bydda'i wedi cwarfod â'i ddiwadd yn chwaral. Wedyn John P. yn dwad adra 'fo 'nhad, a 'nhad yn deud 'tho fo,
> 'C'nebrwng mawr, Sion', medda 'o.
> 'Dim byd i c'nebrynga Mericia, Wil,' m'o.
> 'O'dd 'na ryw Senatôr wedi marw'n Philadelphia,' me' 'o, 'a mi ofynnwyd i ni, fel Cymry, fynd i'r c'nebrwng. Ag wyt ti'n gweld,' me' fo, 'fi o'dd President Cymry'n Mericia i gyd tra buo fi yno. A gan ma' Cymry oeddan ni, ti'n gweld,' me' 'o, 'ni o'dd y pedwar dwytha o'dd yn cerddad yn cnebrwng. 'Na ti g'nebrwng mawr', me 'o. 'Wyddost ti', medda' fo, 'o'dd o'n g'nebrwng mor fawr, pe'n ddaru ni gyrradd giât y fynwant, o'dd y criadur wedi cal 'i gladdu ers tair wsnos', me' 'o.[11]

Mae'r Unol Daleithiau yn wlad sy'n rhoi rhwydd hynt i ddychymyg adroddwyr chwedlau, ond gan amlaf mae straeon celwydd golau am America yn canolbwyntio ar lwyddiant economaidd yr amaethwr o ymfudwr. Un o'r motiffau mwyaf cyffredin, er enghraifft, yw'r fresychen fawr – mor fawr ag y gallai buwch y ffarmwr guddio y tu ôl iddi.[12]

Er nad oes yma ofod i archwilio hyn yn fanwl, awgrymaf i'r chwedlau llafar hyn gynnwys egin dychanu yr union ddelfryd Iwtopaidd y maent yn ei goleddu ar yr wyneb. Ymffrostio yn llwyddiant economaidd yr arwr-adroddwr yw swyddogaeth ar-wynebol y naratifau hyn, ond gellid honni iddynt hefyd ddychanu'r Cymry hynny a ddychwelodd i'w gwlad enedigol i frolio'u llwyddiant.[13] Felly mae'r chwedlau hyn yn gwthio'r hanesion am lwyddiant economaidd i'r eithaf gan wneud bwrlésg o'r propaganda a geisiai bortreadu America fel Iwtopia economaidd.

Yn stori D. J. Williams 'Deio'r Swan' ceir ymdriniaeth lenyddol â'r ymfudwr o Gymro sydd yn dychwelyd i'w wlad enedigol wedi ymgolli yn y breuddwyd Americanaidd. Mae Rowlands, perchennog newydd tafarn y Swan, yn debyg i 'Americanwr' *Enoc Huws* ar yr wyneb; Cymro cyfoethog newydd ddychwelyd i'w hen fro ydyw. Mae'n gymeriad sydd wedi ymddieithrio oddi wrth ei gyn-gyd-Gymry tra'n ymgyfoethogi dramor. Eithr yn wahanol iawn i waredwr Enoc Huws, cyff gwawd yw Rowlands, dyn busnes rhyfygus y mae ei fentrau masnachol rhyfedd yn destun chwerthin i'r gymuned leol.

Gan adleisio'r elfen fwrlésg a geir yn y chwedlau celwydd golau, rhydd D. J. Williams bortread o Gymro'n dychwelyd o'r Iwtopia economaidd wedi'i drawsffurfio gan ei brofiadau yno:

> Buasai Rowlands yn America am ryw gyfnod, a daeth yn ôl wedi safio tipyn o geiniogau, ac ar ffrwydro gan syniadau newydd. Yr oedd wedi ei lyncu gan Iancïyddiaeth.[14]

Yn y stori hon fe gyplysir y meddylfryd Americanaidd â mân gyfalafiaeth. Dyna yw ystyr yr 'Iancïyddiaeth' y cafodd Rowlands ei lyncu ganddi, y gred y gall dyn 'goleuedig' elwa'n hawdd ar y bobl a'r pethau o'i gwmpas: '[t]eimlodd [Rowlands] rywle, yng ngwaelodion ei fod, na allasai neb ond a welsai Chicago â llygaid noeth droi wyneb Deio yn *"business proposition"*.'[15] Fe wêl ef bosibiliadau i fanteisio yn ariannol ar bobl eraill 'drwy ei wydrau Iancïaidd'.[16] Ond nid yw'n gweld yn well na'i gymdogion yn y diwedd, ac wrth iddo gael ei dwyllo gan y siarêd anfwriadol yn yr hers, fe gaiff ei daro gan bwl o besychu a achosir gan 'yr asthma cas hwnnw a gawsai yn niwloedd Missouri, rywle'.[17]

Fel y mae chwedlau celwydd golau yn dychanu hanesion yr ymfudwyr drwy'u gwthio i'r eithaf bwrlésg, felly hefyd y mae stori fer D. J. Williams yn dychanu'r Cymro Americanaidd drwy wthio'i Americanyddiaeth i'r eithaf, drwy'i ddisgrifio fel un wedi'i lyncu gan y profiad.

Dadfreuddwydio

Fe geir yn llenyddiaeth Gymraeg yr ugeinfed ganrif archwilio a dinoethi delfryd yr Iwtopia Americanaidd mewn modd mwy difrifol hefyd. A bod yn fanwl gywir, datblygu traddodiad o ddychanu a dinoethi'r Iwtopia a geid yn yr ugeinfed ganrif, gan i'r broses ddechrau yn y bedwaredd ganrif ar bymtheg. Wrth lunio diweddglo *Profedigaethau Enoc Huws* roedd Daniel Owen yn dibynnu ar ymdreiddiad chwedloniaeth yr Iwtopia Americanaidd i'r ymwybydd-iaeth boblogaidd Gymreig. Dyna a'i galluogodd i ddyrchafu Enoc i'w wynfyd haeddiannol. Ond gwahanol iawn yw diweddglo nofel olaf Daniel Owen, *Gwen Tomos*. Er i Reinallt a Gwen wneud digon o arian yn y diwedd ar eu ffarm yn yr Unol Daleithiau, ceir hefyd yn eu hanes ddinoethi delfryd yr Iwtopia economaidd; nid gwlad hud a lledrith ydyw lle y ceir cyfoeth yn hawdd.[18] Mae disgrifiad Rheinallt o ymgartrefu yn y wlad newydd yn dorcalonnus:

> Ein gorchwyl cyntaf oedd adeiladu rhyw fath o gaban coed i aros rhywbeth gwell, ac oherwydd prinder gweithwyr, er cynnig crocbris o gyflog iddynt, cymerodd inni flynyddoedd i ddwyn ein preswylfod i ffurf y gellid ei alw yn gartref. Ond nid oes flas gennyf fanylu ar y cyfnod hwnnw – cyfnod na welais prin wên siriol ar wyneb Gwen, er na byddai hi byth yn cwyno nac yn grwgnach.[19]

Mae Gwen yn colli'i gwên; dyna'r effaith y caiff ymgartrefu yn America arni. Ac mae'r chwarae ar ei henw yn awgrymu diddymu'r hunan; mae'n colli'r hyn sy'n ei gwneud hi'n Gwen. Yn wir, dyna union ganlyniad eu mudo: wrth iddynt ddechrau elwa ar eu menter amaethyddol, mae Gwen yn nychu; er nad 'oedd Gwen eto fawr dros ddeugain oed . . . yr oedd ei gwallt wedi britho a'i chnawd wedi curio'.[20] Yn wahanol iawn i ddyrchafiad Enoc Huws i nefoedd o barchusrwydd a chyfoeth, dyma ddisgrifiad mwy realistig o fywyd yr ymfudwyr Cymreig. Roedd yna gyfoeth i'w gael, ond, fel yr awgryma Menna Elfyn mewn cerdd ddiweddar, 'mae pris ar bob paradwys'.[21] Ac mae Rheinallt yn talu'r pris uchaf am ei lwyddiant economaidd:

> Deffrois un bore – neu, yn hytrach, dadfreuddwydiais, oblegid nid oeddwn wedi cysgu ers nosweithiau – a'r byd yn wag imi, yn wag hollol. Yr oedd yr unig beth daearol a gyfrifwn i yn werthfawr wedi ei guddio dan ychydig droedfeddi o bridd oer.[22]

Mae'r ferf 'dadfreuddwydio' yn ganolog i brofiadau Rheinallt yn America; dyma ddinoethi'r breuddwyd Iwtopaidd yn gyfan gwbl. Mae'r tir ffrwythlon a fuasai'n addo cyfoeth gynt bellach yn fedd sydd yn cuddio'r 'unig beth daearol a gyfrif[ai] yn werthfawr'. Caiff yr Iwtopia economaidd ei disodli gan ddystopia bersonol.

Dyna felly ddwy nofel Gymraeg gan yr un awdur a gyhoeddwyd yn negawd olaf y bedwaredd ganrif ar bymtheg sydd yn ymdrin â phrofiadau'r ymfudwyr a'r breuddwyd Iwtopaidd mewn moddau pur wahanol. Yr hyn sydd i'w gyfrif am y gwahaniaeth sylweddol rhwng y modd yr ymdrinnir â'r Unol Daleithiau yn y ddwy nofel yw'r ffaith seml mai dwy nofel wahanol iawn i'w gilydd ydynt. Nofel ddychanol gomig yw *Profedigaethau Enoc Huws* yn anad dim, ymosodiad ffuglennol ar ragrith 'Cymru lân' oes Fictoria. Mae agenda wahanol ar waith yn nofel olaf Daniel Owen. Er i hiwmor fritho *Gwen Tomos* hefyd, colli'i ddedwyddwch personol yw tynged Rheinallt. Mae dinoethi delfrydau'n rhan ganolog o'r ddwy nofel, ac mae'r Iwtopia Americanaidd yn rhan annatod o'r broses yn y ddwy. Dinoethi delfryd 'Cymru lân' a wna naratif *Profedigaethau Enoc Huws*, proses y mae'r Iwtopia Americanaidd yn hwb iddi wrth i'r 'Americanwr' – a'r Enoc dyrchafedig ar ddiwedd y nofel – wrthgyferbynnu â moesau llac y Capten Trefor a'i debyg. Ond yn *Gwen Tomos* mae Daniel Owen yn dinoethi'r breuddwyd Iwtopaidd ei hun gan ddangos y gellid yn hawdd ganfod dystopia bersonol dan dir ffrwythlon yr Iwtopia economaidd a ddenodd gymaint o Gymry yng nghyfnod y mudo mawr.

Ugain mlynedd yn union ar ôl cyhoeddi *Gwen Tomos*, fe gychwynnodd y Rhyfel Byd Cyntaf, ac yn ystod blynyddoedd olaf y rhyfel hwnnw yr ysgrifennodd T. Gwynn Jones *Madog*. Fe ddisgrifiodd y bardd ei gerdd storïol hir fel 'rhyw fath ar ddihangfa rhag erchyllterau'r cyfnod',[23] a chan mai dianc i wynfyd y gorllewin yw bwriad Madog wrth iddo hwylio o lannau gogledd Cymru, gall y gerdd yn hawdd hawlio lle mewn astudiaeth ar ymdriniaethàu llenyddol â'r Iwtopia Americanaidd. Fel y dywed Bobi Jones, mae'r bardd yn cyfosod 'dau uchelgais neu ddwy thema ym *Madog*, sef yr ymchwil am wlad hyfryd a hardd neu'r tŵr ifori rhamantaidd, a'r ymchwil am wirionedd a gwareiddiad'.[24] Mae ymchwil haniaethol a mudo llythrennol yn cyd-blethu yn stori'r gerdd. Ac yn ddiau, *Madog* T. Gwynn Jones yw un o'r portreadau llenyddol mwyaf trawiadol o'r ymdrech i ymfudo i'r gorllewin. Dyma, o bosibl, yr ymdriniaeth Gymraeg fwyaf sinicaidd â'r breuddwyd Iwtopaidd a gafwyd yn yr ugeinfed ganrif. Ni chaiff Madog gyfle i gyffwrdd â daear gwlad y gorllewin; wrth i'w lynges suddo, fe'i llyncir gan ei freuddwyd Iwtopaidd ei hun.

Nid cyni economaidd yw'r hyn sy'n gyrru Madog i'r gorllewin, eithr cyni rhyfel. Cyfnod marwolaeth Owain Gwynedd (m.1170) yw cefnlen hanesyddol y stori. Wedi cyfnod cymharol heddychlon o dan law cadarn Owain, drylliwyd undod a heddwch Gwynedd gan yr ymladd rhwng ei feibion. Mae'r stori-gerdd felly'n darlunio chwalfa gymdeithasol, chwalfa sydd yn ymestyn i ddiddymu posibiliadau celfyddydol y wlad. Disgrifia ail ganiad y gerdd y frwydr rhwng Hywel a Dafydd, sef brodyr Madog, ac fe'i cloir gan farwolaeth Hywel:

> Gloes yn ei lygaid gleision, a chlo ar ei dafod ef,
> Hywel, y bardd, y bu harddwch y wawr a'r eira'n ei swyno,
> Gynt, i ganu, ag yntau yn boeth gan lawenydd byw . . .[25]

> Yna, disgynnodd hyd wyneb Hywel, a chaeodd yr amrant, –
> Ias, ag uchenaid isel, a dim lle bu'r nwydau oll![26]

Mae'r llinellau hyn yn tynnu sylw at y ffaith mai bardd oedd Hywel ab Owain Gwynedd. Dyma golli celfyddyd a diwylliant yn ogystal â cholli heddwch a bywyd. Y mae'r gefnlen dywyll hon yn gwrth-gyferbynnu'n drawiadol â'r breuddwyd Iwtopaidd.

Mae'r gwrthgyferbyniad hwn yn rhan bwysig o beirianwaith emosiynol y gerdd; yr hyn sydd yn rhoi llygedyn o obaith i Madog yn wyneb ymddrylliad cymdeithas a diwylliant yw'r posibilrwydd y gellir canfod byd gwell. Y breuddwyd Iwtopaidd. Mae'r gerdd yn darlunio ymdrech i wireddu'r breuddwyd hwnnw, ac wrth iddo ymdrin â'r thema hon mae T. Gwynn Jones yn tywys ei ddarllenwyr ar daith emosiynol sy'n symud yn ddisymwth o drallod a siom i obaith ac yn ôl i siom unwaith eto. Ar ôl marwolaeth Hywel, fe dry Madog at ei fentor, y mynach Mabon, ac yn ystod y sgwrs rhwng y ddau y cyflwynir y gobaith am fyd gwell. Yn nhrydydd caniad y gerdd mae Mabon yn dadlennu'r breuddwyd Iwtopaidd drwy gyfeirio at chwedlau sy'n sôn am wlad hud y gorllewin. Wedi profi eithafion anobaith, gofyn Madog i'r mynach: 'onid oes yno well tir ym mhellterau'r moroedd, Mabon!' Ac yna daw yr ateb:

> Mwyn oedd golygon y Mynach, a'i lais oedd felysed, yntau,
>   Araf ydoedd ei eiriau, a hud yn eu canlyn hwy,
> Pêr a dilestair leferydd yr enaid ar hiniog rhyddid, –
>   'Oes,' medd ef, 'mae ynysoedd mwyn yn eithafoedd y môr!
> Gwyddost am chwedlau'r Gwyddyl, hanesion ynysau'r
>   gorllewin,
>   Bröydd y Byw a'r Ieuainc, byd heb na gofid na bedd . . .'

Yn gyntaf, disgrifia Mabon y byd gorllewinol yn nhermau'r arallfyd Celtaidd; byd heddychlon delfrydol ydyw, y Tir na n-Og a geir yn chwedlau Gwyddeleg yr Oesoedd Canol. Ond wrth i Fabon orffen traethu ynghylch yr arallfyd hwn, mae'n cyffwrdd â chymhleth-dodau'r berthynas rhwng y breuddwyd Iwtopaidd a realiti:

> Dyna freuddwydion adeiniog dyn am y doniau nas gwypo,
>   Breuddwyd nid oes heb arwyddion gwir yn ei wegi ef;
> Chwim yw adanedd dychymyg, a chraff yw ei chryf olygon,
>   Hi ydyw awen y deall, rhwyd yr ehangder yw hi!

Fe gyfeddyf Mabon mai sôn am 'freuddwydion adeiniog dyn' a wna, gan awgrymu bod dwy ochr i'r breuddwydion hyn. Mae gwlad hud y gorllewin yn freuddwyd nad 'oes heb arwyddion gwir yn ei wegi ef'. Hynny yw, mae'n gyfuniad o'r 'gwir' a'r gau; mae'r mynach yn ei ddisgrifio fel 'gwegi' – hynny yw, gwagedd, oferedd, celwydd – tra'n dweud ar yr un pryd bod 'arwyddion gwir' yn perthyn iddo. Ac mae'n awgrymu ymhellach ei fod yn freuddwyd peryglus; mae'n ei ddisgrifio fel 'rhwyd yr ehangder', fel breuddwyd sy'n gallu dal y breuddwydiwr a'i ladd.

Wedi dechrau ym myd chwedlonol yr arallfyd Celtaidd, mae Mabon yn symud un cam yn nes tuag at ddiriaethu'r chwedloniaeth. Fe â rhagddo i drafod 'hanes' y Llychlynwyr a ddarganfu'r byd gorllewinol:

> Diau yw gennyf fod daear yn eigion anhygyrch foroedd,
>   Heddiw, yn Llychlyn, adroddir am dir dros drumau y
>   don,
> Helynt y gwŷr a fu'n hwylio y llif i'w bellafoedd eithaf,
>   Crugau gwydrog rhewogydd ar nawf yng ngheseiliau'r
>   niwl.

Dyma gam oddi wrth freuddwyd, dychymyg a chwedl tuag at hanes a gwirionedd, cam tuag at ddiriaethu a gwireddu'r breuddwyd Iwtopaidd. Mewn geiriau eraill, disodlir y *chwedlau* yn rhannol gan *hanes*. Ond nid yw'r 'hanes' heb arlliw o ansicrwydd ychwaith – disgrifia'r tir gorllewinol fel 'crugau gwydrog' yn nofio yn y 'niwl'. Rhydd y llinellau hyn gipolwg o fyd newydd inni, gan awgrymu yr un pryd y gall y byd hwnnw ddiflannu'n hawdd yn niwl ansicrwydd.

Nid yw Madog yn cyrraedd y crugau gwydrog eu hunain, fe gaiff ei ddal yn rhwyd ei freuddwydion. Yn ôl rhesymeg y gerdd, y perygl sydd ynghlwm wrth geisio diriaethu'r breuddwyd Iwtopaidd – wrth geisio darganfod rhyw wlad well yn y pellter niwlog – yw colli gafael ar eich gwlad eich hunan. Wele dir Cymru'n pellhau wrth i'r llynges hwylio am y gorllewin:

> Gwrym ar y gorwel a welid, rhimyn ar ymyl y tonnau,
>   Rhith ydoedd Cymru weithian, rhyw darth rhwng
>   awyr a dŵr;
> Megis mewn ing yr ymwingodd hwnnw, a'i ganol yn duo,
>   Yna, llwyr yr edwinodd, mwy, ym mhellteroedd y
>   môr . . .

Ceisio diriaethu rhith-wlad y gorllewin a wna Madog, ac o'r herwydd mae ei wlad enedigol ef yn troi'n rhith ('rhith ydoedd Cymru weithian'). Mae Cymru'n suddo yn y môr wrth i Fadog ei gadael. Ac mae'r modd y disgrifir colli gafael ar dir Cymru yn rhagweld colli gafael ar fywyd, achos suddo yn y môr fydd tynged Madog yntau. Anobaith a cholled yw naws lywodraethol cwpled olaf y gerdd:

Rhonciodd y llong, a rhyw wancus egni'n ei sugno a'i
llyncu,
Trystiodd y tonnau trosti, bwlch ni ddangosai lle bu.

Nid erys hyd yn oed ôl ymdrech Madog – fe'i llyncir ef yn gyfan gwbl
gan y breuddwyd Iwtopaidd. A dyma gyfannu'r cylch emosiynol
hefyd; mae T. Gwynn Jones yn ein symud o siom y byd i obaith y
breuddwyd Iwtopaidd ac yn ôl i siom drachefn wrth i'r ymdrech i
wireddu'r gobaith hwnnw fethu.

'Gwlad y siomedigaeth'

Alegori yn ymwneud ag ymdrechion y bardd i ffoi rhag erchyllterau'r
byd modern yw Madog.[27] Yn hytrach nag ymdrin yn uniongyrchol â
phrofiadau 'hanesyddol' ymfudwyr Cymreig, mae T. Gwynn Jones yn
defnyddio'r Iwtopia orllewinol i ddynodi dihangfa gelfyddydol y
bardd. Diddymu'r breuddwyd Iwtopaidd ar lefel haniaethol a geir yn
y gerdd, nid dadlennu dadrithiad yr ymfudwr mewn modd realaidd.
Am y fath ymdriniaeth â'r Iwtopia Americanaidd mae'n rhaid
dychwelyd at draddodiad y nofel.

Fe ddichon mai'r portread mwyaf manwl o ddadrithiad ymfudwyr
Cymreig a gafwyd yn yr ugeinfed ganrif yw nofel hanes Marion
Eames, Y Rhandir Mwyn.[28] Yn unol â gofynion realaeth traddodiad y
nofel hanes, ei phrif nod yw ceisio darlunio'n fanwl fywyd a
phrofiadau cyfnod penodol. Crynwyr Cymreig yr ail ganrif ar
bymtheg yw goddrych ei nofel, ac wrth iddi ddisgrifio'r ymdrech i
sefydlu 'Jerwsalem Newydd' yn America mae Marion Eames yn
darlunio'n fanwl y dadrithiad a ddaeth i'w rhan. Gwedd grefyddol ar
yr Iwtopia orllewinol sydd dan sylw yn y nofel; ymdrech i wireddu'r
'Arbrawf Sanctaidd'.[29]

Mae'r modd y mae'r nofel yn portreadu dadrithiad yr ymfudwyr yn
adleisio'r dadfreuddwydio a geir yn Gwen Tomos; 'mae'r Arbrawf
Sanctaidd wedi peidio â bod yn sanctaidd', dywed un o'r prif
gymeriadau, gan danlinellu'r ffaith mai profi diddymu'r breuddwyd
oedd canlyniad ymfudo i'r wlad newydd.[30] Fe dry 'gwlad y llaeth
a'r mêl' yn 'wlad y siomedigaeth'.[31] Drwy gyfrwng realaeth ei nofel
hanes rhydd Marion Eames gyfle i edrych yn ôl ar freuddwydion
Iwtopaidd y gorffennol. Mae'n edrych yn ôl gyda doethineb trannoeth

gan ddisgrifio'n fanwl y modd y cafodd Iwtopia'r breuddwydion ei disodli gan ddystopia'r realiti.

'Lle ddiawl oedd o'n feddwl oedd o, Efrog Newydd?'

Gan droi o realaeth *Y Rhandir Mwyn* i afrealaeth nofel ddiweddar gan Robin Llywelyn, gwelir ymdrin â breuddwydion ymfudwyr mewn modd pur wahanol. Nofel am ymfudo yw *O'r Harbwr Gwag i'r Cefnfor Gwyn* – fel y mae'r teitl ei hun yn ei awgrymu – ond nid yw'n cyflwyno portread o'r ymfudo mewn modd realaidd-fanwl.[32] Mae Robin Llywelyn yn archwilio breuddwydion ac argymhellion ymfudwyr drwy eu gosod yn rhan o adeiladaeth foesegol gymhleth. Yn sail i'r adeiladaeth hon mae cyfres o barau gwrthgyferbyniol: traddodiadaeth a moderneiddiwch; heddychiaeth a thrais; y ddinas a'r wlad; y gwryw a'r fenyw; y llafar a'r ysgrifenedig; yr ymfudwr sydd yn ymfudo er mwyn gwella'i gyflwr economaidd a'r ffoadur y mae'n rhaid iddo ymfudo er mwyn achub ei fywyd.

Mae *O'r Harbwr Gwag i'r Cefnfor Gwyn* yn nofel am ffiniau a'r ymdrech i'w croesi. Cyflwynir themâu'r nofel drwy gyfrwng rhwyd-waith cysyniadol sydd wedi'i ffurfio gan liaws o wahanol ffiniau. Mae'r gwahanol ffiniau hyn yn rhedeg yn gris-groes ar draws ei gilydd gan faglu cymeriadau'r nofel – a'r darllenydd – yn aml. Mae Robin Llywelyn yn gweu ffiniau gwleidyddol ac economaidd â'r ffiniau syniadaethol rhwng ffaith a ffantasi, rhwng hanes a ffuglen. Ac mae swmp y nofel yn dilyn hynt y prif gymeriad, Gregor Marini, wrth iddo gamu, neu faglu, neu gael ei wthio dros y gwahanol ffiniau hyn. Mae'r bennod gyntaf – wedi disgrifio torf o ymfudwyr anghyfreithlon yn cyrraedd porthladd y ddinas – yn cyflwyno Gregor i'r darllenydd am y tro cyntaf fel hyn:

> Un o'r rhain oedd Gregor Marini, cyw pensaer o'r ochor draw. Rhwng dau feddwl yr oedd o, p'un ai i fentro ai peidio. Roedd ei freuddwydion am ddyfodol newydd yn codi pwys arno. Pwy ond hurtyn a gredai bellach, fel y credasai unwaith, fod dim byd rhyngddo fo a byd gwell ond dydd a nos a charped o fôr?[33]

Mae prif gymeriad y nofel yn ymfudwr nad yw'n gallu llwyr wynebu 'ei freuddwydion am ddyfodol newydd'; mae'n ddyn sydd yn hanner llwfr ac yn hollol sinigaidd wrth iddo gamu'n betrus i'w ddyfodol newydd. Fel Gwern Esgus, prif gymeriad nofel gyntaf Robin Llywelyn, *Seren Wen ar Gefndir Gwyn*, mae Gregor yn wrtharwr sydd yn graddol droi'n arwr wrth iddo gael ei lyncu gan anturiaethau a sefyllfaoedd sydd – ar y dechrau – y tu hwnt i'w fyd a'i allu bach ei hun. (Gwrth)arwr o ymfudwr ydyw: pwysleisir hyn dro ar ôl tro yn y nofel, o'i theitl i'w brawddegau olaf. Yn wir, enw cariad Gregor yw Iwerydd, enw sydd yn cyfeirio at y môr y mae'r darpar-ymfudwr yn ceisio ei groesi.

Er y gwêl y darllenydd yn syth mai stori am freuddwydion ymfudwr yw *O'r Harbwr Gwag i'r Cefnfor Gwyn*, anos o lawer yw canfod y wlad y mae'n ceisio ymfudo iddi. Daearyddiaeth amhendant a niwlog a geir yn y nofel, disgrifiadau braidd gyffwrdd o ddinasoedd a gwledydd nad yw'n hawdd eu lleoli ar fap. Cymylu ffiniau rhwng disgrifiadau o'r byd 'go iawn' a phortread o fyd hollol ffantasïol a wna Robin Llywelyn, anesmwytho'r darllenydd drwy gynnig ambell gipolwg sy'n ymdebygu i ryw ddarlun cyfarwydd tra ar yr un pryd yn nacáu'r ymdrech i weld y darlun yn gwbl glir.

Yn gwbl groes i draddodiad y nofel realaidd, nid disgrifio'r byd neu hanes 'fel y mae' yw strategaeth Robin Llywelyn, ond llunio *palimpsest* ffuglennol o'r byd, fersiwn y gall y darllenydd ei led-gysoni â fersiynau mwy realaidd a derbyniol, ond sydd hefyd yn bwrpasol niwlog ac amhendant. Mae'n ddrych dryslyd i'r byd cyfarwydd; mae'n adlewyrchu'r byd hwnnw, ond nid yw'r ddelwedd yn glir.

Er y dryswch bwriadol, mae Robin Llywelyn yn darlunio digwyddiadau y gellir eu cysylltu â hanes diweddar Ewrop. Mae'r disgrifiad o'r rhyfela mileinig a'r glanhau ethnig, ynghyd â'r cyfeiriadau at ymdrechion aflwyddiannus y 'lluoedd cydwladol' a'r 'helma gleision' i'w rhwystro yn awgrymu'n gryf mai chwalfa yr hen Iwgoslafia yw cyfatebiaeth hanesyddol y nofel ffantasïol hon.[34] Eto, nid yw'r gyfatebiaeth nac yn uniongyrchol nac yn glir; ceir yn y nofel gyfeiriadau sydd yn awgrymu bod profiadau'r Cymry Cymraeg a dyfodol diwylliant Cymru dan sylw hefyd. Mae enw Gregor Marini a'r disgrifiadau o'i wlad enedigol yn awgrymu gwledydd Môr y Canoldir, ond pan yw meddyliau Gregor yn crwydro dyma a geir:

> Ydi'r nos yn fwy rhamantus na'r dydd? Ben bore gafodd Siôn Eos ei grogi. A Dic Penderyn hefyd. Heblaw hynny fasan nhw'n angof gan bawb. Fawr o gysur iddyn nhw, hynny, nac'di? Bechod na fasan nhw'n dysgu hanes dy wlad yn iawn ichdi yn lle dysgu hanesion rhyw ladron estron.[35]

Hanes Cymru yw hanes gwlad Gregor. Felly hefyd mae traddodiadau trigolion Gwynfyd yn rhannol seiliedig ar chwedloniaeth Cymru'r Oesoedd Canol.

Rhan o strategaeth y nofel yw cymylu ffiniau rhwng gwledydd gwahanol a phrofiadau hanesyddol gwahanol ac felly gymathu a chymharu profiadau pobloedd gwahanol. Un canlyniad felly i ddryswch daearyddol bwriadol y nofel yw llunio cymhariaeth rhwng yr argyfyngau sy'n wynebu diwylliant Cymraeg a'r bygythiadau arswydus sy'n peryglu diwylliannau Ewropeaidd eraill ar ddiwedd yr ugeinfed ganrif. Ac felly daw Gregor ac Iwerydd i gynrychioli – neu led-gynrychioli – ymfudwyr Cymreig y gorffennol (a'r dyfodol?) yn ogystal â ffoaduriaid o'r Balcanau.

Ac wrth i'r stori ddatblygu fe ddaw'n fwyfwy amlwg mai'r Unol Daleithiau yw'r wlad y mae'r ymfudwyr yn ei cheisio. Fel yr awgrymwyd uchod, *palimpsest* o'r byd cyfarwydd yw daearyddiaeth *O'r Harbwr Gwag i'r Cefnfor Gwyn*, byd ffuglennol niwlog sydd yn lled-gyfateb i'r byd go iawn tra'n rhwystro ymdrechion i lunio unrhyw gyfatebiaeth hollol bendant a chlir. Eto, nodweddir y nofel gan ddatblygiad yn y modd y darlunia'i daearyddiaeth; wrth i'r stori ddirwyn i ben mae ffiniau niwlog daearyddiaeth ffuglennol y nofel yn ildio i ddaearyddiaeth fwy penodol a chyfarwydd.

Ym mhennod gyntaf y nofel 'y Stadau Breision' yw'r enw a roddir ar gyrchfan yr ymfudwyr.[36] Y Stadau *Breision:* dyma enw lliwgar sydd yn disgrifio breuddwyd Gregor a'i gyd-wladwyr i wella'u byd economaidd drwy gyrraedd rhyw wlad y gallant ennill bywoliaeth *fras* ynddi. Y mae natur ramadegol yr enw yn adlewyrchu enw'r Unol Daleithiau; mae iddo ddwy ran, un yn enw lluosog yn arwyddo unedau daearyddol (taleithiau, stadau) a'r llall yn ei oleddfu'n ddisgrifiadol (unol, bras). Yn ategu'r gyfeiriadaeth mae'r defnydd o'r 'dolar' fel uned ariannol ryngwladol.[37]

Wrth i'r nofel redeg ei chwrs fe ddaw cyrchfan yr ymfudwyr i ymdebygu fwyfwy i'r Unol Daleithiau. Erbyn y bedwaredd bennod, disodlir 'y Stadau Breision' gan 'y *Taleithiau* Breision',[38] ac erbyn diwedd y nofel mae'r cyfeiriadau at America yn gwbl ddigamsyniol. Fe â Gregor i ymholi yn 'Swyddfa'r Cei' am long i fynd ag ef dros y môr a chael diwydiant llongau ei wlad yn ddiffygiol. Y mae geiriau coeglyd clerc y swyddfa'n tanlinellu'r gwahaniaethau economaidd rhwng gwlad enedigol Gregor a'r wlad y mae'n ceisio ymfudo iddi – 'lle ddiawl oedd o'n feddwl oedd o, Efrog Newydd?'[39] A dyma rag-weld golygfa olaf y nofel; nid rhyw ddinas ffantasïol yw man aduniad

Gregor ac Iwerydd, ond yr union ddinas Americanaidd a enwir ychydig dudalennau ynghynt.

Fe ddywed brawddeg gyntaf y bennod olaf heb amwysedd mai yn yr Unol Daleithiau y lleolir diwedd y stori: 'Rywle yn eigion cyfnos Efrog Newydd mae 'na ffôn yn canu mewn stafell wag.'[40] Ac yna fe ddwyseir manylder y disgrifiad hwn gan frawddeg gyntaf y paragraff nesaf: 'Ym Manhattan isa, ar ben draw'r bumed rodfa mi ddowch at sgwâr mawr coediog a phont fuddugoliaeth farmor gwyn yn codi ar ei ganol.'[41] Mae pen draw mordaith yr ymfudwyr ffuglennol hefyd yn gam olaf yn y broses o ddiriaethu'r wlad ffantasïol niwlog y mae cymeriadau'r nofel yn ceisio ymfudo iddi. Yn wir, gellid dadlau bod yr holl nofel yn symud tuag at ddiriaethu cyrchfan yr ymfudwyr, at droi'r 'Stadau Breision' yn Unol Daleithiau, gan i'r bennod olaf ddatrys dirgelwch brawddeg gyntaf un y nofel: 'Rywle yng nghanol cyfnos y ddinas mae 'na ffôn yn canu mewn stafell wag.'[42] Wrth edrych yn ôl, gwêl y darllenydd mai Efrog Newydd yw'r ddinas hon, ond rhaid croesi holl ffiniau'r nofel – ffiniau rhwng hanes a ffuglen yn ogystal â ffiniau rhwng gwahanol wledydd – cyn sylweddoli mai dinas fwyaf yr Unol Daleithiau yw'r ddinas a enwir yn ei brawddeg agoriadol.

'Ar drywydd breuddwyd'

Cyfrol arall a gyhoeddwyd yn y 1990au sy'n ymdrin â'r Iwtopia Americanaidd a breuddwydion ymfudwyr yw *Dan Ddylanwad*, y casgliad diweddaraf o gerddi gan Iwan Llwyd. Rhan amlwg o blethwaith amryliw y gyfrol yw myfyrdodau'r bardd ynghylch y gwynfyd gorllewinol a geisiwyd gan gymaint o Gymry yn y gorffennol. Yn y gerdd 'Strydoedd Philadelphia' mae'n talu teyrnged i'r ymdrech 'i greu paradwys ar lun Gwynedd a Phowys':

> Mae strydoedd Philadelphia yn gyfarwydd â'r Cymry
> yn golchi'n genedlaethau amddifad ar eu hyd,
> yn chwilio'r Rhandir Mwyn, y Gaersalem Newydd
> mewn rhyw fan gwyn, gwyryfol ym mhen pella'r byd:
> yn dianc rhag y culni a'r casineb crefyddol,
> yn chwilio am y rhyddid i gael plygu glin
> yn ôl eu cydwybod, heb orfod pledio teyrngarwch
> i Bab nac Eglwys, Chwilys na Chwîn:
> i greu paradwys ar lun Gwynedd a Phowys
> i gychwyn o'r cychwyn mewn Eden o ardd,

a pharatoi'r tir i'w hetifeddion ddod yno i'w canlyn
i ledio gweddi ac emyn yn urddasol a hardd . . .[43]

Wrth i'r prydydd o dwrist rodio strydoedd Philadelphia yn y 1990au mae ei ddychymyg barddol yn mynd ag ef yn ôl i freuddwydion y Crynwyr Cymreig a ymgartrefodd yn nhalaith Pennsylvania. Y dechreuad dilychwin sydd dan chwydd-wydr y bardd yn y llinellau hyn, y breuddwyd Iwtopaidd cyn dyfod y dadrithiad a ddisgrifir mor fanwl yn nofel Marion Eames.

Yn ail hanner y gerdd mae'r ffocws hanesyddol yn ymagor, gan golli gafael ar y breuddwyd Iwtopaidd Cymreig:

> ond does na'r unman yn aros yn llonydd a llywaeth –
> mae gatiau paradwys ar agor i'r byd,
> ac mae'r gwynt yn gwasgaru rhyw flodau newydd
> i feddiannu cyrion yr ardd o hyd . . .

Er i'r blodau newydd danseilio'r ymdrech i greu Eden o ardd ar lun Gwynedd a Phowys, nid yw colli gafael ar yr Iwtopia Gymreig yn gwbl negyddol. 'Blodau' yw'r newydd-ddyfodiaid sy'n drysu'r ardd, er nad ydynt yn flodau y dewisodd yr ymfudwyr Cymreig eu plannu. Ac mae'r gerdd yn gorffen drwy nodi cyfraniad y Cymry at gyfansoddiad diwylliannol y ddinas:

> ond mae'r Cymry'n dal ar strydoedd Philadelphia
> yn rhan o'i hamrywiaeth hardd.

Gan adleisio ystrydeb y *melting pot* Americanaidd, mae'r gerdd yn cofnodi'r broses o golli purdeb y breuddwyd Iwtopaidd Cymreig tra ar yr un pryd yn awgrymu nad drwg o beth yw colli purdeb o'r fath. Er iddo dalu teyrnged hiraethus i freuddwydion yr ymfudwyr cynnar, mae Iwan Llwyd hefyd yn clodfori amrywiaeth ethnig yr Unol Daleithiau gan ymffrostio yng nghyfraniad y Cymry at yr amrywiaeth hwnnw.

Y mae'r gerdd 'Ellis Island' hefyd yn brolio cyfraniad y Cymry at yr amrywiaeth Americanaidd. Cofeb fwyaf yr Unol Daleithiau i hanes yr ymudo yw'r amgueddfa ar Ynys Ellis, sef derbynfa gyntaf llongau'r ymfudwyr yn Efrog Newydd. Wedi disgrifio ymweliad â'r amgueddfa ac ail-fyw ychydig o hanes yr ymfudwyr, mae Iwan Llwyd yn canu nodyn gorfoleddus olaf ei gerdd:

---

bloeddiwn ag un llais ym mhob iaith:
'rwy'n Americanwr – rwy'n rhydd'.[44]

Trafod breuddwydion yr ymfudwyr a wna Iwan Llwyd yn y cerddi
hyn, ond fe'u nodweddir gan bellter hanesyddol. Y bardd-dwrist
sydd yma, Cymro cyfoes sy'n ceisio dilyn llwybr y breuddwyd
Americanaidd hanesyddol, fel y dywed yn 'Woodstock':

> a minnau fel un o forgrwydriaid Madog
> ar dir America, ar drywydd breuddwyd
> yn chwilio tarddiad y gân nas canwyd . . .[45]

Eto, er i ddychymyg y bardd fynd ag ef yn ôl i gyfnod y mudo, ac er
iddo dalu teyrnged fydryddol i'r hen freuddwydion Iwtopaidd,
diwedd yr ugeinfed ganrif yw fframwaith y cerddi hyn. Twrist ydyw,
Cymro yn ymweld â'r Unol Daleithiau yn y 1990au. A golwg y twrist
yn anad dim yw'r hyn a geir yn *Dan Ddylanwad*, bardd sydd – er ceisio
ar adegau ddychmygu fel yr oedd ymfudwyr y gorffennol yn gweld y
wlad – yn cyflwyno ei argraffiadau cyntaf inni ar ffurf cerdd wrth
iddo deithio'r cyfandir gorllewinol. Ac yn hynny o beth perthyn
cerddi Iwan Llwyd i linach gelfyddydol T. H. Parry-Williams, twrist
barddol arall a ymwelodd ag America. Felly, cyn trafod ymhellach
argraffiadau mydryddol Iwan Llwyd ar ddiwedd yr ugeinfed ganrif,
dylid mynd yn ôl i'r 1930au ac ystyried ymateb Parry-Williams i'r
Unol Daleithiau.

'Nid oes y fath le: dychymyg yw'

Gwlad o enwau yw'r Unol Daleithiau i T. H. Parry-Williams, Iwtopia
ieithyddol sy'n gadael rhwydd hynt i ddychymyg y bardd. Nid
ymdrin â breuddwyd Iwtopaidd yr ymfudwyr a wna Parry-Williams,
eithr cyflwyno Iwtopia'r bardd o dwrist, gwlad sy'n cynnig cyfoeth o
enwau estron swynol i fyfyrio arnynt.

Mae swyn enwau lleoedd yn thema amlwg yng ngwaith Parry-
Williams. Yn ei ysgrif 'Dau Le' mae'n gosod ei fyfyrdodau ynghylch
enw Cymraeg cyfarwydd, Soar-y-Mynydd, yn erbyn myfyrdodau ar
enw estron, y Grand Canyon, gan ymestyn y drafodaeth i ystyried yn
gyffredinol y gwahaniaeth rhwng swyn 'yr enwau pell' a 'galw'r
mannau bach diarffordd nes-i-gartref'.[46] Fe esbonia Parry-Williams ei

ddifaterwch wrth ymweld â Soar-y-Mynydd fel effaith galwad yr enw Americanaidd:

> Ni chafodd y lle siawns deg arnaf, a hynny oherwydd fy mod ar y pryd wedi ateb, yn fy mryd a'm penderfyniad a'm paratoadau, alwad arall, a honno gan le gwahanol iawn. Un lle sydd i lywodraethu ar y tro, i gael chwarae teg. Yn gymysg â galwad ddistaw, fain ac anaeddfed Soar-y-Mynydd arnaf, yr oedd un arall haerllug, annistaw ac aeddfed – galwad y Grand Canyon.[47]

Dieithrwch, ecsotigiaeth yr enw Americanaidd yw rhan o'r hyn sy'n rhoi iddo'i rym. Dyma ran ganolog o apêl yr Unol Daleithiau i'r twristiaid barddol Cymreig hyn, sef y posibiliadau celfyddydol ynghlwm wrth fyfyrio ynghylch enwau sydd yn estron ac eto'n gyfarwydd.

Fe geisia Parry-Williams wadu ei ecsotigiaeth ei hun, gan ddweud 'Y Grand Canyon cyn ei ddyfod oedd y drwg y tro hwnnw yn sicr; nid dieithrwch y naill a chynefindra'r llall, mi goeliaf'.[48] Ond wrth ddarllen y frawddeg hon yng nghyd-destun yr ysgrif gyfan gellir synhwyro goslef eironig; ceisio gwadu yn ddiargyhoeddiad un o brif themâu'r ysgrif a wna, ac mae i'r 'mi goeliaf' hwnnw naws eironig hunanddychanol yr awdur nad yw'n coelio'n gyfan gwbl yr hyn y mae'n ei ddweud. Achos mae gweddill yr ysgrif – fel y 'Rhigymau Taith' a gyhoeddwyd yn yr un gyfrol â hi – yn tystio i effaith swyn yr enwau estron, ecsotig ar y bardd. Wedi'r cwbl, dechreua'r ysgrif drwy sôn am dynfa 'yr enwau *pell*', ac wedi disgrifio goruchafiaeth y Grand Canyon dros Soar-y-Mynydd, dywed y bu'n rhaid iddo fynd 'i *bellafoedd* byd' i ateb galwad yr enw pell.[49] Eu pellter yw rhan bwysig grym yr enwau hyn. Ond, fel y daw yn gliriach wrth ystyried gwaith Iwan Llwyd, maent yn gelfyddydol rymus oherwydd eu bod hwy ar yr un pryd yn estron ac yn gyfarwydd.

Drwy ildio i rym 'yr enwau pell' a myfyrio ynghylch eu swyn y caiff y bardd ffordd wahanol o edrych ar ei fydolwg ei hun. Yn wir, nid gormod yw awgrymu iddo ganfod ffordd newydd o ganfod ei *hunan* ei hun. Trafod y cysylltiad rhwng enwau lleoedd a greddfau creadigol y bardd yw hanfod yr ysgrif, ac wrth iddo grynhoi'r broses o gymharu'r enw cyfarwydd â'r enw ecsotig pell fe ddywed: 'Dau le, dau awyrgylch, dau fyfinnau'.[50] Dau fyfinnau, dau fyfi. Rhydd profiad ymweld â'r lle pell *fyfi* newydd, hunan newydd, i'r bardd, ac mae'n cloi'r ysgrif drwy awgrymu y bydd yn rhaid iddo 'fynd i Soar-y-

Mynydd y tro cyntaf eto, pan fwyf yn fyfi fy hun iawn'.[51] Felly y gwahanieth rhwng y 'myfi fy hun iawn' a'r myfi arall hwnnw, y myfi gwahanol, yw'r hyn sydd dan sylw yn yr ysgrif. Mae'r enw Americanaidd yn gyfrwng i'r bardd brofi'r 'arall', yr 'hunan-nad-yw'n-hunan' y mae'r artist yn ymestyn ei ffiniau celfyddydol personol drwy geisio ei ganfod. Ac yng ngwaith Parry-Williams, mae'r broses hon ynghlwm wrth y broses o archwilio swyn a grym 'yr enwau pell'.

Sylwer ar y modd y mae'n hafalu'r lle, yr enw, a'r 'peth':

> daethai galwad y Grand Canyon yn ddirybudd o rywle; . . . mynd wedyn, i bellafoedd byd. Er gweld rhyfeddodau dyn a daear a dŵr ar y ffordd a'r tu draw, wrth fynd a dyfod, hwn oedd y lle, hwn yr enw, hwn y peth. Yn ystod dyddiau hir o weld pethau eraill ar y daith tuag yno, yr oedd yr enw hwn yn treiddio trwy f'ymwybod trwy'r adeg nes mynd yn orthrwm bron.[52]

Y lle = yr enw = y peth, dyna'r hafaliad. Mae taith y bardd yn ymdrech i ddiriaethu'r enw estron, i hafalu'r enw swynol â nodwedd ddaearyddol ddiriaethol ('y lle'). A beth yw union ystyr 'y peth', trydedd ran yr hafaliad sy'n cysylltu'r enw â'r lle? Enw penagored ei ystyr yw'r gair 'peth', ond odid yr enw mwyaf penagored ei ystyr yn yr iaith Gymraeg. Ond yn y cyswllt hwn gellir ei gymryd i ddynodi'r hyn y mae'r twrist o fardd yn ei geisio, y broses o deithio i wireddu'r posibiliadau celfyddydol y mae enwau ecsotig America yn eu haddo. Y peth, y profiad. Wedi ymweld â'r lle, gall y bardd ebychu 'hwn oedd y peth [y bûm yn ei geisio]'. Yr hyn yr oedd yn ei geisio felly yw'r hafaliad celfyddydol-athronyddol, y cysylltiad ystyrlon rhwng yr enw a'r lle sy'n rhoi myfi newydd, hunan arall, i'r bardd.

Gwelir y broses hon ar waith yn y 'Rhigymau Taith' a gyhoeddwyd, ynghyd â'r ysgrif 'Dau Le', yn y gyfrol *Synfyfyrion* (1937). Dyddiadur taith barddol yw'r 'Rhigymau Taith', argraffiadau gweld-am-y-tro-cyntaf y twrist ar wibdaith ar draws yr Unol Daleithiau. Deg rhigwm sydd yn y dilyniant, ac o ran mydryddiaeth maent oll yn debyg i rigymau eraill gan Parry-Williams; maent yn gerddi rhydd syml yn odli aa, bb, cc (ac yn y blaen). Cerddi byrion – byr iawn, iawn – ydynt. Nid yw'r hwyaf ohonynt, 'Y Grand Canyon', ond ugain llinell o gerdd, ac mae wyth o'r deg rhigwm yn chwe llinell yn unig. Mae mydryddiaeth seml a byrder y cerddi yn gweithio lawlaw â'u cynnwys i gyfleu naws ffwrdd-â-hi dyddiadur taith. Gwelir yn y cerddi hyn safbwynt y twrist sy'n ymweld â rhyw le neu *sight* am y tro cyntaf gan sgriblo ei argraffiadau mewn dyddiadur neu ar gefn cerdyn post.

Yn wir, gellir disgrifio'r cerddi hyn fel cardiau post mydryddol. Mae cardiau post arferol yn cyflwyno llun o'r lle neu'r tirnod – y *sight* – yr ymwelwyd ag ef ynghyd â'r enw: llun o glogwyni lliwgar anferthol a'r pennawd 'The Grand Canyon' wedi'i ysgrifennu drosto neu oddi tano; llun o *sky-scrapers* wedi'u goleuo fin nos a 'New York City' wedi'i sgriblo drosto. Mae rhigymau taith Parry-Williams yn dynwared y cynllun hwn; mae pob un ohonynt yn cyflwyno darlun barddol o'r lle yr ymwelwyd ag ef o dan rwbrig yr enw. Tirnod, *sight*, neu enw lle yw teitl pob un o'r rhigymau hyn. A thrwy restru pob un o'r deg teitl fe synhwyrir yr effaith gynyddol: 'Empire State Building (New York)'; 'Niagara'; 'Chicago'; 'Santa Fe'; 'Grand Canyon'; 'Y Pasiffig (Santa Monica, Los Angeles)'; 'Y Coed Mawr (Santa Cruz, Califfornia)'; 'Y Porth Aur (Golden Gate, San Francisco)'; 'Great Salt Lake (Utah)'; 'Nebraska'. Deg cerdyn post mydryddol yn cofnodi taith y bardd.

Fel y mae teitlau'r cerddi'n dangos yn glir, daearyddiaeth yr Unol Daleithiau yw'r hyn sydd dan sylw. Mae hyd yn oed y rhigymau sy'n trafod tirnodau wedi'u lleoli'n ddaearyddol bendant drwy roi enw'r lle mewn cromfachau. Ond er iddo leoli'i gerddi'n ddaearyddol bendant, nid disgrifio, nid mapio'r Unol Daleithiau mewn modd manwl realaidd yw'r nod. Daearyddiaeth ddychmygol yw daear-yddiaeth y rhigymau taith. Hwyrach, gellid awgrymu mai effaith y ddaearyddiaeth estron ar ddychymyg y bardd yw'r prif destun. Ond yn aml rhydd fwy o sylw i'r enw nag i'r lle ei hun. Mae enwau lleoedd yr Unol Daleithiau yn cynnig cyfoeth o swynion ieithyddol i T. H. Parry-Williams; saif yr enwau lleoedd hyn fel eiconau sy'n cynrychioli effaith yr estron, yr ecsotig a'r newydd ar ddychymyg y bardd. Drwy ganolbwyntio ar yr enw sydd ar y lle mae'n gallu trafod y berthynas rhwng profiad y twrist a chynnyrch y bardd. Uned ieithyddol yw enw lle, uned ieithyddol sy'n cysylltu pobl a lleoedd. A chan mai iaith yw deunydd crai'r bardd, mae trafod yr enwau lleoedd estron-gyfarwydd yn gyfrwng i Parry-Williams athronyddu ynghylch y cysylltiadau rhwng profiadau'r bardd-dwrist a chynnyrch y daith farddol, ei gerddi ef ei hun.

Yn debyg iawn i'r ysgrif 'Dau Le', mae'r cerddi hyn yn ymdrin â chyfaredd yr enwau Americanaidd. Felly y mae'r rhigwm 'Grand Canyon' yn dechrau:

Peth od imi gychwyn ar hyn o daith
Dros y miloedd ar filoedd milltiroedd maith,

Am i rywbeth o'm mewn heb lais na chri
Weiddi, 'Grand Canyon: dos yno, di'.[53]

Mae'r gerdd hon – fel y dilyniant y mae'n rhan ohono – yn ffrwyth ildio i gyfaredd yr enwau pell. Dyma'r bardd yn rhoi rhwydd hynt i ecsotigiaeth yr enwau hynny sy'n ddiarth ac eto'n gyfarwydd a chychwyn ar daith gan obeithio gwireddu'r Iwtopia gelfyddydol, y wlad o ddelweddau a phrofiadau y mae'r enwau estron yn eu haddo. Yn yr un modd, mae Parry-Williams yn cychwyn 'Chicago' drwy fyfyrio ynghylch y berthynas rhwng cyfaredd yr enw, y lle diriaethol a thaith gelfyddydol y bardd:

Yma y bu 'mrawd ar ôl mynd o dre,
Ond enw'n unig i ni oedd y lle.

Heddiw ymhen rhes blynyddoedd maith
Wele frawd iddo'n tario'n y fan ar ei daith . . .[54]

A byrdwn chwe llinell 'Santa Fe' yw grym cyfaredd yr enw estron:

'R wy'n mynd yn rhywle, heb wybod ym mh'le,
Ond mae enw'n fy nghlustiau – Santa Fe,

A hwnnw'n dal i dapio o hyd
Y dagrau sydd gennyf i enwau'r byd, –

Yr enwau persain ar fan a lle:
'R wy'n wylo gan enw – Santa Fe.[55]

Nid cerdd am y lle ei hun yw hon, ond cerdd am *enw*'r lle. Fe ddefnyddia Parry-Williams Santa Fe i gynrychioli'r enw estron cyfareddol yn gyffredinol; mae'n gerdd am yr enw Santa Fe yn ogystal ag am 'yr enwau persain' oll. Dyma hefyd fyfyrio ynghylch hanfod y weithred o roi enw ar le; mynegbyst ieithyddol i drefi a thirnodweddion yw enwau lleoedd, creadigaethau ieithyddol pobl sydd yn clustnodi, categoreiddio a disgrifio nodweddion daearyddol. Ond yn nhyb Parry-Williams mae'r mynegbyst ieithyddol hyn yn meddu ar ryw fath o rym celfyddydol. Fe sonia am enwau lleoedd sydd yn peri dagrau, gan awgrymu ymateb emosiynol y gellid ei ddisgwyl yng nghyd-destun creadigaethau mwyaf cain iaith, sef celfyddyd ieithyddol, llenyddiaeth. Fe lunia gymhariaeth gynnil rhwng yr enwau lleoedd estron a'r union gerddi sydd yn eu trafod; unedau ieithyddol ydynt oll, creadigaethau iaith sydd yn effeithio ar yr emosiynau.

Ceir cyfatebiaeth esthetig hefyd rhwng mydryddiaeth y cerddi a'r thema hon. Yr hyn a wnaeth T. H. Parry-Williams gyda'r rhigwm oedd cymryd ffurf fydryddol sathredig a'i dyrchafu'n ffurf lenyddol gywrain. Felly hefyd mae'n cymryd elfennau ieithyddol cyffredin, sef enwau lleoedd, a'u dyrchafu'n iaith ac iddi rym emosiynol arbennig, y fath rym y gellid disgwyl ei ganfod mewn iaith gelfyddydol. Felly nid yw'n syndod bod lle canolog i enwau lleoedd mewn cyfres o *gerddi* sy'n trafod ymweliad â gwlad estron. Yn yr enwau lleoedd hyn y caiff Parry-Williams afael ar y cysylltiad rhwng lleoedd diriaethol a haniaeth ei ddychymyg celfyddydol. Mae dweud ei fod yn 'wylo gan enw' yn ffordd o ddisgrifio'i ddeffroad artistig i'r cysylltiad rhwng swyn iaith a'r byd diriaethol o'i gwmpas. Mae hefyd yn disgrifio'i ddeffroad artistig i'r posibiliadau celfyddydol sydd ynghlwm wrth y cysylltiad hwnnw.

Yn rhyfeddol ddigon mae Unol Daleithiau T. H. Parry-Williams yn wlad ddibobl, yn wlad heb boblogaeth iddi. Yn y gerdd olaf, fe ddisgrifia'r dalaith Nebraska fel 'gwlad o gae' gan awgrymu gwacter ac anialwch, ac mewn modd tebyg mae'r gerdd olaf ond un yn disgrifio'r 'Great Salt Lake' fel '[m]ôr diarddel mewn anial dir'. Er nad yw'n synfyfyrio'n uniongyrchol ar ddiffeithwch y wlad yn y cerddi eraill, prin y ceir sôn am bobl o gwbl ar wahân i'r bardd-siaradwr ei hun, a hyn er i bedwar o'r rhigymau gael eu lleoli ym mhedair o ddinasoedd mwyaf yr Unol Daleithiau (a'r byd), sef Efrog Newydd, Chicago, Los Angeles a San Francisco. Gwir, ceir y cwpled hwn wrth iddo ddisgrifio taldra'r Empire State Building:

> Nid yw'r dynion sydd arno, mor bell o'r tir,
> Ond ychydig is na'r angylion, yn wir.

Ond nid yw'r dynion yn ddim amgenach na ffordd glyfar o ddisgrifio maintioli arallfydol yr adeilad, rhywbeth sydd, fel yr awgrymodd M. Wynn Thomas, yn drosiad ar gyfer maintioli'r Unol Daleithiau fel gwlad.[56] Felly er iddo grybwyll 'dynion' yng ngherdd gyntaf y dilyniant, nid oes yn y cerddi ddisgrifiad o'r dynion hynny sy'n byw yn y wlad y mae'n ymweld â hi.

Sôn am ei frawd a wna yn 'Chicago', ond, fel y mae'r gerdd ei hun yn ei bwysleisio, mae'n crybwyll rhywun nad 'yw yma nac yn y byd'. Chwilio am olion ysbrydol y mae wrth geisio 'asio rhyw ddolen hud / oedd yn disgwyl i'w deupen ddyfod ynghyd'. Felly nid oes yn rhigymau taith Parry-Williams gymaint ag un cyfarfyddiad – nid oes ynddynt gymaint ag un cyffyrddiad – â'i un Americanwr. I bob pwrpas mae'r Unol Daleithiau y mae'n ei disgrifio yn wlad amhoblogedig. A hynny oherwydd mai gwlad dychymyg y bardd ydyw, Iwtopia gelfyddydol sy'n cynnig cyfoeth o ddelweddau a danteithion ieithyddol iddo synfyfyrio yn eu cylch heb i'r un creadur byw ymyrryd â'i fyfyrdodau.

Eto, er diffyg cyffyrddiadau â thrigolion y wlad, mae iaith – neu ieithoedd – y cyfandir yn chwarae rhan bwysig yn y cerddi hyn. Dyma ddilyniant o gerddi Cymraeg sy'n gwbl ddibynnol ar ieithoedd sydd i wahanol raddau yn estron i'r Cymro: ceir ynddynt olion ieithoedd brodorol America (Niagara, Nebraska), y Sbaeneg (Chicago, Santa Fe, Santa Monica, Los Angeles, Santa Cruz), a'r Saesneg (Empire State Building, New York, Grand Canyon, Great Salt Lake, Golden Gate). Enwau pell, enwau estron, enwau ecsotig ydynt i'r bardd, ac mae effaith yr ecsotigiaeth ieithyddol yn rhan hanfodol o'r cysylltiad rhwng swyn iaith, profiad ymweld â lleoedd diriaethol a photensial celfyddydol a drafodwyd uchod. Ond nid pobl, nid trigolion y wlad yw cyfrwng yr ieithoedd estron hyn, eithr y lleoedd eu hunain. Mae'r lleoedd a ddisgrifir yn y cerddi hyn yn llestri sy'n dal cyfaredd yr ieithoedd estron ecsotig (ac ochr arall y geiniog yw i'r enwau estron ddal cyfaredd y lleoedd). A'r cwbl y mae'n rhaid i'r bardd ei wneud yw ymweld â'r lleoedd hyn a mentro i dir eu potensial celfyddydol. Mae'r bardd yn ymweld â'r wlad estron yn ei gerddi er mwyn dadbacio a defnyddio'r posibiliadau celfyddydol sydd ynghlwm wrth enwau estron yr Iwtopia ieithyddol.

Gan ddychwelyd at yr ysgrif 'Dau Le', gwelir i Parry-Williams gyffwrdd â'i duedd i weld y lleoedd hyn fel lleoedd dibobl:

> Ymserchu yn y lleoedd am eu bod yn lleoedd y byddaf, ac nid yn gymaint oherwydd digwydd cymdeithasu rhai ohonynt â gwŷr enwog na digwyddiad nodedig na dim felly . . . Y mae bod lle yn lle o gwbl yn rhywbeth i mi, a rhywun wedi rhoddi enw arno; ac mi wn yn burion mai'r enw moel ei hun ydyw'r unig ogoniant i mi yn aml . . .[57]

Ceir yma elfen o wrth-ddweud. Dywed iddo ymserchu yn y lleoedd 'am eu bod yn lleoedd', gan awgrymu *nad* oes a wnelo ei ymateb â'r cysylltiad rhyngddynt a phobl. Eto, mae'n priodoli rhan o'r swyn i'r ffaith i rywun eu henwi ('a rhywun wedi rhoddi enw arno'). Lleoedd *wedi*'u henwi, llestri daearyddol sydd yn dal nodweddion ieithyddol, yw'r lleoedd Americanaidd sydd yn mynd â bryd T. H. Parry-Williams. Maent yn gadael i'w ddychymyg ymateb mewn modd creadigol-gynhyrchiol i ieithoedd a diwylliannau estron heb i ddisgwrs dynol – sef creadigaethau ieithyddol pobl eraill – ymyrryd yn uniongyrchol â'r broses o greu. Gwlad dychymyg y bardd yw'r Unol Daleithiau a geir yng ngwaith T. H. Parry-Williams, a chan mai cynhyrchu creadigaethau ieithyddol yw prif nod y dychymyg barddol y mae i *enwau* lleoedd ran ganolog yn y cerddi.

Gan ddychwelyd at ddisgrifiad y bardd o'r Grand Canyon gwelir iddo ddisgrifio'r broses o ymweld â'r lle fel ymdrech i ddiriaethu'r enw cyfareddol. A dyma hefyd ddadlennu dylanwad y broses hon ar ddychymyg y bardd:

> Bod yno ar ymyl y dyfynderoedd distaw; bod yno, a theimlo'r enw Grand Canyon yn suo trwy'r ymennydd; syllu trwy gydol y dydd heb weld fel y gwelir pethau allanol arferol, ond rhyw weld mewnol, ysbrydol . . . Nid oes y fath le: dychymyg yw. Lle wedi bod ydyw yn hytrach na lle go-iawn . . . Ac wedi gweld y nos yn rowlio i mewn iddo, yr oedd yn fwy fyth o ddiddim dychymyg.[58]

Fe ddisgrifia ymweld â'r lle fel '[t]eimlo'r enw . . . yn suo trwy'r ymennydd'. Dyma ddiriaethu'r enw, sef cyplysu'r elfen ieithyddol a'i swynau haniaethol â phrofiadau corfforol diriaethol (gweld, teimlo). Ond, wedi gweld y lle ei hun, dywed nad 'oes y fath le: dychymyg yw', gan ei alw hefyd yn 'ddiddim dychymyg'.

Gallwn gymryd hyn i ddisgrifio'r olwg a geir ar yr Unol Daleithiau yng ngherddi T. H. Parry-Willimas yn gyffredinol; nid yw'n wlad o gwbl, eithr diddim dychymyg y bardd. 'Nid oes y fath le: dychymyg yw.'

'Gwlad o enwau'

Dros hanner canrif ar ôl i'r 'Rhigymau Taith' ymddangos, dyma dwrist o Gymro arall yn cofnodi'i argraffiadau o'r Unol Daleithiau mewn dyddiadur taith barddonol. Iwtopia gelfyddydol yw'r Unol Daleithiau i Iwan Llwyd hefyd, gwlad sy'n gyforiog o ddelweddau a phrofiadau newydd i'r bardd borthi arnynt. Bron na chaiff y bardd ei lethu gan ormodedd o brofiadau; rhydd cerddi Iwan Llwyd yr argraff mai *theme park* y synhwyrau yw'r Unol Daleithiau iddo, a'i fod wedi mynd ar bob un reid yn y parc.

Gellir synhwyro cysgod o naratif drwy ddarllen y dilyniant ar ei hyd; profiadau unigol y twrist yw'r cerddi hyn, wedi'u trefnu'n gronolegol i ddilyn ei daith. Felly mae'r ddwy gerdd gyntaf yn cyflwyno ei feddyliau wrth adael Cymru i hedfan dros y môr ('Ar y trên o Fangor' ac 'Wrth wrando Bob Delyn ym maes awyr Manceinion'). Ac mae'r gerdd nesaf, 'Dan Ddylanwad', yn trafod myfyrdodau'r bardd wrth iddo lanio yn 'yr Eden eitha', Iwtopia'r synhwyrau.[59]

Fel y mae teitl y gerdd – a'r gyfrol – yn cyhoeddi'n glir, mae'r bardd 'dan ddylanwad' diwylliant Americanaidd. Ond beth yn union yw'r dylanwad hwnnw? Fe awgryma'r teitl fod y profiad Americanaidd yn debyg i feddwi neu gymryd cyffuriau; mae'r ymadrodd 'dan ddylanwad' yn disgrifio profiad sydd yn effeithio ar yr unigolyn gan wyro ei synhwyrau cynhenid er da neu er drwg. Yn nhermau creadigaethau barddol, dyma ddisgrifio proses ac iddi wreiddiau y tu allan i'r bardd ond sydd wedi ymdreiddio'n ddwfn iddo gan gyflyru ei waith creadigol.

Gellid tybio mai cyfaredd enwau ac ymadroddion Americanaidd yw prif amlygiad y dylanwad hwn ar y bardd. Fe ddengys y cerddi hyn i gyd – a'r gerdd 'Dan Ddylanwad' yn enwedig – duedd Parry-Williamsaidd i ymhyfrydu yn swyn enwau sydd ar yr un pryd yn ecsotig ac yn gyfarwydd. Yn wir, disgrifia Iwan Llwyd yr Unol Daleithiau fel:

> gwlad o enwau sy'n fwy cyfarwydd erbyn hyn
> nag enwau Palesteina neu Rodd Mam . . .[60]

Yr hyn sy'n cymell y twrist celfyddydol hwn yw'r ymgais i gyfannu'r enwau cyfarwydd-estron â bodolaeth ddiriaethol y wlad. Eto, rhydd y cerddi sy'n ffrwyth y daith honno yr argraff mai profiad arallfydol a meddwol oedd ymweld â'r wlad wedi'r cwbl. Er gwaethaf ambell sylw ar gyflwr yr Affro-Americaniaid a Brodorion y wlad, nid darlunio realiti cymdeithasol yr Unol Daleithiau a wna'r rhan fwyaf o'r cerddi hyn. Maent yn hytrach yn perthyn yn nes i rigymau Parry-Williams; mae'r wlad yn gweithredu fel llechen lân gelfyddydol y gall y bardd chwistrellu ei ddychymyg arni. Gellid yn hawdd fenthyca ymadrodd Iwan Llwyd, 'gwlad o enwau', er mwyn disgrifio golwg T. H. Parry-Williams ar America, mor debyg yw'r wedd hon ar waith y ddau fardd.

Fel ei gyn-deithiwr, mae Iwan Llwyd yntau yn canu am Santa Fe. Mae'r gerdd 'Diwedd y daith' – a sylwer mai addas iawn yw'r teitl o ystyried mai cerddi taith sydd yma – yn dechrau:

> Roedd adeg pan mai Santa Fe
> oedd diwedd y daith,
> y man lle'r oedd llwybrau'r dyn gwyn
> yn cwrdd â'r paith . . .[61]

Ac wrth iddo drafod grym cyfaredd yr enw ceir llinellau sy'n dwyn rhigwm T. H. Parry-Williams i gof mewn modd uniongyrchol:

> tyfodd Santa Fe'n fyd o farchnadoedd a thafarnau
> ar gyrion y paith:
>
> i swyno beirdd, anturiaethwyr ac arlunwyr
> â dieithrwch y lle,
> i lenwi dychymyg llychlyd yr hen fyd
> ac enw – Santa Fe . . .[62]

T. H. Parry-Williams oedd un o'r beirdd a gafodd eu 'swyno . . . â dieithrwch y lle', a dyma olynydd Parry-Williams yn myfyrio ynghylch yr ecsotigiaeth a'r dieithrwch a oedd yn ddeunydd creadigol cyfoethog yn ei ddwylo barddol ef. A sylwer ar yr adlais o'r gerdd 'Santa Fe'; mae llinell olaf y pennill yn ddyfyniad o ail hanner llinell olaf rhigwm Parry-Williams (gan gynnwys y llinellig – sydd yn cysylltu'r gair 'enw' ag enw'r lle ei hun, 'Santa Fe').

Y mae 'Far Rockaway' yn gerdd arall sy'n trafod cyfaredd enw Americanaidd. Caiff yr enw ei hun ei ailadrodd yn gyson drwy gydol y gerdd, yn rhan bwysig o'r rhythm swynol sy'n asgwrn cefn mydryddol iddi, fel y gwelir yn y llinellau cyntaf:

> Dwi am fynd â thi i Far Rockaway,
> Far Rockaway,
> mae enw'r lle
> yn gitâr yn fy mhen, yn gôr
> o rythmau haf a llanw'r môr . . .[63]

Gan adleisio disgrifiad Parry-Williams o 'Santa Fe' fel swyn clywedol sy'n amhosibl ei osgi ('enw'n fy nghlustiau'), mae'r enw Far Rockaway yn byddaru'r bardd mewn modd pleserus ('yn gitâr yn fy mhen, yn gôr'). Fe ymddengys y cwpled agoriadol hwn – 'Dwi am fynd â thi i Far Rockaway, / Far Rockaway' – ar ddechrau pob un o dri phennill y gerdd. Llafar-gân unigolyn sydd wedi'i hudo gan enw lle yw'r gerdd, a rhythm yr enw ei hun yw'r hyn sy'n cynnal rhythm y llafarganu. Mae'r odl sy'n ieuo ail linell y gerdd â'r drydedd (Rockaway/lle) yn ystyrlon. Fe geir yr un odl yn y cwpled olaf hefyd. Fe bwysleisia'r cysylltiad seinyddol (odl) y cysylltiad rhwng yr enw swynol a'r lle y mae'r bardd yn ei ddisgrifio:

> mae cusan hir yn enw'r lle –
> Far Rockaway, Far Rockaway.

Yn ogystal â'r rhythm a geir drwy ailadrodd yr enw Americanaidd, saif grym y llinellau hyn yn rhannol ar yr odl a geir rhwng *lle* a Rocka*way*. Dyma odli gair Cymraeg a gair Americaneg; mae'n nodwedd ffurfiol sy'n adlewyrchu cysgod naratifol y cerddi taith hyn, sef hanes Cymro'n teithio i'r Unol Daleithiau er mwyn ieuo'i brofiadau personol ef â'r 'profiad Americanaidd'.

Caiff ei gyfareddu gan yr enw, ond yn hytrach na disgrifio ymweliad â'r lle gan ymdrechu i ddiriaethu'r enw swynol drwy'i gysylltu â phortread realaidd, mae Iwan Llwyd yn gadael Far Rockaway yng ngwlad y dychymyg o'r cychwyn, yn enw sydd yn gadael rhwydd hynt iddo bortreadu tref hudol ei freuddwydion a'i phoblogi â chymeriadau lliwgar sydd at ddant celfyddydol y bardd:

> Dwi am fynd â thi i Far Rockaway,
> Far Rockaway,
> lle mae heddlu'r dre
> yn sgwennu cerddi wrth ddisgwyl trên
> ac yn sgwrsio efo'u gynnau'n glên,
> lle mae'r beirdd ar eu hystolion tal
> yn cynganeddu ar bedair wal . . .

Fel T. H. Parry-Williams, mae Iwan Llwyd yn meddwi ar gyfaredd yr enwau lleoedd estron. Ond mae hefyd yn meddwi ar ymadroddion a rhythmau iaith yr Unol Daleithiau; mae'n fardd sy'n cyfansoddi dan ddylanwad ieithwedd ac arddull Americanaidd. Fe welir y dylanwad yn glir iawn yn y modd y mae rhai o'i gerddi yn adleisio rhythmau

Affro-Americanaidd. Er enghraifft, o ran hyd, rhythm ac odl, strwythur cân y felan draddodiadol sydd i'r gerdd 'Memphis':

> Mae hen ddyn Memphis yn dawnsio yng ngwres y prynhawn,
> mae hen ddyn Memphis yn dawnsio yng ngwres y prynhawn:
> mae o'n gloff, mae o'n feddw, ond mae ei wydr o'n llawn.[64]

A rhythm rap sydd i rai llinellau 'Ellis Island':

> welwch chi fi, na welwch chi ddim,
> chewch chi ddim byd yn y byd ma am ddim . . .[65]

Yn wir, ar wahân i ddau gywydd â'u llinellau'n dilyn rhythmau'r canu caeth Cymraeg, mae dylanwad rhythmau Americanaidd i'w ganfod yn drwm neu'n ysgafn ar bob un o'r cerddi hyn. Fe ddefnyddia Iwan Llwyd wahanol rythmau Americanaidd i greu llafarganu cyfareddol, dull o ganu sy'n anelu at ddwyn y darllenydd 'dan ddylanwad' yr un profiadau meddwol a swynodd y bardd ei hun.

Iwtopia'r synhwyrau yn anad dim yw'r Unol Daleithiau i Iwan Llwyd. Ond er iddo ymgolli'n llwyr ynddi ar adegau, fe wêl hefyd wedd negyddol ar y profiad(au) Americanaidd. Ei ymweliad ef â'r wlad a'i fyfyrdodau ynghylch dylanwad ei swyn arno yw prif themâu'r dilyniant, ond wrth iddo deithio'r Unol Daleithiau mae'n dod ar draws pobl nad yw eu hanes yn adlewyrchu'n ffafriol ar yr union wlad y mae'n ymhyfrydu ynddi. Felly ceir hefyd olwg ar sefyllfa'r Affro-Americaniaid ('Memphis') a thrigolion brodorol y wlad ('Jemez'; 'Nambè'; 'Ga'i fod yn indian, mam?').[66]

Ac wrth iddo ymgyfarwyddo â hanes y wlad, mae hefyd yn cyffwrdd â breuddwyd ymfudwyr Cymreig y gorffennol, breuddwyd y Cymry hynny a ddaeth i America 'i greu paradwys ar lun Gwynedd a Phowys'.[67] Nid oes un gair sy'n fwy allweddol i'r dilyniant na'r gair breuddwyd. Fe ymddengys rhyw ffurf arno – yr enw 'breuddwyd(ion)' neu'r ferf 'breuddwydio' – mewn pedair ar ddeg o'r cerddi hyn, sef dros hanner ohonynt.[68] Ac o gofio'r rhythmau swynol a'r cyfeiriadau at ddylanwad meddwol sy'n britho'r gyfrol, mae'n deg awgrymu bod pob un o'r cerddi hyn yn ymwneud â breuddwydio mewn rhyw ffordd neu'i gilydd. Yn wir, dyna'n union y modd y mae'r bardd-dwrist yn disgrifio'i daith farddol ei hun:

a minnau fel un o forgrwydriaid Madog
ar dir America, ar drywydd breuddwyd
yn chwilio tarddiad y gân nas canwyd.[69]

'Nid yw hon ar fap'

Cyhoeddwyd *Dun Ddylanwad* yn 1997. Ymddangosodd cyfrol o gerddi
gan Gerwyn Wiliams, *Cydio'n Dynn*, yn yr un flwyddyn, a chynhwysa'r
gyfrol hon ddwy gerdd sydd yn trafod ochr dywyll y breuddwyd
Americanaidd.[70] Dyma dwrist o fardd arall yn ymweld â'r Unol
Daleithiau, ond dystopia'n unig a groniclir ganddo ef. Y mae 'Harlem'
yn gerdd sydd ar yr wyneb yn adleisio golwg T. H. Parry-Williams ar y
Grand Canyon wrth iddi archwilio'r ffin rhwng bodolaeth ddiriaethol y
lle estron ac afrealaeth y profiad o ymweld ag ef:

> nid yw hon ar fap
> nac yn nheithlyfr y twrist.
> Trwy'i hanfodolaeth
> triagla traffig Efrog Newydd
> fymrym ynghynt.[71]

Ond gwahanol iawn i ebychiad Parry-Williams 'nid oes y fath le' yw
disgrifiad Gerwyn Wiliams o 'anfodolaeth' Harlem. Gwlad dychymyg
y bardd yw Unol Daleithiau Parry-Williams; mae cerddi taith Gerwyn
Wiliams wedi'u gwreiddio'n ddwfn yn y profiad o ddeffro i realiti
cymdeithasol a gwleidyddol y wlad.

Ac nid gwrthddywediad yw honni mai profi realiti'r wlad yw'r hyn
sy'n rhoi iddi ei hanfodolaeth a'i hafrealaeth: yr 'anfodolaeth' a
ddisgrifir gan Wiliams yw'r union ochr dywyll i'r wlad y mae'r
propaganda gwladgarol yn ceisio ei chuddio drwy flaendirio'r
rhethreg Iwtopaidd. Yn ôl Lauren Berlant, mae 'state mythic
utopianism' yr Unol Daleithiau yn cuddio'r gweddau negyddol ar ei
hanes drwy bortreadau'r wlad fel '[a] world beyond political
dissensus'.[72] Try disgwrs Iwtopaidd realaeth y wlad – anghyfiawnder
a thlodi yn ogystal â'r gweddau positif – yn afrealaeth; fe dry
bodolaeth y wlad yn anfodolaeth yr Iwtopia. Ac mae'r diwydiant
twristiaeth – fel y propaganda a ddenodd ymfudwyr i'r wlad yn y
bedwaredd ganrif ar bymtheg – yn manteisio ar y disgwrs Iwtopaidd
hwn. Dyna'r hyn a ddinoethir yn ddiarwybod gan y bardd wrth

ymweld â lle nad yw ar fap. Mae 'Harlem' yn trafod profiadau ymwelydd a wêl yr annisgwyl, twrist a ddaw yn ddiarwybod ar draws darlun o'r wlad sy'n gwbl groes i'r darlun neis a gafodd yn ei 'deithlyfr'.

Gwelir y twrist o fardd yn ceisio dilyn ei deithlyfr unwaith eto yn y gerdd 'Washington'. Fe awgryma'r teitl y gallwn ddisgwyl neges wleidyddol, ond – er i'r gerdd ofyn inni ystyried polisïau tramor yr Unol Daleithiau – nid y Tŷ Gwyn yw'r ddelwedd agoriadol, eithr y gofeb i'r milwyr Americanaidd a fu farw yn Fiet-nam:

> Cofeb Fietnam:
> cyrchfan eu galar nhw,
> gyfarwyddwyr
> yr epig orllewinol.[73]

Fe ddisgrifia'r gofeb fel 'cyrchfan' galar yr Americanwyr, gan ddefnyddio gair sy'n cyfeirio'n gynnil at agenda'r twrist. Wedi'r cwbl, cyrraedd gwahanol gyrchfannau, *landmarks* neu *sights*, yw ei nod yntau. Dyma dwrist o Gymro'n ymweld â'r ddinas – o bosibl wrth ddilyn yr un teithlyfr a'i siomodd yn Harlem – ac yn taro ar le sy'n gyrchfan arbennig o ystyrlon i'r Americanwyr hwythau. Fe bwysleisia'r wedd 'dwristaidd' hon ar y gerdd drwy gyfeirio at un o gyrchfannau eraill y ddinas, y gofeb urddasol i'r Arlywydd Abraham Lincoln:

> Doedd yno ddim urddas:
> ni allai Lincoln fan draw
> o orsedd farmor ei weledigaethau
> ddyrchafu ei lygaid
> uwchlaw amaturiaeth y rhain . . .[74]

Daw'r ymweliad â'r gofeb yn gyfrwng i'r Cymro ystyried y gwahaniaeth rhwng ei fydolwg ef a phersbectif yr Americanwyr. Wedi gwylio'u defodau tra'n ymweld â'r lle, mae'n casglu:

> doedd a wnelo hyn
> ddim â ni.[75]

Ac wrth i'r gerdd ddatgelu'r gwahaniaeth hwn rhwng safbwynt yr Americanwyr a phersbectif y bardd-dwrist, mae ei ffocws gweledol yn symud o gofebau Washington i'r llun adnabyddus o ferch

Fietnamaidd â'i 'chefn yn dapestri o napalm'. Fel 'Harlem', dyma gerdd sy'n trafod dystopia'r twrist; mae'n croniclo profiadau ymwelydd y mae'r wlad y mae'n ymweld â hi yn aflonyddu arno.

Eto, er mor dywyll yw'r darluniau o'r Unol Daleithiau a geir yng ngherddi Gerwyn Wiliams, mae rhan bwysig o'r peirianwaith esthetig sy'n eu gyrru yn debyg iawn i estheteg teithgerddi T. H. Parry-Williams ac Iwan Llwyd. Maent oll yn canoli ar brofiad y twrist, y broses o ymweld â chyrchfannau estron. Gwlad o enwau yw'r Unol Daleithiau i T. H. Parry-Williams ac Iwan Llwyd. A diben eu teithio hwy yw uno'r enwau estron hyn â phrofiadau diriaethol, diriaethu'r enwau swynol ac felly cyfranogi o'u swyn. Felly hefyd mae'r twrist barddol sy'n llefaru yng ngherddi Gerwyn Wiliams yn cyrchu'r *sights* a ddisgrifir yn ei deithlyfr, yn ceisio diriaethu'r disgrifiadau ohonynt drwy ymweld â'r lleoedd eu hunain.

'Nid yw hon ar fap' yw'r hyn a ddywed Gerwyn Wiliams am Harlem gan gyfeirio at ymdrech i guddio'r gweddau dystopaidd ar yr Unol Daleithiau. Ond gallwn gymryd y llinell mewn modd llythrennol hefyd fel cyfeiriad at yr union Harlem a ddisgrifir gan y bardd; nid portread daearyddol gweledol – nid 'map' – a gawn yn y gerdd, ond geiriau'r bardd, argraffiadau wedi'u cyflyru gan ei ddychymyg a'i weledigaeth ef. A dyna, wrth gwrs, yw pob un fersiwn o'r Unol Daleithiau a geid gan feirdd a llenorion Cymraeg. Yn bortread ffuglennol o gyrchfan yr ymfudwr, yn wlad a ddisgrifir yn ddyddiadur mydryddol y twrist, yn Iwtopia ac yn ddystopia, gwledydd wedi'u dychmygu ydynt bob un.

Nodiadau

[1] Daniel Owen, *Profedigaethau Enoc Huws* (Wrecsam, 1891), 348.
[2] Ibid., 316.
[3] Mae'n werth nodi hefyd mai cyfieithu nofelig Americanaidd, *Ten Nights in a Bar-room*, oedd un o ymdrechion llenyddol cyntaf Daniel Owen; gw. John Rowlands, *Ysgrifau ar y Nofel* (Caerdydd, 1992), 15.
[4] Peter Ackroyd, *Sir Thomas More: A Life* (Llundain, 1998).
[5] Mae trobwyntiau datblygiad llenyddiaeth Iwtopaidd/Ddystopaidd yn cynnwys: Francis Bacon, *New Atlantis* (1616); Jonathan Swift, *Gulliver's Travels* (1726); a nifer o nofelau gwyddonias megis George Orwell, *1984* (1949), ac – yn y Gymraeg – Islwyn Ffowc Elis, *Wythnos yng Nghymru Fydd* (1957). Am drafodaeth gryno ar y pwnc yn Gymraeg, gw. Kate Crockett, 'Cenedl! Cenedl?', *Tu Chwith*, 6 (Hydref 1996).

6 Benedict Anderson, *Imagined Communities* (Llundain ac Efrog Newydd, 1991), 5–6.

7 Lauren Berlant, *The Anatomy of National Fantasy: Hawthorne, Utopia and Everyday Life* (Chicago a Llundain, 1991), 31.

8 Ibid., 31–2.

9 Glanmor Williams, *Y Baradwys Bell?* (Llundain, 1976), 7.

10 Ibid., 4.

11 Tâp Amgueddfa Werin Cymru 2604.

12 Er enghraifft, tâp Amgueddfa Werin Cymru 1453.

13 Gwelir hyn yn glir yn y chwedlau hynny sy'n canoli ar gystadleuaeth rhwng dau gelwyddgi, y naill yn ceisio curo disgrifiadau'r llall o'i lwyddiant amaethyddol yn America neu Ganada. Er enghraifft, tâp Amgueddfa Werin Cymru 1453.

14 D. J. Williams, *Storïau'r Tir* (Llandysul, 1980, ail argraffiad), 21.

15 Ibid., 22.

16 Ibid., 24.

17 Ibid., 27.

18 Mae teitl y bennod gynharaf, 'Gwlad Hud a Lledrith', yn gwrthgyferbynnu'n eironig â diwedd y nofel; Daniel Owen, *Gwen Tomos: Merch y Wernddu* (Llandybïe, 1984, argraffiad newydd), 238.

19 Ibid., 253–4.

20 Ibid., 256.

21 'Parêd Paradwys', Menna Elfyn, *Cell Angel* (Broughton Gifford, 1996), 92.

22 Daniel Owen, *Gwen Tomos*, 257–8.

23 T. Gwynn Jones, *Caniadau* (Caerdydd, 1934, ail argraffiad 1992), 199.

24 Bobi Jones, 'Mawrion T. Gwynn Jones', yn Gwynn ap Gwilym (gol.), *Cyfres y Meistri 3: T. Gwynn Jones* (Llandybïe, 1982), 358.

25 T. Gwynn Jones, *Caniadau*, 82.

26 Ibid., 83.

27 Am drafodaeth ar y wedd alegorïaidd ar y gerdd, gw. Jerry Hunter, 'Y Nos, Y Niwl a'r Ynysig: Estheteg Fodernaidd T. Gwynn Jones', *Taliesin*, 98 (Haf 1997).

28 Marion Eames, *Y Rhandir Mwyn* (Abertawe, 1972).

29 Cofier mai dilyniant i *Y Stafell Ddirgel* yw *Y Rhandir Mwyn*. Dechreua hanes 'Yr Arbrawf Sanctaidd' yn y nofel gyntaf; Marion Eames, *Y Stafell Ddirgel* (Llandysul, 1969, 190): 'Cafodd William Penn (meddai Siôn) ddarn helaeth o dir yn Lloegr Newydd rhwng Massachusetts a Virginia . . . Gwelai hyn fel cyfle i sefydlu math ar gymdeithas y bu'r Cyfeillion yn dyheu amdani.'

30 Marion Eames, *Y Rhandir Mwyn*, 214.

31 Ibid., 243: 'Gad i ni fynd yn ôl i Gymru, Dorti. Gad i ni ffoi o wlad y siomedigaeth'; a 245: 'Gwlad y llaeth a'r mêl, yn wir. Eithr y mae angen mwy na llaeth a mêl ar enaid dyn.'

32 Robin Llywelyn, *O'r Harbwr Gwag i'r Cefnfor Gwyn* (Llandysul, 1994).

33 Ibid., 8.

34 Ibid., 147 a 148.

35 Ibid., 106.

36 Ibid., 10. Yn gynnar yn y nofel ceir cyfeiriad at 'Americanwyr' (34), ond ni chysylltir y cymeriadau ymylol hyn yn uniongyrchol â'r gwledydd a drafodir yn y nofel.

37 Er enghraifft, tudalen 12.

[38] Ibid., 68, 97, a 101. Ond sylwer hefyd i bennod naw lithro'n ôl i'r ymadrodd 'Stadau Breision' (139 a 141). Fe all mai rhan o amwysedd bwriadol y nofel yw dychwelyd at y ffurf hon ar yr enw wedi'i newid i'r *Taleithiau* Breision'. Eto, nid yw'n gwbl glir: ai dwy wlad wahanol yw'r Stadau Breision a'r Taleithau Breison? Ai dau ymadrodd ydynt yn disgrifio'r un wlad? Ai dwy wlad ddychmygol yn arwyddo'r un breuddwyd?

[39] Ibid., 164.

[40] Ibid., 190.

[41] Ibid.

[42] Ibid., 7.

[43] 'Strydoedd Philadelphia', Iwan Llwyd, *Dan Ddylanwad* (Bodedern, 1997), 25.

[44] 'Ellis Island', ibid., 20.

[45] 'Woodstock', ibid., 23.

[46] T. H. Parry-Williams, *Synfyfyrion* (Llandysul, 1937), 19.

[47] Ibid., 21.

[48] Ibid., 23.

[49] Ibid., 21. Fi biau'r italeiddio.

[50] Ibid., 22.

[51] Ibid., 23.

[52] Ibid., 21–2.

[53] Ibid., 69.

[54] Ibid., 67.

[55] Ibid., 68.

[56] Fforwm yn Abertawe yn 1996.

[57] T. H. Parry-Williams, *Synfyfyrion*, 19–20.

[58] Ibid., 22.

[59] Iwan Llwyd, *Dan Ddylanwad*, 48.

[60] Ibid., 14.

[61] Ibid., 51.

[62] Ibid.

[63] Ibid., 17.

[64] Ibid., 34.

[65] Ibid., 19.

[66] Ibid., 34, 41–7.

[67] 'Strydoedd Philadelphia'; ibid., 25.

[68] 'Dan Ddylanwad'; 'Woodstock'; 'Cymry Philadelphia'; 'Y Lôn'; 'Harley Davidson'; 'Nashville'; 'Memphis'; 'New Orleans'; 'Route 66'; 'Diwedd y Daith'; 'Haight Ashbury'; 'Ga'i fod yn Indian'; 'Alcatraz'; 'Meet me at the St. Francis'.

[69] 'Woodstock'; ibid., 23.

[70] Gerwyn Wiliams, *Cydio'n Dynn* (Talybont, 1997). Mae'r ddwy gerdd yn rhan o'r dilyniant 'Dolenni' a enillodd y Goron i'r bardd yn Eisteddfod Genedlaethol 1994; gw. *Cyfansoddiadau a Beirniadaethau Eisteddfod Genedlaethol Nedd a'r Cyffiniau 1994.*

[71] Gerwyn Wiliams, *Cydio'n Dynn*, 34.

[72] Lauren Berlant, *The Anatomy of National Fantasy*, 31–2.

[73] Gerwyn Wiliams, *Cydio'n Dynn*, 38.

[74] Ibid., 38.

[75] Ibid.

4

America: Cymhlethdod o Achlysuron

MENNA ELFYN

Gallaf weld America fel anrheg fawr sy'n mynd yn llai o'i hagor. Fe wyddoch y math sy'n fy meddwl. Fe'i ceir mewn partïon wedi ei lapio mewn papur gwastrafflyd er mwyn twyllo'r derbynydd rhag credu mai rhywbeth bach iawn sydd yn ei waelod. Bydd llinynnau neu raff amrwd amdano a bydd selotêp wedi ei ludo mor galed nes y bydd gofyn ei rwygo cyn y cewch fynd ymlaen at yr haen nesaf. Ac ar ôl y rhwygiadau cyntaf byddwch yn deall mai dyfais yw'r gêm gan ddeall fod y rhwygo a'r papur gwastrafflyd yn rhan o'r broses. A'r mwynhad. Ond nid papur cyffredin mohono ychwaith oherwydd ar bob darn o'r papur fe fydd ysgrifau, cerddi, miloedd o eiriau gan awduron wedi eu dwyn arno. Bydd y swmp nesaf o bapur bob amser yn fwy diddorol, ac yn agosach at ddod o hyd i'r craidd. A'r gobaith yw y cewch hyd i'r peth bach bywiol yng ngwaelod y parsel.

A dyna America i mi. Do, cyrhaeddodd un dydd mewn bocs (un sgwâr) a bûm yn diosg y papur amdano byth oddi ar hynny. Gyda llaw, nid wyf hyd yma wedi dod o hyd i'r anrheg ond rwy'n bodloni ar y gweithgaredd o ganfod geiriau a thudalennau lapiedig hyd yn hyn.

* * * *

Yn groten ifanc, breuddwyd a hunllef oedd America. Dyma wlad delfrydau ac iawnderau. Hon hefyd oedd gwlad gorthrwm a chyni. Yn gymysg oll i gyd, fe roddodd addysg emosiynol i ferch â'i bryd yn y 1960au ar asio gwleidyddiaeth a llenyddiaeth a'u gwneud yn annatod â'i gilydd. Erbyn heddiw, y gwrthwyneb sy'n wir, gydag unrhyw awgrym am y gwleidyddol yn gofyn am ei ddadadeiladu. Digon yw dweud mai un o'r pethau a wnaeth imi glosio at America oedd gallu rhai o'i dinasyddion i fod yn glwyfadwy. Dyna i mi graidd y ddelfryd Americanaidd, hyd yn oed os oedd rhywun yn ceisio goresgyn hynny, fel yng ngherdd C. K. Williams:

> My friend at last comes back. Maybe the right words were
> there all along. Complicity. Wonder.
> How pure we were then, before Rimbaud, before Blake.
> Grace. Love. Take care of us. Please.
>
> ('The Gas Station', tt.215, 216)

Mae'r gerdd yn llawn o egrwch a thynerwch ynghyd â bod yn llawn awyddfrydau ac angerdd. Yn niwylliant America hefyd yr oedd achubiaeth rhag culni a chrebachdod meddylfryd yn fodd i fyw i ferch y Mans a wrthryfelai yn erbyn farnais y seddau caled capelaidd a chrefydd gwefusolion.

Un o'r croesdyniadau i genhedlaeth y 1960au hwyr oedd y ffaith ein bod ar y naill law yn dyheu am adfer (heb berthyn i *Adfer*, sef y mudiad adweithiol ym marn llawer ohonom) yr iaith a'r diwylliant Cymraeg a Chymreig, tra ar yr un pryd yn ffoli ar bob dim Americanaidd boed hynny'n ffilmiau neu'n gerddoriaeth y felan. Yn fy achos i, barddoniaeth America a'm gwnaeth yn forwyn iddi.

Erbyn heddiw, ni wela' i lawer o chwithdod ein bod yn llawn gwrthgyferbyniadau. Ceisio byw gyda nhw yw'r gamp. Ac yr oedd amau rhai o'r gwrthgyferbyniadau wedi'r cyfan yn ffordd arall o gredu. Yn y cyfnod hwnnw, yr oedd pob dim yn bosibl a'r ysbrydol a'r cnawdol yn cydorwedd heb unrhyw anhunedd yn y byd. Cyfnod ydoedd pan oeddwn i'n camu rhwng yr awydd at feudwyaeth, yn null Merton a Thoreau, ac eto'n cael fy ngharion yn afieithus gyda Luther King a'r brodyr Berrigan. Yn ddiddorol iawn, darllenais yn ddiweddar nad oedd Merton yn gymaint o feudwy ag yr oeddem ni wedi ei gredu a thybed na ddeilliai ei ddynolrwydd doeth o'r tyndra rhwng ymneilltuo a pherthyn? Ond dod ar draws ei waith yng ngwaith Daniel Berrigan a wnes i, y gwrthryfelwr hwnnw yn erbyn rhyfel Fiet-nam a garcharwyd am weithredoedd di-drais yn erbyn y wladwriaeth:

if we perish, we will go down, not at the hands of madmen but of cold war functionaries, certified sane, Eichmanns with fingers on the button. (Sylw at eiriau Merton yn *Letter to Young Jesuits*, Daniel Berrigan, t.131.)

Yn rhyfedd i rai, efallai, gyda'r frawdoliaeth y cefais i fy ysbrydoliaeth yn gyntaf. Brodyr clwyfadwy, teimladwy, benywaidd braidd yn wyneb y byd. Oni chlywais am Emerson yn gyntaf o'r pulpud ac o enau fy nhad? Credai Emerson y dylai wisgo ei emosiwn ar ei lawes. Ac fe rannai ef a mi amheuon ynghylch cred ynghyd â sôn am 'the oversoul – I am part and parcel of God': 'it is my desire . . . in the office of a Christian minister to do nothing which I cannot do with my heart.'

Trwy ei ddarllen ef y daeth Thoreau a Whitman yn bwysig i mi fel dau a welai y gymdeithas fel ton ar fôr yn symud yn ei flaen ond y dŵr heb symud modfedd. Yn achos Thoreau, yr oedd *Walden* yn ddarganfyddiad, yn gyffro o'r mwyaf gan un a oedd ar y naill law o blaid natur a'i gogoneddau ac eto'n ddigon hy i lunio *Civil Disobedience and Reading*. Dyna oedd yr union beth i'w ddarllen ar adegau pan gawn fy hun yn gorfod cyfiawnhau i aelodau'r teulu y rheidrwydd i weithredu yn ddidrais er mwyn achos yr iaith. 'Under a government which imprisons any unjustly the true place for a just man is also a prison' (*Walden and Civil Disobedience*). Ond yr oedd mwy i Thoreau na sylwebu ar gyfiawnder cymdeithasol. Fel eraill ychydig o'i flaen (Kierkegaard yn *Concept of Irony* (1841)) gwelodd y deffroad a ddigwyddai mewn barddoniaeth a'r cysylltiad rhwng y dwyfol a barddoniaeth.

The millions are awake enough for physical labour; but only one in a million is awake enough for effectual intellectual exertion, only one in a hundred millions to a poetic or divine life.

(*Walden*, 1854, t.65)

O fyd Thoreau dyma droi at afradlonedd Whitman ac Emily Dickinson gynnil i'r carn. Tra oedd gorfoledd Whitman yn llawn ohono'n dathlu ei hunan yn ei luosogrwydd – 'I contain multitudes' – roedd ansicrwydd Dickinson yn ei gwneud yn 'enaid hoff cytûn'. Gyda hi uniaethais yn syth. Onid gweithgaredd preifat er cwbl angenrheidiol oedd creu i minnau? Ar wahân i Ann Griffiths, hi oedd yr unig fardd y teimlwn ei bod yn chwaer i mi. Ond chwaeroliaeth? Byd y brodyr oedd barddoniaeth wedi'r cyfan, hyd yn oed os oedd defnydd Dickinson o amwysedd ac eironi yn creu canu ymryddhaol.

Tell all the Truth but tell it slant –
Success in Circuit lies
Too bright for our infirm Delight
The Truth's superb surprise. (t.506)

O'r cychwyn yr oedd rhywun yn ymwybodol mai 'complex of occasions' oedd yr Americanwr/Americanes, chwedl Maximus, gyda'r preifat a'r cyhoeddus yn ymrafael yn aml iawn. Ac roedd holl frwydrau cymdeithasol y 1970au yn ddigon i gynnau fflamau'r awen ynof, yn ogystal â'm gorfodi i ddarllen gweithiau beirdd fel Allen Ginsberg a cherddi ffurfiannol megis 'Howl'.

I saw the best minds of my generation destroyed by madness,
    starving hysterically naked,
dragging themselves through the negro streets at dawn
    looking for an angry fix . . .

('Howl', t.217)

I eneth â'i dogn farddonol mor llonydd â 'llonydd gorffenedig y Lôn Goed' chwedl R. Williams Parry, roedd cerddi fel hyn yn gyffro ac yn chwyldroad mewnol. Ymddangosai fel baner newydd yn chwifio yn fy ffurfafen, un a gynhwysai holl liwiau'r ddynoliaeth, yn arw a thyner, yn amrwd a chywrain.

Ac er y cymhlethdod o achlysuron roedd cymysgedd o'r aflednais a'r telaid yn creu tensiynau. Ar yr un pryd â'r brwydro yn erbyn y Rhyfel yn Fiet-nam a brwydr y bobl dduon yn America roedd beirdd eraill hefyd yn fy nghyffroi. Yn rhyfedd iawn menywod oedd y rhain. Ac nid barddoniaeth yn unig oedd eu byd. Roedd y rhain ynghlwm wrth frwydr am feithrinfeydd yn ogystal â diwedd ar arfau niwclear. Gyda'r rhain, gwelwn gerddi'n cyfuno gweledigaethau beirdd ar ddi-hun: yn cynnal teuluoedd ac eto'n cael cynhaliaeth ysbrydol wrth greu. A dyma ddod ar draws beirdd cyfunrhywiol, merched gan mwyaf. A dod ar draws anghyfiawnderau un genedl a honno yn cynrychioli dros hanner poblogaeth y byd! Llyncu pob llyfr ar frys, o Gloria Steinem i Robin Morgan. Canfod Alta a Susan Griffin, ac Adrienne Rich.

I'm alive to want more than life,
want it for others starving and unborn,
to name the deprivations boring

into my will, my affections, into the brains
of daughters, sisters, lovers caught in the crossfire
of terrorists of the mind.

('Hunger – for Audre Lord', t.14)

Cofio'r cyffro o weld y merched hyn yn moli merched eraill, yn dyrchafu dinodedd cyflwr y ferch. Ie yn dathlu, fel chwyldroadwyr y gair yn ogystal â bod yn chwiorydd. Bu ysgrifau Rich, yn fwy efallai na'i barddoniaeth, yn ysbrydoliaeth. Ond dyma un a gyfunodd air a gweithred. Pan enillodd wobr, dewisodd ei rhannu gyda dwy awdures arall fel arwydd o'r rhannu sydd ynghlwm wrth y broses o greu. Oni ddywedodd Simone Weil fod pob celfyddyd yn golectif? I un a deimlodd yn anghyffordddus gyda holl ethos cystadlu a'i holl bwysigrwydd ar y dull unigolyddol o ganu, dyma ddod o hyd i deulu newydd o brydyddion. Ac wrth sôn am Simone Weil, ar wahân i'r dyfynnu a wnâi fy nhad, dyma weld cyfeirio ati yng ngwaith Rich a'm dwyn yn orfoleddus at athronwyr o ferched, ac yna at yr awduron duon megis Toni Morrison ac Alice Walker.

A thynnu llinyn ar ôl llinyn oddi am y parsel a chael enwau newydd cyffrous ac ambell un yn Gymraes, sef y ddiweddar Denise Levertov, a chanfod ei gwreiddiau Cymreig. Am rodd a hanner! Yn 'The Long Way Round' fe ddatgela siwrne'r bardd.

I in America,
>   white, an indistinguishable mixture
of Kelt and Semite, grown under glass
in a British greenhouse, a happy
old fashioned artist, sassy and free.

('The Long Way Round', t.53)

Ac yna, des ar draws bardd a fu'n cydgerdded gyda mi ers hynny, sef Anne Sexton. Nid yn unig ei barddoniaeth a'm denodd, ond ei dull heriol o fyw ar yr ymylon rhwng pwyll a gwallgofrwydd. Ei chlwyfadwyedd unwaith eto. Dogn hyd at ormodedd yw'r holl ddewrder benywaidd. Dyma un a drodd at farddoniaeth fel therapi. Ond roedd rhywbeth ynglŷn ag Anne a wnâi i mi glosio ati. Hwyrach mai ei dull dros-ben-llestri o fynegi, a'i harloesi gyda thestunau tabŵ ynglŷn â merched yn heneiddio a'm denodd. Fel un a deimlai'n rhwystredig am beidio ag astudio diwinyddiaeth roedd ei dull o siarad â Duw yn gysur ac yn gysegr mwy bendithiol nag oedfa oer.

> My faith
> is a great weight
> hung on a small wire.

Yna â ymlaen gyda'r ddelwedd:

> God does not need
> too much wire to keep Him there
> just a thin vein
> with blood pushing back and forth in it,
> and some love . . .
>
> ('The Small Wire', t.468)

Os oedd y parsel yn mynd yn llai yr oedd yr inc du ar fy mysedd yn mynd yn fwy trwchus.

* * * *

Cymerodd hi tan 1997 imi ymweld â'r wlad. Rhannwn ryw ofnadwyaeth o'i hanferthedd. Gwir, fe dderbyniais o dro i dro gais i ddarllen yno, ond am ryw reswm des o hyd i reswm saff bob tro dros beidio â mynd. Fe gymerodd ferch gref fel Beth Phillips Brown, un nad oedd yn derbyn 'Na' fel ateb, imi gytuno i fynd. Ond hyd yn oed ar ôl cytuno, fe fynnais gael dau frawd yn yr awen i fynd gyda mi. Wedi'r cyfan os oeddwn i'n mynd i gael fy nhreisio, fy saethu neu fy mygio (neu'r tri), byddai'n bwysig cael llygad-dystion i farwnadu fy niwedd.

Oedd, yr oedd gennyf ragfarn glir yn erbyn y wlad. A throsodd a thro yn America – wrth giwio yn y maes awyr ar gyfer *Aliens* – ces fy atgoffa mor gordeddus yw'r holl genhedloedd sydd yno a theimlwn o'r herwydd yn hollol gartrefol wrth sylweddoli mai byw trwy drosi ein hunain yn ddyddiol a wnawn. A dyma feddwl eto am y ddrama a luniais ar John Evans, Waunfawr, yn gadael ei wlad wrth chwilio am y Mandaniaid Cymraeg, ac a lwyfanwyd gan Theatr Taliesin yn 1989.

> Rwy' wedi meddwl yn ddygn
> digon i ddygyfor hiraeth
> am yr anialdir heb eto'i weld;
> rwy' wedi darllen, wedi dysgu
> sylwi ar frith o sêr, a synhwyro
> angenrheidiau'r daith;

---

gyda'r cyfaill hawdd ei gael
y gwron anfarwol Iolo –

Cofio'i eiriau cyntaf â mi
'Esgusodwch fi' meddai
– 'Gog yn chwilio'r Madogwys?' . . .

ei feddwl mor fawr â'r ffurfafen
ar led weithiau 'da'r lodnwm.
(*Madog* – Theatr Taliesin 1989 – heb ei chyhoeddi)

* * * *

Rwy'n cael fy adnabod gan fy ffrindiau fel merch heb ddaearyddiaeth
ac heb synnwyr o amser gan na allaf ddweud y gwahaniaeth rhwng
de a gogledd nac ychwaith ddod o hyd i oriawr a fydd yn gweithio ar
fy ngarddwrn. Yn yr un modd, y mae America mewn mannau heb
synnwyr ynghylch amser a'i phegynnau yn gymysg o dde a gogledd,
dwyrain a gorllewin. Yr hyn sydd o bwys yw'r peth bywiol a
drosglwydda i'r byd o ran ffilm, cerddoriaeth a llenyddiaeth. Ac mae
yno wawr o ryddid sydd yn trosgynnu culni diwylliant a daear-
yddiaeth eiddo. Efallai mai darlun rhy olau sydd gennyf erbyn hyn
ond fel un a dyfodd i fyny yn casáu a charu pob dim Americanaidd
mae'n dda gweld rhyw bortread mwy gloyw.

Eleni byddaf yn yr America unwaith eto ac yn parhau'r siwrne ar
lwybrau beirdd megis Williams Stafford, Sharon Olds, Kay Byer, Jane
Mead ac eraill. Ac yn ymdrochi o'r newydd yng ngogoniannau'r
wlad.

A byddaf yn siŵr o adael fy nghot adre y tro hwn. Dyma gerdd
sydd yn crynhoi efallai yr ofnusrwydd Cymreig a'r awydd i ym-
ddihatru oddi wrtho fel a geir yn America. Erbyn hyn rwy'n barod i
fentro heb got oddi cartref. Pwy a ŵyr nad dadwisgo a wnawn wrth
dynnu papur oddi ar yr anrheg y soniais amdani, gan deimlo'n
ysgafnach, ac yn gyfoethocach o'r herwydd. Mae gan Siapan enw
hyfryd am y broses o wisgo rhodd, sef *origata*, sydd meddir fel lapio
eich calon. Bodlonaf ar barhau i ddadwisgo y parsel enfawr eneidfawr
gan wybod yn aml iawn fod ymddangosiad y parsel yn fwy deniadol
o lawer na'r hyn a geir ynddo.

* * * *

Ôl nodyn

Ers llunio'r llith uchod ar America a'i dylanwad arnaf cefais gyfle i fyw yno am dri mis eleni a hynny yn ninas Efrog Newydd. Rhaid cydnabod mai profiad ymenyddol oedd pob profiad blaenorol. Profiad rhywun ar daith, yng nghwmni Cymry eraill. Y tro hwn yr oeddwn am gyfnod sylweddol yn profi beth oedd bywyd go iawn o'i mewn ac ar fy mhen fy hun. Fe ddywedodd Gertrude Stein rywbeth sylweddol iawn wrth sôn am y ffordd y gallwn berthyn i le ar wahân i'r lle yr ydym yn trigo ynddo. Bellach, teimlaf fy mod yn perthyn rywsut i America a bod rhannau ohoni sydd yn gweddu'n berffaith i'r math o fywyd ymneilltuol na fedraf mo'i fyw yng Nghymru.

Yno, gallaf fod yn feudwy, er yn fydol. Yn gymdeithasol, er yn unigolyddol, fyfyriol: yn heriol, stranclyd neu'n dawel lonydd. Ac mewn dinas sy'n brolio 80 iaith (81 gyda'r Gymraeg) mae bod yn anghenedl mewn byd o genhedloedd yn brofiad iachus dros ben. Ac ydy, mae'r holl greadigrwydd yno yn bwerdy i'r ymennydd a'r galon o'i gymharu â chreadigrwydd cyfundrefnol saff y Gymru sydd ohoni.

Ond mewn byd o leiafrifoedd, mae bod yn Gymraes ar aden cân yn rhan o'r gynhysgaeth y'm ganwyd iddi. A'r reddf o fod yn annibynnol ymneilltuol hefyd yn her ac yn sialens i oroesiad Cymru. Yn fwy na dim yn gynhaliaeth i artist sy'n gwyro rhwng anarchiaeth a threfn.

Cot Law yn Asheville
(yng Ngogledd Carolina)

Mynd heb got o gartre?
Na, hyd byth.
A hyd yn oed wrth ehedeg
i le diangen am hugan
daw gwlybaniaeth fy nghenedl
a'm tywallt, yn walltfeydd.

Doedd neb arall yn torsythu cot,
neb yn arddangos ymbarelau.
Ond po fwyaf tyner yw'r tymor,
mwyaf yn y byd yr ofnwn ei frath.

Dadlau oeddwn ger y bar
mor ofnus ddiantur oedd y Cymry.
'Fydde neb yn mentro gollwng cot law
rhag ofn rhyw ddilyw,
llai fyth bod mewn esgeulus wisg.

Sych genedl yr haenau ydym,
yn dynn at yr edau.'

Eto, pes gallwn,
fe ddadwisgwn fy llwyth,
plisgo fesul pilyn amdanynt
a'u dirwyn at eu crwyn cryno.
Eu gadael yn y glaw i ddawnsio,
arloesi mewn pyllau dŵr,
ysgafnhau mewn monswn o siampaen.

Ond y gwir gwlyb amdani yw
im gael fy nal, fy hunan bach,
yn magu cot yn Asheville
a hithau'n cymdoga haf.
Ac yng ngwres ei lesni, ei gadael
yn dalp o neilon ar gefn rhyw sedd.

Ie, myfi o lwyth y rhag-ofn-leiafrif
yn cael fy nal gan anwadalwch.
Gwynt teg ar ei hôl
wrth imi ddychwelyd i Gymru,
yn eneth a'm dwylo'n rhydd
– yn gweddïo am storom Awst.

(*Cusan Dyn Dall / Blind Man's Kiss*, t.92)

Llyfrau y cyfeiriwyd atynt

Emily Dickinson, *The Complete Poems of Emily Dickinson* (Llundain, 1970).
Daniel Berrigan, *America is Hard to Find* (Llundain, 1973).
Denise Levertov, *Life in the Forest* (Efrog Newydd, 1978).
C. K. Williams, *Selected Poems 1963–1983* (Highgreen, 1988).
R. Waldo Emerson, *Essays* (Llundain, 1972).
——, *Selected Prose and Poetry* (Efrog Newydd/Llundain, 1950).
Henry David Thoreau, *Walden and Civil Disobedience* (Efrog Newydd, 1960).
Anne Sexton, *The Complete Poems* (Boston, 1982).
Adrienne Rich, *Of Woman Born* (Llundain, 1977).
——, *The Dream of a Common Language* (Efrog Newydd, 1978).
Allen Ginsberg, *Howl and other Poems* (San Francisco, 1956).
Selden Rodman (gol.), *100 American Poems* (Llundain, 1972).
Menna Elfyn, *Cusan Dyn Dall / Blind Man's Kiss* (Highgreen, 2001).

5

Pen Draw Cymreictod

HEINI GRUFFUDD

Roedd Budweiser a Red Wolf yn llifo, a chwmni eitha hynod yn dechrau ymgasglu ar ddechrau wythnos o ddysgu Cymraeg. Roedd hi'n rhy boeth y tu mewn, a beth bynnag dim ond sŵn teledu a lle i chwarae pŵl oedd yn y dafarn hon. Doedd dim llawer o dafarnau yn Decatur (dicèity, fel y des i i'w hynganu yn null y trigolion), Atlanta. Llechai un dafarn eitha garw mewn rhyw dwnnel o le ger y rheil-ffordd, tra ymffrostiai un arall yn ei llu goleuadau neon o gwmpas ei muriau mewnol ac allanol. Ar y to roedden ni, felly, yn chwysu fin nos, a llenni pabell uwch ein pennau i'n diogelu rhag tanbeidrwydd haul yr hwyrddydd.

Edrychais o gwmpas ar yr wynebau. Roedd rhyw ddeg ar hugain wedi cyrraedd yn barod. Un henwr boliog moel, llanc ifanc esgyrnog, du ei wallt, dwy fenyw dew yn glynu wrth ei gilydd ac un â golwg dipyn mwy gwrywaidd arni na gŵr byr ag wyneb baban yn eu hymyl. 'Wonderful to see you again, love' a'r ynganiad araf yn rowlio'r llafariaid o rywle yng nghefn ac ochr y geg. 'I can't miss the cŵrs Cuhmraheeg, it's the only time I feel I can be myself', meddai'r fenyw wrywaidd. O dipyn i beth des i gredu bod y cyfan yn haid o grancod. Beth mewn Cymreictod sy'n denu crancod? Mae digon yn Abertawe, ond fan hyn roedd y cyfan ohonyn nhw'n grancod. Ces i'r syniad mai dyma ben draw rhesymegol Cymreictod. Yr ymdaith Geltaidd i'r gorllewin heb aros yng Nghymru, a dyma ni, olion olaf y Celtiaid, yn yfed Red Wolf fel yr yfai gwŷr y Gododdin eu medd. Ces i bwl cwbl ddireolaeth o chwerthin. 'Hey, Heini, you're all red. I think he's going to have a heart attack. How can we cool him down?'

Ces i wybod tipyn mwy am y mynychwyr. Un ohonyn nhw'n dysgu Hen Almaeneg mewn prifysgol yn Efrog Newydd, a chanddo ddosbarth Cymraeg yno. Yr henwr boliog wedi bod yn llawfeddyg. Y llanc ifanc am ddysgu Cymraeg am iddo glywed ei fam-gu'n adrodd gweddi'r Arglwydd – y Cymraeg olaf a lefarwyd gan y teulu hwn o ymfudwyr o Gymru. Un fenyw ganol oed smart wedi bod yn briod ag Iddew cyfoethog, cyn dechrau busnes yn hebrwng Siapaneaid o gwmpas casinos Atlanta, ac arni hiraeth am Geredigion a Townhill. Ac wrth gwrs, fydd dim modd anghofio'r frenhines brydferthwch o Puerto Rico. Cafodd pawb gerdyn ganddi a'i llun arno. Ac fe ddysgais iddi sut i wneud sbin yn y twmpath.

Bu gen i erioed res o ragfarnau yn erbyn America. Ro'n i bob tro wedi ochri â'r Indiaid cochion yn y ffilmiau ac rwy'n ffieiddio'r trais yn y ffilmiau diweddar. Dyw'r delweddau o geir heddlu gwibiog, strydoedd di-goed a gynnau dihirod yn denu dim. Yn fwy na hyn oll, mae America yn berygl i'r byd. Ni fu gen i erioed ffydd na fyddai America'n defnyddio'i harfau byd-ddinistriol. Yn rhyfel Fiet-nam gwelwyd America'n imperialaidd, frwnt. Yn Cuba bu bron i Kennedy ddechrau'r trydydd rhyfel byd. Ac yn fwy diweddar fe welwyd bomiau America'n glawio ar y Dwyrain Canol. Yn ddiwylliannol hefyd mae America'n dadwreiddio ac yn anfoesoli. Nid y lleiaf oedd fy rhagfarn yn erbyn y Cymry ar wasgar, y rhai a fethodd gefnogi Gwynfor pan aeth ar daith i geisio cyfraniadau i Blaid Cymru.

Ces fy mherswadio, beth bynnag, i ddysgu ar un o gyrsiau iaith Cymdeithas Madog, a hynny'n gyfle i gael cipolwg ar gyfandir na fyddwn i'n debyg o fod wedi ymweld ag ef fel arall. Doeddwn i ddim yn gwbl barod am yr hyn oedd o'm blaen. Swynion natur ambell ranbarth o America a lwyddodd i'm denu gyntaf. Blodau magnolia, adar ac anifeiliaid anarferol, lliwgar, a haul tanbaid. Dwy'n synnu dim i'r Cymry ymudol gael eu denu yn yr un modd, ac anfarwoli'r chwiparwîl. Ces i aros rai dyddiau gyda Hefina, merch Edgar ap Lewys, y cenedlaetholwr o Gwmgïedd, a'i gŵr Bill o Ystradgynlais. Palas o dŷ yn un o faestrefi moethus Atlanta. Awn yn gynnar yn y bore – ar ôl naw y bore byddai'r haul yn rhy boeth i fod allan – gyda Bill i redeg ar lannau afon Chattahoochee. Mae ysbryd yr Indiaid yn yr enw, fel yn llu o enwau eraill yr ardal. Byddai'r tes yn drwm dros yr afon wrth i'r haul godi, y dŵr i'w glywed yn rhaeadru dros greigiau gwastad a gweau gwawn yn hongian o frigau'r coed. Wrth i'r haul gryfhau byddai ei lewyrch yn y dŵr a'r tes yn codi'n gymylau melyn ac oren ac i'r golwg dôi adar hiryddfog ar greigiau yn yr afon yn twtio'u plu, a gwyddau gwyllt yn hedfan trwy'r niwlen.

Gorllewin Fflorida wedyn. Ar yr arfordir ger St Petersburg, pwy na all gael ei swyno gan fachlud haul y tu ôl i'r coed palmwydd a'i ôl yn hir ar y môr, a phelicanod pendrwm yn hofran yn drwsgl dros wyneb y dŵr? Fues i ddim eto i weld y Môr Tawel, ond yn wahanol i'r bardd o Eryri a ddywedodd 'Mae dwywaith yn ddigon i'th weled di', fe fyddwn i'n ddigon bodlon mynd i'r fan hon eto. Wrth gerdded i'r dŵr bas, mae pysgod yn tasgu o gylch eich traed, a chewch lond eich dwylo o gregyn hardd heb chwilio'n hir.

Dyna fynydd Stone Mountain, eto ger Atlanta, un o greigiau sanctaidd yr Indiaid, sydd bellach wedi ei lygru gan gerfiadau o arweinwyr y Rhyfel Cartref. Er gwaethaf hynny, mae'r domen enfawr hon o wenithfaen moel a chrwm yn dal yn rhyfeddod. Un prynhawn roeddwn i a rhai cyfeillion yn rhwyfo mewn canŵ metel ar y llyn sy'n ymnadreddu o gwmpas y mynydd. Tywyllodd yr awyr, a dechreuodd y mellt saethu. Roedd rhaid penderfynu rhwng aros yn y canŵ metel ar y dŵr a chysgodi ar ynys goediog. Daeth rhyw ddiymadferthedd aruthr drosom. Diymadferthedd o fath arall fyddai eiddo'r duon, yr ailgodwyd rhai o'u cartrefi yn ymyl tai'r meistri yn yr amgueddfa werin wrth droed y mynydd.

Neu ynys Cape Cod, mangre wyliau'r arlywyddion crwydrol eu moesau. Nid yw'n debyg i Fro Gŵyr o ran harddwch naturiol. Mae'n wastad, ac yn dywodlyd, a'r maes glanio'n llai nag un Fairwood, ond daw ei swyn yn ei niwloedd. Cafodd ei goleudai eu peintio gan artistiaid medrus ac o'r ynys hon y daw'r rhan fwyaf o'n cryglus. Dyma hefyd fan glanio'r tadau pererin, a man darllediad cyntaf Marconi dros Fôr Iwerydd. Ar ben eithaf yr ynys mae tref sy'n ganolfan wyliau i wrywgydwyr America, ac yno y buom ni am wythnos, yn agor ein llygaid. Dynion ifanc cyhyrog mewn trowsusau cwta'n ymddiddori mwy ynof fi nag yn fy ngwraig. Parau o ddynion yn magu plant bach, a llanciau tal colurog yn gwisgo sgertiau. Beth yw'r natur ddynol, d'wedwch? Ond doedd un bar yno ddim am gael ei drafferthu gan y cymhlethdodau: 'No tall, ugly blondes allowed.' Pe bai'r tadau pererin wedi bod yn dyst i'r gybolfa yma, byddent wedi troi'n ôl ar eu hunion. O'm rhan i, nid wyf am wneud datganiad cyhoeddus am fy rhywioldeb. Yr hyn a'm denodd i oedd y morfilod mynyddig sy'n plymio i'r môr yn osgeiddig gan agor eu safnau'n llydan fygythiol i ddal y pysgod mân.

Doeddwn i ddim ychwaith wedi fy mharatoi fy hun ar gyfer y trefi. Y nengrafwyr mawr yw eglwysi heddiw. Y rhain sy'n datgan pwy biau'r nerth a'r gogoniant. Wrth edrych i fyny i'w copa, fe gewch bendro, ac wrth edrych i lawr ar bigau'r tyrau o ben Canolfan Masnach y Byd, rydych chi'n dduw, neu o leiaf 'Ond ychydig is na'r angylion, yn wir' yn ôl tystiolaeth T. H. Parry-Williams, a phobl yn forgrug. Weithiau'n wydr, gan adlewyrchu lliwiau'r nef, bryd arall yn batrymog, mae'r adeiladau'n cystadlu â phyramidiau'r Aifft ac ag eglwys Cwlen a thŵr Eiffel am le ymysg rhyfeddodau'r byd. Mae'r olygfa'n wahanol eto wrth edrych draw ar fforest goncrit a gwydr Efrog Newydd o Ynys Ellis. Mae caledwch yr adeiladau'n ymdoddi'n lledrithiol, a'r cymylau gwyn uwch eu pennau'n eu bendithio, ac wrth i'r haul dywynnu arnynt, fe gollant eu gwedd ddaearol wrth iddynt adlewyrchu'r ehangder o'u cwmpas. Welwch chi mo dywyllwch y strydoedd na chlywed seiniau'r cerbydau argyfwng o Ynys Ellis.

A dyna Ynys Ellis, llain cwbl ddi-nod o dir gwastad, ond un yn llawn arwyddocâd i ran helaeth o boblogaeth America heddiw. Nid agorwyd y ganolfan fewnfudo yno tan 1892, wedi'r ymfudo mawr o Gymru, ond bernir bod 40 y cant o boblogaeth America heddiw'n ddisgynyddion i'r deuddeg miliwn o ymfudwyr a laniodd yno yn y cyfnod hyd at 1954. Fe gofir yr ymfudwyr yn yr amgueddfa yno. Cewch glywed hanes glöwr o Gymro, a gweld llun llond trol o Gymry ar drip ysgol Sul capel Caersalem, rywle yn Wisconsin. Yma hefyd mae ystadegau'r mewnfudo, a Chymru'n cael ei chyfrif yn wlad ar wahân. Cydnabu America hunaniaeth wleidyddol Cymru gan mlynedd cyn i ni'n hunain wneud hyn. Ni allwch lai na meddwl, serch hynny, mai ymgais fwriadol i greu eu hanes eu hunain sydd yn Ynys Ellis, a'r rhan fwyaf o'r hanes hwnnw heb fod yn gant oed. Mae hanes yma'n ifanc, a'r genedl yn dal heb ei chreu. Efallai fod hynny'n esbonio'r parch i'r faner yn hytrach nag i bobl, y sentiment sy'n disodli synnwyr, a'r rhyddid sy'n gyfystyr ag ymelwa.

Mae Iwan Llwyd wedi dal arwyddocâd Ynys Ellis i'r mewnfudwyr ac i ymwelwyr heddiw yn ei gerddi, gan gynnwys y cyferbyniad rhwng natur agored, braf yr haul tanbaid, croesawgar yno – 'mae o'n noeth a hardd fel rhyddid' – a haul ymguddgar y ddinas – 'dim ond wincio'n slei ar yr hwrod a'r gyrwyr tacsis'. Yn y ddinas rydych chi yn nheyrnas cysgodion, a seiniau a bwrlwm ynfyd yn teyrnasu. Does dim diben mentro i rai ardaloedd fin nos, a gwyliwch eich poced a'ch bag liw dydd hefyd. Mae'r isfyd yn fyw ac yn iach, a rhyw ddraig danddaearol yn anadlu cymylau ager trwy ddraeniau'r strydoedd. Ar ffin yr isfyd, cewch chwarae bingo trwy'r nos mewn tafarnau, trwy deledu dienaid. Ar y llaw arall, Manhattan yw caer cyfalafiaeth. Dyw e'n ddim mwy nag yn gilcyn o ddaear, yn ynys bum milltir o hyd, a rentwyd i'r gwynion gan yr Indiaid am geiniog a dimai. Wydden nhw ddim, druain, fod gan y dyn gwyn syniadau go wahanol i'w rhai nhw am feddu eiddo. Os na allwch chi fforddio dim yn siopau Fifth Avenue, o leia fe allwch chi gael cipolwg ar y manion materol sy'n llygad-dynnu trigolion America. A chewch fwynhau pryd yn llacharedd tŵr Trump, neu o dan gerflun euraid ym muarth cefn Rockefeller.

Yma mae'r miliynau'n ymforgruga. Ond a oes esboniad ar yr hyn ddigwyddodd i mi felly? Yn ystod y Pasg bûm am wythnos gyfareddol ym mhentref bychan Sindelova, Gwlad Tsiec heddiw, ond y Sudetenland gynt, yn ymweld â chyfaill mynwesol, Werner Daniel. Rwy'n ei enwi am ei fod yn dipyn o artist, a phan ddaw'n enwog, bydd arnaf ychydig o lewyrch ei fri. Gwyddwn am ei fwriad i ymweld ag Efrog Newydd ddiwedd yr haf i drefnu arddangosfa, ac roeddwn yn flin fy mod innau yno ryw fis o'i flaen ac yn colli cyfle i'w gyfarfod. Gallwch ddychmygu gweddill y stori fach hon. Es un bore i weld adeilad Talaith yr Ymerodraeth. Roeddwn dipyn yn rhy gynnar, ac i ladd amser dyma grwydro o gwmpas y bloc, ac i mewn i siop fach i brynu cardiau post. Yno, yn y siop, ar yr un neges yn union, roedd Werner. Fe drefnon ni gwrdd y noson honno. Ond yna, am bedwar y prynhawn, pan oeddwn yn chwilio am fynediad i ganolfan Rockefeller, trewais ar ei draws eto. Dau gyd-ddigwyddiad?

Mae Werner yn rhyfeddu at y cyfoeth artistig sydd yn Efrog Newydd. Dyma ganol byd celf heddiw, gyda chyfoeth prif artistiaid Ewrop yn llenwi'r Amgueddfa Gelf Fodern, a hefyd y Metropolitan. Os nad yw cyfoeth yr amgueddfeydd wedi ei brynu, mae wedi ei ddwyn. Yn y Metropolitan mae un o demlau'r Aifft wedi ei hailgodi'n gyfan. Ond nid celf y gorffennol yn unig sydd yma. Mae ugeiniau o orielau bychain lle caiff artistiaid cyfoes gyfle i ddod i sylw'r byd. Ac mae hyn yn arwain dyn at gyfoeth diwylliannol Efrog Newydd ac America. Mae'r croesbeillio diwylliannol sydd wedi digwydd yno, ac sy'n dal i ddigwydd, yn esgor ar egni creadigol mawr yn yr holl gelfyddydau, a'r cyfan yn rhan o broses na chawn fod yn dyst iddi'n aml, sef gweld geni cenedl newydd. Bu gan y Cymry, er gwell neu er gwaeth, eu rhan fach yn y broses hon.

O'ch cwmpas mae delweddau cyfarwydd byd y ffilmiau, yr adeiladau a'r parc a ddaeth yn rhan o'n hetifeddiaeth weledol. Mae storïau a ffantasïau Efrog Newydd, yn siop Macey, yn 34th Street, neu yn Central Park yn cadw'n chwedloniaeth ni oddi ar ein sgriniau. Am resymau felly rydym yn mawrygu mannau y bu gan Gymry ryw gysylltiad â nhw yn y byd arall hwn, boed yn far lle yr yfodd Dylan Thomas ei ddeunaw chwisgi, y gwesty lle y bu farw, oriel sbeiralaidd Guggenheim a gynlluniwyd gan Frank Lloyd Wright, neu'r tŷ opera lle y canodd Bryn Terfel.

Ni all Cymry hefyd lai na chydymdeimlo ag eraill o dan ormes, a dyna pam rydym yn debyg o geisio gweld ochr arall y trefi hyn a'r wlad hon. Mae'n rhaid i ni ochri gyda'r Indiaid a'r duon. Welwch chi fawr o'r Indiaid, serch hynny. Stondinau'n gwerthu eu cynnyrch ar y stryd, ychydig lyfrau'n olrhain hanes eu cwymp, ac amgueddfa, lle mae modd ymdeimlo â'u trueni. Dim ond eu henwau sy'n dal. Erbyn y ganrif ddiwethaf, dim ond tair miliwn ohonynt oedd ar ôl, ar draws y cyfan o America.

Mae'r duon, wrth gwrs, yn fwy gweladwy mewn dinasoedd fel Efrog Newydd sy'n frith o genhedloedd. Mae gan yr Eidalwyr a'r Tseineaid eu maestrefi eu hunain, ac yn y tai bwyta – y 'delis' persawrus – mae arlwy danteithion sawl tras yn eich denu, a chithau'n talu fesul owns. Daw hyn ag elw sylweddol, mae'n siŵr, gan fod y llygad yn fwy na'r bol. Nid yw'r Cymry'n llwyr o'r golwg, ond byddai angen bod yn dditectif i ddod o hyd i'r Eglwys Gymraeg ac i swyddfa'r Bwrdd Croeso.

Ar un wedd mae'r duon yn cymysgu'n gyfartal ar y stryd, ond fe welwch chi'n fuan pwy sydd â'r swyddi distadlaf. Mae'r duon hefyd yn llenwi Parc Washington, un o ganolfannau'r fasnach gyffuriau. Yn siopau moethus Atlanta, eithriad yw'r dyn du, er mai duon yw dau draean y boblogaeth. Y tu allan i stadiwm y gêm bêl-fas yno, duon fyddai'n gwerthu tocynnau, sgarffiau a bwydach, ond y tu mewn, bron yn llwyr, pobl wyn oedd y cyfan.

Chwarter awr o gerdded yw hi – a chynghorir chi i beidio â cherdded – o ganolfan siopa'r gwynion yn Atlanta i gartref cyntaf Martin Luther King, ond mae chwarter mileniwm o brofiadau yn y camau. Roedd cartref yr arweinydd yn un eitha breintiedig, ac mewn ardal led lewyrchus ar y pryd. I'w gyrraedd, fe ewch drwy ardal ddigon tlodaidd, a heibio i sefydliad gwreiddiau Affricanaidd y duon, a siopau lled-chwyldroadol sy'n gwerthu crysau T deniadol. Ar dde'r stryd mae canolfan y papur newydd cyntaf i'r duon, ar y chwith dŷ Masonig y duon, a chwarter awr chwyslyd ymhellach mae eglwys Ebenezer ac amgueddfa Martin Luther King, lle mae ei fedd gostyngedig ger llain o ddŵr. Ychydig ymhellach mae ei gartref.

Ar y ffordd oddi yno, daeth gŵr go amheus atom. Er inni geisio cael gwared ag ef, glynodd yn gyfeillgar, ludiog wrthym. Roedd yn ddigon deallus, yn gwybod ei hanes, ac wedi bod yn y carchar sawl gwaith am fân droseddau. Cawsom wybod nad yw'r brwydrau wedi eu hennill eto. Er bod rhai dynion du wedi llwyddo i ymgyfoethogi, er bod iawnderau wedi eu hennill, nid yw'r gymdeithas wedi ei haildrefnu. Fe'n tywysodd yn ddiogel yn ôl i barthau gwyn y ddinas, a ninnau'n falch o gael ein hamddifadu o ryw ugain doler yn unig.

Cawsom dacsi i Ebenezer y Sul nesaf. Gyrrwr du o Buerto Rico. 'Welsh?' holodd. 'Well, it's about time you decided who you are – if you want to be English, just do so, but if you want to be Welsh, you've got to act as if you're Welsh. I don't mind which you are, but you've got to decide.' Roedd yntau wedi bod yn gweithio i'r Cenhedloedd Unedig yn Affrica, a chywilydd ar wleidyddion Llafur a Thorïaidd Cymru ei fod e'n gwybod mwy am wreiddiau a hunaniaeth na hwy. Yn y capel roedd pianydd yn tynnu jazz o'r bysedd gwyn a du, a chôr o ferched duon lond eu croen yn bloeddio'r emynau. Hanner dawnsiai'r pregethwr wrth fynd i hwyl Gymreig. Roedd ei bwyslais ar achubiaeth, ond roedd yn ddigon diflewyn-ar-dafod wrth drafod helbulon gwleidyddol y dydd. 'Un cam ymlaen a phump yn ôl', meddai gan gondemnio agwedd llywodraeth heddiw at y duon. Tri ohonom, yn wynion o Gymru, yn unig yn y deml ddu. Pa hawl oedd gennym i fod yno?

Mae gan y Rhyfel Cartref le canolog yn hanes diweddar America. Gwnaed yn fawr o hwn yn Atlanta, a chwalwyd gan y rhyfel. Mae ei hamgueddfa'n cofnodi rhai o'r digwyddiadau, ac mewn amgueddfa arall olrheinir ymdaith Sherman tua'r môr, ond mae brwydr rhyddhad y duon, ac erchyllter y rhyfel, wedi eu disodli gan ramant y nofel a'r ffilm. Mwy diddorol i mi oedd clywed wedyn gan Rob Roser, cenedlaetholwr a ddysgodd Gymraeg yn llwyddiannus, am ran glowyr de Cymru'n tyllu o dan wersyll y gelyn, a gwybod am y cannoedd enwau Cymreig a oedd ymhlith y milwyr. A darllen wedyn farn Cymry'r cyfnod am gaethfasnach, 'Gall Yankee ymffrostio mewn llawer o bethau a dybia efe yn rhagori ar drefniadaeth wladol Brydain, megis bod heb frenin, a chael y fraint o bleidleisio bob ychydig flynyddau yn etholiad prif yna, &c., ond y mae *slavery, slavery*, yn disgyn ar ein clustiau fel taranau, er maint yr ymffrost', meddai ysgrif yn y *Traethodydd* yn 1859.

Mae amgueddfeydd eraill, un Tupperware yn Fflorida a Coca-Cola yn Atlanta. Beth ond diffyg amgyffred o hanes sy'n gyfrifol am greu'r

fath sefydliadau? Mae imperialaeth America – sy'n estyniad o imperial-
aeth gwladwriaethau Ewrop y bedwaredd ganrif ar bymtheg – wedi ei
chymhwyso erbyn hyn i goncro'r byd trwy ddiod felys-chwerw. Mae
lluniau aflednais yng nghanolfan Coca-Cola yn dangos pobl anialwch y
Sahara'n yfed o'r poteli brown, yn hytrach na dŵr pur, rhad eu
ffynhonnau eu hunain. Concro byd trwy gôcs a byrgers. Pwy gredai'r
fath beth gan mlynedd yn ôl? Mae'r cyfan yn wallgo, a'r unig gysur, o
bosib, yw bod hyn yn rhoi llai o reidrwydd i ddefnyddio bomiau i
ehangu'r ymerodraeth, er bod bomiau'n llechu y tu ôl i'r poteli a'r cig,
fel yr oedd drylliau'n cuddio tu ôl i Feiblau ein cenhadon ni.

Ond yn ôl at y casgliad o ddysgwyr a ddaeth ynghyd ar do'r
dafarn. Beth oedd yn ysgogi rhai mor bell o Gymru i dalu'n ddigon
hallt i ddysgu'r iaith? Mae'r ateb yn amrywiol, a phob un â'i resymau
ei hun. Ond wrth roi cefndir a rheswm pob un at ei gilydd, a chlymu
hynny at hanesion teulu, fe ddaw'r darlun yn fwy amlwg. Mae'r rhan
fwyaf yn ddisgynyddion i Gymry ymfudol yr ugeinfed ganrif a'r
ganrif flaenorol, ac mae ailafael mewn iaith yn rhan o'r ysfa i ddod o
hyd i wreiddiau. Iaith a gadwodd y gwareiddiad Celtaidd yn fyw yng
Nghymru, yn wahanol efallai i Iwerddon a'r Alban. Fel yn achos yr
Iddewon a Gwlad y Basgiaid, gwelwyd bod i'r iaith berthynas
annatod ag enaid, neu ag ysbryd, y genedl. Dychwelyd at iaith a
wna'r rhain felly. Y tu ôl iddynt mae profiadau dirdynnol ac arwrol eu
cyndeidiau.

Mae dilyn ôl eu traed yn faes diddorol i'r ymwelydd o Gymro. Mae
rhai o'n haneswyr wedi rhoi sylw teilwng i gamp y rhain eisoes.
Cynigiodd Marion Eames ddarlun byw o'r gwrthdaro a fu wrth i'r
Crynwyr Cymraeg obeithio cael cymuned Gymraeg ac annibynnol
yn Pennsylvania. Adroddwyd gan amryw ymdrechion gwahanol
genedlaethau i sefydlu gwladfeydd Cymreig ac yn ddiweddar daeth
eisteddfod fawr y Cymry yn Chicago yn 1893 yn wybodaeth hysbys
trwy waith Hywel Teifi Edwards. Un o'r astudiaethau mwyaf trylwyr
wedyn yw un William D. Jones sydd wedi gwneud gwaith twrio
manwl yn Scranton.

Wrth ddechrau crwydro fe ddewch yn fuan ar draws cloddfa
gyfoethog sy'n datgelu'r gorffennol. Mae tipyn mwy o Gymraeg yn
rhai o fynwentydd Vermont nag sydd yn Abertawe, a'r cerrig beddau
a'u henglynion a'u penillion yn dyst i freuddwyd coll. Fe welwch chi
fedd sylweddol â JONES wedi ei gerfio ar ei draws. Nabod y teulu'n
iawn. Bedd â 'Taid' a 'Nain' arno, bedd arall â baner Draig Goch yn ei
ymyl. Yna fe welwch englynion, fel un Ioan Eryri i David G. Morris, a

feddai'r enw barddol Dewi Glan Dulas, sy'n dyst i ddiddordeb
llenyddol y Cymry,

> Gwladwr hyglod Eisteddfodydd – a bardd
> Oedd yn ben Englynydd.
> Ac eneidlawn gain awdlydd
> Ydoedd ef ar hyd ei ddydd.

Ym mhentref Poultney yr oeddwn, am dro ryw fore, a dod ar draws
stondin y tu allan i gapel, lle y gwerthid mân nwyddau. Gwelais ddol
Gymreig ar werth yno. Gweld wedyn bod y capel yn dal yn 'Welsh
Presbyterian'. Bachais ar y cyfle a llwyddo i drefnu Cymanfa Ganu i'r
cwrs Cymraeg a gynhaliwyd yno'r wythnos honno. Gwelais wedyn
dŷ â'r enw 'Tŷ Hen' yn chwifio baner Draig Goch, cerbyd ac arno'r
rhif cofrestru 'Cymro', gwesty yn chwifio'r ddraig, a ches siarad yn
Gymraeg â rhai o'r hen drigolion.

Rydyn ni yng Nghymru'n dal i fawrygu'r ymdrech i sefydlu'r
Wladfa ym Mhatagonia. Nid bychanu'r ymdrech a'r weledigaeth
honno yw dweud mai yng Ngogledd America y bu'r ymdrechion
mwyaf o beth tipyn. A yw ein cywilydd o'r modd y collwyd y
Gymraeg yng Ngogledd America wedi peri inni fethu â chydnabod
arwriaeth yr ymfudwyr a champ y can mlynedd o Gymreictod a
gafwyd yno? America, nid Patagonia, oedd y Gymru newydd. Yn
Karlshamn yn Sweden mae cofgolofn i'r Swediaid a ymfudodd i
America. Ble mae ein cofgolofnau ni?

Gallwn fychanu'r hyn a gyflawnodd y Cymry ymfudol, os
dechreuwn bwyso a mesur yr hyn o'u Cymreictod sydd wedi parhau
tan heddiw. Ond nid ar chwarae bach mae bychanu ymdrechion
niferus y Cymry i sefydlu gwladfa, yn gyntaf yng Ngogledd America
cyn troi golygon at gyfandir y De. Gallwn farnu'r modd yr ildiodd y
Gymraeg i'r Saesneg yn America, ond rhaid barnu'r un math o newid
iaith yng Nghymru ac ym Mhatagonia.

Pam na lwyddodd y Cymry i gadw'n gymuned ar wahân fel
y llwyddodd yr Iddewon a chenhedloedd eraill? Yn niferoedd yr
ymfudwyr o wledydd eraill roedd tranc y cymunedau Cymraeg. Nid
oedd y Cymry'n fwyafrif mewn un dref. Nid yw'r diffyg niferoedd yn
esbonio'r cyfan, serch hynny, ond mae hyn yn rhan bwysig o'r ateb.
Mae tuedd mewn grwpiau sy'n ffurfio lleiafrif ieithyddol, neu rai sydd
wedi colli hyder yn eu hiaith frodorol yn sgil ymosodiadau'r iaith

fwyafrifol, i gymathu'n gynt, a dod yn rhan o'r gymuned fwyafrifol yn gynt nag y mae angen iddynt wneud, ac mae tystiolaeth bod y Cymry wedi llwyddo'n gyffredinol i ddod yn ddinasyddion Americanaidd yn gynt nag aelodau o genhedloedd eraill. Mae'r newid iaith yn rhan o batrwm gwrthdaro ieithyddol sy'n digwydd ledled y byd, ac nid yw ymddygiad y Cymry'n wahanol iawn i ymddygiad y rhan fwyaf o bobloedd sydd yn wynebu sefyllfa debyg. Symleiddio pethau yw gosod y bai yn dwt, fel y gwna amryw, ar Frad y Llyfrau Gleision 1847. Roedd ysgolion dyddiol Cymru eisoes yn rhai uniaith Saesneg ar y cyfan, a'r Gymraeg eisoes yn dioddef o dan bwysau economaidd-wleidyddol cynyddol. Serch hynny, yn America, fel ym Mhatagonia, fel y gwelodd Michael D. Jones, ac fel y dangosodd R. Bryn Williams yn glir yn *Cariad Creulon* ac yn *Y Rebel*, roedd hunaniaeth genedlaethol yn broblem i'r ail a'r drydedd genhedlaeth. Doedd hi ddim yn broblem o gwbl i'r genhedlaeth gyntaf.

Ledled America sefydlwyd cannoedd o gapeli Cymraeg, a chynhaliodd cyfres o genedlaethau cyntaf o Gymry eu bywyd Cymraeg yn ei holl gyfoeth. Mae William D. Jones yn nodi'r cymdeithasau diwylliannol, llenyddol, cerddorol ac athronyddol a oedd yn eu grym am flynyddoedd lawer yn Scranton. Byddai'r Cymry wrthi hefyd yn cyhoeddi llyfrau, papurau a chylchgronau, ac yn cynnal cryn dipyn o'u busnesau trwy gyfrwng y Gymraeg. Yn lowyr a chrefftwyr, yn chwarelwyr a dynion dur a chopor, yn amaethwyr ac yn bregethwyr, aeth y Cymry i America gyda'u diwylliant yn gyfan.

Ni roesom sylw digonol yn ein dehongliad o'n hanes i gamp y cenhadon o Gymru a aeth i bedwar ban byd yn y bedwaredd ganrif ar bymtheg. Roedd ynddynt ysbryd arloesol ac anturus, a dangosent gryn fedr wrth roi ieithoedd brodorol ar glawr. Ysbryd o antur ac ymroddiad tebyg oedd yn perthyn i'r rhes o weinidogion llengar a aeth i America. Ysgrifennwyd y llyfr Cymraeg cyntaf yn America gan Ellis Pugh, Crynwr a ymfudodd yn 30 oed i Bennsylvania yn 1686. Cyhoeddwyd ei lawysgrif, *Annerch i'r Cymru*, yn 1721, dair blynedd ar ôl ei farwolaeth, a chyfieithwyd hi wedyn gan Rowland Ellis. Roedd gan Abel Morgan frawd eisoes yn weinidog yn Delaware pan ymfudodd yntau o Flaenau Gwent yn 1711, yn 38 oed. Bu farw ei fab ar y fordaith. Cofir ef fel awdur y *Cyd-gordiad Egwyddorawl o'r Scrythurau* (Philadelphia, 1730), yr ail lyfr Cymraeg a gyhoeddwyd yn America, a'r llyfr cyntaf o'i fath yn y Gymraeg.

Dilynwyd y rhain yn y bedwaredd ganrif ar bymtheg gan lu o weinidogion, a'r rhain yn bennaf a gynhaliodd y bywyd llengar yn

America. Mae'n werth nodi i lawer iawn ohonynt ymfudo a hwythau'n dal yn ifanc, gan roi wedyn oes o wasanaeth i fywyd Cymraeg y byd newydd. Dôi Frederick Evans, 'Ednyfed', o Landybïe, ac wedi gorffen ei addysg yn academi Brynmawr ac yng Ngholeg Pont-y-pŵl ymfudodd yn 1866 yn 26 oed a dod yn weinidog yn Scranton, Efrog Newydd, Franklin, Philadelphia a Milwaukee. Daeth yn amlwg fel beirniad ac arweinydd eisteddfodau. Gweinidog arall oedd Joseph E. Davies, o Lanarthneu, Sir Gaerfyrddin. Ymfudodd yn 1842 yn 30 oed a dod yn weinidog yn Danville, ac yna Hyde Park, ac ysgrifennodd yn helaeth ar destunau crefyddol.

O Landŵr, Abertawe, y dôi Thomas Edwards, 'Cynonfardd', cyn symud i Gwm-bach, Aberdâr. Ymfudodd yn 1870 yn 22 oed a dod yn weinidog yn Mineral Ridge, Ohio, a Wilkes-barre a mannau eraill. Daeth yn archdderwydd yn America a bu'n arwain nifer o eisteddfodau yng Nghymru. Cyhoeddodd gerddi a deunydd arall, a defnyddiwyd nifer o'i gyfansoddiadau gan Joseph Parry. Ger Machynlleth y ganed Morgan Albert Ellis, a ymfudodd yn 1853 yn 21 oed a byw yn Pennsylvania, Utica ac Efrog Newydd. Golygodd *Y Gwyliedydd* a'r *Drych a'r Gwyliedydd*, *Y Cyfaill*, *Baner America* a *Blodau yr Oes a'r Ysgol*. Llannerch-y-medd oedd cartref gwreiddiol William Roberts, a ymfudodd yn 1855 yn 46 oed, ar ôl cychwyn eglwys Gymraeg yn Nulyn. Yn Efrog Newydd goruchwyliodd argraffu'r Beibl Cymraeg cyntaf a gyhoeddwyd gan Gymdeithas y Beiblau yn yr Unol Daleithiau. Bu'n olygydd *Y Cyfaill*, *Y Traethodydd yn America* a chyhoeddi deunydd arall hefyd.

Nid oedd pob llenor yn weinidog, serch hynny. Ganwyd Aneurin Jones, 'Aneurin Fardd', a oedd yn athro ac yn gyfaill i Islwyn, ym Medwas, a daeth yn beiriannydd sifil ac yna dilynodd ei dad yn felinydd. Daeth yn amlwg fel beirniad mewn eisteddfodau, ac ymfudodd i Scranton yn 42 oed yn 1864. Oddi yno aeth i Efrog Newydd, lle roedd yn arolygydd gerddi a pharciau. Cyfansoddai yn y Gymraeg a'r Saesneg. Bu farw yn Los Angeles yn 1904.

Mae môr o ddeunydd yn aros i ddarpar ymchwilwyr yng ngwaith y rhain oll. Fe welir, ryw ddydd, ailgyhoeddi casgliadau o'u gwaith, mae'n siŵr, a sylw arbennig i'r *Drych* ac i'r dehongliad o Gymreictod a geir ynddo, wrth i ni fynd ati o ddifri i gymryd rhan yn y broses greadigol o drosglwyddo i'r dyfodol yr hyn a farnwn sydd o werth yn ein gorffennol.

Un o brif gyfraniadau diwylliannol cymoedd de Cymru i'r cyfandir newydd oedd y bywyd cerddorol cyfoethog. Dau o'r cerddorion amlycaf oedd Joseph Parry a Daniel Prothero. Olrheiniodd Dulais Rhys hanes helbulus y cyntaf, a ymfudodd o Ferthyr i Danville, Pennsylvania pan oedd yn 13 oed yn 1854. Un o fethiannau arwrol Cymru oedd ei ymgais i gychwyn coleg cerdd cenedlaethol yn Abertawe wedi iddo ddychwelyd i Gymru. Ymfudodd yr olaf o Ystradgynlais i Scranton yn 19 oed yn 1885, ar ôl cael addysg gerddorol gan Joseph Parry yn Abertawe, a graddio wedyn mewn cerddoriaeth yn Toronto. Symudodd i Milwaukee a Chicago, gan arwain corau niferus a chyfansoddi'n helaeth.

Roedd cymunedau Cymraeg America'n ddrych o gymdeithasau yng Nghymru, ac yn hyn o beth yn adlewyrchiad o fywyd Cymraeg diwydiannol Cymru. Ond dengys yr ymfudo hefyd gelwydd Brad y Llyfrau Gleision. Nid oedd y Cymry wedi eu tynghedu i fod yn ddi-nod yn y gweithle fel yr honnai'r arolygwyr. Roedd Cymry ymhlith dyfeiswyr peiriannol mwyaf blaengar y cyfnod, ac yn amlwg hefyd ym myd busnes yn America. Cawson nhw'r cyfle yno na chawsant yma yng Nghymru. Mae hyn yn amlwg yn hanes yr amaethwyr a'r chwarelwyr a ddaeth i berchenogi eu tiroedd eu hunain yn America, a rhai'n dod yn arweinwyr y fasnach chwareli, fel yn achos Hugh G. Hughes, 'brenin y chwarelau' fel y'i disgrifir gan William D. Davies. Mae beddrod Hugh Hughes yn un o'r mwyaf ym mynwent Elmwood, Vermont. Mae cerflun maint llawn ohono wedi ei osod ar bedestal, ryw chwe throedfedd o uchder, ac uwch ei ben, yn codi ryw bum troedfedd ar hugain, mae cerflun merch yn pwyntio tua'r cymylau.

Mae angen deall yr ymfudo yn erbyn cefndir tlodi Cymru, yr erlid gwleidyddol, a gormes yr eglwys a'r landlordiaid. Yn 1883 roedd hysbyseb Gymraeg talaith Wisconsin, er enghraifft, yn denu Cymry i fannau lle 'gellir cael y tiroedd gorau am o 20 i 30 swllt y cyfer' ac o ymsefydlu fwy na deng milltir i ffwrdd o reilffordd, dim ond '5 swllt y cyfer' a '100 cyfer o hono am ddim'. Roedd rheilffordd Chicago, Rock Island a Pacific yn cynnig cysylltiad 'â phob llinell o reilffordd rhwng glanau yr Atlantic a'r Mor Tawelog', gyda'r posibilrwydd o brynu tir yn Iowa, Minnesota, Dakota a Manitoba gyda'u 'gwenith-feusydd auraidd'. Y 'tiroedd amaethu rhagorol' yn y taleithiau hyn oedd y 'moddion sicraf i ddyfod yn gyfoethog'.

Rhaid cofio yr un pryd nad aeth ond cyfran fach o'r Cymry i America – mae un amcangyfrif yn nodi 100,000 o ymfudwyr erbyn diwedd y bedwaredd ganrif ar bymtheg, ac un arall yn tybio bod yno ryw 400,000 o dras Gymreig erbyn y pryd hwnnw. Aeth rhyw bedair miliwn, meddir o Iwerddon, a miliynau lawer o'r Alban, Sweden a'r Almaen, yr Eidal a gweddill Ewrop. Roedd y chwyldro diwydiannol wedi cadw'r Cymry, ar y cyfan, yn eu gwlad eu hunain.

Ceir gwers hanes fyw ar y gormes a fu ar Gymry'r cyfnod ym mharodi Dafydd Williams o Aberystwyth ar y deg gorchymyn, parodi a gyfansoddodd ar fwrdd *Y Mimosa* yn 1865, ac a gofnodwyd wedyn gan Bryn Williams:

> Na fydded i ti lywodraethwr arall ond myfi.
> Na wna i ti Wladfa Gymreig mewn un llanerch sydd dan y nefoedd uchod . . . Na ddysga iaith dy fam, ac na chefnoga lenyddiaeth dy wlad. Canys myfi y Sais wyf ddyn eiddigus, yn troi y Tenantiaid o'u ffermydd am genhedlaethau . . .
> Na chwyna fod y Saeson wedi goresgyn dy wlad . . .
> Cofia Eglwys Loegr i'w sancteiddio hi. Chwe' diwrnod y gweithi nes sychu mêr dy esgyrn; eithr ar y seithfed yr ai di i'r Eglwys Sefydliedig . . . canys am chwe diwrnod y gweithi i gael modd i dalu rhent, a'r degwm, a'r dreth Eglwys . . .
> Anrhydedda y Saisaddolwyr yn mhob man . . .
>
> (*Y Wladfa*, t.309)

Mae ganddo barodi arall ar weddi'r Arglwydd sy'n arwydd bod gwreiddiau cenedlaetholdeb yr ugeinfed ganrif yn nhlodi a gormes y bedwaredd ganrif ar bymtheg. Dengys hefyd sut roedd yr ymwybyddiaeth genedlaethol wedi deffro yng Nghymru pan oedd 'ovn gwg arglwyddi tiriog vel hunlle dawedog dros y wlad', chwedl Lewis Jones, y llenor a oedd eisoes wedi danfon adroddiadau gorganmolus o dir Patagonia i Gymru (gweler Lewis Jones, *Hanes y Wladva Gymreig*, 1898). Dywedai yntau fod adfywiad llenyddol a chrefyddol ar gerdded trwy Gymru, ac ysbryd anturiaeth a masnach wedi ei ddeffro yn y wlad, a bod Rhyfel Cartref yr Unol Daleithiau wedi 'llwyr ddeffroi "y gydwybod Ymneillduol" Gymreig i'w seiliau' (t.12) a hyn yn dir ffrwythlon i'r deffro cenedlaethol. Dyma'r barodi:

> Sais mawr, yr hwn wyt yn byw yn Llundain, mae arnaf ofn dy enw; mewn dyled mae'th deyrnas: bydded dy ewyllys yn Nghymru fel y mae yn Lloegr. Dyro i ni ddigon o lafur a lludded: a maddeu i ni oherwydd lleied ein cyflogau ein bod yn methu talu ein dyledion: nac arwain ni i annibyniaeth, eithr gwared ni rhag y Gwladfawyr: canys eiddo ti yw Prydain, a'i gallu, a'i chyfoeth, a'i gogoniant yn oesoesoedd. Amen.

Ond druan â Dafydd Williams. Mae ei hanes yn haeddu ffilm neu nofel. Mae sôn amdano yn *Hanes y Wladfa Gymreig* (1894), gan y Parchedig Abraham Matthews, un o sefydlwyr y Wladfa. Wedi disgrifio'r fordaith i Ariannin yn fyw iawn, rhydd hanes Dafydd Williams y prynhawn y glaniwyd ym Mhorth Madryn. Mae'n amlwg iddo, mewn brwdfrydedd i weld y wlad newydd, ddringo'r bryn ger y môr, 'er mwyn edrych beth a welai, ond ni ddychwelodd byth yn ôl. Y tebygolrwydd ydyw iddo fyned dros y bryn, a cholli ei olwg ar y mor, a dyrysu, a cholli ei gyfeiriad, a theithio nes myned yn rhy wan, a marw o newyn. Cafwyd gweddillion o'i esgyrn, a rhanau o'i ddillad, yn nghyda darnau o bapyrau heb fod yn mhell o ddyffryn y Gamwy yn mhen llawer o flynyddau . . .' (t.15).

Mater arall diddorol yw'r gwahaniaethau yn hanes sefydlu'r Wladfa a geir yn llyfrau Abraham Matthews a Lewis Jones, a'r anghydweld difrifol a fu rhyngddynt.

Beth yw'r gwaddol a adawyd i'r genhedlaeth hon o Gymry ac o Americaniaid Cymreig? Y dyheadau a'r breuddwydion a'r chwalu gobeithion, o bosib. Rhan o'r gwaddol yw'r cynnyrch ysgrifenedig. Mae rhai o'r llyfrau a ysgrifennwyd gan y Cymry ymfudol yn hynod o ran y manylion a geir am fywyd y Cymry a'u hamgylchiadau, o ran cefndir y cyfnod yn gyffredinol, ond hefyd o ran iaith. Maent yn haeddu mwy na phwt o sylw ar ddiwedd ysgrif.

Un llyfr o'r math hwn yw *America a Gweledigaethau Bywyd*, gan William D. Davies, 1894. Roedd yntau wedi treulio 12 mlynedd yn crwydro'r cyfandir, o'r naill fôr i'r llall, yn gynrychiolydd *Y Drych* ac mae rhan gyntaf ei lyfr yn llawn danteithion. Â o'r naill dref i'r llall gan nodi'n fanwl nifer y capeli Cymraeg a'u henwadau, a sôn am y Cymry amlwg. Cawn ddarlun o fwrlwm y bywyd Cymraeg, er ei fod eisoes yn dechrau edwino erbyn hyn. Disgrifia'r modd y cynigiodd yn wylaidd ei waith barddol ei hun i Aneurin Jones gael golwg arnynt, 'cefais y llew mawr fel oen, ac yn siriol a chroesawus', a phan gynigiodd iddo'i lyfr atebodd hwnnw, 'O, mi a brynaf dy lyfr am ei fod yn llyfr Cymraeg, pe na byddai dim teilyngdod ynddo'. Edmygai William Davies awdurdod rheolwr parciau Efrog Newydd dros ei weithwyr, 'dywed Mr Jones wrth Pat, "Dos," ac efe a ä; ac wrth Martin, "Gwna hyn," ac efe a'i gwna'. Disgrifia wedyn gyflwr alcoholig rhai o Gymry ardal Granville, 'Trueni oedd gweled llawer o blant y breintiau mawr, yn grefyddwyr, beirdd, lenorion, &c., yn gaethion gwirfoddol ac yn rhwym wrth gadwyni eu blys, o gwmpas temlau yr *High License*' (t.102).

Mae ei ddisgrifiadau o'r wlad a'r trefi hefyd yn ennill gwerth wrth i'r blynyddoedd fynd heibio, yn enwedig ei sylw am Chicago, a oedd er yn ifanc 'yn ganolbwynt i 76,865 o gledrffyrdd, a 37 o wahanol ffyrdd haiarn mawrion'. Caiff y ddinas sylw manwl am ei bod yn gartref i Ffair y Byd, 1893, a chawn fanylion yr eisteddfod fawr a gynhaliwyd yno, y pwyllgorau a'r cystadlu, y paratoi a'r dadleuon ariannol ganddo'n hwyliog. Dyma uchafbwynt bywyd Cymraeg America ar un wedd. Dyma hefyd oedd ei gân ffarwel.

Un o'r llyfrau gorau yw *Dros Gyfanfor a Chyfandir: sef Hanes Taith o Gymru at lanau y mor tawelog ac yn ôl* gan William Davies Evans, 1883. Hyd y gwn i, dyma'r llyfr taith Cymraeg cyntaf ar America, ac un o'r goreuon hefyd. Cafodd ei gyhoeddi ryw bum mlynedd cyn llyfrau taith O. M. Edwards. Ceir ganddo hanes ei daith ei hun, gan ddechrau gyda nifer o Wyddelod yn chwydu ar fwrdd y llong, 'pob un yn y fan y dygwyddai fod yn taflu allan gyda ffyrnigrwydd yr hyn ychydig yn flaenorol a gymerwyd i fewn gyda phleser'. Gwelir dolffiniaid yn y môr, 'Creaduriaid teneu-lydain, penfain, cynffon-fain, llwyd-felynion' (t.14), ac yna cyrhaeddir Long Island a cheir disgrifiad manwl o Efrog Newydd, lle mae'r heolydd 'yn rhedeg yn gydbellochrog, ac eraill yn eu croesi yn gyfonglog' (t.16). Mae 'rheilffyrdd dyrchafedig' y ddinas yn tynnu ei sylw, cyn iddo ddal y gerbydres a theithio ar hyd afon Hudson, sy'n dal yn daith drên hynod ddymunol, gyda llaw. Disgrifia wedyn nifer o'r trefi lle ceid nifer sylweddol o Gymry, a sôn am Utica fel Athen Cymry America, am mai yno y cyhoeddid *Y Drych, Y Cyfaill*, cylchgrawn y Methodistiaid, a'r *Wawr*, cylchgrawn y Bedyddwyr. Manylir ar y diwydiannau lle gweithiai'r Cymry, a noda fod Cymry ardal Danville mor hyddysg yn yr Almaeneg â'r Saesneg am fod yno gynifer o ymfudwyr Almaenig.

Mae'r awdur yn cael blas ar gynnig disgrifiadau swynol o'r wlad, a hwnt ac yma ddeongliadau digon doniol o enwau Indiaidd, er profi eu bod yn disgyn o hil Madog.

Un o'r darnau mwyaf cyffrous ganddo yw ei atgofion am daith drên yn ystod y Rhyfel Cartref. A'r wlad yn ulw, ymosodid ar y trenau, ond dihangodd yntau o drwch blewyn mewn trên cynnar gyda chwmni o filwyr, a hwythau'n dwyn bwydydd oddi wrth Negroaid, yn lle'u prynu. Un noson disgwylid y Cadfridog Sherman, ac yntau wedi mynd â'i holl filwyr i Atlanta . . . wel, stori arall yw honno, ond mae'n amheuthun cael yn y Gymraeg olwg llygad-dyst ar y rhyfel hwn.

Mae'n teithio wedyn i Missouri, ac yn y pen draw cyrhaedda Santa Fe, a ddisgrifir ganddo'n fywiog. Honna eto fod geirfa'r Indiaid yn y rhan hon o'r wlad yn adlewyrchu'r Gymraeg. Pwy all wadu nad Llan-copa yw Tlacopan a Llan-bellaf yw Tlapallan? Cyrhaedda Galiffornia ar ben pella'r cyfandir, cyn dychwelyd i Philadelphia. Yn goron ar y cyfan mae engrafiadau hardd o'r wlad, ac un o'r awdur ei hun yn eistedd yn fyfyrgar wrth fedd ei deulu.

Dyma gau clawr ar Gymry'r gorffennol. Er na chafodd breudd-wydion y Cymry eu gwireddu, fe dâl i ni gofio'r ymdrech, a deall yr un pryd sut mae eu profiadau'n rhan o'n hanes ninnau. Nid yw hi chwaith yn rhy hwyr i ddeffro Cymreictod y genhedlaeth hon o Americaniaid Cymreig a rhoi iddynt rôl ym mharhad ein Cymreictod bregus ni. Mewn cerdd i Gymry Philadelphia mae Iwan Llwyd yn honni mai ofer bellach yw hiraethu am y gorffennol coll; ni allwn ni ond ymateb i America heddiw, yn wych, yn wael. Y gofid pennaf yw gweld y newidiadau diwylliannol ac ieithyddol sydd ar waith yng Nghymru, a gweld Cymru'n Americaneiddio'n ddi-ben-draw. Hunllef fyddai hynny. Pwy a ŵyr ai'r iaith fydd prif sumbol a sail ein cened-ligrwydd yn y dyfodol? Am y tro, boed hanes yn rhybudd hefyd.

6

Y Mabinogion *a Ffuglen Ffantasi America*[1]

C. W. SULLIVAN III

Yn ystod y cyfnod 1964–1977, cyhoeddwyd yn yr Unol Daleithiau 18 nofel a seiliwyd, i ryw raddau, naill ai ar *Bedair Cainc y Mabinogi* neu ar destunau eraill o'r Oesoedd Canol (yn enwedig y rhai sy'n ymwneud â Thaliesin), testunau y rhoir iddynt bellach y teitl cyffredinol, *The Mabinogion*. Er mai adargraffiadau oedd tair o'r nofelau hyn, mae'n dal yn syndod gweld y fath ddiddordeb eirias yn chwedloniaeth Cymru, a hynny'n bennaf ymhlith awduron yr Unol Daleithiau, o gofio mai ychydig iawn a ŵyr Americanwyr cyffredin am y Gymru gyfoes, ac na wyddant ond y nesaf peth i ddim am chwedloniaeth a mytholeg Cymru'r Oesoedd Canol.

Kenneth Morris, Cymro a oedd yn byw ar y pryd yn yr Unol Daleithiau, oedd y cyntaf i ddefnyddio storïau o'r Pedair Cainc yn ei nofelau ffantasi. Cyhoeddodd *The Fates of the Princes of Dyfed* yn 1914 a *Book of the Three Dragons* yn 1930, gan seilio'r naill ar y gainc gyntaf a'r llall ar y drydedd gainc, ac fe adargraffwyd y ddwy nofel yn y 1970au. Dilynwyd y rhain gan gyfres Evangeline Walton, sef *The Virgin and the Swine* (1936: adargraffwyd yn 1970 dan y teitl *The Island of the Mighty*), *The Children of Llyr* (1971), *The Song of Rhiannon* (1972) a *Prince of Annwfn* (1974). Mae'r pedair hyn yn cyfateb yn union i'r pedair cainc, ond trin y *Mabinogi* fel un ffynhonnell y medrai ef fanteisio arni yn ôl y galw a wnaeth Lloyd Alexander. Drwy gyhoeddi *The Book of Three* (1964) y camodd ef i'r maes yn gyntaf, gan gychwyn ar gyfres o bum nofel a fyddai'n cynnwys *The Black Cauldron* (1965),

The Castle of Llyr (1966), *Taran Wanderer* (1967) a *The High King* (1968). Yn 1965, flwyddyn ar ôl Lloyd Alexander, cychwynnodd Susan Cooper ar ei chyfres nodedig *Dark is Rising*, drwy gyhoeddi *Over Sea, Under Stone*. Beth amser yn ddiweddarach ychwanegwyd pedair nofel arall ganddi, sef *The Dark is Rising* (1973), *Greenwitch* (1974), *The Grey King* (1975) a *Silver on the Tree* (1977). Maent oll yn pwyso'n drwm ar hanes (ac ar dirlun) Cernyw a Chymru, ond perthynas fras sydd rhyngddynt a storïau'r *Mabinogi* fel y cyfryw, yn bur wahanol, dyweder, i arfer Alan Garner, a wnaeth ddefnydd helaeth o stori Blodeuwedd (o'r bedwaredd gainc) yn *The Owl Service* (1967). Yr un modd, dibynna nofel Nancy Bond, *A String in the Harp* (1977), yn uniongyrchol ar destunau'n ymwneud â stori Taliesin.[2]

O'r chwe awdur hyn, dim ond dau – sef Morris a Garner – sydd heb fod yn Americanwyr. O'r pedwar arall gellir hepgor Susan Cooper i raddau, am ei bod yn defnyddio testunau Arthuraidd, ac felly ni ellir olrhain dylwanad penodol *Y Mabinogi* ar ei chyfres *Dark is Rising*. (Ond mae'n werth nodi bod blas Cymreig pendant ar y nofelau, oherwydd eu lleoli yng Nghymru ac yng Nghernyw Geltaidd.) Eithr yn achos Walton, Bond ac Alexander, gellir datgan yn berffaith sicr eu bod yn dod o hyd i'w testunau yn storïau a chwedlau *Y Mabinogi*, a'u bod wedyn yn addasu'r defnyddiau hynny mewn ffyrdd pur arwyddocaol. Ymestyn Walton ar y ffynonellau gwreiddiol, gan ddefnyddio'r *Pedair Cainc* fel sgerbwd plot ei nofelau, mae Bond yn cydblethu storïau am Daliesin â stori, a chymeriadau, o'i dychymyg hi ei hun, tra bo Alexander yn cychwyn drwy ddyfeisio cymeriadau a storïau gwreiddiol, ond yn ychwanegu atynt ddefnyddiau o'r *Pedair Cainc* er mwyn creu naws, awyrgylch a dyfnder hynafol. Felly, hoffwn ganolbwyntio ar y tri awdur hyn, ac ar saernïaeth eu naratif, yn yr ysgrif ganlynol.

Evangeline Walton a'r grefft o ymestyn

Cyfeddyf Evangeline Walton ei hun nad oedd hi wedi newid ond ychydig ar y *Pedair Cainc*, ond ei bod wedi ychwanegu llawer at y deunydd hwnnw. Yn *The Island of the Mighty*, yn ogystal ag yn y tair nofel Fabinogaidd arall, codir sgerbwd y plot yn ei grynswth o un o geinciau *The Mabinogion*, heb newid fawr ddim arno. Ond wrth iddi ymestyn yr hyn a grynhoir mewn ugain tudalen yng nghyfieithiad Thomas Jones a Gwyn Jones, er mwyn cynhyrchu nofel sy'n gant o dudalennau, mae Walton naill ai'n creu neu'n benthyg defnyddiau nad ydynt i'w cael yn y Gymraeg, er eu bod gydnaws â'r hyn a wyddom am fyd myth yn gyffredinol.

Pan ddywed Walton nad yw wedi newid llawer ar y gwreiddiol, mae'n dweud calon y gwir; yn wir, dim ond mewn dau fan y mae *The Island of the Mighty* yn gwrth-ddweud yr hyn a geir yn y bedwaredd gainc, neu'n gwyro'n bur bell oddi wrth y stori honno. Yr enghraifft amlycaf o'r ddwy yw'r modd y mae Gronw Pebr yn llunio'r waywffon a ddefnyddir i ladd Lleu Llaw Gyffes. Yn ôl cyfieithiad Thomas a Gwyn Jones: 'one must needs be a year making the spear wherewith [Lleu] should be smitten, without making anything of it save when folk were at Mass on Sunday' (t.70). Eithr yn *The Island of the Mighty* ceir y disgrifiad canlynol o'r weithred o greu'r arf marwol:

> it would take a year to make the spear that would pierce [Lleu]. It would have no power if it were worked upon at any time except when the druids were performing their sacrifices. (t.273)

Mae'n amlwg fod Walton wedi dewis newid y cyfeiriad at yr offeren, am ei bod yn credu nad darn o'r testun gwreiddiol mohono ond darn a ychwanegwyd ato'n ddiweddarach o safbwynt oes Gristnogol. Gwell ganddi gyfeirio at dderwyddon, am eu bod yn cydweddu â naws y diwylliant Celtaidd, cyn-Gristnogol a roddodd fod i'r *Pedair Cainc*, ac am fod ei nofel hi'n ymwneud yn benodol â'r diwylliant hwnnw. Felly mae Cooper hithau'n hepgor pob cyfeiriad at arferion Cristnogol a geir yn y bedwaredd gainc.

Eithr nid yw'r ail enghraifft o gefnu ar y gwreiddiol yr un mor syml. Pan yw Pryderi'n herio Gwydion i ymladd wyneb yn wyneb ag ef er mwyn dod â'r frwydr dros ladrad y moch i ben, dyma a ddywed y bedwaredd gainc: 'by dint of strength and valor and by magic and enchantment Gwydion conquered and Pryderi was slain' (t.60). Ond yn nofel Walton, mae'r her yn esgor ar frwydr am ddiwrnod cyfan lle mae'n rhaid i'r ddau 'meet sword and spear with their mates, and not with magic and songs' (t.79). Ceir awgrym, felly, nad drwy hud a lledrith y mae Gwydion yn fuddugoliaethus, er mai'n rhannol oherwydd bod ar Bryderi ofn dewiniaeth y mae ef yn cael ei ladd, fel y datgela Gwydion wrth iddo sibrwd uwchben corff marw ei wrthwynebydd:

> I turned your own hate against you to strike you down. You scoffed at last, but you feared that power of the Old Tribes that you could not understand. Well, that fear has been your death, not mine. (t.85)

Dim ond newid bach iawn ar y testun gwreiddiol a welir fan hyn, ac nid oes a wnelo â rhyng-ysgrifennu. Newidiwyd y modd y mae Gwydion yn sicrhau buddugoliaeth am fod Walton yn ceisio creu ansicrwydd ynghylch pa un o'r ddau ymladdwr a fydd yn ennill. Gwna'r nofelwraig hynny er mwyn cydymffurfio â'r arfer mewn llên arwrol o greu'r argraff fod modd i'r arwr golli brwydr, er ei bod yn debycach mai ennill a wna.

Wrth reswm, ni ellir troi ugain tudalen o stori yn nofel ac ynddi bedwar can tudalen heb ychwanegu llawer o ddeunydd newydd. Gweir hynny mewn tair prif ffordd: drwy gyfoethogi'r cymeriadu (yn bennaf drwy ychwanegu at yr ymgomio); drwy atgyfnerthu'r disgrifiadau, er mwyn creu mwy o ddyfnder; a thrwy ddyfeisio deunydd dychmygus newydd er mwyn sicrhau bod ffurf a phatrwm thematig y stori yn eglurach. Yn gynnar yn yr hanes a geir yn y bedwaredd gainc, teithia Gwydion i lys Pryderi yn y dirgel, ar lun bardd, er mwyn dwyn rhai o'r moch a roddwyd i Bryderi gan Arawn, brenin Annwfn. Ac yn y bedwaredd gainc, disgrifiad byr a geir o'r olygfa yn neuadd Pryderi:

> 'Why,' said Pryderi, 'gladly would we have a tale from some of the young men yonder.' 'Lord,' said Gwydion, 'It is a custom with us that the first night after one comes to a great man, the chief bard shall have the say. I will tell a tale gladly.' Gwydion was the best teller of tales in the world. And that night, he entertained the court with pleasant tales and story-telling till he was praised by everyone in the court, and it was pleasure for Pryderi to converse with him. At the end thereof, 'Lord,' said he, 'will anyone do my errand to thee better than I myself?' 'Not so,' he answered, 'a right good tongue is thine.' (Jones and Jones, *The Mabinogion*, tt.56–7)

Fel y gwelir o'r darn canlynol o *The Island of the Mighty*, cynhwysa Walton yr ymddiddan gwreiddiol bron i gyd, ond mae'n ymestyn y disgrifiadau er mwyn mynegi nerth Gwydion:

> 'Indeed, and I would be glad to hear a song from some of your men here.'
> Gwydion looked around upon the eleven that were better at wooing women and encouraging a dog-fight than at song.
> 'Lord,' he said, 'on the first night that we are come into a great man's hall it is our custom to let none but the chief of bards to try his skill. An you wish, I will be glad to tell a tale.'

His own men grinned then, for they knew Gwydion's songs of old in Gwynedd, and had felt the power of his tales of late. So Gilvaethwy took the harp and Gwydion sang, and the hall rang with golden sound. Tones of silver he had also, touched with other colors that were tender as hues of the rainbow after the summer storm. And every word made the receiving ears raven for more, and the more they got the less they felt that they could ever get enough in this world. And when one tale was ended, Pryderi and his people would have another, and another, and others after that. But what tales they were that Gwydion told in song none now knows. All that has come down to us is that Gwydion was the best taleteller in the world . . .

When the night had come to its darkest hours and the silence of the Underworld itself seemed to be pouring over the fields of men, they were still about the board, and in all eyes were bright and keen, undimmed by the veils of sleep. Then Pryderi questioned Gwydion concerning hidden meanings in some of the tales that he told; small, secret, hinted things. And Gwydion answered, though his answers that seemed to illumine like torches only swelled the mystery in the end, and it may be that none of them were true.

But at last he fell silent, and only sat staring at the King, his eyes bright as silver and deep as the sea.

Pryderi grew restless under that gaze. It grasped his mind too closely, enfolded it, like a closing hand . . .

'Was there something you wished to ask me?' said he.

'Yes,' answered Gwydion, and looked at the King a while longer. 'I wonder,' said he, 'if there is any whom you would rather have to do my business with you than myself?'

Those eyes were a warning. Had the King of Dyfed thought, in those dark night hours, of tales of demons that must be invited before they can cross the thresholds of men, he might have given a different answer.

'Indeed,' said Pryderi, 'that is not likely. For if you have not words enough, no man under the sun has.' (Walton, tt.20–2)

Mae Walton yn gall i ddewis peidio ag ail-greu'r caneuon a ganwyd, hwyrach, gan Wydion. Yn hytrach, awgryma'r profiad o wrando arnynt a'r teimladau a enynnir ganddynt yn y gwrandawyr.

Daw rhywfaint o hygrededd yr hyn a grëir gan Walton o'r llên gwerin, y chwedlau a'r mythau y mae'n eu cloddio er mwyn creu. Nid o'r bedwaredd gainc y daw'r defnyddiau hyn, ond maent yn gydnaws â hi. Mae diflaniad Caer Arianrhod o dan y dŵr yn enghraifft o hyn. Un rheswm amlwg dros gynnwys y fath ddigwyddiad yn *The Island of the Mighty* yw bod angen esbonio digwyddiad yn y gainc sy'n ymddangos yn ddibwrpas i'r darllenydd modern. Yn y bedwaredd gainc y mae Arianrhod yn diflannu'n ddirybudd o'r stori ar ôl iddi felltithio Lleu am y tro olaf. Mae'r awydd am ddial sy'n ei chymell, yn nofel Walton, i chwilio am gymorth oddi wrth y grymoedd dinistriol yn codi'n naturiol o'r hyn y mae hi eisoes wedi ei wneud, ond nid o'r *Pedair Cainc* y daw'r hanes am ddiflaniad y gaer sy'n ganlyniad i'w ymhél hi â'r grymoedd hynny. Yn hytrach, sylfeinir y digwyddiad hwnnw nid yn unig ar ddigwyddiadau cynharach yn y nofel, ond hefyd ar chwedlau Cymreig am ffynhonnau hud a gasglwyd gan Syr John Rhŷs, ac ar chwedl am gaer suddedig Arianrhod a nodwyd gan y Parchedig P. B. Williams ac a groniclir mewn nodyn gan y Fonesig Guest yn ei chyfieithiad, *The Mabinogion*. Ac er mai ond gwaith Rhŷs a gydnabyddir gan Walton, mae'n cyfaddef mewn man arall yn y nofel iddi ddarllen nodiadau y Fonesig Guest (t.367).

Yn olaf, mae Walton yn trin y gwrthdaro rhwng yr 'Hen Lwythau' (teulu Math a Gwydion), a'r 'Llwythau Newydd' (teulu Pryderi) fel gwrthdaro rhwng diwylliant mamlinachol a diwylliant tadlinachol. Ymhellach, mae'r 'Llwythau Newydd' yn cael eu trin fel pobloedd estron sydd wedi goresgyn gwlad yr 'Hen Lwythau', a dengys Walton sut y mae syniadau ac arferion teulu Pryderi yn araf ddinistrio dull traddodiadol pobl Gwynedd o fyw. Awgrymwyd yn ddiweddar y gallai fod sail hanesyddol wedi'r cyfan i'r hyn a ddychmygir gan Walton. Ond pa'r un ai gwir ei gair ai peidio yn y cyswllt hwn, fe lwyddodd Walton i greu nofel gofiadwy,[3] drwy ymhelaethu mewn modd dychmygus ar stori'r bedwaredd gainc.

Nancy Bond: cydblethu

Yn ei nofel, *A String in the Harp*, mae Nancy Bond yn cydblethu dwy stori; y naill yn sôn am athro prifysgol o'r Unol Daleithiau, sy'n treulio blwyddyn, gyda'i blant, yn dysgu yn Aberystwyth, a'r llall yn olrhain hanes bywyd y bardd Taliesin yn y chweched ganrif. Mae Peter, mab yr athro, yn dod o hyd i gyweirgorn hynafol a ddefnyddid i diwnio telyn bardd. Cyweirgorn hud yw hwn, a chyn pen fawr o dro mae Peter yn dechrau gweld digwyddiadau ym mywyd yr hen Daliesin. Erbyn diwedd y gaeaf, sylweddola Peter fod arno ddyletswydd i ddychwelyd y cyweirgorn i'w briod berchennog, Taliesin. I gymhlethu pethau, mae ei chwaer bellach yn gofidio am gyflwr ei feddwl gan iddo rannu'r gyfrinach am Daliesin â hi, a cheir hefyd archaeolegydd sy'n amau bod y cyweirgorn ym meddiant Peter, ac yn mynnu mai'r Amgueddfa Genedlaethol yng Nghaerdydd a ddylai fod yn berchen arno. Yn y pen draw mae'n rhaid i Peter ddod o hyd i ffordd i drosglwyddo'r cyweirgorn i Daliesin, cyn i'r archaeol-egydd, Dr Owen, wybod i sicrwydd ei fod gan y bachgen a'i orfodi i'w ildio.

Ceidw Nancy Bond y rhan fwyaf o'r manylion traddodiadol am fywyd Taliesin, ond mae'n hepgor pob cyfeiriad at y wedd hudol ar y bywyd hwnnw. Mae ei phenderfyniad i ollwng yr elfennau yn hanes Taliesin a ddaw, yn ei barn hi, o fyd storïau tylwyth teg a chwedl, yn benderfyniad call yn wyneb y themâu sydd yn y nofel, a'r math o rethreg sy'n nodweddu ei dull hi o adrodd stori. Wedi'r cyfan, mae hi'n disgrifio cymeriad o gig a gwaed sy'n byw yn yr ugeinfed ganrif, sef Peter Morgan, a'r berthynas y mae ef yn ei magu â chymeriad go iawn o'r chweched ganrif, sef Taliesin. Cyfyngir yr hud a'r lledrith sydd yn y nofel i gyweirgorn y delyn. Hwn yw'r cyfrwng sy'n galluogi Peter, a chymeriadau eraill yn ogystal, i groesi'r ffin rhwng y presennol a'r gorffennol. Peter yn unig sy'n medru gweld Taliesin yn bur gyson, ac sy'n medru syllu ar ddigwyddiadau yn ei fywyd, ond ceir enghreifftiau eraill yn y nofel o gymeriadau'r presennol yn ymwneud â'r gorffennol pell. Gwêl Peter, ei dad (David), ei chwiorydd (Jennifer a Becky), a chymydog (Gwilym) Daliesin o bell yn eistedd mewn cwrwgl, ac yn ddiweddarach medrant gyffwrdd â'r cwch lledr a adawyd gan Daliesin ar y traeth. Mae Peter, ynghyd â'i deulu a thrigolion lleol, yn dystion i helyntion eraill ym mywyd Taliesin hefyd, er mai o hirbell y gwelant hwy fel arfer. Ond ar un achlysur, mae blaidd o'r gorffennol yn ymfudo i'r presennol, yn lladd defaid, ac yn cael ei hela a'i ladd gan ffermwyr lleol, er mawr syndod i Swyddog Cadwraeth Natur yn Aberystwyth na all esbonio'r fath beth. Felly, er mai drws sy'n galluogi Peter i gamu i'r gorffennol yw'r cyweirgorn yn bennaf, o bryd i'w gilydd mae'n caniatáu i eraill droedio'r gorffennol yn ogystal, dros dro; a thrwy hynny profir nad dychmygion bachgen bach unig sy'n hiraethu am ei gartref mo'r hyn y mae Peter yn ei weld.

Ond er bod Bond yn dinoethi Taliesin o'r hud a'r lledrith a oedd, efallai, yn cyniwair ei gymeriad, ni chyfyngir y rhyfeddodau a geir yn y nofel i'r cyweirgorn yn unig. Mae nifer o ddigwyddiadau, a rhai ohonynt yn annisgwyl, sy'n awgrymu bod hud, a dirgelwch, a rhyfeddod yn nodweddu Cymru gyfan, yn ogystal â'r cyweirgorn ei hun. Ategir hyn gan y trigolion lleol, sef y ffermwyr a'r gweithwyr cyffredin sy'n credu bod grymoedd hynafol yn dal i ddylanwadu ar yr hyn sy'n digwydd yn yr ardal. Mae Mr Evans, ffermwr defaid, yn taeru'n gadarn, er enghraifft, fod yr argae a adeiladwyd gan y Bwrdd Trydan wedi cael ei ddinistrio oherwydd bod yr 'Hynafiaid' yn elyniaethus iddo. Ac er gwaethaf pob tystiolaeth wyddonol i'r gwrthwyneb, cred Mr Evans a'i ffrindiau o hyd y bu unwaith deyrnas Cantre'r Gwaelod a foddwyd dan ddyfroedd Bae Ceredigion. Mae'r goel werin hon yn dal, wrth gwrs, i gyniwair dychymyg y Cymry, fel sy'n wir am sawl chwedl a gynhwysir yn *A String in the Harp*. Felly, er bod Mr Evans dipyn mwy hygoelus na'r cyffredin yn hyn o beth, mae ei gredoau ef yn nodweddiadol o feddylfryd y rhan fwyaf o drigolion Cymru yn y nofel.

Gan y byddai'r rhan fwyaf o ddarllenwyr yn disgwyl i drigolion cefn gwlad, a'r rhai sy'n byw mewn trefi bychain, fod braidd yn hygoelus, mae Bond yn creu cymeriad y mae ei gred yn y rhithiau a brofir gan Peter yn llawer mwy argyhoeddiadol, sef Dr Gwyn Rhys, athro mytholeg a llên gwerin yng Ngholeg y Brifysgol, Aberystwyth. Ato ef yr â Jennifer Morgan i drafod y gweledigaethau o fywyd Taliesin a welwyd gan ei brawd, Peter. Mae Jen yn lled amau nad ffrwyth dychymyg Peter yn unig mohonynt, ac mae am i Dr Rhys ei sicrhau hi a'i galluogi hi i ddelio â Peter. Mae'n disgwyl i Dr Rhys esbonio mai dwli yw'r cyfan, ond fe'i synnir gan yr hyn sydd ganddo i'w ddweud:

> 'And I believe in magic and superstition? I have shocked you. I'm sorry.' His voice was mild. 'I am educated. I have studied history and folklore and mythology for many years – some might say too long – and you thought I would have the answers you want. But, my dear, the more I learn the less it is I know. If we think a thing is impossible, does that truly make it so? Who are we, after all? Why should there not be forces we do not understand?' (t.197)

Gan fod Jen wedi cael ei bwrw oddi ar ei hechel, braidd, gan ddaliadau Mr Evans, disgwyliai i Dr Rhys wfftio'r fath hygoeledd, gan ei fod yn ysgolhaig cyfrifol sy'n hyddysg yn y chwedlau. Felly, drwy wneud Dr Rhys yn gydymdeimladol â hen goelion llafar gwlad, mae Bond yn gwneud pwerau'r cyweirgorn yn fwy anwadadwy.

Storïau am Daliesin a ddatgelir yn bennaf i Peter gan y cyweirgorn, ac yn y cyswllt hwn mae Bond yn ddyledus i *The Tale of Taliesin* (am y defnyddiau hanesyddol) ac i farddoniaeth Taliesin a'i gyfoedion fel y'i ceir yng nghyfieithiadau'r Fonesig Charlotte Guest a William Skene (*A String in the Harp*, t.369). Yn ôl dehongliad Bond o'r testunau hyn, bu Taliesin yn gwasanaethu fel bardd Urien Rheged a bu'n athro ar fab Urien, Elphin. Pan herwgipiwyd y ddau ohonynt gan fôr-ladron, dihangodd Taliesin, ac fe'i golchwyd i'r lan yn nheyrnas Gwyddno Garanhir, lle y daeth yn athro ar fab Gwyddno a oedd hefyd yn dwyn yr enw Elphin. Ym mrwydr Cors Fochno, fe'i cipiwyd ac fe'i carcharwyd gan Faelgwn Gwynedd, ac ar ôl iddo gael ei arwain i Wynedd fe osododd bos na fedrai beirdd Maelgwn mo'i ateb: drwy hynny llwyddodd i achub Elphin. Ceir yr enwau hyn i gyd, ynghyd â'r hanes am achub Elphin, yn *The Tale of Taliesin*, ond dyna ddechrau a diwedd y tebygrwydd rhwng y nofel a'r stori hynafol honno. Yn *The Tale of Taliesin*, mab Gwyddno, Elphin, sy'n was yn llys Maelgwn, ac ef a garcherir am iddo frolio bod ei wraig yn ffyddlonach a'i fardd yn rymusach nag eiddo Maelgwn. Er mwyn achub Elphin mae'n rhaid i Daliesin brofi mai gwir ei ymffrost; a llwydda ef i wneud hynny. Yn nofel Bond, felly, defnyddir amlinelliad o stori Taliesin, ynghyd â'r hanes am fardd llys, ond mae'r awdures yn aildrefnu'r manylion er mwyn cael gwared ar y patrymau traddodiadol o lên gwerin sy'n llechu dan wyneb y stori wreiddiol – ymffrostio, carcharu, achub, ac yn y blaen – ac mae'n cynyddu'r pwyslais ar ffyddlondeb Taliesin. Hwyrach y cynhwyswyd y nodwedd olaf hon er mwyn gwneud Taliesin yn gymeriad i'w edmygu, ac felly'n ddyn sy'n codi awydd ar Peter i'w gynorthwyo.

Gorffen Bond ei dehongliad hi o stori Taliesin drwy adrodd, yn gryno, yr hanes am gyfnod diwedd ei oes a'r modd y claddwyd ef. Mae angen cynnwys hyn yn y nofel, wrth gwrs, gan fod yn rhaid i Peter wybod lle i fynd â'r cyweirgorn er mwyn ei ddychwelyd ef i'w briod berchennog. Dengys cannwyll gorff y ffordd i Peter. Yn ôl yr hen gred, bydd cannwyll gorff yn ymddangos weithiau ac yn ymlwybro ymlaen llaw ar hyd y llwybr a gymerir yn ddiweddarach gan angladd; a gwêl Peter gannwyll yn symud ar draws cronfa ddŵr Nant-y-Moch. Mae'r cyweirgorn felly yn agor y drws i'r gorffennol ar ei gyfer 'yr un modd ag yr agorodd y drws ar y presennol i'r blaidd. Mae Peter yn medru mynd â'r cyweirgorn yn ôl i'r cyfnod pan nad oedd cronfa ddŵr yn bod, a'i ollwng ar dwmpath bedd Taliesin. Wedi iddo gyrraedd pen y cwm, mae Peter yn bwrw golwg dros ei ysgwydd ac yn gweld bod y gronfa ddŵr bellach wedi ei hadfer i'w lle.

Nid adrodd y stori am ddychwelyd y cyweirgorn i Daliesin yn unig a wna Nancy Bond; mae hi'n cydblethu'r stori honno â hanes teulu

Peter. Mae'r teulu wedi cael ei fwrw oddi ar ei echel gan farwolaeth y fam, Ann Morgan, ac felly bu'r profiad o symud am flwyddyn i Gymru yn brofiad annifyr dros ben yn achos Peter. Mae'n teimlo ar goll heb ei fam, ond ni fedr efelychu ei chwaer iau, Becky, a magu ffrindiau o'r un oed ag ef ei hun. Yr un modd ymdebyga i'w dad i'r fath raddau nes bod y ddau byth a beunydd benben â'i gilydd. Mae David, yn ei dro, yn ymgolli'n ei waith fel nad oes modd i unrhyw un glosio ato'n hawdd. I gychwyn, mae Jennifer yn parhau i fyw yn yr Unol Daleithiau, er mwyn gorffen ei chyfnod yn yr ysgol uwchradd, ond mae'n cyrraedd Cymru ar adeg y Nadolig ac yna'n penderfynu aros, yn bennaf am fod Becky yn llwyddo i'w darbwyllo ei bod yn bwysig fod y teulu cyfan yn cydymgynnull dros yr Ŵyl. Yn sgil dyfodiad Jen, mae Becky a David yn dechrau cael eu traed 'danynt, ond mae Peter yn llawer mwy amharod i godi ei ben o'i blu.

Yn y diwedd, y cyweirgorn a rydd olwg newydd i Peter ar Gymru. Mae'n dechrau dysgu am hanes y wlad, yn syth o lygad y ffynnon drwy'r berthynas rhyngddo a Thaliesin, ond hefyd drwy ddarllen llyfrau a fenthycir iddo gan Dr Rhys. O'r herwydd, mae'n dechrau ymddiddori yn y bobl o'i amgylch, yn arbennig yn y rheini (fel Mr Evans a Dr Rhys) sy'n rhannu ei deimladau ef ynghylch hud a lledrith y wlad. Drwy ei weithred olaf, sef dychwelyd y cyweirgorn i'r fangre lle y claddwyd Taliesin, mae Peter megis yn ymuniaethu â thir Cymru ac yn mynd yn rhan o'r hen wlad. Er iddo gychwyn drwy syllu o hirbell yn unig ar y golygfeydd a ddangoswyd iddo gan y cyweirgorn, mae'n gorffen drwy ddod, dros dro eithr ar un ystyr pwysig iawn, yn gyfrannog ym mywyd Taliesin ei hun.

Y prawf olaf fod pethau'n gwella yn hanes y teulu yw'r penderfyniad a wneir ganddynt i ystyried aros yng Nghymru am flwyddyn ychwanegol. Cynigir lle mewn prifysgol i David, ond nid yw'n bwriadu aros am ei fod yn teimlo bod angen ar y plant, yn enwedig Peter, i ddychwelyd i'w cynefin cyfarwydd. Mae'n ar-wyddocaol mai Peter sy'n siarad ar ran y tri phlentyn pan yw'n awgrymu, ar ôl trafod achos y cyweirgorn ar ei ben gyda Dr Owen, y dylai'r teulu cyfan benderfynu beth i'w wneud yn ystod y flwyddyn sydd i ddod. Ac er nad yw Nancy Bond yn dweud hynny'n blwmp ac yn blaen, rhoddir awgrym i'r darllenydd ar ddiwedd y nofel fod pob aelod o deulu Morgan bellach yn ôl yn yr un gorlan, a'u bod am aros yng Nghymru – diweddglo na fyddai'n bosib oni bai am gyfraniad Taliesin i'w stori.

Lloyd Alexander: dyfeisio

Tra bod modd enghreifftio'r defnydd a wnaed o'r *Pedair Cainc* gan Evangeline Walton drwy gyfeirio at un nofel yn unig o'i heiddo, nid felly yn achos Lloyd Alexander. Ei ddull ef o weithredu yw llunio plot a chymeriadau o'i ben a'i bastwn ef ei hun i gychwyn, ac wedyn benthyg deunydd o sawl ffynhonnell wahanol, gan gynnwys y *Pedair Cainc*, hen chwedlau eraill, a llên gwerin, er mwyn ychwanegu swmp a sylwedd at y stori. Ac eto nid yw'n mynd ati i ddyfeisio heb unrhyw ganllaw yn y byd; yn hytrach, seilir ei storïau ar y patrymau cyfarwydd hynny a geir mewn pob chwedl hynafol sy'n ymdrin ag arwr.[4] Er enghraifft, plentyn amddifad yw Taran ar gychwyn y gyfres o bum nofel; bachgen digon cyffredin, dinod. Ond erbyn y diwedd mae wedi datblygu doniau a doethineb anghyffredin a'i goroni'n Uchel Frenin Prydain gyfan. A theg dweud mai'r hyn sy'n gwneud cyfres arobryn Alexander mor arbennig, ac yn ei gosod uwchlaw pob cyfres arall gyffelyb, yw'r defnydd a wneir ynddi o ddefnyddiau Cymreig.

Mae Alexander yn benthyg sawl peth ar ei ben o'r *Pedair Cainc*. Yn y gyfrol gyntaf, *The Book of Three*, clyw'r darllenydd am y crochan du sy'n codi rhyfelwyr o farw'n fyw. Dyma'r crochan y ceir sôn amdano yn yr ail gainc, ac mae'n ymddangos eto fyth yn ail nofel Alexander, *The Black Cauldron*, lle mae'n dal i adfywhau rhyfelwyr tan iddo gael ei chwalu yn yr un modd, i bob pwrpas, ag y chwelir ef yn y *Pedair Cainc*. Yn achos y ddwy stori, mae cymeriad sy'n tynnu'n groes i'w gymdeithion (Efnisien yn yr ail gainc, ac Ellidyr yn nofel Alexander) yn bwrw'i hun i mewn i'r crochan, a thrwy hynny'n ei ddinistrio am byth.

Daw'r ail enghraifft o fenthyg deunydd gan y *Pedair Cainc* o'r drydedd gainc, ac fe'i gwelir ym mhedwaredd nofel Alexander, *Taran Wanderer*. Pan yw ef ar daith i chwilio am ei rieni, mae Taran yn mynd yn brentis i of, i wehydd, ac i grochenydd. Mae'n darganfod ei fod yn rhagori ym mhob un o'r crefftau hyn, a dywed ei athrawon wrtho y gallai fod y gorau ym Mhrydain; ond sylweddola yn y diwedd nad crefftwr y golygwyd iddo fod ond rhyfelwr. Ymhellach, drwy fagu amynedd, hunanddisgyblaeth a dyfalbarhad, sylweddola nad yw hi bellach o bwys na fydd ef byth yn darganfod pwy yw ei rieini, gan y gall ymgydnabod â'i werth cynhenid ef ei hun yn hytrach na'r nodweddion hynny a etifeddwyd ganddo.

Y drydedd ffordd mae Alexander yn elwa ar y *Pedair Cainc* yw drwy fenthyg enwau a chymeriadau oddi arnynt. Mae Arawn a Gwydion, y ddau ymrithiwr meistraidd hynny, yn ymddangos yn nofelau Alexander; yn wir, yn *The Castle of Llyr* gwelir Gwydion ym cymryd arno'i fod yn grydd, fel y gwna yn y bedwaredd gainc. Ac ar ôl i Bryderi gychwyn, yng nghyfres Alexander, drwy ymgynghreirio â Gwydion a Phlant Dôn, mae'n newid ochr ac yn ymgynghreirio ag Arawn, Arglwydd Annwfn – brad sy'n cyfateb i'r hyn a geir yn y bedwaredd gainc. Yn briodol ddigon, ymddengys Gofannon fel gof yn nofelau Alexander. Ac er nad yw swyddogaeth Plant Dôn (sef achub pobloedd Prydain rhag Arawn) yn union yr un fath â'r hyn a geir yn y *Pedair Cainc*, mae'n dal yn gydnaws â'r arfer o gynnwys, mewn myth a chwedl, oruwchddynion sy'n dod o bell i gynorthwyo'r bobl yn eu brwydr yn erbyn gelyn goruwchnaturiol, ac yna'n ymadael – fel y gwna Plant Dôn ar ddiwedd cyfres Alexander – ar ôl llwyddo i oresgyn y perygl. Ond er bod Alexander yn benthyg nifer go fawr o enwau – Taran, Rhun, Fflewddur Fflam, Coll, Eiddileg ac Ellidyr – o'r ffynonellau Cymraeg, perthyn o bell yn unig mae'r cymeriadau hyn i'r cymeriadau yn y storïau gwreiddiol sy'n cyfateb iddynt mewn enw.

Mae Alexander yn benthyg chwedlau eraill o lawysgrifau'r Llyfr Coch a'r Llyfr Gwyn yn ogystal â deunydd o chwedlau'r *Mabinogi*, megis yr eog doeth o Lyn Llyw sy'n gymeriad yn stori Culhwch ac Olwen. Ymhellach, mae'n bur debyg bod stori Alexander am y morgrugyn cloff – stori y mae Medwyn yn ei hadrodd wrth Taran – i'w chael yn 'Culhwch ac Olwen', gan fod Medwyn ei hun yn cyfeirio at 'Kilhwch and Olwen'. Ymddengys Gwyn yr Heliwr (Gwyn ap Nudd) fel y Brenin Corniog yn nofel gyntaf Alexander; ef yw'r gelyn cyntaf y daw Taran wyneb yn wyneb ag ef. Ymddengys Taliesin hefyd yng nghyfres Alexander, ond, tan y datguddir yn y bumed gyfrol ei fod yn gyfradd â Phlant Dôn, fel pennaeth gorsedd beirdd Prydain gyfan yn unig y cyfeirir ato. Ar ddiwedd y gyfres, mae Taliesin yn hwylio dros y môr i Wlad yr Haf yng nghwmni Meibion Dôn. Benthyciad arall, i raddau, yw'r syniad hwn gan fod Brenin y Corachod yn esbonio wrth Daran, yn y nofel gyntaf, eu bod yn mynd i gau'r llwybrau i'r isfyd. Clywir atgof yn y fan hon o'r achlysuron hynny, yn y chwedlau Celtaidd, pan fo un garfan o oruwchddynion yn ymadael â'r wlad a charfan arall yn cilio i'r byd tanddaearol ac yn preswylio'n y carneddau a chyffelyb fannau.

Mae'n ddiddorol sylwi bod Alexander, yn ei gyfres, yn trin y berthynas rhwng gwryw a benyw yn yr un modd ag y mae Evangeline Walton yn ymdrin â hi yn *The Island of the Mighty*. Awgryma Alexander fod y frenhines Dôn yn drech na Belin, ei chymar. Ei disgynyddion hi'n unig yw Plant Dôn, ac nid oes gan Belin gyfran ynddynt: nid yw'n ddim ond brenin cydweddog. Cymdeithas famlinachol yw eu cymdeithas hwy. At hynny, datguddia Alexander mai cydwedd y frenhines Achron oedd Arawn ar y cychwyn, cyn iddo ddwyn yr orsedd oddi arni; ac mai duwies ysgeler oedd hi, er y caniateir iddi gael ei diwygio erbyn diwedd y nofel. Ond cymdeithas dadlinachol a geir fel arfer ym myd y meidrolion. Ar ddiwedd y bumed nofel, dyrchefir Taran yn Uchel Frenin – a hynny drwy haeddiant yn unig, gan na ŵyr ef o hyd pwy oedd ei rieni – ac abertha Eilonwy, tywysoges o linach hynafol, ei phwerau hud er mwyn cael aros gyda Tharan a dod yn wraig iddo. Mae Alexander a Walton ill dau, felly, yn trin cyfnod pan yw'r hen oes famlinachol yn ildio i'r oes dadlinachol newydd.

Yn olaf, mae Alexander yn benthyg nifer o bynciau ac o nodweddion sy'n rhan o chwedloniaeth pob gwlad orllewinol, os nad o chwed-loniaeth pob gwlad o dan haul. Ar sawl achlysur yn y pum nofel, er enghraifft, mae Taran naill ai'n cyfarfod â thair hen wreigan (Orddu, Orwen ac Orgoch) neu'n chwilio amdanynt; ac mae'r tair ohonynt yn meddu ar bwerau cryfach o lawer nag eiddo Arawn. Mewn un man, gwêl Taran hwy'n cribo gwlân cyn ei nyddu a'i weu; ond ar y pryd ni chymer ef fawr o sylw o'u gwaith. Ond yn ddiweddarach maent yn cyflwyno tapestri anorffenedig iddo, ac arno grynodeb o fanylion ei fywyd hyd y dwthwn hwnnw:

> Puzzled, Taran looked more closely at the fabric and saw it crowded with images of men and women, of warriors and battles, of birds and animals. 'These,' he murmured in wonder, 'these are of my own life'.
>
> 'Of course,' Orddu replied. 'The pattern is of your own choosing and always was.'
>
> 'My choosing?' Taran questioned. 'Not yours? Yet I believed . . .' He stopped and raised his eyes to Orddu. 'Yes,' he said slowly, 'once I did believe the world went at your bidding. I see now it is not so.' (*The High King*, t.287)

Fel y noda Alexander yn ei ragymadrodd i *Taran Wanderer*, mae'r tair benyw hyn yn ymddangos drosodd a thro mewn mytholeg, ac fe'u hadnabyddir fel y Norns, y Moirae, y Dduwies Driphlyg, ac yn y blaen (*Taran Wonderer*, t.8).

Ymddengys, felly, nad yw Alexander yn dibynnu ar yr un ffynhonnell Geltaidd yn benodol; o leiaf, mae'n dibynnu llawer llai ar y *Mabinogi* (ei brif ffynhonnell) nag y mae Evangeline Walton a Nancy Bond. Nid oes ganddo'r un nofel sy'n pwyso'n benodol ar unrhyw un o'r ceinciau; yn wir, mae'n debyg mai gan y Pedair Cainc fel cyfanwaith y cafodd ef ei ysbrydoli'n bennaf, ac fe gododd ddeunydd ohonynt i gyd, yn ogystal ag o'r chwedlau eraill a gyhoeddir gyda hwy fel arfer. Yn y bôn, mae Alexander yn dyfeisio patrwm y stori i gyd ac yn creu'r prif gymeriad, Taran, yn hytrach na'i fenthyg. Yna mae'n defnyddio'r ffynonellau Cymraeg mewn ffordd greadigol, er mwyn sicrhau fod gan ei gyfres ei naws, ei chymeriad, a'i dyfnder unigryw ei hun.

Mytholeg a ffantasi: y ddwy'n atgyfnerthu'i gilydd

Does dim esboniad syml i'w gael ar y cynnydd syfrdanol, yn ystod y 1960au a'r 1970au, yn y nofelau a seiliwyd ar fytholeg a chwedloniaeth Gymreig. Un wedd ar yr esboniad yw'r berthynas rhwng pwrpas gwaelodol mytholeg a phwrpas gwaelodol ffantasi. Mae'r naill yn atgyfnerthu'r llall, y ddwy ffordd. Ond cyn archwilio'r berthynas honno, mae'n rhaid deall nad 'esboniad' mo mytholeg ar ddigwyddiadau na fedrai'r cyndadau eu deall. Nid esboniadau mo'r storïau hynafol hynny lle y disgrifir yr haul fel cerbyd rhyfel tanllyd, neu y disgrifir dilyniant y tymhorau fel cylchdro'r berthynas rhwng Demeter a Persephone. Yn hytrach, roedd y mythau hyn yn ffordd o siarad am bynciau a oedd y tu hwnt i esboniad am mai testunau goruwchnaturiol oeddynt. Hynny yw, storïau oedd y mythau a alluogai bobl i drafod testunau goruwchnaturiol, yn hytrach nag i'w hesbonio hwy.[5] Ymhellach, os ystyrir hi'n ddelwedd, mae'r chwedl am Demeter yn berffaith gywir, am fod yr haf yn gyfystyr â chariad, a'r gaeaf â cholled.

Mae deall mai storïau traddodiadol am destunau goruwchnaturiol yw myth yn gam cyntaf tuag at werthfawrogi'r berthynas rhwng myth a ffantasi, gan fod ffantasi, hefyd, yn ymwneud â chymeriadau, creaduriaid, grymoedd, digwyddiadau a mannau sy'n bod y tu hwnt i'r byd a ystyrir yn 'real', neu'n 'naturiol', gan y darllenydd. Yn wir mae'n bosib mai'r wedd allnaturiol ar lên ffantasi sy'n ei gwneud hi'n ffurf lenyddol wahanredol. Ar un wedd, felly, yr un yn y bôn yw swyddogaeth gyffredinol myth a ffantasi, sef galluogi pobl i drafod testunau arallfydol; i alluogi'r darllenydd i brofi'r byd goruwchnaturiol, neu i gydweithio ag ef. Felly, ynghyd â'r holl resymau posib dros brynu, a darllen ac ailddarllen ffuglen ffantasi, ceir y cymhelliad i ymgysylltu â'r byd goruwchnaturiol ac i werthfawrogi rhyfeddod y byd hwnnw.

Amlinella'r ysgolhaig Joseph Campbell y pedair swyddogaeth sylfaenol sydd i chwedlau mytholegol, a chredaf eu bod yn ein cynorthwyo i amgyffred y defnydd a wneir o fytholeg yn nofelau Evangeline Walton, Nancy Bond a Lloyd Alexander:

> Y swyddogaeth gyntaf, a'r un fwyaf nodweddiadol gan ei bod yn bywiogi'r cyfan, yw ennyn a chynnal y profiad o arswyd ger bron rhyfeddod bod.
>
> Yr ail swyddogaeth yw creu cosmoleg, sef delwedd o'r bydysawd a fydd yn cynnal, ac yn cael ei chynnal, gan ryfeddod bod a bodolaeth rhyfeddod.
>
> Trydedd swyddogaeth mytholeg yw cynnal y drefn gymdeithasol sydd ohoni, a chyfuno'r unigolyn â'r gymdeithas honno mewn modd organig.
>
> Pedwaredd swyddogaeth mytholeg yw datgelu cyfrinach ei enaid i'r unigolyn mewn ffordd argyhoeddiadol, a thrwy hynny ei alluogi i ymgyfoethogi ac i ymgyflawni. (tt.519–21)

Mae'r ddwy swyddogaeth gyntaf a nodir gan Campbell yn cyfateb i'r wedd esthetaidd ar ffuglen ffantasi ac yn esbonio, fwy neu lai'n llwyr, pam y mae'n ymdrin â'r hyn sy'n amhosib a pham y mae'n rhaid iddi fagu blas at ryfeddod yn ei darllenwyr. Swyddogaethau thematig yw'r ddwy olaf a restrir gan Campbell, a chyfatebant i ymchwil yr arwr. Ymchwil yw hwn a anelir, hwyrach, at nod gwrthrychol ond sy'n ymwneud hefyd â'r profiad o ddod i adnabod yr hunan.

Gwedd anorfod yw'r wedd esthetaidd ar ffuglen ffantasi, am fod yn rhaid i'r nofelau greu byd lle y gall yr arwr ddod wyneb yn wyneb ag Arglwydd Annwfn, dyweder. Yn ei draethawd nodedig, 'On Fairy-Stories', mae J. R. R. Tolkien yn esbonio bod byd ffantasi wastad yn gaeth i'w reolau rhesymegol arbennig ef ei hun a bod y rheini'n clymu pob darn ac agwedd ohono'n un. Yr un modd, dadleua Gary K. Wolfe yn ei ysgrif 'The Encounter with Fantasy' fod bron pob beirniad yn gytûn mai presenoldeb yr hyn sy'n amhosib yw'r llinyn mesur y dylid ei arfer er mwyn penderfynu a yw nofel yn nofel ffantasi ai peidio. Yn bendifaddau, llwyddodd Walton, Bond ac Alexander i greu eu bydoedd arbennig ei hunain lle'r arferir ffyrdd o feddwl ac o weith-redu sy'n gyfan gwbl groes i'r hyn y byddai darllenwyr fel arfer yn ei ystyried yn 'bosib'. Hwyrach nad yw'r wedd thematig ar ffuglen ffantasi yr un mor hawdd i'w hadnabod, ond mae Gwydion, Peter a Taran, ill tri, yn ymgyfuno â'u cymdeithasau arbennig hwy, yn ymgydnabod â dyfnder eu heneidiau, ac yn cael eu galluogi i dyfu ac i ymgyfoethogi'n ysbrydol. Er enghraifft, yn ystod y gyfres o bum nofel mae Taran yn newid o fod yn fachgen amddifad gwrthodedig i fod yn arweinydd galluog ac yna i fod yn Uchel Frenin; ac wrth iddo gael ei dderbyn gan ei gymdeithas mae hefyd yn ymgydnabod ag ef ei hun ac yn medru dewis y llwybr sy'n gweddu orau iddo. Dyna pam ei fod yn gwrthod hwylio i Wlad yr Haf yng nghwmni Plant Dôn; mae'n deall mai'r unig ffordd iddo gyflawni ei ddyheadau yw drwy aros ym Mhrydain a chael ei ddyrchafu'n Uchel Frenin. Felly, mae mytholeg hynafol a ffuglen ffantasi fodern yn atgyfnerthu'i gilydd ar ddau wastad ar yr un pryd, sef y gwastad esthetaidd a'r gwastad thematig.

Ambell gasgliad i gloi

Mae'n amlwg ddigon fod y diddordeb arbennig ym mythau a chwedlau Cymru sydd i'w weld yng ngweithiau nofelwyr America yn y 1960au a'r 1970au i'w briodoli'n rhannol (ac efallai'n bennaf) i'r gydberthynas gynhenid rhwng myth a ffuglen ffantasi. Ond roedd ffactorau eraill ar waith yn ogystal.

Yn sgil ymddangosiad dwy nofel J. R. R. Tolkein, *The Hobbit* a *Lord of the Rings*, yng nghanol y 1960au, roedd cyhoeddwyr yn awyddus iawn i ddiwallu'r awch am ffuglen ffantasi – ac yn fwyaf arbennig am ffuglen ffantasi a oedd yn Brydeinig ei naws a'i chynnwys. Mae'n debyg hefyd y bu'r defnydd a wnaed gan Tolkien o ddefnyddiau Celtaidd yn fodd i'w gwneud yn boblogaidd, ond mae'n bwysig nodi bod gan Morris, Walton ac Alexander eisoes nofelau ar y gweill a seiliwyd ar ddefnyddiau o'r *Pedair Cainc*, a hynny cyn i waith Tolkien ddod yn boblogaidd.

Ymhellach, roedd y ffaith fod y defnyddiau Cymraeg yn rhai anghyfarwydd yn eu gwneud yn ddeniadol i awduron a oedd yn chwilio am ddefnyddiau 'newydd' y gellid eu defnyddio mewn ffuglen ffantasi. Yn ystod cyfnod y Dadeni fe wthiwyd y testunau Celtaidd o'r neilltu gan fytholeg Groeg a Rhufain, ac ni fu fawr sôn amdanynt y tu hwnt i'r gwledydd Celtaidd, tan i gyfieithiadau'r Foneddiges Guest ymddangos yng nghanol y 1840au.[6]

Eto fyth, dygwyd sylw o'r newydd at y defnyddiau Arthuraidd yn ystod y bedwaredd ganrif ar bymtheg, wrth i Tennyson, ynghyd ag awduron ac artistiaid eraill, gloddio ynddynt. Drwy hynny, magwyd diddordeb ym maes ffantasi'n gyffredinol ond yn fwyaf penodol ym maes ffantasi Geltaidd. Synhwyrir bod y defnyddiau Arthuraidd hyn yn llechu yng nghefndir llawer o nofelau ffantasi'r ugeinfed ganrif (yn enwedig y rheini sy'n perthyn i'r hyn a elwir yn 'High Fantasy'), ac yn wir fe'u hamlygir yn agos i'r wyneb yng nghyfres Susan Cooper.

Yn olaf, rhaid cyfaddef mai grym dychmygus y defnyddiau Celtaidd – sef eu nodwedd amlycaf, ym marn Kenneth Jackson – a fu'n bennaf gyfrifol am ennyn diddordeb awduron. Ysbrydolwyd tri awdur Americanaidd – Evangeline Walton, Nancy Bond a Lloyd Alexander – gan y *Pedair Cainc*, ac yn eu nofelau hwy gwelir storïau hynafol iawn yn ymrithio'n storïau newydd, afieithus.

Nodiadau

[1] Daw llawer o'r deunydd yn yr ysgrif hon o'm llyfr *Welsh Myth in Modern Fantasy* (Efrog Newydd a Llundain, 1989), a chan Greenwood Publishing y cedwir yr hawlfraint. Adargreffir y defnyddiau hynny yn yr ysgrif hon gyda chaniatâd caredig y wasg honno, ond ymdrinnir yn llawnach â'r pynciau o dan sylw yn y llyfr.

[2] Cynhwyswyd y defnyddiau'n ymwneud â Thaliesin yng nghyfieithiad y Fonesig Guest, *The Mabinogion* (Llundain, 1849, 1906), a hefyd mewn rhai cyfieithiadau diweddarach.

[3] Ceir trafodaeth bellach ar yr etifeddiaeth famlinachol a thadlinachol yn y bedwaredd gainc yn fy ysgrif 'Inheritance and Lordship in *Math*', C. W. Sullivan III (gol.), *The Mabinogi: A Book of Essays* (Efrog Newydd a Llundain, 1996), 347–66 (adargraffwyd yn *Trafodion Anrhydeddus Gymdeithas y Cymmrodorion* (1990) 45–63).

[4] Mae'r patrymau sy'n nodweddu storïau am Arwr yn cael eu trafod yn y cyfrolau canlynol: Yr Arglwydd Raglan, *The Hero* (Llundain, 1936); Joseph Campbell, *The Hero with a Thousand Faces* (Efrog Newydd, 1949); a Linda Dégh, 'Folk Narrative', yn Richard Dorson (gol.), *Folklore and Folklife* (Chicago, 1972), 53–83.

[5] Fy niffiniad ymarferol o fyth yw: 'a traditional prose narrative which allows people to discuss preternatural events.' Gw. fy nghofnod, 'Myth', yn Jan Brunvand (gol.), *American Folklore: An Encyclopaedia* (Efrog Newydd a Llundain, 1996), 497–9.

[6] Gellid dadlau mai James Macpherson oedd yn bennaf cyfrifol am ailgynnau diddordeb yn y chwedlau Celtaidd y tu hwnt i ffiniau'r gwledydd Celtaidd; ond gan fod Macpherson yn gystal dyfeisiwr ag a oedd yn gyfieithydd mae'n fwy diogel awgrymu mai'r Fonesig Guest oedd yn gyfrifol am boblogeiddio'r testunau hyn.

Llyfryddiaeth

Lloyd Alexander, *The Black Cauldron* (1965) (Efrog Newydd, 1969).
——, The *Book of Three* (1964) (Efrog Newydd, 1969).
——, *The Castle of Llyr* (1966) (Efrog Newydd, 1969).
——, *The High King* (1968) (Efrog Newydd, 1969).
Nancy Bond, *A String in the Harp* (Efrog Newydd, 1977).
Susan Cooper, *The Dark is Rising* (Efrog Newydd, 1973).
——, *Greenwitch* (Efrog Newydd, 1974).
——, *The Grey King* (Efrog Newydd, 1975).
——, *Over Sea, Under Stone* (Efrog Newydd, 1965).
——, *Silver on the Tree* (Efrog Newydd, 1977).
Joseph Campbell, *Occidental Mythology*, Vol.3 of *The Masks of God* (Efrog Newydd, 1970).
Alan Garner, *The Owl Service* (Llundain, 1967).
Kenneth Jackson, *A Celtic Miscellany* (1951) (Efrog Newydd, 1971).
Gwyn Jones a Thomas Jones (cyf.), *The Mabinogion* (Llundain, 1949).
T. Gwynn Jones, *Welsh Folklore and Folk-Custom* (1930) (Totowa, NJ, 1979).
Kenneth Morris, *Book of the Three Dragons* (Efrog Newydd, 1930).
——, *The Fates of the Princes of Dyfed* (Point Loma, CA, 1914 [fel Cennyd Morus]).
J. R. R. Tolkien, 'On Fairy-Stories', *Essays Presented to Charles Williams* (Llundain, 1947), 38–89.
Evangeline Walton, *The Children of Llyr* (Efrog Newydd, 1971).
——, *The Island of the Mighty* (1936) (Efrog Newydd, 1970).
——, *Prince of Annwfn* (Efrog Newydd, 1974).
——, *The Song of Rhiannon* (Efrog Newydd, 1971).
Gary K. Wolfe, 'The Encounter with Fantasy', yn Roger Schlobin (gol.), *Aesthetics of Fantasy Literature and Art* (Notre Dame, IN, 1982), 1–15.

7

Yr Enwog Weegee

MIHANGEL MORGAN

Pan edrychaf ar ffotograffau gan Weegee gwelaf nofelau heb eiriau, nofelau heb eu hysgrifennu. Gallai fy niddordeb yn ei luniau droi yn obsesiwn yn hawdd. Ennyn chwilfrydedd creulon y mae'i ddelwedd-au oherwydd eu bod yn cyflwyno tafell o fywyd, y presennol parhaol (y gorffennol wedi'i ddal) heb ddim o'r hanes cyn yr eiliad cadwedig na dim o'r dyfodol ar ôl y foment honno pan safodd Weegee o flaen yr olygfa, rhyngddi a thragwyddoldeb, gyda'i gamera. Yn y rhan fwyaf o'r ffotograffau mae unigolion dinod yn symud allan o'r tywyllwch ac yn croesi trwy'r goleuni cyn diflannu i'r distawrwydd eto.

Ganed Arthur – neu Usher, a bod yn gywir – Fellig ar 12 Mehefin 1899 ym mhentref Slocew, Awstria. Gyda'i fam a'i dri brawd ymunodd â'i dad yn Efrog Newydd a aethai yno o'u blaenau i ennill yr arian i dalu am eu tocynnau. Roedd Usher yn ddeg oed ar y pryd. Bron yn syth ar ôl iddo gyrraedd America, fel petai er mwyn symbol-eiddio'r trawsffurfiad ohono yn Americanwr, newidiwyd ei enw cyntaf i Arthur. Roedd y teulu newydd a aeth i fyw ar ỳ Lower East Side yn dlawd iawn. Mae'r gair hwn yn werth ei bwysleisio oherwydd am weddill ei oes byddai ganddo gydymdeimlad â'r tlodion. Heb air o Saesneg anfonwyd ef i ysgol uniaith Saesneg. Roedd e wrth ei fodd yn yr ysgol a dysgodd yr iaith yn rhwydd. Ond prin oedd ei ddiddordebau academaidd, felly ymadawodd â'r ysgol ar y cyfle cyntaf. Cymerai Arthur Fellig amrywiaeth o 'jobsys' dros y blynyddoedd nesaf er mwyn helpu'i deulu i gael y ddau ben llinyn ynghyd, ond gadawodd ei gartref yn 18 oed.

Roedd e'n 24 oed pan ymunodd ag *Acme News Pictures*. Gweithiai yn yr ystafell dywyll yno yn datblygu ffotograffau ac yn bwrw'i brentisiaeth, yn dysgu'i grefft. Yr unig luniau a dynnai'i hunan y pryd hynny fyddai rhai gyda'r nos, lluniau o adeiladau ar dân yn amlach na pheidio.

Symudai o lety i lety, yn byw mewn ystafelloedd bach unigol. Cysgai ar silff yn ystafell dywyll *Acme* weithiau. Ond ychydig o amrywiaeth a berthynai i'w fwydlen. Roedd e'n byw ar gawl *Campbell*, ffa pob llysieuol *Heinz* a bisgedi *Uneida*.

Yn y 1930au ymadawodd ag *Acme* ac aeth i weithio ar ei liwt ei hun. Byddai'n gadael ei ystafell yn blygeiniol ac yn gyrru o gwmpas y ddinas yn ei hen *Ford*. Ei bencadlys answyddogol oedd Swyddfa *Missing Persons* Heddlu Manhattan. Yn 1937 rhoddwyd caniatâd iddo gael radio'r heddlu yn ei gar, yr unig ddinesydd i gael y fraint.

Lluniau o drychinebau, lleoedd ar dân, llofruddiaethau, damwein-iau, oedd ei luniau cynnar. Byddai Fellig yn cyrraedd lleoliad y trychinebau hyn yr un pryd â'r heddlu ac weithiau byddai'n achub y blaen arnynt, er mawr syndod iddynt. A dyna sut y cafodd ei lysenw. Ar y pryd roedd tipyn o fynd ar y byrddau *Ouija* neu'r *planchette*: '[a] board marked with the alphabet and various signs . . . to receive mediumistic messages'. Yngenid y gair gan frodorion Efrog Newydd fel 'Weegee' a dywedid bod Fellig yn defnyddio un er mwyn cael gwybod ymlaen llaw lle roedd y trychineb nesaf yn mynd i ddigwydd. Cymerodd Fellig y sillafiad ffonetig, ac yn nes ymlaen ychwanegodd 'the famous' ac arferai stampio'i ffotograffau gyda'r geiriau: 'credit photo by WEEGEE the famous'. Ond dyn hynod o swil a diymhongar ydoedd. Tua diwedd ei oes ffurfiodd ryw fath o bartneriaeth – serchus o bosib – gyda Wilma Wilcox, a dechreuodd hithau roi trefn ar ei fywyd a'i luniau. Erbyn y diwedd roedd yna filoedd ar filoedd ohonynt.

Roedd Weegee yn ffotograffydd toreithiog iawn. Yn wahanol i Snowdon neu Lichfield neu Cecil Beaton, dyweder, ni fyddai Weegee yn 'gosod' ei fodelau ac yn cymryd cannoedd o luniau o'r un peth nes cael un perffaith; doedd dim cyfle i wneud hynny. 'Snaps' yw ei ffotograffau sy'n dal bywyd wrth iddo gael ei fyw. Canys camp Weegee fel ffotograffydd newyddiadurol oedd ei ddawn i weld cyfosodiadau anhygoel ac i weld peth o ongl wahanol i'r dynion eraill a weithiai yn yr un maes (roedd yna gannoedd ohonynt). Ceir dwy enghraifft o'r cyfnod cynnar sy'n dangos yn berffaith ei allu i weld yr olygfa ehangach.

Yn y naill gwelir adeilad aml-loriog yn llosgi, y frigâd dân yn ei chwistrellu gyda dŵr. Llun digon cyffredin ar gyfer papurau newydd y ddinas fyddai hwn oni bai am un peth; mae 'na hysbysebion ar do ac ar furiau'r adeilad, ac yn y canol yn glir ceir y geiriau: 'simply add boiling water'. Dyna deitl y llun. Mae trasiedi a chomedi yn ymdoddi i'w gilydd yn y weledigaeth eironig hon.

Yn y llun arall dangosodd Weegee y gwahaniaeth rhyngddo ef a ffotograffwyr newyddiadurol cyffredin. Teitl y llun yw 'Young Offender 1938'. Gwelir bachgen ifanc yn eistedd mewn cadair yng nghornel chwith y llun, ei ddwylo dros ei lygaid (yn gorchuddio'i wyneb rhag y ffotograffwyr neu'n llefain, yr ewinedd, y cygnau a'r bysedd yn frwnt), y coesau wedi'u croesi yn erbyn y byd, fel petai. Dyma astudiaeth o iaith y corff. Y llanc – beth bynnag oedd ei drosedd – yn troi i mewn, yn ceisio cwato yn ei gorff ei hun. Yng nghanol yr olygfa mae 'na fwrdd anferth a phedwar teipiadur mawr hen ffasiwn, du, metalaidd, bygythiol; ond ar ochr arall y bwrdd saif dau ffotograffydd yn tynnu lluniau o'r bachgen yn y gadair. Pan ddaeth eu lluniau allan yn y papur dangosent y bachgen yn y gadair a dwylo dros ei lygaid. Dangosodd Weegee y ffotograffwyr dideimlad, digydymdeimlad ac ynddynt awch y cyhoedd gwancus amhersonol a didrugaredd am storïau arwynebol; y ffoto-graffwyr eraill oedd y gweithwyr, Weegee oedd yr artist. Newydd-iadurwyr oedden nhw, efe oedd y nofelydd.

Safodd Weegee ar wahân i'w gyd-weithwyr yn llythrennol ac yn symbolaidd wrth dynnu'r llun hwnnw ac o hyn ymlaen byddai ei ddelweddau yn dangos mwy na'r adroddiad uniongyrchol o lun papur newydd. Mae'n amlwg iddo flino ar yr adeiladau'n llosgi, yr ysai'r dinaswyr am luniau ohonynt, yn fuan iawn yn ei yrfa. Lle'n llosgi yw lle'n llosgi, wedi'r cwbl. Trodd Weegee ei gamera ar y bobl – ei wir ddiddordeb – ac wrth wneud hynny dywedodd lawer mwy am y digwyddiad. Dangosodd ef y cynulleidfaoedd a ddeuai i edrych ar leoedd yn llosgi yn cael eu dychryn a'u swyno yr un pryd gan yr olygfa. Dangosodd y bobl yn dianc; hen ŵr a gwraig sydd wedi colli popeth ond ychydig o ddillad, eu hwynebau yn llwyd; hen ddyn yn rhedeg am ei fywyd, wedi'i ddeffro o'i gwsg, yn gwisgo dim ond fest, ei geilliau yn hongian. Un o'i ffotograffau enwocaf yw'r un o'r fenyw a siôl o gwmpas ei phen, ei merch yn crio ac yn gafael amdani. Dywedodd Weegee ei hun stori'r llun hwn:

A mother with a shawl around her was clinging to one of her daughters and looking up at the building. The fire was over. Another daughter and a younger child, a baby, had been burned to ashes. Overwhelmed by the tragedy, they were looking toward the building, their hope about gone. I cried when I took that picture.

Ond mewn llun arall yn gysylltiedig â thân gwelir dyn croenddu ifanc yn dod lawr ysgol y ddihangfa dân. Cawsai amser i wisgo'i het a'i gôt, mae'i goesau yn noeth. Ond ar ei ffordd lawr yr ysgol mae'n gweld Weegee, ac mae'n taflu (dyna'r unig air) y wên fwyaf llydan a llachar a heulog tuag at ei gamera. Mae e wedi dianc er ei fod wedi colli'i eiddo i gyd, o bosib, ond mae'r wên yn mynegi gollyngdod a *joie de vivre* direidus. Canfu Weegee holl liwiau enfys bywyd, y torcalonnus a'r gorfoleddus, ochr yn ochr, yn gymysg oll i gyd.

Yn ôl ei amcangyfrif ei hun tynnodd Weegee tua 5,000 o luniau o lofruddiaethau. Roedd hi'n bwysig, meddai yn gellweirus, i gael het y dyn marw yn y llun. Dyma'i ddisgrifiad o'r 'teipiau' a lofruddid:

> Look, he's a regular union gangster, a junior executive type. He eats at Chock Full o' Nuts. He's got on the pin-striped suit, a pearl gray hat, and his shoes are shined. He's a real up-and-coming Public Enemy.

Gwaith y *Mafia* a *Murder Inc.* oedd rhai o'r llofruddiaethau hyn, neu'r canlyniad i ffrae neu ymosodiad (mae rhai o luniau Weegee yn dangos dynion yn ffraeo, yn curo'i gilydd). Yn amlach na pheidio, yn y ffotograffau ofnadwy hyn, gwelir yr ymadawedig yn gorwedd ar ei wyneb mewn pwll o waed (sydd bob amser yn ddu yn y lluniau du a gwyn). Ond hyd yn oed yn y deunydd annymunol ac erchyll hwn daw Weegee o hyd i gyfosodiadau a chyd-ddigwyddiadau annisgwyl.

Mewn llun gwelir corff ar y pafin – gwaed yn llifo o'i ben i'r gwter – gorwedd y corff o flaen caffe yn dwyn yr enw 'The Spot'. Rhoes Weegee y teitl 'On the Spot' i hwnnw. Awgrymwyd teitl arall gan flwch post (y corff yn gorwedd oddi tano) a'r arwydd arno 'Mail Early for Delivery Before Christmas'. Ond mewn llun a dynnwyd yn 1946 y ceir y cyfosodiad mwyaf trawiadol o eironig; gorwedd corff gwaedlyd ar y llawr wedi'i orchuddio gan bapurau newydd dan hysbyseb am ffilm newydd Irene Dunne, sef *The Joy of Living*.

Un o ffotograffau mwyaf enigmatig Weegee yw hwnnw gyda'r teitl a'r is-deitl: 'Alan Downs – killed his wife. Neighbours are astonished.' Dyma nofel o lun – hynny yw, rhan o nofel, tua'r diwedd. Gwelir dyn canol oed hŷn yn cael ei dywys allan o borth nodweddiadol o flociau annedd hen ffasiwn Efrog Newydd yn y 1940au. Ar y chwith iddo, y ditectif mewn siwt olau daclus, tei a phatrwm blodeuog het *slouch* olau, a phecyn dan ei gesail a phecyn arall yn ei law chwith. Tystiolaeth! Mae golwg ddifrifol arno. Mae'r dyn hwn wedi gweld rhywbeth ofnadwy. Heddwas arall ar yr ochr arall – eraill y tu ôl. Ar y chwith o'r llun gwelir y cymdogion, yn sefyll yn syn, yn gegrwth, yn syllu ar y dyn sy'n cael ei arestio. Yn eu plith y mae menyw dew ac ar ei hwyneb gwelir y cymysgedd o anghrediniaeth, tosturi, adnabyddiaeth (ei chymydog hi yw hwn), gellir darllen ei meddwl ('Druan o Mrs Downs', 'methu credu bod dyn bach neis fel 'na wedi gwneud ffasiwn beth').

Llun a dynnwyd gan Weegee o Alan Downs, y llofrudd. Hawlfraint: © Weegee/ICP/Liaison Agency.

A Downs ei hun (pwy bynnag *oedd* Alan Downs), ei wyneb â golwg guriedig arno (ymddengys nad yw wedi cael cyfle i eillio nac i ddodi'i ddannedd yn ei ben), ei sbectol fframau weiar yn disgleirio dan fflach camera Weegee – sydd yn edrych ym myw ei lygaid – dim coler, dim tei. Ond y manylyn mwyaf trawiadol yw dwylo Downs sydd wedi'u rhwymo mewn bandais gwyn yn erbyn düwch ei siwt; dwylo fel pawennau a gwaed du'n dod trwy'r bandais ar ei law dde. Pam y bandais? Sut yr anafwyd y dwylo? Unwaith eto mae'r dychymyg yn ysu am gael gwybod yr hanes y tu ôl i'r llun hwn. Pam y lladdodd y dyn bach diniwed-yr-olwg hwn ei wraig? Mae'n anodd credu bod creadur mor ddiolwg wedi cael cariad arall (ac eto, cofier Crippen). A oedd Mrs Downs yn hen sguthan annioddefol? Ond pam y bandais, eto? Rydym ni'n gweld Mrs Downs yn brwydro am ei bywyd, neu'n gweld Alan Downs yn ceisio gwthio'i chorff i dwb o asid.

Ehangodd Weegee ei orwelion gan ddewis testunau ar wahân i'r rhai newyddiadurol wrth iddo weld posibiliadau ffotograffiaeth fel celfyddyd. Yn 1945 cyhoeddodd *Naked City* ac yn 1946 *Weegee's People*. Yn ôl David Morse:

> Weegee was not simply a remarkable photographer, he was also a moulder of the American consciousness. By the sheer forcefulness of his images he impressed on the American public the representative character of life as lived on the city streets, its violence and energy, its lassitude, fatalism and squalor.

Y ddinas a'i phobl oedd ei adnoddau. Disgrifiwyd ei ddelweddau gan Susan Sontag fel 'useful maps of the real'. A gwnaeth Weegee ei hun y datganiad: 'I have no inhibitions and neither has my camera'. Mae'i waith yn hafal i Cartier-Bresson, cyfysgwydd â Kertész, ac mae'i ddylanwad ar Diane Arbus i'w weld yn glir.

Gellir dosbarthu'i ddiddordebau yn fras fel hyn (gan eithrio'i waith newyddiadurol am y tro): i) tlodion; ii) plant; iii) bywyd y nos; iv) pobl yn cael hwyl; v) pobl yr ymylon.

Tlodion

Un o gampweithiau Weegee, yn wir, un o gampweithiau ffotograffiaeth, yw'r llun o hen bedler, 1946. Daw'r hen Iddew allan o'r tywyllwch a thrwy'r eira gan dywys ei geffyl. Fyddwn i ddim yn gor-ddweud pe disgrifiwn naws y llun fel Rembrandtaidd. Does dim byd yn y ffotograff hwn ond henaint, dioddefaint ac unigrwydd. Daw'r hen ŵr allan o orffennol Weegee fel petai (pedler oedd ei dad ar y dechrau yn America ac wedyn aeth yn *rabbi* tlawd), ac yn yr oerni gwelir holl gydymdeimlad Weegee â'r difreintiedig. Un o'i bobl ef oedd hwn.

Plant

Yn ei luniau o blant gwelir y ffotograffydd yn ymateb i'w hwyl a'u tristwch. Plant yn chwarae ar y strydoedd yn y dŵr a'r hydrant tân, plant yn cysgu yn y gwres ar risiau'r ddihangfa dân, chwech neu saith ohonynt a merch yn cwtsho cath fach yn ei chwsg. Ond plant yn llefain hefyd. Mae plant Weegee yn profi dioddefaint; nid yw ieuenctid yn gyfystyr â diniweidrwydd. Mae 'na lun ganddo o fachgen, tua naw oed, sydd wedi rhedeg i ffwrdd o'i gartref, yn swyddfa'r heddlu – yn rhedeg rhag beth? Mae lluniau Weegee yn awgrymu'r gamdriniaeth nad oedd neb yn barod i siarad amdani. Edrych lens ei gamera i mewn i'r *paddy wagon* yn 1944 a chanfod yno lanc, 14 oed, wedi'i arestio am dagu merch fach. Mae'r bachgen yn edrych allan o'r cerbyd ar ddiwedd ei ryddid – y cerbyd sydd yn mynd i'w hebrwng i oes o garchar ac yn y pen draw y gadair drydan; pwy a ŵyr? Nid yw camera Weegee byth yn ochri, byth yn beirniadu.

Bywyd y Nos

Mae'n mynd â ni i'r Bowery gyda'r nos, ac i 'Hell's Kitchen'. Gan ddefnyddio pelydr-X mae'n dwyn lluniau o gariadon yn y parc yn y tywyllwch. Mae 'na lun o fenyw unig yn eistedd ar ei phen ei hun yn y nos yn Coney Island yn gwylio cariadon; ond efallai bod Weegee yn gweld yn hon adlewyrchiad o'i unigrwydd ei hun. Yn Sammy's Bar mae hwyl a chyfeddach; cariadon, meddwon, cymeriadau. Fe wn i am o leiaf ddau lun o 'Norma' yn perfformio yn *Sammy's Follies* tua 1944–5. Dyma nofel arall. Pwy oedd hi? Dywed y camera ran o'i stori. Fe'i gwelir yn un o'r lluniau yn dawnsio ac yn canu, meicroffon o'i blaen hi, drwm y tu ôl iddi, cynulleidfa yn gwrando. Beth oedd ei chaneuon? A oes recordiad o'i llais yn rhywle? Mae'n gwisgo ffrog hir sidanaidd. Yn y llun arall mae'n gwisgo het fawr, bluog. Mae hi'n dew a'i chorffolaeth yn awgrymu llais mawr. Yn sicr mae hiwmor yn perthyn i'w pherfformiad, gwelir y gwylwyr yn gwenu. Yn y llun o'i hwyneb llawn gwelir yr aeliau a blew'r amrannau wedi'u peintio gan bensil, y geg yn llydan agored (canu ynteu chwerthin?) yn dangos dannedd pwdr. Dyma rywun sy'n hoffi pleser, hwyl, siocledi, bwyd, diod (meddai'r corff). Ond faint o hwyl oedd yn ei bywyd mewn gwirionedd? Beth am ei hiechyd? Ble roedd hi'n byw? Faint oedd hi'n ei ennill am ei pherfformiadau? Pwy oedd yn ei charu? Pwy oedd yn ei defnyddio?

Yn un o'r lluniau o Norma ceir tipyn o ddirgelwch. Gwelir Weegee ei hun gyda'i gamera yn y llun!

Llun a dynnwyd gan Weegee o Norma. Hawlfraint: © Weegee/ ICP/ Liaison Agency.

Pobl yn cael hwyl

Ffotograff adnabyddus iawn gan Weegee, ei ddelwedd enwocaf o bosib gan i'r llun gael ei ddefnyddio dro ar ôl tro i gynrychioli'r dorf (fe'i defnyddiwyd ar glawr record gan George Michael dro yn ôl), yw un a dynnodd yn 1938–9 o bobl ar draeth Coney Island.

Ar yr olwg gyntaf yr hyn a welir yw torf, haid o bobl, wynebau a chyrff yn ymestyn o flaen y llun i'r cefndir pell, dim byd ond cyrff. Buasai'n hawdd diystyru'r llun hwn fel astudiaeth o orboblogaeth Efrog Newydd (onid oes llinell yn anthem genedlaethol America sy'n sôn am y 'teeming shores'?) delwedd o amhosibilrwydd yr unigolyn i amlygu'i hun mewn lle mor fawr ac amhersonol – pobl fel morgrug neu gynrhon. Ond edrycher eto ar y llun. Mae'n hynod o glir – ymhell yn y cefndir gellir gweld ffair Coney Island a'r 'Cyclone' yno, a gellir gweld arwydd hyd yn oed yn dweud 'Pure Orange Juice 5c'.

Gwelir bod y rhan fwyaf o'r torheulwyr wedi troi i wynebu'r camera a bod rhai yn codi llaw i wenu a chwifio. Yna, wrth graffu ar y ffotograff, er mawr syndod inni, rydym yn sylweddoli bod y rhan fwyaf o'r wynebau yn ddigon clir, a gwelir bod gan bob unigolyn ar lan y môr ei wyneb ei hun, ac yn ei wyneb ei bersonoliaeth, ei hunaniaeth unigryw o fewn y dorf. Mae rhai yn amlycach na'i gilydd – y fenyw yn yr het fawr, y ferch ar ysgwyddau'i chariad yn ei bicini du, y dyn dwyreiniol yn sefyll ar ysgwyddau'i ffrind – yn y cefndir pell, hyd yn oed, gwelir dyn yn edrych ar y camera drwy gylch nofio rwber. Yn wir, mae gan bob person ei stori er ei fod fel carreg lefn ymhlith caregos eraill ar y traeth ystrydebol.

Pobl yr ymylon
Tua diwedd ei yrfa, pan ddaeth yn wironeddol enwog (roedd e'n cydweithio gyda Stanley Kubrick a derbyniwyd ei waith gan yr Amgueddfa Gelf Fodern) tynnodd Weegee luniau o bobl adnabyddus; John F. Kennedy, James Dean, Marilyn Monroe, Jayne Mansfield, Judy Garland, Dylan Thomas (fel petai'i gamera'n synhwyro'r rhai wedi'u tynghedu i ddod i ddiwedd trist anamserol o gynnar). Ond tynnodd luniau o ambell oroesydd hefyd; Satchmo, Eartha Kitt, Bette Davis. Hyd yn oed yn y lluniau hyn mae Weegee yn edrych arnynt mewn ffordd wahanol i ffotograffau eraill o'r sêr. Mae James Dean yn ffigwr yn y cefndir yn unig, golwg flinedig arno, wedi'i ddieithrio, wedi'i syrffedu. O'i flaen mae pâr hapus yn cofleidio. Nid yw'n dangos wyneb Bette Davis, dim ond ei gwallt yn sgleinio, a'r 'ffans' yn syllu arni mewn parchedig ofn.

Ond try Weegee yn ôl o hyd ac o hyd at bobl yr ymylon. Un o'i hoff wrthrychau oedd 'Shorty, the Bowery cherub', corrach bach cyhyrog Sammy's Bar. Ac ymhlith ei astudiaethau gorau ceir nifer o hoywon, neu groeswisgwyr, a arferai fynychu'r Harbour Precinct dim ond i gael eu harestio a'u plagio gan yr heddlu. Mae Weegee yn eu dangos yn eu ffrogiau yn cael eu tywys o'r clwb ac yn syth i'r *paddy wagon* ofnadwy. Hoywon yn cael eu trin fel troseddwyr. Gellir dychmygu'r driniaeth a fyddai'n eu haros yn nalfa'r heddlu.

Ond y ffotograff cyntaf gan Weegee i dynnu fy sylw a'r un sy'n dal i'm poeni yw'r un sy'n dwyn y teitl 'The Critic'. Mae dwy fenyw grand newydd ddod allan o'u ceir mawr ac yn gwneud eu ffordd tuag at gyntedd Tŷ Opera'r Metropolitan; cotiau ffwr gwyn am eu hysgwyddau, *tiaras* ar eu pennau, eu cyrff yn diferu gan ddiemwntiau. Mae'r ddau ffigwr gwyn golau yn camu allan o'r tywyllwch, ond bob ochr iddynt, yn y tywyllwch ac yn syllu arnynt mae 'na bobl dlawd. Ar y dde – ar yr ymyl yn llythrennol – saif hen fenyw sy'n gwgu – yn ysgyrnygu – arnynt. Mae'i dillad yn ddi-raen ac yn dywyll. Hon yw 'beirniad' y teitl. Gwrthgyferbyniad chwyrn yw'r marciau saim ar gôt lwydaidd y fenyw dlawd a'r blodau tegeirian ar gôt garlwm y fenyw gyfoethog ar y chwith.

Llun a dynnwyd gan Weegee, 'Y Beirniad' (The Critic). Hawlfraint: ©
Weegee/ICP/ Liaison Agency.

Mae o leiaf dair nofel yn y llun hwn sydd wedi fy hudo ers blynydd-
oedd. Ond rydyn ni i fod i edrych ar y fenyw dlawd ar y dde a meddwl
am y casineb – y feirniadaeth – yn ei hystum a'i hwyneb. Yn sicr, mae
stori ddiddorol yno. Ond i mi y ddwy fenyw grand yw'r dirgelwch.

Darllenais fod Weegee wedi mynd i siarad â'r fenyw dlawd; roedd
e'n ei hadnabod hi, a dywedodd hithau wrtho nad oedd hi'n
ysgyrnygu'i melltith ar y cyfoethogion o gwbl fel yr ymddengys yn y
llun; i'r gwrthwyneb. Aethai yno y noson honno yn llawn edmygedd.

Weithiau, mae'r camera yn gwneud hyn, yn ein dal ni ar gam gan
roi argraff hollol groes i'n teimladau ar y pryd. Beth bynnag, fel
delwedd o'r agendor rhwng cyfoethogion America a'r tlodion, saif
'The Critic' gan Weegee ymhlith eiconau'r ugeinfed ganrif.

Ond i ddod yn ôl at y ddwy fenyw oludog. Pwy oeddynt? Yn ôl
ysgrif ar Weegee, Mrs George Washington Kavanaugh yw enw'r
fenyw gyda'r gwallt gwyn ar y chwith (enw sy'n consurio talp o
hanes America) a Lady Peel yw'r llall (enw sy'n ein tynnu yn ôl at
Loegr). Ond, eto, pwy oedden nhw? Methais gael unrhyw wybodaeth

am Mrs George Washington Kavanaugh – na'i gŵr, enw'r hwn sydd yn gorchuddio'i hunaniaeth hi – mewn unrhyw 'Pwy yw Pwy' Americanaidd. Ond dysgais taw actores oedd y llall. Enw go iawn Lady Peel oedd Beatrice Lillie. Fe'i ganed yng Nghanada ac roedd hi'n enwog ar un adeg am ei sioeau un-fenyw o ganeuon doniol. Priododd Bea Lillie ŵr bonheddig o Sais a dod yn Lady Peel. Ac mae gan hyd yn oed y cyfoethogion eu storïau trist; collodd Lady Peel ei mab yn y rhyfel yn 1942 – blwyddyn cyn i Weegee dynnu'r llun. Gellir gweld Bea Lillie yn y ffilm *Thoroughly Modern Millie* (1967) lle mae'n actio wrth ochr Julie Andrews a Mary Tyler Moore ac yn cymryd rhan '[a] homicidal Chinese white slave trader' (yn ôl Roy Pickard, *The Oscar Movies A–Z*). Felly, drwy wneud ychydig o waith ymchwil, fe lwyddais i gael rhan o un o'r storïau y tu ôl i'r llun. Rwy'n dal i chwilio am fwy o wybodaeth am Mrs George Washington Kavanaugh, oherwydd hi yw seren y llun a'r dirgelwch. Smygrwydd wedi'i ymgnawdoli yw hi, yn dalp o arian a llwyddiant, tomen o hyder a balchder, ceiriosen o ddifaterwch ar dop y deisen. Ond nawr dyw hi'n neb, mae amser ac angau wedi'i dileu hi'n llwyr. Oni bai am lun Weegee, sydd yn ein hatgoffa o un o'r hen enwau am angau, y Lefelwr. Bellach mae Mrs George Washington Kavanaugh a'i beirniad yn gydradd; ni wnaeth y *tiara,* y blodau tegeirian na'r gôt garlwm mo'i chadw rhag crafangau marwolaeth. Ei lwc hi oedd iddi symud o flaen camera Weegee cyn i'w stori ddisgyn i ebargofiant y nos sydd yn ei hamgylchynu yn y ffotograff.

Y lle mwyaf diddorol yn America i mi yw Efrog Newydd, ac Efrog Newydd yw dinas ddu, gwyn a llwyd Weegee. Petawn i'n mynd i America nawr buaswn i'n mynd er mwyn chwilio am hanes Norma, Mrs George Washington Kavanaugh a'r llofrudd Alan Downs mewn ymgais i ddatrys dirgelwch eu presenoldeb yn y ffotograffau.

Nofelau yw lluniau Weegee, neu, yn hytrach, tudalennau o ganol nofelau. Darnau o storïau gyda'r dechrau a'r diwedd yn eisiau.

8

Taliesin yng Ngardd Eden

GERAINT ROBERTS

Mae pensaernïaeth Frank Lloyd Wright wedi ei gwreiddio'n fesmeraidd mewn naratif celfydd. Y ffordd orau a'r ffordd fwyaf uniongyrchol i ddeall ei waith yw trwy astudio gwead y tapestri sy'n cynrychioli digwyddiadau ei fywyd. Ni ddewisodd Wright, fel y gwnaeth Le Corbusier a phenseiri modernaidd eraill, gyflwyno'i waith mewn ffordd ymreolus – fel testun gwybodaeth wrthrychol, amhersonol. Yn hytrach cyflwynodd y cwbl fel stori dylwyth teg, stori'n cynnwys arwyr megis Taliesin ac Aladdin, a stori a fedrai drawsnewid realiti y byd cyffredin yn bortread cywrain artistig o deyrnas ddychmygol.

Roedd dull naratif Wright yn wahanol iawn i ddatganiadau gwyddonol ei gyfoeswyr, gan nad oedd yn gofyn am gyfraniad a oedd yn ymestyn yn bellach na sgwrs hamddenol. Sut bynnag, mae pob sgwrs yn ennyn ymateb oddi wrth wrandäwr, ac felly yn fodd i feithrin ystyr newydd oddi mewn i fframwaith diwylliant parhaol amser, chwedl, cof a hanes. Bu'r gweddau hyn ar ddiwylliant traddodiadol yn bwysig iawn i Frank Lloyd Wright ar hyd ei oes, oherwydd eu bod yn ganolog i'w ymchwiliad i seiliau byd natur, ac i'r unoliaeth organig sy'n nodweddu'r byd hwnnw. Chwiliai ef, felly, am ffyrdd haniaethol i fynegi'r gweddau hynny.

Ganwyd Frank Lloyd Wright yn 1867 yn nhref farchnad amaethyddol Richmond Centre, Wisconsin, tua phum milltir ar hugain i'r gogledd-orllewin o Spring Green a Helena Valley. Roedd teulu ei fam yn byw yn yr ardal yn barod, ac yma hefyd yr ymgartrefodd Frank Lloyd Wright yn ddiweddarach yn ei fywyd. Buasai ei dad ar brydiau yn dwrnai, yn athro ac yn weinidog teithiol yn nhaleithiau Lloegr Newydd, ond yn 1859 symudodd i dde-orllewin Wisconsin. Yma cyfarfu ag Anna Lloyd-Jones, a phriododd y ddau yn 1866. Ganwyd mam Wright yng Nghymru, i deulu o Undodwyr selog. Ymfudodd y teulu i America pan oedd hi'n eneth fach, ac yno y treuliodd hi ei phlentyndod gyda'i brodyr a'i chwiorydd ar y ffermydd a greodd y teulu yn gyntaf yn Red Rock River Valley, ac yna yn Spring Green, cyn iddynt groesi Afon Wisconsin ac ymgartrefu yn Helena Valley. Ar ôl iddi briodi William Carey Wright, symudodd Anna i McGregor, Iowa yn 1869 ac yna Pawtucket, Rhode Island yn 1871. Wedyn, bu'r teulu symudol hwn yn byw yn Weymouth Massachusetts, am tua phedair blynedd cyn symud yn ôl i Wisconsin.

Ymgartrefodd y teulu ym Madison ac yno y cychwynnodd Frank Lloyd Wright yn yr ysgol uwchradd, gan ymadael yn 1885 heb gwblhau ei addysg na derbyn ei ddiploma. Digwyddodd hyn tua'r un amser ag yr ysgarodd ei rieni, ac y gadawodd ei dad y tŷ. Er mwyn helpu ei fam ddiwylliedig gyndyn, a gredai hyd yn oed yr amser hynny y dylai ei mab fod yn 'bensaer', aeth Wright i weithio i swyddfa Allan D. Conover am tua blwyddyn cyn ymaelodi yn 1886 am ddau dymor o dan Conover fel myfyriwr arbennig ym mhrifysgol Wisconsin. Yr unig beth sefydlog ym mywyd Wright pan oedd yn tyfu i fyny oedd fferm y teulu yn Helena Valley. Gan gychwyn yn 1878 dychwelai yno bob haf i weithio i'w ewythrod. Parhaodd y cysylltiad agos a ddatblygodd gyda'r tirlun a'r patrwm o fywoliaeth amaeth-yddol am weddill ei oes. Ac yn ôl yr hyn a ddywed Wright yn yr hunangofiant a gyhoeddwyd ganddo flynyddoedd yn ddiweddarach, esgorodd y profiad cynnar hwn o fyd natur, maes o law, ar ystyron emblematig hynod ddylanwadol.

* * * *

Disgrifiodd Frank Lloyd Wright ei daid Richard Lloyd-Jones fel, 'being in league with the stones of the field, himself like the ridges of primeval rock that ribbed the hills' o fewn 'The Valley of the God-Almighty Joneses'.[1] Fel crwt ac yna'n ddyn ifanc ymhlith ei hynafiaid Undodaidd Cymraeg, cafodd Wright brofiad o ymroddiad a bodolaeth radical dros ben. Yn y gymdeithas honno roedd llafur caled yn cael ei gydnabod fel ffurf o wasanaeth cyhoeddus: fe'i hystyrid yn sialens i'w gorchfygu, sialens a allai roi cyfeiriad i'w ffordd unol o fyw. Roedd yr 'Efengyl waith' hon yn debyg iawn i'r neges a geir yn Efengylau'r Testament Newydd, gan ei bod hi'n disgrifio llafurio ar y tir fel troedio'r llwybr tuag at hunanwelliant ac fe'i hystyrid yn ffordd ganol rhwng 'y ddeddf naturiol' a chydnabyddiaeth ddwyfol. Meddai Frank Lloyd Wright droeon yn ei hunangofiant 'And so the boy went . . . He went away from mother, books, music and city . . . to learn to add "tired" to "tired" and add it again – and add it yet again':[2] rhydd hyn olwg drawiadol inni ar brofiadau bachgen 11 oed, ac ar ei gyfraniad cynnar i weithgareddau'r fferm. A chyfraniad oedd yr holl lafur corfforol cydweithredol hwn, mewn gwirionedd, i ffordd o fyw a seiliwyd yn gadarn ar gred ac ar werthoedd yr Undodiaid.

Yng nghymdeithas y 'Dyffryn' roedd y ffin rhwng gweithgareddau cysegredig a rhai seciwlar yn un anodd i'w diffinio ar adegau. O fewn y gymuned glòs yma roedd ymrwymiad dwfn i hunanwellhad, ac ymchwil ddiddiwedd am y 'Gwir' ym mhopeth naturiol a dynol. Canlyniad yr ymholiadau yma oedd y cysur neu'r diddanwch eu bod yn agosach at y syniad o 'Unoliaeth' fel unigolion a theulu. '[W]eekdays Grandfather . . . working out through his offspring began to cut away the forest and establish a human decency where wilderness had been', meddai Frank Lloyd Wright yn ei hunan-gofiant, gan ychwanegu: 'A human decency, where before had been Divine Countenance.'[3] Yna mae'n mynd yn ei flaen i gysylltu 'Unoliaeth' gydag Undodiaeth, drwy esbonio mai ymdrech oedd cred yr Undodwyr 'to amplify, in the confusion of the creeds of their day, the idea of life as a gift from the Divine Source, one GOD omnipotent, all things at one with HIM. UNITY was their watchword, the sign and symbol that thrilled them, the UNITY of all things!'[4]

Roedd arwyddocâd y math o Undodiaeth a oedd yn cael ei ymarfer gan aelodau'r teulu Lloyd-Jones yn ddigyffelyb. Daethant ag ath-rawiaeth o Sir Aberteifi a oedd yn fwy radical o lawer na chred yr Annibynwyr hynny yn 'New England'[5] a droesai'n Undodwyr yn ystod y bedwaredd ganrif ar bymtheg. Meddent ar gadernid ffydd y mae Wright, yn ei hunangofiant, yn ei ystyried yn 'stalwart',[6] ffydd a oedd yn gadarnach nag unrhyw 'ancient druidical animism',[7] am ei bod yn canolbwyntio ar ledaenu'r gwir ac ar ddyrchafu moesoldeb yr hunan.

Gellir olrhain y ffydd hon yn ôl i'w gwreiddiau yng ngorllewin Cymru. Cyfeiriai'r beirniaid uniongred at ddalgylch Undodaidd Sir Aberteifi fel 'Ardal y Smotyn Du', oherwydd fod 13 capel wedi eu sefydlu mewn ardal a oedd yn ymestyn o Lanbedr Pont Steffan i Landysul ac yna i'r gorllewin tuag at Giliau Aeron.[8] Cristnogaeth resymegol a arddelid gan aelodau'r capeli hyn, cred a seiliwyd ar athrawiaeth Arminius, y diwinydd o'r Iseldiroedd a ddysgai fod Crist wedi marw dros bawb, ac nid dros yr etholedig rai yn unig; a bod Duw wedi rhoi rhydd ewyllys i ddynion dderbyn neu wrthod yr iachawdwriaeth a oedd i'w chael. Datblygodd Arminiaeth yn Ariaeth maes o law (sef y gred nad yw'r Mab o'r un sylwedd â'r Tad) ac wedyn yn Sosiniaeth neu Undodiaeth, athrawiaeth sy'n mynnu nad yw Crist amgen na dyn, ac sy'n taeru y gall dyn ymdebygu i Grist a chael hyd i allwedd iachawdwriaeth drwy arfer ei reswm dynol. Goroesodd yr Undodiaid cynnar gyfnod y gwrthwynebiad ffyrnig a ddaeth yn sgil Deddf Goddefiad 1689,[9] a llewyrchodd yn ardaloedd gwledig de-orllewin Cymru, lle roedd y werin yn elyniaethus iawn i'r tirfeddianwyr estron a oedd yn cynrychioli popeth a oedd yn an-nerbyniol ynghylch yr Eglwys Anglicanaidd uniongred Saesneg. Ymhellach fe atgyfnerthid y mudiad gan elyniaeth Anghydffurfwyr eraill yr ardal, a chan fod yr Undodwyr dan warchae, ac yn cael eu trin fel pobl ysgymun, roedd yn naturiol iddynt chwilio am loches o fewn eu teuluoedd clòs. Gwelid hwy gan eraill fel 'a people without hope', neu 'heretics among the orthodox'.[10] Credid eu bod wedi eu damnio'n llwyr a ffieiddid eu hathrawiaeth yn yr un modd. Ond ymhen hir a hwyr sylweddolodd y Cristnogion uniongred fod gan yr Undodwyr hwythau eu rhinweddau, a disgrifiwyd Undodiaeth fel 'a social religion of a family clan where almost all would suffer and rejoice together'.[11]

Perthynai Richard a Mallie Lloyd-Jones, sef taid a nain Frank Lloyd Wright, i'r gymdeithas ddiwylliedig hon o Undodiaid, cymdeithas go arbennig a oedd wedi esgor ar addysgwyr a phregethwyr o nod, dynion a merched llythrennog a fyddai'n barod i herio awdurdod o bob math, yn enwedig yr Eglwys draddodiadol. Felly, pan rwystrwyd Jenkin Jones (Siencyn Siôn) rhag pregethu yn ei eglwys annibynnol ym Mhantycreuddyn, adeiladodd dŷ cwrdd o bren yn Wern-hir gan sefydlu'r achos Arminaidd cyntaf yng Nghymru yn 1726. Wrth iddo barhau, yn y modd hwn, i ddatgan ei ffydd yn gyhoeddus, yr oedd Jenkin Jones, a fu'n ddisgybl i Thomas Perrot, yn gweld fod cynulleid-faoedd yn tyfu ac o'r herwydd bu'n rhaid iddo adeiladu capel newydd yn 1733 ym mhentref Llwynrhydowen. Cafodd y boddhad pellach o weld sefydlu capel Arminaidd arall ym mhentref cyfagos Alltyblaca, ac ar ôl i Siencyn Siôn farw bu ei athrawiaeth yn ddylanwadol ar genhedlaeth newydd o weinidogion lleol. Bu ei nai David Lloyd (Dafydd Llwyd, Brynllefrith) yr un mor llwyddiannus wrth ledaenu'r achos a rhannu'r neges â gwrandawyr newydd eiddgar. Pan na fyddai lle yng nghapel Llwynrhydowen cynhelid gwasanaethau yn yr awyr agored, ac ar adegau medrai'r rhain ddenu cynulleidfaoedd o 3,000 neu fwy. Cydnabyddai llawer fod gan David Lloyd gefndir ysgol-heigaidd cryf, ac mewn amser datblygodd gorwelion ei gred ymhellach gan droi tuag at Ariaeth am y gwir cyfanfydol. Hefyd, defnyddiodd ef ei sgiliau llenyddol ac ieithyddol arbennig yn aml yn ystod ei yrfa. Gallai ddeall Ffrangeg ac Eidaleg a chyfathrebu mewn Lladin, Groeg a Hebraeg. O'r hyn a wyddys amdano, mae'n bosibl ei fod hefyd yn perthyn i deulu hynod Lloyd, Castell Hywel. Ond ar ôl i Margaret ei ferch briodi John Enoch Jones, dyn ifanc o statws is, daeth yr enw Lloyd-Jones i fodolaeth. Ac er nad oedd Richard, y mab a anwyd i'r pâr hwn, yn medru barddoni mewn Lladin fel ei daid, yr oedd yn bregethwr lleyg dawnus. Byddai'r gŵr cyhyrog hwn, a oedd dros ei chwe throedfedd, yn gwneud hetiau yn rhan amser tra oedd yn denant fferm yn Blaen-rallt-ddu ger Llwynrhydowen.

Roedd Richard Lloyd-Jones, felly, yn ŵr o bwys yn y gymdeithas, gan fod ganddo bâr o fustych, gwartheg godro a diadell o ddefaid ar 23 acer o dir. Ond roedd degawdau cynnar y bedwaredd ganrif ar bymtheg yn rhai caled, a llawer o deuluoedd yn dioddef. Ar y pryd roedd y gyfundrefn ffiwdalaidd yn Sir Aberteifi yn golygu bod y werin a'r ffermwyr yn denantiaid caeth i'r tirfeddianwyr a'u goruch-wylwyr diegwyddor. Mae'n bur annhebyg mai cyd-ddigwyddiad ydoedd bod Merched Becca wedi bod wrthi'n cynnal eu hymgyrch-oedd o blaid y werin ddarostyngedig hon ar garreg drws Richard Lloyd-Jones a'i wraig Mallie, yng nghanol 'Ardal y Smotyn Du', ychydig amser yn unig cyn i Richard a Mallie Lloyd-Jones benderfynu gwerthu eu heiddo a dianc gyda'r teulu i America. O'r cychwyn yn 1839 roedd gan Derfysgwyr Becca fwy ar eu meddyliau na chostau uchel y tollau trafnidiol. Roeddynt yn gwrthryfela yn erbyn fframwaith cymdeithasol helbulus y cyfnod, ac felly mae'n anodd dychmygu y gallai'r teulu Lloyd-Jones fyw heb i'r digwyddiadau hanesyddol yma gyffwrdd â hwy. Ymhellach, yng nghanol yr holl gyffro cymdeithasol hwn roedd y teulu hefyd yn wynebu'r posibil-rwydd o gael eu herlid gan eu cymdogion, a chan Charles Lloyd, y meistr tir. Roedd ganddynt resymau digonol, felly, i ymfudo i'r 'byd newydd', ac ymuno â brawd Richard (Jenkin), ei chwiorydd (Rachael a Nell), a'u teuluoedd niferus.

Felly, yn Hydref 1844, gadawodd Richard a Mallie Lloyd-Jones, hynafiaid Frank Lloyd Wright, eu tŷ ym Mlaen-rallt-ddu a dilyn llwybr cul dros y bryniau i Geinewydd, lle y bu iddynt ymuno â llong a'u cludodd ar hyd yr arfordir i Lerpwl. Saith o blant oedd ganddynt ar y pryd (Thomas, John, Margaret, Mary, Anna, Nannie a Jenkin) gan mai yn America, yn ddiweddarach, y cafodd Ellen, Jane, James ac Enoch eu geni. Cychwynnodd mordaith y teulu ar draws yr Iwerydd fis Hydref 1844, ond bu'n rhaid troi'n ôl wedi i'r llong golli ei hwyl-brennau mewn stormydd geirwon. Bu'n rhaid iddynt fyw yn y porthladd am bythefnos tra atgyweiriwyd y llong, ac wedyn dioddef-wyd ail fordaith lle rhwygwyd yr hwyliau ac y dechreuodd y llong ollwng dŵr. Cyraeddasant Efrog Newydd chwe wythnos yn ddiwedd-arach, yn Rhagfyr 1844.

Trwy ymfudo, roeddynt yn dianc, ac eto ar yr un pryd yn rhannu breuddwydion arloeswyr y cyffindir a oedd yn chwilio am gartref ar borfeydd y gorllewin. Roeddynt am greu '[a] place within a placeless landscape', chwedl Edward Relph.[12] Rhannai'r teulu hwn o Gymru y gred fod ganddynt gyfle i ail-greu eu bywydau yn America. Cred oedd hon a feithrinid i raddau yng Nghymru gan y delweddau chwedlonol o'r dyn cyntefig ar diroedd ffrwythlon Edenaidd a gynhwysid o ddiwedd y ddeunawfed ganrif ymlaen yn yr hanesion poblogaidd am daith ramantus John Evans i chwilio am ddis-gynyddion Madog ab Owain Gwynedd ym mlaenau'r Afon Missouri. (Yr un modd, ceir dyddiaduron a disgrifiadau'n ddiweddarach am unigolion yn ceisio darganfod 'Y Wladfa'.) Yr unig le y ceid hyd i noddfa rhag gormes y Saeson, meddai William Jones, er enghraifft, oedd 'in the New World alongside the lost brothers'. Ni ddaeth unrhyw un o hyd i Indiaid Madog, wrth gwrs, ond doedd hynny ddim yn bwysig wrth ystyried y teimladau o genedlaetholdeb ac undod yr oedd llawer yn eu profi wrth weld delweddau o Wlad Canaan yn y diffeithwch.

Ar ôl gaeafu yn Utica, a marwolaeth drist Nannie yn dair blwydd oed ar y ffordd i Ioxonia yng ngwanwyn 1845, daeth patrwm o erlid crefyddol eto i'r wyneb ym mywyd y teulu Lloyd-Jones, oherwydd cawsant eu poenydio am rai blynyddoedd. Disgrifiwyd rhai o'r digwyddiadau mwyaf anghysurus yn ddiweddarach gan Frank Lloyd Wright mewn pennod o'i hunangofiant a elwir yn 'Black Week'.[13] Cyfeirio y mae at gyfnod pan ddaeth nifer o ddynion mewn cotiau duon o'r capel Annibynnol i gyhuddo'r teulu o heresi. Mae'n ddiddorol sylwi na chytunodd Richard na'i blant i ymuno gydag unrhyw gynulleidfaoedd llcol craill wedi iddynt gyrraedd 'Y Dyffryn' ('The Valley') ger Spring Green. Yn aml dewisent gynnal gwasanaethau yn yr awyr agored ac wedi helbulon 'Black Week' unig ddymuniad Richard oedd cael codi ei gapel ei hun, a hynny ar frys. Adeiladwyd y capel Undodaidd 'Unity Chapel' yn 1886.[14] Roedd yr adeilad syml yn cynrychioli rhywbeth unigryw o fewn yr athrawiaeth Undodaidd Americanaidd: yn wir, er ei fod ar ambell olwg yn rhannu nodweddion tai dosbarth-canol dinesig y cyfnod, hwn oedd yr unig adeilad Undodaidd gwledig yn Wisconsin, ac efallai yn yr holl wlad. Roedd y capel yn delweddu gwerthoedd cymdeithas amaethyddol werinol Cymru, ac ymhen hir a hwyr daeth y wlad ddiffaith, ddigrefydd o'u hamgylch i barchu efengyl 'gweithredoedd da' ac 'undod' y 'God-Almighty Joneses'.

Gwelir hefyd yr arwyddair teuluol 'Y Gwir yn Erbyn y Byd' yn ei ffurf symbolaidd (/ | \) wedi ei gerfio ar byst cerrig giatiau y capel Undodaidd teuluol, 'Unity Chapel'. Sylw brathog yr hanesydd a'r bywgraffydd Brendan Gill ar y geiriau yma yw: 'for a family to see itself as the embodiment of some grandly undefined truth implies arrogance on a colossal scale.'[15] Ond i gynulleidfa o Gymry, arwyddair Gorsedd Beirdd Ynys Prydain yw'r geiriau hyn, sefydliad a anwyd o ddiddordebau Undodaidd rhamantaidd Iolo Morganwg (Edward Williams) a'i gyd-aelodau yng Nghymdeithas y Gwyneddigion yn Llundain, ddiwedd y ddeunawfed ganrif. Erbyn canol y bedwaredd ganrif ar bymtheg, roedd yr Orsedd wedi datblygu yn sefydliad cenedlaethol pwysig, fforwm lle y gellid trafod achosion blaengar yr oes, er enghraifft goddefgarwch crefyddol, hawliau dinesig, dileu caethwasiaeth ac achosion cymdeithasol eraill. Ac, wrth gwrs, gan Orsedd Beirdd Ynys Prydain y cafwyd, maes o law, yr eisteddfod ar ei gwedd fodern, ynghyd â'i holl seremonïau a'i chystadlaethau.[16] Ond yr hyn sydd o bwys yn y man hwn yw bod yr Undodiaid wedi gadael eu hôl ar yr eisteddfod, oherwydd oddi wrthynt hwy y cafwyd y symbol / | \ , sef 'y Nod Cyfrin', neu 'Nod y Pelydr Goleuni', symbol sy'n arwyddo pelydrau dwyfol o gariad, cyfiawnder a gwirionedd. A'r symbol hwn a welir, hefyd, ar byst giatiau capel y 'God-Almighty Joneses'.

Yn ddiamau, roedd dylanwad Iolo Morganwg yn gryf iawn ar fywydau Richard a Mallie Lloyd-Jones. Yn ystod y cyfnod o adeiladu a chysegru capel newydd Pantydefaid, pentref cyfagos i Lwynrhydowen yn 1802, arysgrifodd y saer maen a'r bardd Undodaidd frawddeg uwchben y drws: 'I ni nid oes ond un Duw y Tad'. A chanodd bennill fel a ganlyn i goffáu'r achlysur:

> Weak the attempt on mouldering stone,
> To fix the principals of Truth;
> The hearts those principles should own
> Of generous men and ardent Youth.[17]

Mabwysiadodd Frank Lloyd Wright hefyd yr arwyddair teuluol a oedd yn annwyl i'w daid a'i nain yn ddiweddarach yn ei fywyd, mewn ystum hunanymwybodol, tra ar yr un pryd yn gwau deongliadau ychwanegol a oedd yn addas i geisio esbonio digwyddiadau a gweithredoedd ei fywyd ei hun. Mae'n ddiddorol sylwi bod llawer o arwyddeiriau, penillion neu eiriau unigol wedi eu naddu o fewn ei adeiladau gorffenedig. Byddai'r rhain yn cyfeirio at themâu allweddol o fewn y cynlluniau a byddent yn aml o natur foesol. Roedd y defnydd o eiriau yn bwysig i Wright gan ei fod yn awgrymu y dylid 'darllen' yr adeiladau yn ogystal, ac mae 'testun' pensaernïaeth Wright wedi ei gyfansoddi i raddau helaeth mewn termau hunangofiannol. Efallai mai Frank Lloyd Wright yw'r unig bensaer modern sydd wedi defnyddio adeiladau i amlygu ei fywyd personol i'r fath raddau. O'r herwydd, pan eir ati i ddehongli amcanion ei adeiladau, mae'n rhaid cofio eu bod yn mynegi cymeriad y pensaer a digwyddiadau dyddiol ei fywyd. Roedd Frank Lloyd Wright yn credu'n gryf y dylai ystyr cynlluniau pensaernïol modern fod yn hunaneglurhaol yn y moddau a oedd yn gweddu i'r cyfrwng. Cyfeiriai ar hyd ei oes at y bennod 'Ceci tuera cela' yn nofel Victor Hugo, *Notre Dame de Paris*, lle mae trafodaeth am ddyfais i greu teip symudol a all gynhyrchu gair printiedig – cyfrwng newydd o fynegiant a fydd yn disodli pensaernïaeth drwy leihau ei phŵer i fynegi. Dywedodd Wright yn aml, a hynny mewn ffordd rymus, mai ef fyddai Dante yr ugeinfed ganrif, yn dychwelyd pensaernïaeth i'w lle o amlygrwydd yn nhrefn hierarchaidd y celfyddydau, ac yn adfer ei gallu i gyffwrdd ag eneidiau, ac i ddylanwadu ar feddyliau.

Rhoddodd Frank Lloyd Wright y gorau i'w astudiaethau ffurfiol yn 1887 gan fudo i Chicago, a oedd ar y pryd yn profi cyffro cymdeithasol ffyrnig. Gwelid golygfeydd treisgar yn y ddinas enfawr honno, gan fod delfrydau democrataidd y ddeunawfed ganrif yn taro yn erbyn diwydiannaeth a threfoli y bedwaredd ganrif ar bymtheg.[18] Wedi'r 'Tân mawr' a ddifrododd y ddinas yn 1871, ac yna'r enciliad masnachol yn 1873 a rwystrodd yr ailadeiladu hyd at ddiwedd y degawd, bu twf economaidd yn Chicago na welsid ei debyg o'r blaen yn ei hanes. Roedd cwmnïau pensaernïol newydd fel Burnham a

Root, Alder a Sullivan a Holabird a Roache yn arbrofi gyda'r posibiliadau o adeiladu strwythurau aml-loriog gan greu y cadeirlannau masnach cyntaf, adeiladau a fyddai'n nodweddiadol yn ddiweddarach o arddull bensaernïol 'Ysgol Chicago'.

Er na chyfrannodd Frank Lloyd Wright ddim yn ystod ei ddyddiau cynnar, dechreuodd gymysgu yn yr un cylchoedd ag aelodau mudiadau blaengar y ddinas. Nid oeddynt hwy yn gweld Chicago bellach fel bygythiad ond fel man o ddrygioni cymdeithasol diddiwedd, a oedd yn rhwystro pobl rhag cydweithio er lles y ddinas gyfan. Roeddynt yn cydnabod grym arwyddocâd y ddinas, ac yn cofleidio'r bywyd dinesig, ond roeddynt hefyd yn honni fod rhan helaeth o boblogaeth Chicago yn dioddef gan bŵer ei gormes ac yn methu datblygu yn rhwydd nac mewn ffordd lesol. 'They insisted that all theory was related to the surrounding environment and that social change was possible only through personal involvement within that environment rather than from a more dispassionate analytical approach.'[19] Arweiniwyd y mudiad i ddiwygio Chicago gan Theodore Roosevelt (yn ŵr ifanc) a Robert La Follette o Wisconsin gyda William James a John Dewey, y ddau bragmatydd Americanaidd, Thorsten Veblen, y cymdeithasegwr, John Commons, yr economegwr sefydliadol, a'r hanesydd economaidd Charles Beard. Llwyddasant i sefydlu hanfodion cymdeithas ddinesig, i lunio barn ffurfiol ar ddiwygio addysg, ac i ddylanwadu ar y consenws cymdeithasol, trwy gyfraniad Edward Ross, Richard Ely a Jane Adams o Hull House.[20] Safai adeilad Hull House yng nghanol rhai o hofelydd gwaethaf y Taleithiau Unedig ac o'r herwydd tynnodd sylw at gyflwr ymfudwyr a hefyd at anghyfiawnderau cymdeithasol.

O fewn rhwydwaith y cylchoedd yma byddai'r Parchedig Jenkin Lloyd-Jones, a oedd yn weinidog gweithgar, cymdeithasol ei syniadau, yn trafod achosion lles a hawliau dynol, gan ganolbwyntio ar y gwerth a roddid ar yr unigolyn yng nghymdeithas ddemocrataidd gydradd y Taleithiau Unedig. Yn frawd i Anna Lloyd Wright ac yn ewythr i Frank Lloyd Wright, cafodd yr Undodwr patriarchaidd yma fwy o ddylanwad nag unrhyw un arall ar y prentis pensaernïol ifanc, ac eto ychydig iawn o sylw sydd wedi cael ei roi i'r rhan ganolog a chwaraeodd 'Uncle Jenkin' ym mywyd Wright. Rhoddodd gymorth i'r teulu Lloyd-Jones ac i Wright ei hun nifer o weithiau pan oeddynt mewn sefyllfaoedd ariannol anodd,[21] ac wrth rannu ei nerth ysbrydol Undodaidd roedd yn esiampl gyndyn o'r hyn y gall radical beiddgar milwriaethus, â'r gallu ganddo i ddal gafael mewn 'dollar', ei wneud wrth sianelu ei sêl ddiwygiadol i gyfeiriadau adeiladol. Roedd iddo hanes o frwydro'n gyson am ryddid, cyfiawnderau a chwarae teg mewn amgylchiadau anodd. Yn ystod ei arddegau bu'n ymladd yn y Rhyfel Cartref, profiad a'i gwnaeth yn heddychwr eiddgar ac yn edmygydd o Lincoln. Trwy ei ynni, ei ddycnwch a'i sgiliau fel areithiwr, cafodd fwy o gyfrifoldebau, a swydd oedd yn gyfatebol i swydd esgob o fewn y ddilyniaeth Undodaidd, gyda dalgylch a oedd yn ymestyn o orllewin Efrog Newydd i fynyddoedd 'Y Rockies'. Gellir yn hawdd ei gymharu â'r Cadfridog William Booth, a sefydlodd y 'Salvation Army', am ei ofalaethau eang a dylanwad llawn perswâd ei bersonoliaeth.[22] Mae'n ddiddorol sylwi mai bywyd y Parchedig Jenkin Lloyd-Jones, ac nid bywyd a gwaith ei nai Frank Lloyd Wright, sy'n cael ei ddathlu ar y llechfaen goffa yn hen gartre'r teulu ym Mlaen-rallt-ddu.

Roedd mynychu cylchoedd cymdeithasol blaengar Chicago yn rhoi digon o gyfle i Wright gyfranogi o syniadau radicalaidd y dydd, a chafodd llawer ohonynt eu hadleisio yn ddiweddarach yn ei fywyd mewn areithiau ac yn ei bapurau pensaernïol. Roedd y 'genhadaeth flaengar' i raddau yn ceisio ehangu syniadau a gwasanaethau cymdeithasol er lles dynoliaeth ac nid er elw personol.[23] Yn ystod y 1890au trodd y blaengarwyr y ffydd a fuasai gan eu hynafiaid yn rhinweddau gwerin bobl y Taleithiau Unedig yn rym i ddiwygio cymdeithas Chicago. Aethant ati i chwilio am ddelfryd newydd ar gyfer y bywyd dinesig newydd. Roedd y gofid am y bywyd hwnnw'n ddwysach nag y medrai syniadau trosgynnol Emerson,[24] Thoreau, Whitman a John Muir – pedwar awdur a welai natur fel yr unig feddyginiaeth a allai iacháu'r gwareiddiad diwydiannol – ei liniaru. Gwell, felly, oedd gan flaengarwyr Chicago bwysleisio potensial dilyffethair llafur dwylo, gweithgarwch a fyddai – yn eu tyb hwy – yn creu hinsawdd gymdeithasol a fedrai wrthweithio dylanwad y byd mecanyddol modern. Mae'n amlwg fod blaengarwyr Chicago wedi cael eu dylanwadu'n drwm gan weithiau Thomas Carlyle, John Ruskin a William Morris, tri awdur a werthfawrogai'r bywyd cymunedol ac a gredai mai 'cysegredigrwydd' gwaith oedd gwir sylfaen pob cymdeithas wâr. Dywedodd Carlyle: 'For there is a perennial nobleness, and even sacredness, in Work . . . Properly thou hast no other knowledge but what thou hast got by working: the rest is yet all a hypothesis of knowledge.'[25] Fel y dengys ei waith pwysig *Past and Present* (1843) rhannai Carlyle y gred a arddelid gan Ruskin yn *The Stones of Venice* (1849), fod addysg i'w chael drwy lafurio gyda'r dwylo. Yr un modd, mynasai A. W. N. Pugin yn gyntaf yn

Contrasts (1836), ac yna yn *True Principles of Pointed or Christian Architecture* (1841), fod 'ethos gwaith' yn rhan o'r cynllun dwyfol. Datblygodd William Morris y syniadau yma ymhellach pan hyrwyddodd yr angen am ddarparu 'amgylchedd gwaith' priodol lle y gallai dyn gynhyrchu 'gwaith mawreddog' wrth gael rhyddid ac ymreolaeth i'w gyflawni. 'Art made by the people and for the people, a joy to the maker and the user',[26] oedd y sylw a gafodd ei ailadrodd yn aml am waith Morris. Dyma mewn gwirionedd gnewyllyn cred y genhedlaeth o feddylwyr blaengar yn Chicago, cenhedlaeth a geisiai reoli'r drefn gyfalafol farus drwy wella'r amodau amgylcheddol ac a obeithiai y gallai feithrin cymdeithas newydd, gydweithredol.

Mae'r diddordebau a'r patrymau cymdeithasol yma hefyd yn amlygu un o'r paradocsau niferus sydd i'w canfod yng ngwaith Frank Lloyd Wright. Ar y naill law, meddylir amdano fel un o benseiri mwyaf America yn yr ugeinfed ganrif, ond ar y llaw arall mae'n bosibl synied amdano hefyd fel etifedd traddodiad o ddelfrydwyr rhamantaidd, traddodiad a oedd yn ymestyn yn ôl trwy ei gyflogwr cynnar Louis Sullivan a'r trosgynolwr Ralph Waldo Emerson hyd Thomas Jefferson ar ddiwedd y ddeunawfed ganrif. Wrth arfer termau megis 'organig', 'unigol', 'democrataidd', ac yn arbennig 'natur', roedd yn arddel gwerthoedd nad oeddynt yn rhai cyfoes, gwerthoedd yr oedd gwraidd eu hystyr a'u harwyddocâd yn ddwfn yn athroniaethau'r bedwaredd ganrif ar bymtheg. Ond daliai'r termau treuliedig, hen ffasiwn hyn i argyhoeddi, oherwydd eu bod yn ymgorffori ymchwiliad anniffoddadwy Frank Lloyd Wright am y rhesymol ac am y 'gwir' ym mhopeth. Trwy gyfosod gwaith Emerson a Wright, er enghraifft, gellir gweld fod y pensaer 'modern' hefyd yn chwilio am ystyr symbolaidd a hierarchaidd pob elfen graidd yn y bydysawd, gan gredu, fel pob Undodwr a Throsgynolwr da, fod y gwirionedd 'in us before it was reflected to us from natural objects'.[27] Credai Emerson fod dyn yn gynnyrch natur ac felly'n dra chymwys i werthfawrogi ac i ddadansoddi ei hegwyddorion, egwyddorion a oedd yn seiliedig ar gyfuniad cymhleth, diddiwedd o nifer bach o elfennau crai sylfaenol: 'Nature is a sea of forms radically alike and even unique.'[28] Buasai Emerson ei hun yn Undodwr pan yn ifanc, a dylanwadodd ei gred gynnar ar ei athroniaeth drosgynnol. Felly, a'r gred honno yn gefn ac yn ysbrydoliaeth iddo, medrai Emerson gyhoeddi fod planhigion, anifeiliaid a'r holl greadigaeth yn ymddangosiad allanol o ryw unoliaeth amgylchynol ysbrydol, ac mai Duw oedd yr enw a arferid ar yr undod hwnnw.

Unwaith y cydnabyddir y syniadau crefyddol sylfaenol yma, mae'n bosibl deall cred artistiaid rhamantaidd fel Emerson a Wright mai byd ysbrydol, cysegredig, yw byd natur, a'i fod yn cyfateb i fywyd mewnol, ysbrydol dyn. Felly, dim ond drwy gydnabod fod y byd mawr hwnnw oddi allan yn cyfateb i fyd mewnol yr enaid, y gall dyn werthfawrogi natur a dehongli ei hystyron dirgel. Dywedodd Emerson yn bendant: 'Every natural fact is a symbol of some spiritual fact.'[29] Clywir adlais o hyn yn sylw diweddarach Frank Lloyd Wright: 'I think Nature should be spelled with a capital "N", not because Nature is God but because all that we can learn from God we will learn from the body of God, which we call Nature.'[30] Nid yw'n syndod, felly, fod Wright yn arfer iaith foesol pan yw'n dadlau o blaid pensaernïaeth 'naturiol', 'organig'. Fel y dywed un sylwebydd diweddar: 'The unity of truth, beauty, nature: this for Wright was the very name of God.'[31] 'Beauty is the mark God sets upon virtue', ysgrifennodd Emerson, gan ychwanegu: 'Every natural action is graceful.'[32] Cefnogai Wright yr egwyddor hon yn blwmp ac yn blaen, gan ddweud: 'I believe that Emerson was right when he said, "Beauty is the highest and finest kind of morality" . . . If you are attuned, and you love sincerely, harmony, rhythm and what we call beauty, instinctively what is ugly will become offensive to you.'[33] Credai, nid yn unig fod hagrwch yn cynrychioli ymyriad â gwerthoedd esthetig ond ei fod hefyd yn drais neu'n bechod yn erbyn Duw. Byddai'r gwerthoedd crefyddol a osodai Emerson ar fanylion unigol hefyd yn galluogi Wright i greu haenau o arwyddocâd o fewn ei gynlluniau a fyddai'n rhagori ar y cynllun bras, cyffredinol, ac a fyddai'n cyd-fynd – mewn dull haniaethol newydd – â'r dehongliad o fyd natur a gawsid yn athroniaeth Emerson.

Dylanwadodd y dehongliad hwnnw o fyd natur hefyd ar y modd y daeth Frank Lloyd Wright i ymdrin â chyfaint wrth gynllunio ei adeiladau. 'Landscapes mark children',[34] meddai'r beirniad celf Robert Hughes. Hynny yw, mae tirwedd yn cyffroi dychymyg plentyn, a thrwy hynny mae'n gadael ei ôl ar y cof ac yn pennu'r ffordd y bydd y meddwl aeddfed yn synied am ofod. Roedd tirlun plentyndod Wright yn un arbennig iawn: darn anhygoel o Wisconsin oedd ei fagwrfa, ardal a elwir 'The Driftless Area' lle y gwelir barrau tywod wedi eu hamgylchu gan greigiau serth, bwtresi enfawr gyda chopâu coediog ag ochrau creithiog. O ganlyniad i rym erydol yr afonydd a phrosesau daearegol hynafol, mae llinellau dwfn llorweddol i'w gweld ar draws wyneb y wlad hon. Ceisiodd Frank Lloyd Wright gyfleu'r weledigaeth hon o dirwedd ei gynefin cynnar yn y llinellau llorweddol sy'n un o brif nodweddion teipoleg y 'Prairie House'.

Ar ôl ysbaid byr o weithio gyda Joseph Lyman Silsbee, aeth Wright yn y diwedd i weithio i Alder a Sullivan fel prif ddyluniwr. Bu yno am chwe blynedd dan arweiniad y prif bartner Louis Sullivan, a chafodd hyfforddiant gwerthfawr ganddo. Gan y proffwyd pensaernïol hwn y dysgodd am 'iaith hunanfynegiant' ac am y gred fod 'ffurf yn dilyn swyddogaeth' (*form follows function*). Felly, pan agorodd Wright ei swyddfa ei hun yn 1893, gwnaeth ymdrech ymwybodol, pan fyddai'n datblygu cynlluniau tai, i gymhwyso at ei ddibenion ei hun ddull Sullivan o gynllunio adeiladau aml-loriog. Yr un pryd, chwiliodd Frank Lloyd Wright yn gyson am ystyr ddyfnach i hanfod y teulu o ganlyniad i agwedd argyhoeddiadol y teulu Lloyd-Jones at fywyd, agwedd a oedd yn cydweddu ag arwyddair y teulu 'Y Gwir yn Erbyn y Byd'. Dywedodd Norris Kelly Smith am hyn,

> Perhaps it was our architect's misfortune to have been born at a time when the relation of masculinity to femininity was undergoing a searching re-examination; or perhaps it was just that childhood experience of extremes of loyal devotion and of individualistic detachment, of migrant insecurity and of rooted stability, of strong-willed but indulgent motherhood and of sensitive but exasperated and frustrated fatherhood, that prepared Wright for being the most deeply concerned and emotionally committed of modern domestic architects. [35]

Yn annisgwyl ddigon, ym mhrif brosiectau domestig Frank Lloyd Wright cyn 1910 yn y preswylfeydd maestrefol ar gyrion Chicago – lle na welodd borfeydd y 'Prairie' erioed – y ceir y 'Prairie House' ar ei ffurf fwyaf datblygedig a chyflawn. Ymgais gan Wright oedd hyn i fynegi'r cyswllt rhwng pensaernïaeth ddinesig ar y naill law, a gwastadedd ac ehangder America ar y llaw arall, a'r cwbl yn cyd-blethu â'r hiraeth am ryddid coll y gorffennol. Mae hyn yn bwysig gan fod y ddinas yn parhau i gael ei hystyried yn lle dieflig, tra gwelid tirwedd America fel 'an Edenic promise, as an oriental paradise garden that was still the unspoilt ethos of aboriginal man'.[36] Yr oedd fel pe bai Wright, a fyddai'n parhau i fod yn rhamantydd Emerson-aidd tan ddiwedd ei oes, yn methu derbyn realaeth hyll y ddinas ar ddiwedd y bedwaredd ganrif ar bymtheg. Roedd cynllun llorweddol yr adeiladau a godid gan Frank Lloyd Wright ar droad y ganrif yn anarferol iawn. Prif nodwedd tai mawreddog y cyfnod oedd eu huchder a'u hunionsythder – nodwedd a'u datgysylltai oddi wrth linell grai y ddaear. Hynny yw roedd eu cynllun hwy, yn gwbl groes i gynllun 'Prairie House' Frank Lloyd Wright, yn arwyddo teyrnasiad diwylliant dros natur.

Dywedodd Wright y dylai tŷ fod yn arwydd symbolaidd o gysur ac y dylai fynegi teimlad o lonyddwch ac o berthyn – mewn gair dylai gyfleu'r syniad o fan cysgodol. 'The horizontal line is the line of domesticity', meddai Wright, gan ychwanegu gair o'i brofiad cynnar: 'On the flat prairie of the Midwest, breadth would be a sign of shelter as height would be a sign of power in the city. The low horizontal lines that identify themselves with the ground . . . make the building belong to the ground.'[37] Gwelai ef dŷ o'r math hwn fel noddfa i'r teulu a drigai ynddo, ac wrth gwrs roedd y diddordeb ysol hwn yn lles y teulu yn deillio o brofiad Wright ei hun, yn blentyn bach, o fod yn rhan o deulu clòs. Dwysawyd y diddordeb hwnnw gan y ffaith mai bywyd crwydrol, ansefydlog, fu ei fywyd ef ei hun ers iddo dyfu'n ddyn, a bod y ffordd aflonydd honno o fyw yn cael ei chyniwair gan ei gof am fethiant priodas ei rieni.

Felly roedd arwyddocâd personol arbennig iawn i linellau llorweddol llonydd toeau ei dai, ac i'w planau gorhongian dwfn a olygai fod yr adeiladau'n ymddangos yn perthyn yn naturiol i'w safle. Roedd pob tŷ hefyd wedi ei hoelio yn ei unfan, megis, gan simnai ganolog anferth a oedd yn rhwymo'r fframwaith strwythurol yn llythrennol i'r tir. O gyfnod y 'Winslow House' yn 1893 i'r 'Robie House' yn 1908–10, sicrhaodd Wright mai'r aelwyd oedd man canol yr adeilad cyfan, a'i fod felly yn arwydd o'r parch oedd gan Wright at uned y teulu. Fel yr awgryma Grant Hinerbrand,[38] bwriad Wright oedd creu adeilad a fyddai'n ymgorffori'r syniad o 'obaith' ac o 'loches', a nodir y bwriad hwn gan Wright ei hun: 'It comforted me to see the fire burning deep in the solid masonry of the house, a feeling that came to stay.'[39] Efallai hefyd ei fod yn gyfarwydd, trwy berthyn i'r teulu Lloyd-Jones, gyda'r arfer Cymreig o anhuddo'r tân bob nos. Nododd Iorwerth Peate yn ei lyfr *The Welsh House* fod tân wedi parhau i losgi am genedlaethau ar nifer o aelwydydd yng nghefn gwlad Cymru o ganlyniad i draddodiadau a gofnodid yng nghyfreithiau hynafol y Cymry. Roedd y term 'benthyg tân', a arferid ar lafar gwlad, yn cyfeirio at y broses o ailgynnau tân, neu at yr arfer o gynnau tân ar aelwyd newydd drwy gyrchu fflam o aelwyd a oedd eisoes ar gynn.[40] Mae'n ddiddorol nodi, yn y cyswllt hwn, mai fflam yw arwydd achos yr Undodwyr.

Bryn-mawr, Llanerfyl: enghraifft o dŷ hir. Drwy ganiatâd caredig
Amgueddfa Werin Cymru.

Mae'r syniad, a arwyddir gan gynllun y 'Prairie House', o deulu
cyfan yn ymgasglu o gwmpas yr aelwyd hefyd yn cyfateb yn fras i'r
weledigaeth o gymdeithas ddemocrataidd, egalitaraidd a roddodd
fod i'r Taleithiau Unedig yn y lle cyntaf, adeg Thomas Jefferson yn y
ddeunawfed ganrif. Ar yr un pryd y mae'r cynllun hefyd yn cyfateb
yn fras i hen gynllun hollgynhwysol y 'Tŷ Hir' yng Nghymru, ac i
deipoleg y 'tyddyn'. Roedd carreg yr aelwyd hefyd yn bwysig iawn
yn y cynlluniau hyn – ceir sôn am y 'Pentanfaen', er enghraifft, yng
nghyfreithiau Hywel Dda yn y ddegfed ganrif. Datblygodd hwn i fod
yn arwydd o eiddo a gofelid amdano gyda llawer o barch. Fel arfer
byddai'r garreg yn un fawr, wastad, ac yn y dyddiau cynnar safai yng
nghanol yr ystafell fyw gan bennu patrwm a lleoliad gweith-
gareddau'r cartref. Golygai gosod y garreg yn ei lle fod y safle yn
eiddo i rywun ac y byddai'n drosedd i'w symud.[41] Mae hyn yn
cyfateb, yn fras, i swyddogaeth gyfoes y 'meini hirion' sy'n weladwy
ar draws tirwedd Cymru, oherwydd y mae eu presenoldeb hynafol
a'u pendantrwydd yn ein hatgoffa rywsut am dreialon dyn ar y
ddaear ac am ddigwyddiadau hanesyddol a ddiflannodd o'r cof
amser maith yn ôl. Maent yn ddelweddau totem sy'n arwyddo
parhad y 'teulu' dynol: a dyna, hefyd, swyddogaeth yr aelwydydd
canolog a'r simneiau unsyth a geir yn adeiladau Frank Lloyd Wright.

Cafodd Wright brofiad o'r dull rhamantaidd o ddehongli symbolau hynafol Cymru wrth fynychu 'Ffair Fawr y Byd' yn Chicago yn 1893, oherwydd yn y man hwnnw y cynhaliwyd seremoni ryngwladol gyntaf Gorsedd Beirdd Ynys Prydain.[42] Trefnwyd dathliadau a gweithgareddau'r Eisteddfod Ryngwladol gan 'Gymdeithas Cymrodorion Chicago' a bu'r Parchedig Jenkin Lloyd-Jones yn aelod gwerthfawr o'r pwyllgor gwaith ac yn un o feirniaid y cystadlaethau llenyddol. Mae Hywel Teifi Edwards yn cyfeirio at ei fywyd fel a ganlyn:

> [ef] oedd ysgrifennydd 'The World's Parliament of Religions'.[43] Roedd yn ffigur trawiadol. Ef oedd llywydd cyntaf y Chicago Browning Society a darlithiai'n ogystal ym Mhrifysgol y ddinas . . . Cyhoeddodd fwy nag un llyfr, gan gynnwys casgliad o'i ddoethinebau, *Nuggets from a Welsh Mine*, ac ar sail ei ymchwil llwyddodd, hefyd i'w berswadio'i hun mai Cymro o ran gwaed oedd Abraham Lincoln. Yr oedd fel y gellid disgwyl yn un o aelodau gwerthfawrocaf y Cymrodorion a bu iddo ran amlwg o'r cychwyn yn nhrefniadau Eisteddfod Ffair y Byd.[44]

Hysbysebwyd yr eisteddfod fel un o'r mwyaf, os nad y fwyaf, i gael ei chynnal yn America. Roedd lleiafrif ethnig Cymraeg y 'Windy City' yn awyddus i gyhoeddi eu hetifeddiaeth ddiwylliannol, ac i ddenu sylw cyhoeddus ar y llwyfan rhyngwladol. Wedi'r cyfan, yn ystod y blynyddoedd cyn 'Y Ffair' roedd cenedl y Cymry wedi cael ei gwawdio'n aml gan y wasg yn y Taleithiau Unedig. Ac yn wir, llwyddodd yr eisteddfod i ddal sylw'r papurau newydd, er mai ymateb amwys a gafwyd. Cofnodwyd hanes manwl o seremonïau'r Orsedd yn y 'World's Exposition' gan y *Chicago Tribune* ac esboniwyd yn y *Chicago Evening Post* fod y digwyddiad 'of a weird description and most interesting'.[45] Ond o gofio am gynllun adeiladau Frank Lloyd Wright, efallai mai'r sylw canlynol yw'r un mwyaf diddorol: 'The erected circle of standing stones, whose "Portal Stones" face the rising sun of the summer and winter solstices and whose "Logan Stone" defines the centre were located on land adjoining Fort Pitt Blockhouse near the Exposition Hall.'[46] Ceir adroddiad manwl arall am ddigwyddiad ar yr ail ddiwrnod o gystadlu yn y 'Festival Hall' ei hun pan groesawyd Caradog (Griffith Rhys Jones) gan fonllefau'r dorf tra oedd y Parchedig Jenkin Lloyd-Jones yn beirniadu cystadleuaeth y nofel ar y llwyfan.[47] Mae'n anodd iawn credu na fyddai Frank Lloyd Wright ddim yn ymwybodol o'r golygfeydd gwladgarol llawen yma, yn arbennig o gofio fod tair blynedd prysur o gynllunio a pharatoi wedi digwydd o flaen llaw. Yn wir, mae'n bosibl ei fod ef ei hun yn rhan o'r dathliadau gwlatgar hyn, ond os felly ni chofnodir yr achlysur. Un ai yn bwrpasol neu trwy anlwc mae'r cyfan wedi mynd ar goll.

O edrych yn ôl ar rediad gyrfa Frank Lloyd Wright, hawdd gweld fod cynllun y 'Prairie House', a ddaeth i'w lawn dwf ar ddechrau'r ugeinfed ganrif, nid yn unig yn crynhoi nifer o'r dylanwadau cynnar a fu arno, ond hefyd yn rhagfynegi llawer o'r datblygiadau pensaernïol pwysicaf a oedd i ddilyn. Ymhellach, golygai llwyddiant cynnar y 'Prairie House' fod Wright, i bob pwrpas, yn cael ei stereoteipio fel pensaer domestig y dosbarthiadau canol, pensaer a oedd rywsut wedi dianc o ganolbarth America. O'r herwydd fe'i gwelid, i bob pwrpas, fel celfyddydwr a ymgorfforai rinweddau a gwendidau nodweddiadol y 'Noble Savage'. Roedd y portread hwn yn dderbyniol iawn i Frank Lloyd Wright ei hun, gan ei fod yn awgrymu ei fod yn gymeriad na ddaeth o unlle, a bod ei athrylith wedi ymddangos allan o ddim. Byddai cyfaddef unrhyw beth llai na hyn yn bygwth y ddelwedd hudol fewnol oedd ganddo ohono'i hun fel Aladdin, y bachgen hefo'r llusern wyrthiol a lwyddodd yn groes i bob disgwyl a heb unrhyw eglurhad synhwyrol.

Ond uniaethai Wright hefyd â Thaliesin, am fod y chwedlau amdano yn cyd-fynd â gweledigaeth Wright o ailenedigaeth ei fywyd ei hun trwy adnewyddu a chryfhau'r cyswllt â natur o fewn ardal neu dirwedd ei blentyndod. Wrth osod yr enw 'Taliesin' ar y cartref enwog cyntaf a gynlluniodd ar ei gyfer ei hun, datgelodd ei ddiddordeb arbennig yn yr arwr chwedlonol ymrithiol, ac awgrymodd ymhellach fod cysylltiad dwfn, yn ei brofiad ef, rhwng pensaernïaeth a llên gwerin. Fel yr esboniodd Neil Levine yn ei astudiaeth o waith Frank Lloyd Wright:

> [for him] buildings that 'fitted into the environment . . . with native feeling' were 'buildings that grew as folk-lore and folk-song grew'. The house, was and would remain through constant redesign and alteration, the only real sketchbook Wright ever kept, an ever changing record of his architectural response to nature and the surrounding landscape.[48]

Deilliodd y syniad ar gyfer 'Taliesin' yn uniongyrchol o'r profiadau a gafodd Wright yn ystod y flwyddyn a dreuliodd yn Fiesole yn yr Eidal. Aethai yno am ei fod wedi gadael ei wraig a chwech o blant yn eu cartref yn Oak Park, Chicago, wedi cau ei swyddfa, ac wedi ffoi yn 1909 gyda gwraig cleient o'r enw Mamah Cheney. Felly, pan ddychwelodd i'r Unol Daleithiau, nid oedd ganddo gartref, a chan fod angen lloches ar ei deulu newydd, aeth ati i gynllunio adeilad – 'Taliesin' – a fyddai'n uned fyw ddigonol, gyflawn, yn cwmpasu'r cyfan 'from pig to proprietor', fel y dywedodd Wright ei hun.[49] Mae'r grŵp o adeiladau yn ymgorffori'r syniad o dreftadaeth, a thiriogaeth y stâd, ac fe seiliwyd cynllun y cyfan ar atgofion personol Wright am fywyd a thir ei hynafiaid a oedd yn cael eu hamddiffyn gan y 'tri bryn gwarchodol' ('Bryn Mawr', 'Bryn Canol' a 'Bryn Bach') a chan lethrau coediog 'The Valley of the God-Almighty Joneses'.

Wrth gynllunio 'Taliesin', pylodd Wright yn fwriadol y ffin rhwng yr adeiladwaith dynol a'r tirwedd. Ceisiodd wyro oddi wrth ddelwedd y 'Prairie House' a awgrymai, ar ffurf trosiad, eangderau gwelltog y Canolbarth Gorllewinol. Fel yr esboniodd Wright ei hun, yn achos 'Taliesin' nid oedd yn hawdd dweud 'where Pavements and walls left off and the ground began'.[50] Un rheswm pwysig am hyn oedd ei fod yn teimlo '[that] it was unthinkable that any house should be put on that beloved hill' – sef y bryn a oedd yn ei atgoffa am ei blentyndod. Roedd yn rhaid sicrhau, felly, y byddai'r adeilad yn rhan o'r bryn i bob pwrpas, 'belonging to it like the trees and the ledges of rock'.[51] Dyna paham y trefnodd fod darn o dir y bryn yn brigo i'r wyneb yn llythrennol oddi fewn i gynllun yr adeiladau eu hunain.

> Taliesin was to be a combination of stone and wood as they met in the aspect of the hills around about. The lines of the hills were the lines of the roofs. The slopes of the hills their slopes, the plastered surfaces of the light wood-walls, set back into shade beneath broad eaves, were like the flat stretches of sand in the river below, and the same in colour, for that is where the material that covered them came from. The finished wood outside was the colour of grey tree trunks, in violet light. The shingles of the roof surfaces were left to weather silver-grey, like the tree branches spreading below them.[52]

Ysgrifennodd Frank Lloyd Wright yn ddiweddarach: 'Taliesin lived where I stood, so I believed.' Bwriad pensaernïol Wright oedd i'w dŷ, 'Taliesin', ymdoddi i'r tirwedd naturiol nes ymddangos fel elfen naturiol ohono a ffurfio ael ddisglair i'r bryn. Cyfeiriai'r enw 'Taliesin' at y gweddau rhithiol, ymrithiol hyn ar gynllun yr adeiladau, am mai ymrithiwr oedd Taliesin ei hun, yr arwr chwedlonol a oedd wedi adfywio ac ysbrydoli 'hunan arall' cymeriad Wright.

Mae nifer o hanesion sy'n ceisio egluro sut y daeth Frank Lloyd Wright o hyd i ffigur Taliesin yn wreiddiol. Ar y naill law, mae'n bosibl fod Wright yn ymwybodol o Daliesin y cymeriad hanesyddol, prif fardd llys Urien Rheged yn y chweched ganrif. Ond ar y llaw arall, fe all mai cofio'r oedd Wright am y stori enwog sy'n cychwyn pan yw Gwion Bach yn llyncu'r dafnau hud ac yn gorfod ffoi oddi wrth Geridwen, duwies natur: wedi'r cyfan mae chwaer Wright, Maginel, yn sôn yn ei llyfr, *The Valley of the God-Almighty Joneses*, am bwysigrwydd chwedlau a llên gwerin ym mywyd y teulu. Serch hynny, ni chyfeiriodd Wright ei hun at unrhyw ffynhonnell neu gysylltiad Cymreig wrth adrodd yr hanes am 'Taliesin' yn ei hunangofiant, *An Autobiography*. Yn hytrach, cyfeiriodd at ddrama anadnabyddus Richard Hovey, bardd o Loegr Newydd a oedd yn cyfansoddi ar droad y ganrif. Dyna'r awdur, meddai, 'whose charming masque *Taliesin* had made me acquainted with his image of the historic bard'.[53] Yn sicr, roedd gan Wright gopi o'r ddrama (a gyhoeddwyd yn 1908) yn ei lyfrgell yn Oak Park, ond ar yr un pryd efallai fod Wright wedi gwneud penderfyniad ymwybodol i gamarwain ei ddarllenwyr drwy gyfeirio at y llyfr hwn, er mwyn meithrin y syniad ei fod ef yn ddewin o bensaer a fedrai weu ei fythau ei hun. Ymhellach, mae'n bosibl fod Wright yn gyfarwydd â sawl argraffiad o'r *Mabinogion* a gafodd eu cyhoeddi yn ystod y bedwaredd ganrif ar bymtheg, neu ei fod yn ymwybodol mai 'Taliesin' oedd enw mab Iolo Morganwg a gyhoeddodd lyfr emynau pwysicaf yr Undodwyr, *Salmau yr Eglwys yn yr Anialwch* (1812, 1827, 1834). Ond er y gallai un neu fwy o'r esboniadau uchod oleuo rhai agweddau ar ddiddordeb Wright yn Nhaliesin, y gwir amdani yn y diwedd yw bod y diddordeb hwnnw'n dal yn ddirgelwch llwyr yn ei hanfod, a bod hynny'n nodweddiadol o fywyd a gwaith pensaer a hoffai siarad mewn damhegion tywyll.

Nid Taliesin oedd yr unig adeilad i Frank Lloyd Wright ei gynllunio yn 'The Valley'. Yn ogystal â chynorthwyo gyda chapel Undodaidd 'Unity Chapel' yn 1886, cafodd Wright y cyfle i gynllunio ysgol newydd i'w fodrybedd Ellen a Jane ar safle eu cartref gwreiddiol. 'Hillside Home School' oedd enw'r adeilad a chafodd ei gynllunio yn y 'shingle style', dull poblogaidd yn y cyfnod hwnnw. Ymhen deng mlynedd cafodd Wright hefyd y cyfle i gynllunio melin wynt ar ben y bryn tu ôl i'r ysgol. Rhoddodd yr enw 'Romeo a Juliet' ar y cynllun, am fod y patrymau geometrig a'i nodweddai yn ymblethu'n gywrain ac yn creu uniad y strwythur ffurfiol. Pan ddygodd hyn i gof yn un o benodau agoriadol ei hunangofiant, adroddodd yr hanes am gynllunio'r felin ar ffurf stori tylwyth teg. Cychwynnodd drwy ddweud 'At this time in the Valley were two matriarchal maiden sisters . . . '; yna aeth yn ei flaen i adrodd yr hanes yn null rhamantau Shakespeare, ond gan gynnwys stori arall oddi fewn i'w stori, yn null *A Thousand and One Nights*.

'Unity Temple' (1905–8), Oak Park, Chicago. Drwy ganiatâd caredig Mary Ann Sullivan.

Ehangodd gynllun 'Hillside Home School' rhwng 1901 a 1903, am fod defnydd cynyddol o'r lle. Y pryd hwnnw, adeiladodd gasgliad o ystafelloedd gan gynnwys gymnasiwm, neuadd ymgynnull, stiwdio ddarlunio ac ystafelloedd dosbarth. (Mabwysiadodd gynllun mewnol y neuadd ymgynnull hon ar gyfer cynllun 'Unity Temple' yn Chicago yn 1905.) Ond er bod gweddau beiddgar, blaengar ar yr ystafelloedd newydd hyn, mynnodd modryb Jane (Lloyd-Jones) fod 'Welsh feel' i'r neuadd ymgynnull, oherwydd defnyddid elfennau 'Derwyddol' ynddi – cerrig naturiol a phren derw. Hefyd, roedd arysgrifau ar y waliau i goffáu Richard a Mallie Lloyd-Jones – taid a nain Frank Lloyd Wright a rhieni'r ddwy fodryb, Ellen a Jane – ac i ddiolch am eu gwaith hir fel athrawon cydwybodol.[54]

Drwy ryw ryfedd wyrth, sicrhaodd y Cymro David Timothy fod y gwaith adeiladu ym mhob un o'r prosiectau uchod yn cael ei wneud yn ôl hen arfer yr Undodiaid Cymreig. Timothy oedd y saer maen y cyfeiriodd y Parchedig Jenkin Lloyd-Jones ato yn ei bregeth enwog, 'The Building of the Barn'. Ef a adeiladodd 'Unity Chapel' a'r 'Hillside

Home School' a cherfio'r arwyddair cyfarwydd 'Y Gwir yn Erbyn y Byd' uwchben y giatiau a'r drysau, ac mae'n briodol cofio mai ef, cyn iddo ymfudo i'r Unol Daleithiau, a fuasai'n gyfrifol am godi capel newydd Llwynrhydowen yn 1879. Felly, er bod deugain mlynedd wedi mynd heibio ers i Richard a Mallie Lloyd-Jones adael Cymru, sicrhaodd David Timothy nad oedd y ddolen gyswllt a gydiai'r 'Valley' wrth 'Ardal y Smotyn Du' wedi ei thorri'n llwyr. Parchai Wright waith Timothy yn fawr, fel y cyfaddefodd wrth adrodd yr hanes am adeiladu tŵr Romeo a Juliet: 'I came out once, to make sure all was going all right and the boards were properly nailed to the corner uprights outside and inside. I knew I could count on Timothy for the anchorage.'[55] Pan fu David Timothy farw, cynhaliwyd yr angladd yn 'Unity Chapel' ac yn ei araith yn ystod y gwasanaeth cyfeiriodd y Parchedig Jenkin Lloyd-Jones ato fel 'a barn-builder, a cellar-maker, a shaper of stone walls, a builder of houses for men to dwell in'.[56] Fel mae'n digwydd, roedd Jenkin Lloyd-Jones wedi ymweld â Llwynrhydowen cyn i David Timothy adael yr ardal a symud i'r Unol Daleithiau – yn wir, mae'n bosibl fod cysylltiad rhwng ymweliad y gweinidog o America a phenderfyniad Timothy i ymfudo. Beth bynnag am hynny, golygai ymweliad y Parchedig Lloyd-Jones ag 'Ardal y Smotyn Du' yn 1882 (pan oedd ei nai, Frank Lloyd-Wright tua phymtheng mlwydd oed) fod cysylltiad byw yn dal i fod rhwng Wisconsin a Sir Aberteifi. Mae'n ddiddorol sylwi fod sôn yn nghofnodion plwy Llanwenog, nid yn unig am ymweliad Jenkin Lloyd-Jones â'r ardal, ond hefyd amdano'n dal i siarad Cymraeg gloyw: 'Er iddo ymfudo oddi yma pan oedd yn faban, medrai siarad ac ysgrifennu Cymraeg yn dda.'[57]

'Hillside' oedd un o'r adeiladau cyhoeddus cyntaf i Wright eu cynllunio, ac ynddo ceir awgrym cynnar o'r testunau a fyddai o ddiddordeb parhaol iddo ar hyd ei yrfa – sut, er enghraifft, i gyfuno'r gweddau cyhoeddus a'r gweddau preifat, a sut i barchu manylion eithr heb golli golwg ar y cynllun cyfan. Yn ddiweddarach, arbrofai Wright â gwahanol fathau o fynegiant symbolaidd a fyddai'n galluogi adeilad i greu naws ddefodol, ddefosiynol. A phan gynlluniodd y 'Larkin Building' (1902-6), trodd Wright yn ôl at ei wreiddiau cymdeithasol yn y Dyffryn, er mwyn creu cynllun a fedrai awgrymu fod gweithio yn weithred gysegredig ac yn ffordd bwysig o wasanaethu cymdeithas. Unwaith yn rhagor, felly, trodd at athroniaethau Emerson a Carlyle, a chyfunodd eu dysgeidiaeth hwy â'r profiad a gafodd o fagwraeth gynnar ymhlith ei ddylwyth yn y Dyffryn, magwraeth a ddysgodd iddo 'All true work is sacred'.[58]

O ganlyniad, cynlluniodd adeilad a phum llawr iddo, ag atriwm yn y canol, a honnodd yn ddiweddarach mai'r 'Larkin Building' hwn oedd 'the first emphatic Protestant in Architecture'.[59] Awgrymodd ymhellach mai'r hyn oedd ganddo mewn golwg wrth gynllunio'r adeilad oedd y dylai fod yn gartref i gymuned ddemocratig o gyd-weithwyr oddi fewn i wagle lled-fynachaidd. Fel y sylweddolir, ystumiad oedd y gwagle hwn o'r syniad fod yn rhaid bod 'aelwyd' ym mhob adeilad – hynny yw, man canol a fyddai'n ffocws cymunedol, neu fan cyfarfod lle medrai'r gymdeithas gyfan ymgynnull a rhannu profiadau. Hefyd, arweinid pobl gan gynllun y 'Larkin Building' o dywyllwch y brif fynedfa ar y stryd lygredig, i fyny at ysbrydolrwydd pelydrau'r haul ar loriau uchaf yr adeilad. Adleisid y patrwm hwn yn y gwahaniaeth pensaernïol rhwng llawr isaf yr adeilad, lle y gwneid y gwaith cyffredin, a gwerddon baradwysaidd yr ardd ben to wydrog. Mae'r delweddau adeileddol hyn i gyd yn awgrymu bod dychymyg Wright wedi ei drwytho yn athroniaeth delynegol y trosgynolwyr, ac ategir hynny gan y dyfyniadau o waith Ralph Waldo Emerson a arysgrifid ar y waliau.

Roedd dylanwad y 'tŷ cwrdd', neu drefniant y capel Undodaidd, i'w weld yn amlwg ar y prosiect hwn, ac fe'i hamlygid eto yn ddiweddarach yn y comisiynau cyhoeddus eraill, gan gynnwys y 'Johnson Wax Administrative Building 1936–9'. Yn eu ffyrdd gwahanol roedd yr adeiladau yma i gyd yn 'Protestant', ond ar yr un pryd yn fynegiant hunanymwybodol o athroniaeth unbenaethol y cwmnïau busnes mawrion. Os astudir saernïaeth y gwagleoedd cymesur agored, sylweddolir yn syth fod y pensaer am gynllunio adeiledd a fydd yn cyfeirio golygon pobl i gyfeiriadau pendant, naill ai'n syth tuag i fyny, neu'n syth ar draws. Mae'r patrwm hwn yn ein hatgoffa o gynllun syml capel Cymreig, lle mae'r sylw i gyd yn cael ei gyfeirio tuag at y pulpud. Ymhellach, ceir awgrym o berthynas y 'sêt fawr' â seddau'r gynulleidfa yn y modd y trefnir y desgiau yn yr adeiladau busnes hyn, ac felly fe'n hatgoffir mai cymdeithas hierarchaidd oedd cymdeithas y capel hefyd yn ei ffordd ei hun.

Fel mae'n digwydd, ceir argraff fywiog o naws capel Cymreig yn hunangofiant Frank Lloyd Wright, darlun a seliwyd ar ei gof am y tro yr ymwelodd ei ewythr o Chicago, y patriarch Jenkin Lloyd-Jones, â'r teulu yn Wisconsin:

> there was genuine luxury. Tears. Going gently to and fro in the rocking chairs below the pulpit tears were shed and, unheeded, trickled down.

His sermons always brought the family to emotional status – but then – so did readings from the transcendental classics or the singing of the children. Tears, too, when all rose in family strength and in the dignity of their faith strengthened themselves to sing – step by step since time began we see the steady gain of man.[60]

Byddai'r ewythrod a'r modrybedd penwyn yn eistedd yn eu cadeiriau siglo o amgylch y pulpud ac yn gwrando ar y pregethau, yn y Gymraeg yn gyntaf ac yna yn y Saesneg. Amlygid sancteiddrwydd yr achlysur crefyddol hwn, a'r arwyddocâd cymdeithasol mawr oedd iddo, yn y paratoadau ar gyfer dathliadau'r picnic haf. Bryd hynny, meddai Wright, 'Father would play the violin and sing, leading the uncles and aunts in favourite hymns. Some of the older Lloyd-Joneses knew songs in Welsh: used to sing them in Welsh. There would be Esteddvod (Eisteddfod) then and there.'[61] Clywir adlais, yn y cydgyfarfod hwn, o'r cynulleidfaoedd mawr a fuasai unwaith yn gwrando ar hen, hen daid Wright, sef Dafydd Llwyd, Brynllefrith wrth iddo bregethu yn yr awyr agored dan orchudd y coed ger Llwynrhydowen. A cheir adlais arall, gwahanol, o'r un achlysur yng nghynllun adeilad 'Johnson Wax', am fod patrwm yr ystafell waith yn yr adeilad hwnnw yn atgoffa dyn o foncyffion coed tal urddasol, coed sydd megis yn cysgodi'r gweithwyr sydd wedi ymgynnull, yn un gymuned ddiddig, oddi tanynt.

Gwelid y gydberthynas rhwng adeiladau Frank Lloyd Wright a byd natur ar ei gorau yn 'Fallingwater', y tŷ a gynlluniwyd ac a adeiladwyd ar gyfer Edgar Kaufman yn y 1930au. Codwyd yr adeilad yn hoff safle picnic y teulu yn hafn 'Bear Run', a'i brif nodweddion oedd y balconïau concrid yn gorhongian fel silffoedd uwchben y rhaeadr, a'r gwagleoedd dynamig mewnol a glymid i'r graig gan yr aelwyd anferthol unionsyth a ddarparai loches i'r teulu ac a roddai ffocws i'w bywyd. Gobaith Wright oedd y byddai 'Fallingwater' yn cyfleu cyfnewidioldeb byd natur, treigl y tymhorau, cylch byw a marw, a grym yr atgyfodi parhaus. Yn hynny o beth, mae adeiledd yr adeilad hwn yn ein hatgoffa o'r traddodiad pensaernïol o ddefnyddio prosesau byd natur i gynrychioli amser daearol, traddodiad a welir ar ei orau yng nghynllun rhai o erddi cyfnod y Dadeni a'r Barôc yn yr Eidal a Ffrainc. Meddylier, er enghraifft, am erddi enwog Versailles. Dim ond yn ystod dathliadau arbennig yr oedd y ffynhonnau hynny'n cael tasgu: am weddill yr amser roeddynt yn hesb. Felly, roedd y cyfnodau byrion hynny pan oeddynt yn tarddu yn arwyddo'r byd tragwyddol, y tu hwnt i amser – byd na all bywyd meidrol mo'i

ddirnad. Fel y dywed Neil Levine: '["Fallingwater"] is continuous –
with the falls that proceeded it, and with the entire natural system that
grows and develops around them. In a sense, Fallingwater can be said
to historicize the landscape and thus give to nature a history and
meaning beyond the present.'[62]

'Fallingwater' (1934–7), Bear Run, Pennsylvania. Drwy ganiatâd
caredig Mary Ann Sullivan.

Adeiladwyd 'Fallingwater' mewn gwlad iraidd, werdd, a dŵr yn
llifo drwyddi: ond gwlad wahanol iawn oedd y wlad o amgylch
Phoenix Arizona, lle yr adeiladodd Frank Lloyd Wright 'Taliesin
West', cartref gaeaf y teulu a ddaeth yn ddiweddarach yn bencadlys y
'Taliesin Fellowship'. Rhaid, felly, oedd cynllunio adeilad gwahanol
iawn, tŷ a fedrai gysgodi'r trigolion oddi wrth yr haul crasboeth a'r
llechweddau anial. Roedd Wright wedi gwirioni ar ysblander
nodweddion naturiol y safle, ac wedi cael ei arswydo gan naws
gyfriniol y lle; ond pan gychwynnodd gynllunio grŵp o adeiladau,
fe'i hysbrydolwyd yn bennaf gan ffactorau topolegol ac ethnolegol. Y
bwriad y tro hwn oedd creu adeiladau a fyddai'n cynrychioli byd
oesol, digyfnewid, ac er mwyn gwneud hynny, trodd Wright unwaith
yn rhagor at fytholeg a defodau. Ymddiddorai'n fwyaf arbennig yn y
meini hirion a'r olion eraill o wareiddiad ac o etifeddiaeth gynharach
a oedd i'w gweld yn y wlad o amgylch. Yn hyn o beth, roedd 'Taliesin

West' yn rhagflaenu rhai o weithiau Le Corbusier, a'r modernwyr diweddarach eraill a ymddiddorai mewn diwylliannau 'cyntefig'. Ond yn ogystal â bod yn waith modern blaengar, roedd 'Taliesin West' hefyd yn gynnyrch dychymyg a rannai ddiddordeb artistiaid ac awduron y cyfnod rhamantaidd mewn adfeilion, mewn mytholeg, ac mewn troi'n ôl at darddiad diwylliant.

Rhwng 1943 a 1956 bu Frank Lloyd Wright, a oedd bellach yn hen ŵr, yn gweithio ar gynllun amgueddfa gelfyddydol Guggenheim yn Efrog Newydd. Y tro hwn, lluniodd dröell ddiddiwedd, rhuban o goncrid heb unrhyw doriad, fel sigwrat â'i ben i lawr neu dŵr Babel. Hynny yw, unwaith yn rhagor trodd at fyd myth a defod, fel y gwnaethai wrth gynllunio 'Taliesin West': creodd adeiledd a oedd yn priodi natur a chelfyddyd, ac yn awgrymu fod amser wedi ei rewi a bod breuddwydion mytholegol yn cael eu hamlygu ar ffurf weledol. Roedd syniadau o'r fath yn briodol iawn, am eu bod yn cyd-fynd â chred theosoffaidd y cleient, sef Hilla Rebay, cyfarwyddwraig a churadur yr amgueddfa ar ran Solomon R. Guggenheim. Credai hi fod ystyr gosmig i'r tröellau esgynnol oedd yn debyg i linellau tyfiant, a theimlai fod adeilad o'r fath yn gymwys iawn ar gyfer arddangos celf-yddydwaith. Roedd y twr ei hun, a godwyd ar gyrion 'Central Park', yn enghraifft drawiadol o fodernrwydd: ar y naill law, arwyddai ym-drech cymdeithas gyfan i ymgyrraedd at nod uwch, ac ar y llaw arall roedd yn awgrymu man lle roedd y ddaear yn cwrdd â'r nef.

Amgueddfa Guggenheim oedd un o'r marciau totem olaf i Frank Lloyd Wright eu gosod ar dirwedd America cyn iddo farw yn 1959. A hyd yn oed yn yr adeilad hwn ceir gwagle yn y canol gyda goleuni'n llewyrchu oddi fry – gwagle sy'n atgoffa dyn o'r aelwyd honno a oedd yn ganol bywyd y gymdeithas y perthynai ei daid a'i nain iddi, sef cymdeithas yr Undodwyr o Gymry a ddaeth â gwareiddiad, a'r freuddwyd am Eden newydd, i'r Dyffryn hwnnw yng nghanolbarth Wisconsin. Serch hynny, ni chydnabu Wright erioed fod arno ddyled, fel pensaer, i unrhyw unigolyn neu i unrhyw gymdeithas, neu i unrhyw draddodiad. Ond hyd yn oed wrth fynnu ei fod yn troedio'i lwybr unigryw ei hun, roedd Wright, ar un ystyr, yn arddel ei berthynas â thraddodiad yr Anghydffurfwyr Cymreig, ac yn fwyaf arbennig traddodiad yr Undodwyr Cymreig a fynnai fod pob person yn derbyn ei fod yn gyfrifol am gyflwr ei enaid ei hun. Ac yn hynny o beth, roedd cred yr Undodwyr yn cydredeg â chred y trosgynolwr Americanaidd, Ralph Waldo Emerson. Nid yw'n syndod, felly, fod Wright am ganolbwyntio, yn ei hunangofiant, ar y modd yr oedd wedi pennu ei rawd ei hun ar hyd ei fywyd; ac eto, o bryd i'w gilydd, mae ef, bron yn ddiarwybod iddo'i hun, yn newid cyfeiriad ac yn gosod y ffocws unwaith yn rhagor ar deulu ei fam, ar eu credo crefyddol hwy, ac ar eu cysylltiad â byd amaeth a byd natur. Ac yn y pen draw, efallai mai cofio am yr ymdrech fawr a wnaethai'r teulu o Gymru i ailgartrefu yn yr Unol Daleithiau, ac i greu bywyd newydd yno ar ôl yr ymfudiad ysgytiol o Blaen-rallt-ddu, yr oedd Frank Lloyd Wright pan ddewisodd uniaethu ag Aladdin a Thaliesin, dau arwr a'i galluogodd ef i dorri ei gwys unigryw ei hun fel person ac fel pensaer digymar.

Nodiadau

[1] Maginel Wright Barnes, *The Valley of the God-Almighty Joneses – Reminiscenses of Frank Lloyd Wright* (Spring Green, 1965).

[2] Frank Lloyd Wright, *An Autobiography* (Efrog Newydd, 1977), 38.

[3] Ibid., 28.

[4] Ibid., 36.

[5] Gweler Conrad Wright, *The Beginnings of Unitarianism in America* (Hamden Conn., 1976).

[6] Cymharer y dyfyniad y mae Wright yn ei godi o'r Beibl i ddisgrifio'i daid, Richard Lloyd-Jones: 'The flower fadeth, the grass withereth – but the word of the Lord, thy God, endureth forever.' Frank Lloyd Wright, *An Autobiography*, 25 a 27.

[7] Grant Carpenter Manson, *Frank Lloyd Wright to 1910 – The First Golden Age* (Efrog Newydd, 1958), 3.

[8] Mae'r capeli wedi cael eu lleoli ym Mrondeifi; Caeronnen; Rhyd-y-Gwin; Ciliau Aeron; Bwlchyfadfa; Capel-y-Cwm; Capel-y-Bryn; Alltyblaca; Llwynrhydowen; Cribyn; Pant-y-Defaid; Capel-y-Groes a'r Graig, Llandysul.

[9] Roedd y Ddeddf Goddefiad yn caniatâu i'r Anghydffurfwyr adeiladu lleoedd i addoli mewn ardaloedd anghysbell, ond doedd y ddeddf ddim yn cynnwys nac yn cyfreithloni Undodiaeth na Chatholigiaeth; ac oherwydd Deddf Cabledd 1698 (*Blasphemy Act*) roedd cynnal gwasanaethau Undodaidd yn anghyfreithlon hyd at 1813.

[10] D. Elwyn Davies, *They Thought for Themselves* (Llandysul, 1982), 6.

[11] Ibid., 7.

[12] Edward Relph, *Place and Placelessness* (Llundain, 1976).

[13] '"Black Week" occurred during the time when the family lived in Ixonia, prior to their move to Spring Green. Following the death of Richard Lloyd-Jones's brother Jenkin, a dispute arose within the family over the ownership of his land. This happened while the family were also estranged from their neighbours for religious reasons. They would not conform and participate in other nonconformist chapel services and due to the preaching and convictions

of Richard, the family were not viewed upon favourably by the local community.' Meryle Secrest, *Frank Lloyd Wright* (Efrog Newydd, 1992), 37.

14 Cafodd 'Unity Chapel' ei gynllunio gan Joseph Lyman Silsbee gydag ychydig o gymorth gan Frank Lloyd Wright (dyma ei gynllun cyntaf). Roedd Silsbee yn Undodwr gweithgar iawn yn Chicago. Roedd ei waith pensaernïol yn boblogaidd oherwydd ei fod yn dilyn syniadau yr 'Aesthetic Movement'. Roedd hefyd yn gweithio i Jenkin Lloyd-Jones ar brosiectau megis 'All Souls Unitarian Church' a 'The Lincoln Centre', a hynny'n rhannol oherwydd fod ei arddull gartrefol yn apelio at y gweinidog. Y cysylltiadau teuluol hyn, mae'n debyg, a sicrhaodd fod y Frank Lloyd Wright ifanc a dibrofiad yn gallu cychwyn mewn swydd yn syth ar ol symud i Chicago yn 1887.

15 Brendan Gill, *Many Masks: A Life of Frank Lloyd Wright* (Efrog Newydd, 1987), 34.

16 'Iolo Morganwg elaborated a ritual, supposedly practiced by the ancient druids and sponsored the first Gorsedd or esoteric gathering of the bards on Primrose Hill in London in 1792. He also designed suitable costumes to be worn for the occasion, laid out the magic circle of standing stones within which the exercises were to be held, and invented rites and ceremonies to be performed. Morganwg's prestige was great enough and the rites were interesting enough, to catch the imagination of the Romantics. They were accepted as legitimate, became very popular and were made an integral part of the Eisteddfod exercises in 1819. They have retained this position ever since. Regardless of origin they form one of the most interesting features of the activities during eisteddfod week, help to create an atmosphere of mysticism always associated with the Celtic spirit, and add colour and ceremony to the great fete.' Edward George Hartman, *Americans from Wales* (Boston, 1967), 45.

17 D. Elwyn Davies, *They Thought for Themselves*, 45.

18 Rhaid cofio bod Frank Lloyd Wright newydd adael ardal ei hynafiaid amaethyddol Cymreig yn 'The Valley'. 'At the time, increasing efficiency of production resulting from mechanisation and improved transportation had brought about an unprecedented decline in the price of wheat. In many rural areas, impoverishment, bankruptcy and distress gave force to the agrarian crusade against the extortionate practices of the banks and railroads. Wright's own extended farming family in Wisconsin, the Lloyd-Joneses suffered directly during this period, debts and mortgages eventually leading to death, liquidation and heavy losses.' Lionel March, 'Imperial City of the Boundless West – The Impact of Chicago on the Work of Frank Lloyd Wright', *The Listener* (30 Ebrill 1970), 581.

19 Stephen Grabow, 'Frank Lloyd Wright and the American City – The Broadacres Debate', *American Institute of Planners Journal* (Ebrill 1977), 116.

20 Agorodd Jane Addams 'Hull House' ar ôl ymweliad â Toynbee Hall yn Llundain. Datblygodd i fod yn sefydliad i ymfudwyr digartref. Daeth hefyd yn ffocws radicalaidd, gan ddelweddu yn aml weithgareddau adran gymdeithasogol Prifysgol Chicago. Yn ddiweddarach, bu hefyd yn llwyfan y medrai Frank Lloyd Wright arbrofi arno.

21 Trwy gydol ei fywyd parhaodd Wright i fyw yn uwch na'i stâd, a cheisiodd droi'r gwendid hwn yn rhinwedd positif yn ei hunangofiant drwy haeru 'one should pursue the luxuries and let the necessities take care of themselves'.

22 Edrychai y Parchedig Jenkin Lloyd-Jones, gyda'i farf wen, yn debyg iawn i Walt Whitman. Bob haf, cynhaliai'r hyn a alwai'n 'Tower Hill School of Religious Ethics', sef cynulliad mewn pebyll ar safle'r hen fusnes siot yn Tower Hill, ar gyrion 'The Valley' yn Wisconsin. Ymhlith y siaradwyr adnabyddus a gyfrannodd i'r ysgol haf hon roedd Robert La Follette (a ddaethai'n ddiweddarach yn llywodraethwr Wisconsin ac yn Seneddwr yr Unol Daleithiau), Jane Addams, a'r swffragét Susan B. Anthony. Hefyd, wrth gwrs, arferai'r Parchedig Jenkin Lloyd-Jones ddarlithio'i hun a hynny ar restr hir o destunau, gan gynnwys storïau am y fferm. Roedd naws Undodaidd i'r cynulliad, ac roedd patrwm hierarchaidd i gymdeithas yr ysgol haf, oherwydd arferai 'Uncle Jenkin' a'i deulu gysgu bob nos yn eu bwthyn haf ('Westhope'), tra oedd pawb arall yn gorfod cysgu mewn pebyll.

23 'For labour leaders and reformers the concentration of wealth in the late Eighties and Nineties, the growth of monopoly capitalism and the fusion of industrialists and bankers into an oligarchy of finance capital were signals that the United States was about to enter an age of imperialism. Chicago acquired the epithet Imperial City of the Boundless West. The massive over-production made possible by new technologies and economic monopoly, and the appalling underconsumption at home, the result of unemployment and low wages, made it certain that the United States would enter the world-wide capitalist scramble for colonies and trading posts.' Lionel March, 'Imperial City of the Boundless West', 581–2.

24 'Even though Emerson's name is only acknowledged once within *An Autobiography*, Wright was aware of his existence from a much earlier age. His sister Maginel tells a wonderful anecdote about the family's piano, which Wright– exaggerating as always – described as a Steinway. She knew with absolute certainty that her brother was wrong about this, because she associated the piano with a revealing childhood confusion on her part. "I remember the awe and admiration I felt, believing a man of that name could build pianos and write books, too – books that one's mother and father, aunts and uncles were always quoting." Anna also taught classes about his work during her years in Oak Park.' William Cronon, 'Inconsistent Unity: The Passion of Frank Lloyd Wright', yn Terence Riley (gol.), *Frank Lloyd Wright Architect* (Efrog Newydd, 1994), 13.

25 Thomas Carlyle, *Past and Present* (1843): dyfyniad o Robert Macleod, *Style and Society – Architectural Ideology in Britain 1835–1914* (Llundain, 1971), 42.

26 Ibid., 44.

27 'Nature', yn Ralph Waldo Emerson, *Essays and Lectures* (Efrog Newydd, 1983), 20.

28 Ibid., 18.

29 Ibid., 21.

30 Edgar Kaufmann and Ben Raeburn, *Frank Lloyd Wright – Writings and Buildings* (Efrog Newydd, 1960), 99; hefyd Brendan Gill, *Many Masks*, 22.

31 William Cronon, 'Inconsistent Unity', 14.

[32] Ralph Waldo Emerson, 'Nature', 16.

[33] Dyfynnwyd yn William Cronon, 'Inconsistent Unity', 14.

[34] Robert Hughes, *American Visions* (Llundain, 1997), 395.

[35] Norris Kelly Smith, *Frank Lloyd Wright – A Study in Architectural Content* (Efrog Newydd, 1979), 36.

[36] Kenneth Frampton; cyflwyniad i Jonathan Lipman, *Frank Lloyd Wright and The Johnson Wax Factory* (Llundain, 1986), xi.

[37] Frank Lloyd Wright, *An Autobiography*, 140 a 145.

[38] Gweler Grant Hindebrand, *The Wright Space – Pattern and Meaning in Frank Lloyd Wright's Houses* (Seattle, 1991).

[39] Frank Lloyd Wright, *An Autobiography*, 141.

[40] I. C. Peate, *The Welsh House, A Study in Folk Culture* (Lerpwl, 1944).

[41] Wele ddisgrifiad o'r traddodiadau hyn: 'At the back of the "aelwyd" stood the fire-back stone the "pentanfaen" and once it was placed in position it was an offence to remove it. The house itself might be destroyed, the owners might desert the site and go to another part of the country to seek other lands in the scattered acres of the tribe to cultivate, but the "pentanfaen" was never removed. It stood as a perpetual sign of an occupied homestead which no one else was allowed to take possession of in such a way as to prevent the original occupiers recovering it, if they so willed. So long as the homestead was occupied the fire was never allowed to go out. Every evening the embers were raked low and a sod of peat or of earth was placed on top. In the morning the sod was removed and the embers, which had been kept glowing under the peat were supplied with new fuel for the day's use.' T. P. Ellis, *Welsh Tribal Law and Custom in the Middle Ages* (Rhydychen, 1926), 164.

[42] Cafodd yr eisteddfod ei chynnal gyntaf yn yr Unol Daleithiau yn Efrog Newydd (1838), ac ymddangosodd yr Orsedd am y tro cyntaf yn 1865; ond roedd rhaid aros tan 'Ffair Fawr y Byd' Chicago (1893) cyn i'r seremoni lawn gyda'r gwisgoedd ac yn y blaen ymddangos.

[43] Yn ystod cyfarfod o 'The Congress of Welsh Churches' dywedodd Jenkin Lloyd-Jones: 'The Congress was closely connected with, and owed much of the splendid attendance it commanded, to the International Eisteddfod of the Welsh people . . . This institution embodies in itself so many of the characteristics of the Welsh people that the church is bound to strive at regulating it and elevating it to the utmost . . . It is the hope and ambition of the church that the day shall never dawn on Wales when religion is divorced there from music, literature and art.' Hywel Teifi Edwards, *Eisteddfod Ffair Y Byd – Chicago 1893* (Llandysul, 1990), 23.

[44] Ibid., 23–4.

[45] *Chicago Evening Post* (6 Medi 1893). Dyfynnwyd yn Hywel Teifi Edwards, *Eisteddfod Ffair y Byd*, 108.

[46] Disgrifiodd y *Chicago Evening Post* yr achlysur yn y termau canlynol: 'Hwfa Môn read the druid prayer to the sun; twelve bards gathered round him; the horn's shrill summons called the clans together and the bards, touching the sword which in the name of peace had been sheathed by the archdruid, pledged themselves to sing truthfully the honour and the glory of the clan and its chief.' Dyfynnwyd yn Hywel Teifi Edwards, *Eisteddfod Ffair y Byd*, 109.

47 Dywedwyd yn ail erthygl olygyddol yr *Inter Ocean*, 'There have been a President, an Ex-president, a princess, and a "king of kings" who have visited the Fair. Each in his or her turn has been surged around by dense crowds, imbued by anxiety to see or incited by generous desire to do honour and bestow a cordial American welcome. But none of these dignitaries, though welcomed and cheered, was given an ovation, cordial, hearty, and enthusiastic as was extended to a Welshman at the Eisteddfod yesterday afternoon. Applause, cheers and music made up the greeting. To be sure, there were only 2,500 people who bestowed it, while tens of thousands have cheered the others, but the long-continued applause followed with cheers and a grand outburst of music from a thousand throats, presented a scene the like of which has never been witnessed before at the Fair, and seldom elsewhere. And reluctantly led from the rear of the hall to the platform, "Caradoc" as he faced the audience, was again cheered and cheered again. Then the choirs, male and female, from Wales, England, Canada, the American States and Territories, 1,000 strong, with voices vibrating with excitement burst forth with a grand Welsh anthem, "Land of My fathers".' Dyfynnwyd yn Hywel Teifi Edwards, *Eisteddfod Ffair y Byd*, 135.

48 Neil Levine, 'Frank Lloyd Wright's Own Houses and his Changing Concept of Representation', yn Carol R. Bolon, Robert S. Nelson a Linda Seidel (goln.), *The Nature of Frank Lloyd Wright* (Chicago, 1988), 23.

49 Frank Lloyd Wright, *An Autobiography*, 172.

50 Ibid., 171.

51 Ibid.

52 Ibid., 174.

53 Ibid., 170.

54 Cafodd yr adeilad olaf yn 'The Valley' ei godi yn 1911: codwyd ef ar gyfer Jane Porter a'i gŵr Andrew, a oedd yn rheolwr busnes yr ysgol ar y pryd. Enw'r tŷ oedd 'Tanyderi'.

55 Frank Lloyd Wright, *An Autobiography*, 161.

56 Meryle Secrest, *Frank Lloyd Wright*, 141.

57 D. R. a Z. S. Cledwyn Davies, *Hanes Plwyf Llanwenog* (Aberystwyth, 1934), 63. Teithiodd Jenkin Lloyd-Jones unwaith yn rhagor i Ewrop gyda'i wraig yn 1915–16, y tro hwn fel rhan o ymdrech heddwch Henry Ford.

58 Thomas Carlyle, *Past and Present*: dyfyniad o Norris Kelly Smith, *Frank Lloyd Wright – A Study in Architectural Content*, 158.

59 Frank Lloyd Wright, *An Autobiography*, 174.

60 Ibid., 47.

61 Ibid., 49.

62 Neil Levine, *The Architecture of Frank Lloyd Wright* (Princeton, 1996), 253.

9

Ar y Ffin â'r Felan

JOHN BARNIE

Ymddangosai'r Fenni lle cefais fy magu yn y 1940au a'r 1950au yn dref heb gerddoriaeth, neu efallai y byddai'n agosach at y gwir pe dywedwn ei bod hi'n dref lle roedd y traddodiad o greu cerddoriaeth neu o wrando arni mor frau nes y byddai'n well pe na byddai wedi bodoli o gwbl. Roedd gennym emynau, wrth gwrs, yn cael eu llusgo linc-di-lonc drwy gychwyn pob dydd yn yr ysgol ac eto bob Sul yn yr eglwys; unwaith y flwyddyn câi baner yr Abergavenny Amateur Operatic Society ei hongian uwchben Cross Street yn datgan dyfodiad wythnos o opera ysgafn; byddai'r Borough Band yn creu 'wm-pa-pa' ym mhrosesiwn y carnifal blynyddol. Mae'n debyg fod un neu fwy o grwpiau dawns amatur ar gael hefyd, yn chwarae cerddoriaeth boblogaidd neuaddau dawns y cyfnod, er na fu i fi fel plentyn erioed eu clywed.

Adlewyrchid yr arlwy tenau hwn o gerddoriaeth ysgafn gartref. Ni fu gan fy rhieni gramoffon a gorffwysai nodwydd y radio fel arfer ar orsaf y BBC Light Programme lle'r ailgynhyrchai Henry Hall a'i Gerddorfa a'r Billy Cotton Band gerddoriaeth y *big band* a *vaudeville* o'r 1930au.

Er hyn, roedd gennym biano yn y parlwr, a llwyddai fy mam i'w ganu o'i chlust gan fampio cyfeilio i ganeuon ei hieuenctid o'r 1920au. Danfonwyd fi dros gyfnod o sawl blwyddyn at athro piano preifat – efallai am fod ganddi hi uchelgais i chwarae ond wedi gorfod dysgu ei hun i wneud – ond yn sicr am mai dyna oedd y peth *petit bourgeois* i'w wneud.

Felly bob wythnos cerddwn i fyny Hereford Road gyda'm casyn cerddoriaeth a'm calon fel plwm er mwyn cael fy nysgu i ddringo'r graddfeydd, i ddarllen cerddoriaeth, ac i gael fy ngwthio drwy'r darnau 'clasurol' a gafodd eu rhoi i fi yr wythnos flaenorol. Gwreiddiodd fy nghasineb at hyn i gyd yn ddwfn, ac yn un ar ddeg neu ddeuddeng mlwydd oed cydiodd yn fwy oherwydd i fi fethu ag esbonio pam i fi fy hun. Roedd yn rhaid i fi ymarfer am hanner awr bob nos yn y parlwr. Yn yr haf pan fyddai'r ffenest led y pen roedd yn rhaid i fi wrando ar chwerthin a sgrechian y plant eraill allan yn yr awyr iach tra bo fy mysedd i'n ymbalfalu rhwng yr allweddau du a gwyn hyll ac yn chwilota am y melodïau a'r rhythmau y dywedai'r papur â'r nodau arno eu bod yno.

Wedi i fi ddod yn ddigon hen i fod ryw gymaint yn fwy pendant, rhoddais ben ar fynd i'r gwersi ac anghofiais y cyfan a ddysgwyd i fi'n syth. Ar un adeg medrwn ddarllen cerddoriaeth syml, ond mygais y gallu hwnnw. Teimlaf gyfog yn codi wrth edrych ar nodiant cerddoriaeth hyd yn oed 40 mlynedd yn ddiweddarach.

Mae'n rhaid fod cerddoriaeth o fath arall yn y dref am wn i, ond os felly roedd y tu hwnt i glyw ein dosbarth cadw-siop ni. Roedd si ar led fod llyfrgellydd y dref yn gwrando ar gerddoriaeth glasurol ar 78s 12 modfedd yn ogystal â darllen llyfrau, edrychwyd arno o hyd braich â pharch gofalus. Efallai fod rhywun yn gwrando ar jazz hefyd, ond chlywson ni erioed amdano, pwy bynnag ydoedd.

Erbyn 1955 roedd fy ngyrfa i mewn cerddoriaeth *petit bourgeois* drosodd, a'm diddordeb mewn cerddoriaeth o ran hynny. Ond mae ar bawb angen cerddoriaeth, mi gredaf, fel y mae angen barddoniaeth arnom hyd yn oed pan nad ydym yn ymwybodol o hynny ac nad ydym yn medru mynegi hynny ychwaith. Rywsut clywais sŵn math newydd o gerddoriaeth ym mrig y morwydd. Dangoswyd y ffilm *Rock Around the Clock* yn y Coliseum a difethwyd cadeiriau gan y *teddy boys* ar y noson gyntaf, gan achosi sgandal fawr. Welais i mo'r ffilm, ond cefais chwaraeydd recordiau rhad a phrynu 78s Bill Haley.

Cyn bo hir roeddwn i wedi symud ymlaen at sgiffl, gan ddarganfod Lonnie Donegan, Ken Colyer, a grwpiau fel y Vipers. Rywsut roedd sgiffl yn gwneud mwy o synnwyr i fi na'r roc a rôl cynnar. I ddechrau arni, roedd modd ei chwarae eich hun. Fel llawer i lefnyn ifanc arall, prynais gitâr rad yn 1957, dysgais strwythur dri-chord syml yng nghywair C, D ac E, a dod yn ail gitarydd mewn grŵp sgiffl.

Dau gitâr, banjo, bwrdd golchi a thwba bas un llinyn oedd i'n grŵp ni. Wedi ychydig wythnosau a chyda hyder sy'n dal i'm synnu i, ymunodd y grŵp â chylch bandiau sgiffl Y Fenni, gan chwarae yn yr egwyl mewn dawnsfeydd yn yr Angel Hotel, mewn cystadleuaeth dalent yn Neuadd y Dref a chael ein talu unwaith hyd yn oed, deg swllt, am berfformio mewn parti pen-blwydd. Wnaethon ni erioed recordio ein hunain (doedd yna ddim recordiau tâp yr adeg honno) ond mae'n rhaid ein bod ni'n eitha' gwael – wrth gerdded drwy'r dorf yn nawns Nadolig y Clwb Golff i chwarae yn ystod yr ail egwyl, clywais rywun yn ochneidio, 'O na! Ddim rhain eto!'.

Diflannodd sgiffl erbyn dechrau 1959 a chwalodd ein grŵp. Dim ond ffansi'r funud ydoedd, ond i fi a llawer un arall rhoddodd gip ar fathau eraill o gerddoriaeth na wyddem am eu bodolaeth. Dychwelodd ein gitarydd blaen, yr unig gerddor talentog o'n plith, at ei ddiddordeb mewn jazz. Ond y felan oedd i fi.

Rywsut des yn ymwybodol nad oedd sgiffl ei hun ond dynwarediad o rywbeth arall; y tu hwnt i Donnegan a'r Vipers roedd Americanwyr gwreiddiol a oedd wedi recordio a pherfformio caneuon fel 'Midnight Special' a 'Digging My Potatoes' yn wreiddiol, a bod ganddynt enwau anarferol a rhamantus i'r glust fel Lead Belly a Montana Taylor. Ceisiais ddod o hyd i rai o'r rhain, a phrynais ddau LP 10 modfedd gan Lead Belly a Blind Lemon Jefferson. Hoffais Lead Belly yn syth – roedd ei rythmau cynnes cyson dros gitâr deuddeg tant yn realiti cerddorol cyffrous nad oedd sgiffl ond yn adlais ohono. Ymddangosai cerddoriaeth Jefferson yn hyll i fi ar y cychwyn – ei lais caled, uchel, trwynol yn null Texas y 1920au, ei ddiffyg melodi ymddangosiadol, ei gyfeiliant gitâr a oedd yn aml yn gosod rhythm yn groes i'r llais – yn ddieithr, heb gysylltiad ag unrhyw beth a glywais o'r blaen. Chwaraeais yr LP unwaith a'i roi i gadw am amser maith.

Yn yr ysgol yn y chweched dosbarth darganfyddais farddoniaeth Dylan Thomas ac R. S. Thomas ac amsugnais ddarluniau o Gymru drwy eu gwaith. Ond yn gerddorol symudais yn ddyfnach i fyd y felan. Bob bore dydd Sadwrn byddwn yn mynd i siop recordiau y dref a chwilio'r catalogau am unrhyw beth gyda 'blues' yn y teitl. Dyma sut y des i ar draws a phrynu 'Married Woman Blues'/ 'Drop Down Mama' gan Sleepy John Estes ar label Brunswick, a 'Lonesome Day Blues'/ 'Southern Casey Jones' (un o fy rhai prinaf) ar label Vocalion gan y pianydd *barrel-house* gwych Jesse James. Dywedodd rhywun wrtha' i am *City Radio* yng Nghaerdydd a chymerais y trên yno unwaith neu ddwywaith gan ddychwelyd gyda thrysorau fel 'Defense Blues'/ 'Digging My Potatoes' ar label Tempo gan Lead

Belly, a chlasur piano'r felan Little Brother Montgomery 'Vicksburg Blues'/ 'No Special Rider' ar label Jazz Collector.

Y gerddoriaeth hon oedd fy narganfyddiad mawr – y gerddoriaeth real gyntaf i fi ei chlywed erioed. Hynny yw, roedd y rhythmau'n fyw ac yn neidio o gwmpas, roedd ganddi ei chonfensiynau ei hun, ond ymwahanodd oddi wrthynt am nad oedd yn poeni am gonfensiynau'r cynyrchiadau diflas hynny a gysylltais gyda 'cherddoriaeth' yn y dref. Ac uwchlaw hyn, i rywun yng nghyfnod anodd yr arddegau, deliai gyda gwir emosiwn; roedd yn byw'r profiad a gafwyd ym mywyd caled y De. Am y tro cyntaf deallais beth oedd o'i le ar *The Desert Song* a *Hymns Ancient and Modern*; doedd gen i ddim i'w gymharu â nhw.

Roedd yr hyn a ganai Jefferson, Estes a James amdanynt yn bell iawn o'm profiad i wrth gwrs. Beth a wyddai bachgen un ar bymtheg mlwydd oed o ororau Cymru am frad rhywiol, cnawdolrwydd di-gywilydd, byd trenau'n cael eu chwalu, llifogydd dinistriol oedd yn medru difa bywoliaeth dyn, gweithredoedd dyddiol o anghyfiawnder yn erbyn pobl croenddu a chreulondeb y ffermydd cosbi deheuol? Ond yr hyn yr oeddwn i'n ei adnabod oedd diffuantrwydd mewn cerddoriaeth a ddeilliai o'r angen i ddweud y gwir ac i siarad am bethau fel y maent, a'r llawenydd yn y weithred o greu nad oedd anghyfiawnder yn medru ei fygu; ac roeddwn i'n gwybod nad oedd dim yn cymharu â'r pethau yma yng ngherddoriaeth y byd lle'r oeddwn i'n byw.

Roedd y cyfan hyn yn gynhyrfus i fi, ond yn sialens hefyd i'r gymdeithas lle'r oeddwn i'n byw, heb i fi sylweddoli hynny'n llawn ar y pryd. Felly, doeddwn i ddim yn llwyr ddeall pam, ryw noson pan oeddwn i'n chwarae 'Drop Down Mama' yn y parlwr tua hanner awr wedi deg, y daeth fy nhad i mewn a mynnu fy mod yn ei ddiffodd gan fod y sŵn yn siŵr o 'fennu ar y cymdogion'. Roedd fy nhad yn ddyn tawel a bron byth yn colli ei dymer, ond y tro hwn pan awgrymais i nad oedd posib i'r cymdogion glywed drwy waliau trwchus ein tŷ, collodd ei limpyn. Cawsom ni un o'n hychydig gwerylon a rhaid oedd rhoi Sleepy John yn ôl yn y llawes bapur lwyd.

Yn ystod yr amser yma parheais i chwarae'r gitâr, gan ddysgu drwy arbrofi sut i ddatblygu o flocio cordiau i bigo â'r bysedd. Trois eto tuag at y ffiaidd biano a dysgu elfennau sylfaenol arddull cerddoriaeth y felan yn y cywair a ymddangosai hawsaf. (Allweddau duon gan mwyaf oedd i'w cynnwys yn hwn, sy'n ymddangos yn hynod ryfedd hyd yn oed yn nhermau cerddoriaeth y felan.) Ni'm temtiwyd i brynu tiwtor gitâr ac ni wnes ailddysgu nodiant cerddorol. Bu'r felan yn gerddoriaeth ynddi ei hun ac mae felly o hyd, i'w chwarae gyda'm holl gyfyngiadau yn fy ffordd i fy hun.

Bu cerddoriaeth y felan yn rhan annatod o'm bywyd i byth ers hynny. Rwy'n gwrando ar fiwsig y felan ac yn chwarae fy ngitâr bron bob dydd. Yn y 1970au roeddwn i'n dysgu am gerddoriaeth werin Affro-Americanaidd yn rhaglen Astudiaethau Americanaidd Prifysgol Copenhagen, a threuliais bedwar mis cofiadwy yn 1979 ym Memphis, Tennessee yn golygu LP ddogfennol ar fiwsig y felan Mississippi yn y 1960au.

Rwy'n ddiolchgar mewn ffordd i dlodi diwylliant cerddorol fy mhlentyndod. Oherwydd hyn a'r newidiadau affwysol a oedd yn digwydd i'r diwylliant Seisnig y tu hwnt i'm gorwel i yn Y Fenni roeddwn i'n ddigon ffodus i ddarganfod ac i aros gyda diwylliant cyfoethog y felan. Eto i gyd, mae'n brofiad sy'n dieithrio dyn: er i'r felan gael dylanwad dwfn ar y sîn roc newyddanedig yn y 1960au, dylanwad yn unig ydoedd. Mae'r felan yno mewn cerddoriaeth boblogaidd gyfoes hefyd, ond yn llawer gwannach, fel *palimpsest* nad yw ond yr ychydig prin yn trafferthu i'w ddarllen bellach. Mae gan *Juke Blues*, cylchgrawn mwyaf blaenllaw Prydain ar gerddoriaeth y felan, gylchrediad o 2,000; anaml y gwneir ailargraffiadau ar LP neu CD mewn niferoedd mwy na rhai cannoedd i ddiwallu marchnad y byd. Y felan ei hun sy'n fy nenu i, yn enwedig y miwsig *downhome* cyn y rhyfel; mae'n ddiddordeb arbenigol ac anaml y byddaf yn cwrdd ag unrhyw un sy'n gwybod unrhyw beth amdano.

Wrth i fi brifio yn fy arddegau dechreuais archwilio'r wlad o gwmpas Y Fenni, a heb imi erioed leisio'r profiad ar ffurf geiriau, des yn ymwybodol o ansawdd arbennig y lle. Ar gopa Pen-y-Fâl ddwy fil o droedfeddi uwchben y dref, roeddwn i'n medru gweld sawl milltir i'r dwyrain i mewn i gaeau gwyrddlas Lloegr, i'r gogledd tuag at blygiadau a rhychau canolbarth Cymru, ac i'r gorllewin at fagwyrydd Mynyddoedd Llangatwg a oedd yn amddiffyn y cymoedd glofaol. Nid oedd fy nyffryn i, Dyffryn Wysg a'r Mynydd Du, yn rhan o'r bydoedd hynny, roeddwn i'n deall hynny. Anaml iawn y byddem ni'n ymlwybro ar ein teithiau dydd Sul i ganolbarth Cymru heblaw efallai'n achlysurol i Gwm Elan; ymweld â theulu yn Nhrefynwy neu fynd tua'r Forest of Dean y byddem ni wrth deithio tua'r dwyrain. Ac am y cymoedd glofaol, roeddwn i'n eu llygadu nhw â rhywbeth tebyg i ofn. Roedd gan fy nhad siop losin yn y dref ac ef oedd y cyfanwerthwr dros sawl siop gornel yn y dyffrynnoedd dwyreiniol. Ar adegau es gydag ef yng nghyfnod y 1940au hwyr yn ein hen

Standard 13 du i leoedd fel Nant-y-glo a Blaenafon. Roeddem ni'n disgyn o'r gweundiroedd uchel i leoedd a ymddangosai i fi yn arw ac wedi'u cau i mewn. Ond yr hyn a gofiaf fwyaf oedd y ffaith mai ein car ni oedd yr unig gar i deithio i fyny ac i lawr y strydoedd, a pha mor wag yr ymddangosai'r strydoedd heblaw am ambell ddyn mewn cap brethyn yn pwyso ar gornel stryd yn ein gwylio wrth i ni fynd heibio â llygaid oedd yn cyfleu casineb. Roedd hyn yn newydd i fi ac nid oeddwn yn ei ddeall; wedi peth amser peidiais â mynd gyda'm tad.

Pobl wahanol oedd pobl Y Fenni ac roedd y pentrefi o amgylch yn wahanol hefyd, yn dawel, yn fwyn eu lleferydd pan fyddwn i'n mynd gyda f'ewyrth ar Sadyrnau ar ei rownd fara i Lanvapley, Llantilio Crosenny a Llanvetherine. Dyma fyd *Border Country* Raymond Williams, sylweddolais hynny'n syth wedi darllen y llyfr flynyddoedd yn ddiweddarach, ond trwy lygaid crwtyn tref y gwelais i'r cyfan pan oeddwn i'n blentyn. Yn nhermau King Henry VIII's Grammar School lle bu'r ddau ohonom yn ddisgyblion, roedd e'n *rustican* a minnau'n *oppidan*.

Byd y diwylliant llafar oedd y byd hwn er nad oeddwn yn sylweddoli hyn pan oeddwn i'n blentyn. Roedd pobl yn chwedleuwyr naturiol, rhai ohonynt yn hynod ddeheuig a oedd yn medru creu allan o glecs, allan o ddigwyddiadau ffeithiol, straeon a hogwyd ac a naddwyd bob tro y caent eu hailadrodd nes iddynt ddod yn gelfyddyd. Doedden nhw byth yn darllen ffuglen, ond doedd dim angen iddynt gan eu bod yn creu ffuglen allan o'u bywydau eu hunain. Fel y brecmon yr arferem ei weld yn eistedd wrth y tân yn nhafarn y Cantref pan oedd mewn gwth o oedran, arferai fod yn ffigwr chwedlonol yn nyddiau'r rheilffordd yn Y Fenni. Dywed un stori (yn fras) sut y byddai ar y lein i lawr o Bontrilas i'r Fenni, ar y rhediad serthaf ym Mhrydain ac yn erbyn rheoliadau llymaf y GWR, yn rhyddhau'r brêc ar ffreit nos Sadwrn, pwyso allan o gefn fan y giard ac ysmygu ei bib yn hamddenol, wrth i'r trên ysgwyd a hyrddio'i ffordd hyd at ymyl distryw lawr y lein i Bont-y-pŵl, i gyrraedd yr orsaf fymryn cyn stop-tap. Pan ddarllenais William Faulkner rai blynyddoedd wedyn teimlais gyswllt â'r bobl a'r pentrefi yn Yoknapatawpha County, man a fyddai wedi cytuno â f'ewyrth Ron o'r Forest of Dean, a redodd unwaith – fe'n sicrhaodd ni – ddeng milltir o Cinderford i Lydney gyda chynffon ei got wedi'i dal yn nrws cefn car ei ffrind. Pan arafodd y car yn Lydney, roedd gwadnau esgidiau f'ewyrth Ron wedi treulio'n ddim. 'Myn diaen i, Ron!' meddai ei ffrind, 'Beth wyt ti'n ei wneud yma?'

Ond ychydig iawn o gerddoriaeth oedd gan y byd hwn, os cerddoriaeth o gwbl, fel yr esboniais. Roedd potensial y Gororau yn fawr. Roedd Y Fenni adeg fy mhlentyndod yn dref reilffordd o hyd gyda thair gorsaf. Atseiniai sŵn haearnaidd y wagenni glo gwag yn cael eu symud ar y gyffordd LMS uwchben ein chwarae ar nosweithiau gaeafol, disglair; sefais ar y bont droed wrth orsaf Monmouth Road yn aros am oriau, mi dybiwn, i weld y trenau cyflym yn taranu trwodd, i weld fflach werdd a phres injan dosbarthiadau *Hall* a *Castle* yn fy nghofleidio i mewn mwg ac ager. Roedd Y Fenni hefyd yn dref heolydd oedd yn llithro draw at Henffordd, Y Rhos, Trefynwy, Casnewydd, Merthyr ac Aberhonddu rywle yng nghanol y bryniau a thrwy gaeau cloddiau uchel. Yn y dyddiau cyn bod teithio mewn car yn gyffredin, lleoedd dirgel oedd y trefi pellennig a'r ffyrdd hyn. Ond nid oedd dim byd yn cyfateb i 'Highway 61 Blues' yn y Gororau nac ychwaith gerddoriaeth y felan na baledi yn dathlu'r trenau mawrion, eu gyrwyr, tanwyr a brecmyn y GWR fel ag yr oedd ar gyfer yr IC (Illinois Central Railroad) ym Mississippi. Pa bynnag draddodiad canu gwerin arferai fodoli ar hyd y Gororau, roedd wedi hen ddiflannu heb unrhyw arlliw ohono ar ôl.

Felly llenwais y gagendor hwn o rywle arall, ac oherwydd nad oedd y Gymraeg yn ddewis yn y 1940au a'r 1950au i blentyn ar ei brifiant yn y Gororau, taleithiau Deheuol America oedd y rhywle arall hwnnw ac, yn enwedig, oherwydd ei gafael ddychmygus arnaf i, Mississippi.

Rwyf wedi awgrymu'r tebygrwydd sydd rhwng trefi a phentrefi'r Gororau a threfi a phentrefi gogledd Mississippi sy'n hawdd i fi uniaethu â nhw. Ond mae'r gwahaniaethau wrth gwrs lawn mor ddwfn, yn enwedig o gymharu profiadau bywyd y duon ym Mississippi â bywyd ar y Gororau. Sut all hi fod fel arall? A sut y gallwn innau integreiddio'r ddau fyd hyn, un ohonynt nad oeddwn ond wedi ei brofi bron yn llwyr drwy'r dychymyg?

Hyd yn ddiweddar nid oeddwn yn credu y medrid gwneud hynny, ond yna dechreuodd y straeon – y chwedlau mewn gwirionedd – ffurfio eu hunain yn fy meddwl i ynglŷn â phobl y clywais i amdanyn nhw neu yr oeddwn wedi eu hadnabod amser maith yn ôl yn Y Fenni, a dechreuais eu rhoi ar bapur. Ac wrth i fi wneud, felly hefyd y dechreuodd straeon ddyfeisio eu hunain yn fy mhen, chwedlau anhygoel hefyd, ond wedi'u lleoli ym Mississippi. Ysgrifennais amdanynt hefyd, monologau gan mwyaf, mewn tafodiaith a oedd yn ymdebygu i dafodiaith ddu'r ardal. Y canlyniad oedd casgliad o straeon a oedd yn cydblethu, wedi'u gosod yn ardal Y Fenni a phentref bychan o'r enw Friars Point yn Coahoma County yr ymwelais ag ef unwaith ac iddo le yn hanes y felan. Cyhoeddwyd y casgliad o dan y teitl *The Wine Bird* gan Wasg Gomer yn 1998.

Ffurfiodd y ddau fyd gyferbyniadau, er nad y rhai a ddisgwylid efallai, gan i'r Fenni gael ei gweld drwy brism bywydau ei llymeitwyr, ei meddwon a'i halcoholics; a Mississippi, nid trwy lygaid dynion canu'r felan ond trwy lygaid dau bregethwr y Bedyddwyr Deheuol, tad a mab.

Mae'r cyferbyniadau yn fwy amlwg, efallai, na'r hyn sydd i fi yn undod emosiynol y casgliad; er mae'n debyg nad yw bod lawr yn y gwter yn Y Fenni mor bell â hynny o fod 'on the killing floor', ys dywed y felan, yn Friars Point, ac rydym ni'n rhannu'r un meidroldeb ym mhobman. Roedd ysgrifennu'r straeon yn fath o integreiddiad, yn fodd i ddod â'm dau fyd – yr un dychmygus a'r un dychmygol – at ei gilydd, wyneb yn wyneb.

Es am dro ychydig amser yn ôl, gydag un o'm cefndryd, ar lannau'r Wysg, ac wrth i ni gyrraedd Castle Meadows a throi tuag at gastell Y Fenni, allan o'r adfeilion dechreuodd band y felan ganu cân Muddy Waters, 'Hoochie Coochie Man', un o ganeuon diffiniol canu'r felan yn Chicago wedi'r rhyfel. Band gwyn oedd y band, a band da hefyd, gyda harmonica'r felan wych yn udo yn null Little Walter. Fe'm synnwyd yn llwyr. Dyna lle'r oedd afon Wysg a thu hwnt iddi y Blorens, ar fy llaw chwith roedd copa Pen-y-Fâl a'r bryniau wrth ei godre, y Deri, y Rholben a Mynydd Llanwenarth, y tirlun oedd wrth graidd fy syniad i o natur. Ac yna yn y canol roedd rhywun yn canu'r felan yr oeddwn i wedi gwrando arni a'i hedmygu ers bron i 40 mlynedd. Cefais fy nghynhyrfu ganddi ac arhosais i wrando. Ymddangosai fel arwydd; er nad oedd wrth gwrs yn arwydd i'm cefnder gan nad oedd ganddo ef ddiddordeb yng ngherddoriaeth y felan. I fi roedd y gân yn ei chyd-destun yn crynu, yn suo â chysylltiadau; i'm cefnder, dim ond gwifrau digyswllt oeddynt.

10

Y Coch a'r Du: Moderniaeth a Chenedligrwydd yn Harlem a Chymru

DANIEL WILLIAMS

Cyflwyniad

'Pa bryd y bu moderniaeth?' gofyn Raymond Williams mewn pennod ddylanwadol, gan nodi:

> My title is borrowed from a book by my friend Professor Gwyn Williams: *When Was Wales?* That was a historical questioning of a problematic history. My own inquiry is a historical questioning of what is also, in very different ways, a problem, but that is also a now dominant and misleading ideology.[1]

Fy ymgais yn y bennod hon yw cyplysu cwestiynau'r ddau Williams – pryd y bu Cymru, a phryd y bu moderniaeth – gan awgrymu fod cysylltiad rhyngddynt. Egyr hyn ar gwestiwn ehangach: beth yw perthynas moderniaeth a chenedligrwydd? Noda Miroslav Hroch, wrth drafod cenedlaetholdeb: 'Polemically one might say that at this moment we have an overproduction of theories and a stagnation of comparative research on this topic.'[2] Gellir gwneud yn union yr un sylw wrth drafod moderniaeth ddiwylliannol. Dyma ymgais felly i ateb y cwestiynau uchod drwy ddadansoddi'r berthynas rhwng cenedlaetholdeb a moderniaeth mewn cyd-destun cymharol. Nid dadansoddi dylanwad un mudiad ar fudiad arall yw'r bwriad wrth gymharu llenyddiaeth y Cymry ac Affro-Americaniaid, na chynnig cymhariaeth mewn anghyfiawnder cymdeithasol. Credaf fod y gymhariaeth yn briodol oherwydd fod yma ddwy gymdeithas, o fewn gwladwriaethau ehangach, a 'goginiodd eu moderniaeth gynnil eu hunain' yn negawdau cynnar yr ugeinfed ganrif.[3] Gwelwyd dadeni llenyddol ymysg y ddwy boblogaeth, a hynny'n datblygu law yn llaw ag ymwybyddiaeth newydd o genedligrwydd.[4]

Moderniaeth a chenedlaetholdeb

Yn ôl Perry Anderson, datblyga moderniaeth a chenedlaetholdeb o ffactorau cyffredin. Deillia moderniaeth, medd Anderson, o'r ym-neilltuaeth honno a deimlir gan bobl wrth i strwythur cymdeithas draddodiadol gael ei chwalu gan y newidiadau ysgubol a ddeillia o ddiwydiannaeth.[5] Cyfeiria'n bennaf at newidiadau megis y cynnydd yn nifer y boblogaeth, y symudiad o gefn gwlad i'r trefi, datblygiad y dosbarth gweithiol a'r wleidyddiaeth radical a dyf yn sgil hynny, a'r gwanhad yn nylanwad gwleidyddol a diwylliannol y dosbarth aristocrataidd. Tra bo'r diwylliant traddodiadol, lle sefydlir y cywair celfyddydol gan ddosbarth aristocrataidd, yn cynrychioli'r prif elyn i werthoedd moderniaeth ddiwylliannol, gall yr artist modernaidd ddefnyddio strwythur y gymdeithas draddodiadol fel modd i feirniadu agweddau lleiaf dymunol y foderniaeth y mae'n rhan ohoni. Gellir ystyried 'canoloesoldeb' cerddi modernaidd T. Gwynn Jones, defnydd James Joyce o chwedloniaeth Roegaidd yn sail i'w arbrofion mewn iaith a ffurf yn *Ulysses*, neu ddefnydd Ernest Hemingway o ddefodoldeb yr ymladdfa deirw yn enghreifftiau o hyn.[6] Cwyd celfyddyd fodernaidd, felly, o'r berthynas anodd rhwng yr hen a'r newydd, y traddodiadol a'r chwyldroadol.

Gellid rhoi damcaniaeth Anderson ar waith wrth drafod cened-laetholdeb hefyd. Mae'n gred ddigon cyffredin bellach fod cened-laetholdeb yn uno'r traddodiadol a'r modern, y ceidwadol a'r blaengar, gan gyflwyno prosiect sydd yn hanfodol chwyldroadol yn nillad traddodiadol y genedl – ei hiaith, ei harferion a'i chelfyddyd. Mewn rhanbarth neu genedl ymylol, ar gyrion yr economi ryngwladol, dyhead y cenedlaetholwr yw gweld ei wlad yn fodern ar ei thelerau ei hun. 'The return to the folk', medd John Hutchinson mewn dadansoddiad o genedlaetholdeb y Dadeni Gwyddelig, 'is not a flight from the world but rather a means to catapult the nation from present backwardness and division to the most advanced stage of social development'.[7]

Mae sylw Hutchinson yr un mor berthnasol i'r cyd-destun Cymreig. Deillia cenedlaetholdeb Cymreig o'r gwrthdaro hwnnw rhwng yr hen a'r newydd y cred Perry Anderson ei fod wrth wraidd moderniaeth ddiwylliannol. Rhwng 1860 a 1930 y ffurfiwyd y Gymru fodern. Chwyldrowyd hanes Cymru gan dechnegau diwydiannaeth wrth i'r boblogaeth dyfu o 1,163,139 yn 1851 i 2,523,500 yn 1914; cynnydd o 117 y cant mewn 60 mlynedd. Yn 1851 roedd 20 y cant o bobl Cymru yn byw mewn trefi, ychydig dan 50 y cant yn 1861 a 60 y cant erbyn 1911. Rhwng 1861 a 1911 gwelwyd cynnydd o 253 y cant ym mhoblogaeth Morgannwg.[8] Mewn cyfnod o hanner can mlynedd trawsffurfiwyd cenedl amaethyddol, draddodiadol, yn genedl drefol, ddiwydiannol. Heidiodd pobl Cymru i gymoedd y de a chawsant eu dilyn gan Saeson, Gwyddelod, Iddewon, Albanwyr, Eidalwyr a Sbaenwyr. Dyma flynyddoedd egin araf y syniad o genedlaetholdeb Cymreig hefyd, a thwf mwy trawiadol y Blaid Lafur. Rhwng 1860 a 1930 fe ddatblygodd Prydeindod 'gwlad y menyg gwynion' yn Rhyddfrydiaeth 'Cymru Fydd' a'i brwydrau 'Cymreig' dros ddat-gysylltu'r Eglwys a chau'r tafarnau ar y Sul, a'r gweithgarwch hwnnw yn gosod seiliau o fath i sefydlu Plaid Genedlaethol Cymru yn y 1920au. Yn yr un cyfnod cafodd Rhyddfrydiaeth ei goresgyn gan sosialaeth y Blaid Lafur a enillodd lawer o'i brwydrau mwyaf nod-edig yng nghymoedd de Cymru. Dyma gyd-destun gwleidyddol dadeni llenyddol Cymru.[9] Erbyn 1926 medrai Saunders Lewis ddat-gan yn ei *An Introduction to Contemporary Welsh Literature*: 'The Welsh Renaissance has proved that there is a profounder way of being European', ac erbyn 1930 dadleuodd fod yn rhaid i'r dadeni yn y byd llenyddol ymestyn yn awr i'r byd gwleidyddol.[10] Fe ddychwelir at syniadaeth Lewis eto; yr hyn sy'n bwysig yma yw i ddadeni dwy-ieithog Cymru ddeillio o'r math o chwyldro cymdeithasol y cred Anderson ei fod yn nodweddu datblygiad diwylliant modernaidd.

Tra oedd pobl Cymru yn tyrru o'r ardaloedd amaethyddol i gymoedd diwydiannol y de, roedd Affro-Americaniaid yr Unol Daleithiau yn teithio i'r cyfeiriad arall. Gadael hiliaeth lethol taleithiau'r De amaethyddol oedd eu gobaith am ryddid yn ninasoedd y Gogledd. Datblygid moderniaeth Affro-Americanaidd, hefyd, o'r gwrthdaro dirdynnol hwnnw a nodwedda'r broses o ddiwydiannu. Yng nghyfarfod cyntaf y National Association for the Advancement of Colored People (NAACP) yn 1909 cyhoeddwyd y byddai cyfrifiad o'r gymdeithas ddu mewn unrhyw ddinas ddiwydiannol yn y Gogledd yn dangos fod y mwyafrif llethol o'r trigolion o daleithiau'r De.[11] O'r

60,534 o bobl groenddu ym Manhattan yn 1910, 14,309 yn unig ohonynt a anwyd yn nhalaith Efrog Newydd. Deuai'r mwyafrif o'r gweddill (61 y cant) o daleithiau'r De – Virginia, Gogledd a De Carolina a Florida yn arbennig.[12] Dyma oedd cyfnod datblygiad Cenedlaetholdeb Du hefyd. Yn wrthgyferbyniad i strategaeth heddychol yr NAACP a ddadleuai dros wella safonau byw a hawliau sifil yr Affro-Americaniaid o fewn ffiniau'r Unol Daleithiau, roedd mudiad mwyaf poblogaidd Harlem, yr United Negro Improvement Association (UNIA), yn genedlaetholwyr Affricanaidd ac yn dadlau na ddeuai fyth gyfiawnder i'r gymdeithas groenddu yn America ac y byddai'n rhaid dychwelyd i'r famwlad: Affrica.[13] Harlem oedd prif gyrchfan Affro-Americaniaid y De, a nodweddid ardal ogleddol Efrog Newydd yn y blynyddoedd wedi'r Rhyfel Byd Cyntaf gan luosogedd newydd o leisiau llenyddol, gwleidyddol a cherddorol. Gelwir y cyfnod yma heddiw yn Ddadeni Harlem, yr 'Harlem Renaissance', ac wrth i'r bobl dyrru i'r dinasoedd dechreuasant weld potensial eu grym gwleidyddol.[14] Fel y tystia geiriau'r athronydd Alain Locke yn 1925, dechreuasant eu dychmygu eu hunain yn genedl:

> Hitherto, it must be admitted that American Negroes have been a race more in name than in fact, or to be exact, more in sentiment than in experience. The chief bond between them has been that of a common condition rather than a common consciousness; a problem in common rather than a life in common. In Harlem, Negro life is seizing upon its first chances for group expression and self-determination. It is – or promises at least to be – a race capital. That is why our comparison is taken with those nascent centers of folk expression and self-determination which are playing a creative part in the world today. Without pretense to their political significance, Harlem has the same role to play for the New Negro as Dublin has had for the New Ireland or Prague for the New Czechoslovakia.[15]

Mewn achos lle nad oedd ffiniau daearyddol i'r 'genedl' roedd yn naid syniadol fentrus i Locke ddisgrifio'i bobl felly, gan gymharu eu cenedlaetholdeb a'r mudiadau cenedlaethol lleiafrifol hynny a oedd yn brigo i'r wyneb ar draws Ewrop.

Gwelwyd datblygiad y cenedlaetholdeb hwn yn cydredeg â datblygiadau newydd yn y byd diwylliannol yng Nghymru a Harlem. Ychydig iawn sydd wedi ei ysgrifennu ar foderniaeth Gymreig fel mudiad ac iddo ffiniau amseryddol pendant. Ymdrecha Dafydd Johnston i fynd i'r afael â'r broblem drwy nodi'n gyffredinol: 'O safbwynt hanesyddol, mudiad ydoedd ym myd y celfyddydau a gychwynnodd yn negawd olaf y ganrif ddiwethaf mewn nifer o wledydd, a dod i ben yn nauddegau'r ganrif hon.'[16] Ond â ymlaen i drafod gweithiau Kitchener Davies yn y 1950au, Saunders Lewis yn y 1930au a'r 1960au, a nifer o lenorion cyfoes, fel enghreifftiau o foderniaeth yng Nghymru. Adlewyrchir y problemau a wynebir wrth geisio diffinio moderniaeth Gymreig yn y corff sylweddol o feirniadaeth ar Ddadeni Harlem. Gyda'r pendantrwydd a ddisgwylir mewn cyfeirlyfr, dywed Bruce Kellner yn *Harlem: A Historical Dictionary of the Era*, i'r Dadeni gychwyn yn 1917 gan orffen yn 1935 pan welwyd y terfysgoedd cyntaf yn Harlem. Trafodir y Dadeni gan Houston A. Baker Jr., ar y llaw arall, fel rhan o fudiad modernaidd ehangach y gellir olrhain ei wreiddiau i Genedlaetholdeb Du y bedwaredd ganrif ar bymtheg. Yn gyferbyniad llwyr, cred George Hutchinson mai'r cymysgedd o bobl o bob lliw a llun yn Efrog Newydd yn gyffredinol a achosodd yr egni diwylliannol ymysg llenorion Harlem yn y 1920au.[17] Yn y dadansoddiad mwyaf gwreiddiol, byd bocsio sy'n ffurfio fframwaith amseryddol i astudiaeth Gerald Early o Ddadeni Harlem.[18]

Yn ôl Early perthyn Dadeni Harlem i ddadeni Du ehangach a gychwynnodd yn 1910 pan gurodd Jack Johnson, yr Affro-Americanwr cyntaf i fod yn bencampwr pwysau trwm y byd, y 'gobaith gwyn' Jim Jefferies yn Nevada. Arweiniodd y fuddugoliaeth hon at derfysgoedd ar draws America. Daw'r dadeni i ben yn 1938, pan gurwyd yr Almaenwr Max Schmeling gan bencampwr y byd, y 'Brown Bomber' Joe Louis. Roedd yna wahaniaeth sylfaenol, a diwylliannol allweddol, rhwng y ddau ddigwyddiad, medd Early:

> for when Johnson fought a white, all whites wanted to see Johnson defeated, but Louis fought Schmeling as the favorite among the whites as well as the blacks. Louis was the American hero, the symbolic integration of the black folk hero with the American popular hero.[19]

Rhwng 1910 a 1938 gwelwyd newid sylfaenol yn safle'r Affro-Americaniaid o fewn diwylliant cenedlaethol yr Unol Daleithiau. Bu llwyddiant cyffredinol awduron Harlem yn y 1920au a'r 1930au yn ganolog i'r newid hwn. Llwyddwyd i greu cymeriadau croenddu credadwy ac arwrol yn nofelau Zora Neale Hurston a Nella Larsen, i greu ymwybyddiaeth o rym gwleidyddol a diwylliannol yn ysgrifau W. E. B. Du Bois ac Alain Locke, ac i chwyldroi cerddoriaeth boblogaidd ym mherfformiadau Duke Ellington a Bessie Smith. Roedd Louis yn ymgnawdoliad o'r hyder newydd, ac yn cynrychioli parhad yr hyder hwnnw wedi cyfnod o ddirwasgiad enbyd. Roedd ei statws fel paffiwr gorau'r byd yn tanlinellu cyfraniad ei bobl i fywyd cenedlaethol America.[20]

Tommy Farr a Joe Louis: dau draddodiad yn cwrdd. Drwy ganiatâd caredig Oriel Enwogion Chwaraeon Cymru.

Os gellir dyddio Dadeni Harlem yn ôl ei bocswyr, yna gellid dilyn esiampl Gerald Early yn y cyd-destun Cymreig hefyd. Ar 30 Awst 1937 fe ddringodd y Cymro Tommy Farr i mewn i'r sgwâr yn Yankee Stadium i herio Joe Louis am bencampwriaeth pwysau trwm y byd. Disgwylid i Farr golli'n gynnar, ond aeth ymlaen i frwydro'n galed am bymtheng rownd. Aeth y dyfarniad yn ei erbyn, ond roedd yn arwr i'r gymdeithas lofaol yn ei Rondda enedigol ac fe nododd wedi'r ornest, 'If Louis thinks I'm a tough guy, that's because I'm a Welshman'.[21] Gwisgodd ŵn melyn a'r ddraig goch wedi'i gwnïo ar ei chefn wrth ddringo i'r sgwâr y noson honno; draig a fu yn Efrog Newydd unwaith o'r blaen, ar gefn y pencampwr pwysau ysgafn o Bontypridd, Freddie Welsh. Welsh oedd y cyntaf i ennill pencampwriaeth fyd swyddogol i Gymru, a hynny yng Ngorffennaf 1914. Wrth wisgo yr un ddraig frethyn ag a wisgwyd gan y cyn-bencampwr, roedd Farr yn gosod ei hun o fewn traddodiad o focswyr Cymreig.[22] Gan ddilyn Gerald Early, felly, gallwn droi at fyd bocsio i roddi ffiniau amseryddol ar y drafodaeth sy'n dilyn. Os cychwynnodd y dadeni Du gyda buddugoliaeth enwog Jack Johnson yn 1910, fe gychwynnodd y dadeni Cymreig gyda buddugoliaeth Freddie Welsh yn 1914. Ac os dadleua Gerald Early 'it was . . . with the emergence of a new black heavyweight champion, Joe Louis, in 1937 that the New Negro concept achieved its fulfillment', yna gellir dadlau i'r dadeni Cymreig ddod i'w lawn dwf yn yr un flwyddyn â Dadeni Harlem.[23] Y flwyddyn honno oedd 1937; blwyddyn gornest Tommy Farr, achosion llys Penyberth yn Llundain, cychwyn y cylchgrawn *Wales* gan Keidrych Rhys, a'r flwyddyn y collodd nifer o lowyr Cymru eu bywydau yn rhyfel cartref Sbaen.[24]

Tra bod gosod ffiniau amseryddol ar ddatblygiadau diwylliannol yn weithred amwys ac amhenodol, gall gornest Farr a Louis ein harwain yn ogystal i ystyried natur diwylliant moderniaeth ei hun. Deilliodd statws diwylliannol yr ornest o fodolaeth y cyfryngau torfol ac o fodolaeth gwerin ddiwydiannol a ddilynai chwaraeon poblog-aidd. Gorwedd yr ornest yng nghanol rhwydwaith o ffactorau diwydiannol, diwylliannol a thechnolegol sydd, yn ôl y beirniad Andreas Huyssen, yn rhan ganolog yn natblygiad estheteg fodern-aidd. Yn ei drafodaeth ddadlennol ar foderniaeth, *After the Great Divide*, mae Huyssen yn dadlau i estheteg fodernaidd ddatblygu mewn ymateb uniongyrchol i ddiwylliant torfol y werin ddosbarth gweithiol. Arweiniodd datblygiadau technolegol mewn diwyd-iannaeth a'r cyfryngau at chwyldro yn statws celfyddyd mewn cymdeithas. Oherwydd bodolaeth dulliau o fasgynhyrchu delwedd-au, recordiau, llyfrau, roedd celfyddyd bellach yn nwylo'r werin bobl yn hytrach nag yn nwylo dosbarth aristocrataidd neu fwrgeisaidd a allai osod cywair y diwylliant cenedlaethol. Nodweddir moderniaeth aruchel Ewropeaidd, medd Huyssen, gan rwyg rhwng celfyddyd aruchel a diwylliant poblogaidd.[25]

> Ever since the mid-nineteenth century, the culture of modernity has been characterised by a volatile relationship between high art and mass culture . . . Modernism constituted itself through a conscious strategy of exclusion, an anxiety of contamination by its other: an increasingly consuming and engulfing mass culture.[26]

Theodor Adorno yw'r prif ddylanwad ar syniadaeth Huyssen yma. Credai ef mai prif nodwedd moderniaeth fu'r ymdrech, aflwydd-iannus, i greu sffêr gelfyddydol bur lle unir y rhaniadau economaidd a grëir gan gymdeithas gyfalafol. Ysgogwyd yr ymdrech hon ymhlith y modernwyr, medd Adorno, gan ymdeimlad cyffredinol o ddiflastod ac anfoddogrwydd â diwylliannau bwrgeisiol a phoblogaidd y gorllewin.[27] Adlewyrchir barn Adorno yn y gred i'r estheteg aruchel fodernaidd gymell llenorion ac arlunwyr y cyfnod i godi, yng ngeiriau Joyce, uwchlaw hualau gwlad, crefydd ac iaith. Dyma brif nodwedd moderniaeth ym marn Hugh Kenner, er enghraifft, sy'n nodi yn ei astudiaeth *The Pound Era* ei fod yn adrodd hanes 'a supranational movement called International Modernism'.[28] Prif gymeriadau'r hanes hwnnw yw Pound, Eliot, Joyce a Beckett. Does dim lle yn nhrafodaeth Kenner i William Faulkner nac i Wallace Stevens, am eu bod hwy yn llenorion 'rhanbarthol' Americanaidd, heb sôn am draddodiadau llenyddol lleiafrifol.

Pan ystyrir traddodiadau ymylol ceir darlun tra gwahanol o werthoedd diwylliannol a gwleidyddol moderniaeth. 'Although modernism can be clearly identified as a distinctive movement in its deliberate distance from and challenge to the more traditional forms of art and thought', medd Raymond Williams,

> it is also strongly characterised by its internal diversity of methods and emphases: a restless and often directly competitive sequence of innovations and experiments, always more immediately recognised by what they are breaking from than what, in any simple way, they are breaking towards.[29]

Ni ddylid cyfyngu ein dadansoddiad o foderniaeth i un ffrwd – nac i un diffiniad – yn unig felly. Gobeithio y daw'n amlwg yn y drafodaeth sy'n dilyn fod dadansoddiad cymharol o lenyddiaeth y Cymry a'r Affro-Americaniaid yn ein gorfodi i ddiwygio'n darlun o foderniaeth, yn enwedig wrth archwilio natur y berthynas gymhleth rhwng moderniaeth a chenedlaetholdeb.

Moderniaeth aruchel a chenedlaetholdeb: Saunders Lewis a W. E. B. Du Bois

Yn ei lyfr arloesol *Modernism and the Harlem Renaissance* mae Houston A. Baker yn dadlau mai prif orchest awduron Dadeni Harlem fu iddynt greu moderniaeth Affro-Americanaidd unigryw:

> Afro-American scholars, intellectuals and activists of the late nineteenth century and early twentieth century were faced with a task substantially

different from their Anglo-American, British and Irish counterparts. Rather than bashing the bourgeoisie, such spokespersons were attempting to create one. Far from being rebellious dissenters against existent Afro-American expressive forms, they sought to enhance these forms and bring them before a sophisticated public.[30]

Tra credai Adorno mai ymdeimlad cyffredinol o ddiflastod a diwylliant bwrgeisiol y Gorllewin oedd y prif ysgogiad i ddatblygiad moderniaeth, cred Baker mai ceisio creu diwylliant bwrgeisiol newydd lle na bu un o'r blaen fu ymdrech llenorion a gwleidyddion Dadeni Harlem. Problem dadansoddiad o'r fath yw ei fod yn gorgyffredinoli, ond wrth edrych ar arweinwyr cynnar Harlem – James Weldon Johnson, Alain Locke, ac yn fwyaf arwyddocaol W. E. B. Du Bois – credaf fod Baker yn llygad ei le. Mae'i ddadansoddiad hefyd yn berthnasol yn y cyd-destun Cymreig, yn arbennig felly wrth drafod moderniaeth gynnar Saunders Lewis.

Cyfunir moderniaeth a chenedlaetholdeb yn uniongyrchol yng ngweithiau Du Bois a Lewis, ac os creu dosbarth bwrgeisiol oedd bwriad modernwyr Harlem yn ôl Houston Baker, yna gellir olrhain symbyliad ymdrech o'r fath i'r traddodiad o Genedlaetholdeb Du a ddaeth i'w anterth yn y 1920au. Noda John Hutchinson, mewn trafodaeth ar y Dadeni Gwyddelig, fod cenedlaetholdeb diwylliannol yn deillio o'r terfynau a osodir – drwy ragfarn a hiliaeth – ar fudoledd cymdeithasol y dosbarth canol o fewn grwpiau lleiafrifol. 'Ethnic closure follows', medd Hutchinson, 'if one group can seize on readily ascertainable differences', megis iaith, crefydd neu hil, a hynny'n rheswm dros esgymuno grwpiau eraill o'r frwydr fwrgeisiol am rym gwleidyddol a chymdeithasol. Arwain hyn at 'a counter-ethnic response among the excluded if they can find common character-istics'.[31] Bu'r Dadeni Gwyddelig yn ddylanwad pwysig ar ddat-blygiad syniadaeth Saunders Lewis a Du Bois, ac mae dadansoddiad Hutchinson yn berthnasol i dwf cenedlaetholdeb diwylliannol yng Nghymru a Harlem.

Gan ddilyn Baker a Hutchinson, felly, gellir olrhain datblygiad moderniaeth a chenedlaetholdeb Du Bois a Lewis i'w magwraeth fel aelodau o ddosbarth bwrgeisiol; magwraeth gwbl annodweddiadol i'r rhelyw o Gymry ac Affro-Americaniaid fel ei gilydd. Ganwyd Du Bois ym mhentref gwledig Great Barrington, yn agos at ffin orllewinol talaith Massachusetts. Deuai ei deulu o dras Ffrengig, Iseldireg – ond fel y byddai'n dathlu 'thank God no Anglo-Saxon' – a byddai wedi mynd ymlaen at yrfa ddisglair ym myd academaidd neu gyfreithiol y gwynion oni bai am 'a flood of Negro blood' a achosai liw brown-golau ei groen. Fe'i magwyd mewn cartref dosbarth canol cyfforddus, a'r newydd-ddyfodiaid o'r Iwerddon a ffurfiai'r dosbarth gweithiol a ymgartrefai yn slymiau Great Barrington.[32] 'I had little contact with crime and degradation. The slums in the town were not bad but repelled me, partly because they were inhabited by the foreign-born.'[33] I Brifysgol 'colored' Fisk, yn Nashville, Tennesee, yr aeth yn gyntaf fel myfyriwr cyn mynd ymlaen i Harvard. Wrth deithio i daleithiau'r De yn ddyn ifanc daeth i weld y tlodi affwysol a'r hiliaeth ddinistriol a ffurfiai fywyd beunyddiol y mwyafrif o'r Affro-Americaniaid yno.[34]

Deilliodd ei genedlaetholdeb, felly, o'r angen a welai i wella cyflwr bywyd y gymdeithas groenddu yn nhaleithiau'r De. Yn unol â'i gefndir dosbarth canol, credai Du Bois y deilliai gwelliant cymdeithasol drwy ymdrechion lleiafrif addysgiedig a fyddai'n arwain trwch y boblogaeth at ddyfodol gwell. 'The Negro race, like all other races, is going to be saved by its exceptional men', meddai ar ddechrau ei draethawd 'The Talented Tenth'.[35]

> Who are today guiding the work of the Negro people? The 'exceptions' of course . . . A saving remnant continually survives and persists, continually aspires, continually shows itself in thrift and ability and character . . . Was there ever a nation on God's fair earth civilized from the bottom upward? Never; it is, ever was and ever will be from the top downward that culture filters. The Talented Tenth rises and pulls all that are worth saving up to their vantage ground.[36]

Pan ysgrifennwyd y geiriau yma yn 1903 roedd 11.6 y cant o boblogaeth America yn Affro-Americaniaid – 8,833,944 o bobl yn ôl cyfrifiad 1900; 25 y cant ohonynt yn unig oedd yn byw mewn trefi, ac ychydig dros 2,000 oedd â gradd goleg.[37] Roedd sôn am 'ddegfed-ran' o Affro-Americaniaid yn cynrychioli dosbarth canol diffiniadwy yn optimistaidd a dweud y lleiaf. Ond nid y rhifau penodol oedd o ddiddordeb i Du Bois. Ei fwriad oedd creu rôl bendant i'r Affro-Americaniad addysgiedig rhwng yr hyn a ddisgrifiai'n hiliaeth affwysol y mwyafrif gwyn, a barbareiddiwch ac anllythrennedd y gymdeithas groenddu. Hybu datblygiad dosbarth bwrgeisiol rymus oedd dymuniad Du Bois, yn unol â damcaniaeth Houston A. Baker.

Dyma fu dymuniad Saunders Lewis hefyd. Fel Du Bois, roedd Lewis o gefndir cwbl annodweddiadol o'r bobl y ceisiodd fod yn llefarydd trostynt. Ganwyd ef yn Seacombe yn ardal y Wirral, ac fe'i codwyd felly ymysg Cymry Glannau Mersi. Cred Gareth Miles mai'r gymdeithas hon yn Lerpwl oedd yr unig fwrgeisiaeth gadarn a fu gan y Cymry erioed, ac mae'n werth dyfynnu ei ddadansoddiad.

> Siopwyr, ffermwyr, crefftwyr a gwerinwyr diwylliedig oedd blaenoriaid Cymru mewn byd ac eglwys yn ystod hanner olaf y ganrif ddiwethaf a dechrau hon, ond masnachwyr, arianwyr, a diwydianwyr cefnog oedd y ceffylau blaen ymhlith Cymry Lerpwl.
>
> Un o feibion disgleiriaf y fwrdeisiaeth hon – yr unig fwrdeisiaeth gref a hunan-ymwybodol a gafodd y genedl Gymreig erioed – yw Saunders Lewis. Ganddi hi yr etifeddodd y nodweddion trwyadl fwrdeisiaidd hynny a'i gwna'n greadur mor wahanol i neb o'i gyfoedion – ei egni, ei eofndra, ei hunan-hyder, ei fileindra achlysurol, ei unigolyddiaeth ddi-gyfaddawd, ei ryfyg, a'i ddiwylliant eang.[38]

Tra credai Du Bois y byddai grym deallusol y 'degfed dethol' yn sicrhau buddiannau cymdeithasol a diwylliannol ei bobl, credai Lewis hefyd mai i ofal yr ychydig diwylliedig y dylid ymddiried y dasg o sicrhau datblygiad llenyddiaeth a gwleidyddiaeth Cymru. Nododd yn ei ysgrif ar 'Safonau Beirniadaeth Lenyddol' (1922) ei bod 'yn amlwg na all y "dyn cyffredin" ddeall yr anghyffredin ond ymhen amser maith; a'r anghyffredin yw hanfod llenyddiaeth'.[39] Er y gwelai ffaeleddau ym materoliaeth y dosbarth canol, credai mai'r dosbarth hwnnw a fyddai'n esgor ar arweinwyr gwleidyddol a diwylliannol y dyfodol. Yng nghyflwyniad ei gyfieithiad o ddrama Molière Le Médecin Malgré Lui – Doctor Er Ei Waethaf (1924) – dadleuodd fod mawredd y dramodydd Ffrengig yn deillio o'i gefndir bwrgeisiol.

> Plentyn dinas, mab i siopwr cefnog ym Mharis, oedd Molière. 'Bourgeois' gan hynny . . . [A]r sylfaen ddiogel cymdeithas 'bourgeois' y mae'n rhwyddaf cynnal bywyd yr artist; a bu siopwyr cefnog yn aml yn noddwyr celf. Fe ddigwydd hefyd fod nifer o'r disgleiriaf ym mysg disgyblion celf yn blant y 'bourgeois'. Y mae'r dosbarth canol o gymdeithas yn feithrinfa dda i'r artist canys gall roi addysg iddo a moethau gwâr ac arian – pethau sy'n anhepgor – a'i gadw serch hynny o fewn terfynau y byddo diwydrwydd yn fantais iddo.[40]

Nid dilyn Pound ac Eliot, gan ymosod ar werthoedd pydredig diwylliant bwrgeisiol, a wna Lewis yn bennaf felly. Perthyn ei foderniaeth yn hytrach i ymdrech y lleiafrifoedd i greu dosbarth bwrgeisiol cenedlaethol. Dyna, fe gred Houston A. Baker, sy'n nodweddu moderniaeth Harlem o'i chymharu â moderniaeth Prydain, Iwerddon ac Ewrop. Ond nid rhwng moderniaeth Harlem a phob moderniaeth arall y dylid gosod ffiniau'r ddadl, ond rhwng moderniaeth ganolog y cenhedloedd gwladwriaethol datblygedig – Prydain, Ffrainc ac yn y blaen – a moderniaeth ymylol y bobloedd hynny a ymdrechai i greu dosbarth bwrgeisiol o'r newydd a hynny'n sail i foderniaeth ddiwylliannol a chenedlaetholdeb gwleidyddol.

Drwy gydol ei fywyd bu Du Bois yn un o brif ladmeryddion cenedlaetholdeb Affricanaidd. Nododd y Marcsydd o Trinidad, C. L. R. James: 'more than any other citizen of Western civilization (or Africa itself) [Du Bois] struggled over many years and succeeded in making the world aware that Africa and Africans had to be freed from the thralldom which Western civilization had imposed on them.'[41] Du Bois oedd prif drefnydd cyfres o gyfarfodydd y 'Pan African Congress' a brofodd yn fforwm allweddol ar gyfer rhannu gweledigaeth Cenedlaetholdeb Du rhwng 1900 a 1945. Datblygodd graidd y weledigaeth honno drwy gydol y 1910au a'r 1920au mewn erthyglau yn yr wythnosolyn *The Crisis.*

> The African movement means to us what the Zionist movement must mean to the Jews, the centralisation of race effort and the recognition of a Racial front. To help bear the burden of Africa does not mean any lessening of effort in our own problem at home. Rather it means increased interest. For any ebullition of action and feeling that results in an amelioration of the lot of Africa tends to ameliorate the condition of colored peoples throughout the world.[42]

Yn ôl Henry Louis Gates, camp Du Bois oedd iddo lwyddo i roddi 'a narrative voice and shape to the "nationhood" – the status as a nation within a nation – of eight million African Americans'.[43] Yn wir, ystyriai Du Bois frwydr ei bobl dros ryddid yn America yn frwydr genedlaethol, a rhyng-genedlaethol, ei goblygiadau.

Ceisio rhoddi mynegiant a ffurf i genedlaetholdeb y Cymry a wnâi Saunders Lewis drwy gydol ei fywyd yntau hefyd, o sefydlu'r Blaid Genedlaethol yn 1925 ymlaen. Prif amcan cenedlaetholdeb Saunders Lewis oedd tynnu 'oddi wrth Gymry eu taeogrwydd ysbryd' a thynnu 'oddi ar ein gwlad annwyl ni farc a gwarth ei choncwest'.[44] Lluniodd egwyddorion ei genedlaetholdeb er mwyn cyflawni'r dasg hon. Yn 1918, yn un o'i ddatganiadau cynharaf ar genedlaetholdeb gwleidyddol, gwelir bod sylfeini'r egwyddorion hynny wedi eu gosod yn barod.

Ni all Cymro ymfalchïo yn nylanwad Lloegr ar fywyd ei wlad. Ond y mae aml hanes o ddyddiau Illtud Sant hyd Owain Glyndŵr ac hyd Emrys ap Iwan am Gymry eangfryd a gyfoethogodd feddwl ein gwlad ac a ddysgodd ac a ddygodd yma o ysbryd a thraddodiadau clasurol Ffrainc. Onid oes inni gyngrair yno nid o arfau yn unig namyn o ysbrydoliaeth goleuni a chelf? . . . Pe magem yn ein pentrefi, yn ein hysgolion, ar ein haelwydydd, gariad at ein hen draddodiad a gwareiddiad, pe gafaelem eilwaith ar drysorau ysbrydol ein tadau, gallem yn hyf hawlio ymreolaeth allanol heb yr ofn a fynna yn awr na fyddai senedd Gymreig yn amgenach peth na chyngor sir. Onid oes eto yn fyw rywfaint o ysbryd Einion fab Anarwyd, brawd yr Arglwydd Rhys, ieuanc o oed a gwrol o nerth, a roddodd bob peth i'r prawf, yn ôl geiriau godidog y Brut 'o achos ei fod yntau yn dolurio cyfarsangedigaeth ei briod genedl'.[45]

Os gosododd Du Bois brofiad ei bobl mewn cyd-destun Affricanaidd, gwelir i Lewis osod ei genedlaetholdeb yntau mewn cyd-destun ehangach hefyd, drwy ddadlau mai gwlad hanfodol Ewropeaidd oedd Cymru. I bobl oedd wedi hen ystyried eu hunain yn rhan o ymerodraeth lwyddiannus Brydeinig roedd ei neges â photensial chwyldroadol. Ond ychydig iawn o ddylanwad a gafodd ei athrawiaeth genedlaetholgar ar drwch y boblogaeth.

Yn wir, er bod y ddau yn genedlaetholwyr, teimladau cymysg oedd gan Du Bois a Lewis am y bobl yr ymdrechent i siarad ar eu rhan. Mae geiriau Tom Nairn yn arbennig o ddefnyddiol wrth drafod perthynas y cendlaetholwyr bwrgeisiol hyn â'u cymuned ehangach.

The new middle classes, awakening to the grim dilemmas of backwardness, are confronted by a double challenge. They have to get rid of an anachronistic 'ancien regime' as well as to beat 'progress' into a shape that suits their own needs and class ambitions. They can only attempt this by radical political and social mobilisation, by arousing and harnessing the latent energies of their own societies. But this means, by mobilising the people. People is all they have got.[46]

Bu Du Bois a Lewis yn awyddus i droi at eu pobl, i apelio at syniad o'r werin draddodiadol fel amddiffynfa yn erbyn grym cyfalafiaeth. Cyfeiriodd Du Bois at yr Affro-Americaniaid fel 'the sole oasis of simple faith and reverence in a dusty desert of dollars', er enghraifft, a honnodd Saunders Lewis 'that the Celtic peoples have an inherent inaptitude for industrial capitalism, being incapable of organising social life on such a basis'.[47] Y broblem i Du Bois a Lewis oedd mai pobl drefol, ddiwydiannol oedd mwyafrif y Cymry a nifer helaeth o'r Affro-Americaniaid erbyn 1920au'r ugeinfed ganrif.

Er ei fod yn awyddus i hybu datblygiad diwylliant trefol croenddu, roedd Du Bois yn gwbl ddirmygus o ddiwylliant newydd y 'dorf'. Mynnodd wrth adolygu dathliad Carl Van Vechten o fywyd nos Harlem, *Nigger Heaven*, fod '[the] overwhelming majority of black folk [in Harlem] never go to cabarets. The average colored man in Harlem is an everyday laborer, attending church, lodge and movie and as conservative and as conventional as ordinary working folk every-where', ac er iddo ysgrifennu erthyglau wythnosol ar gelfyddyd a diwylliant yn y ddinas nid ymddangosodd enwau cerddorion jazz arloesol megis Louis Armstrong, Fats Waller na hyd yn oed Duke Ellington yn ei ysgrifau erioed.[48] Galw am y 'Beethoven Du' a wnaeth Du Bois, un a fyddai'n defnyddio emynau ei bobl yn sail ar gyfer cerddoriaeth glasurol. Credai y dylai artistiaid Dadeni Harlem ymdrechu i godi traddodiadau'r werin amaethyddol i safonau'r traddodiad aruchel Ewropeaidd.[49]

Er i Du Bois ddyrchafu diwylliant traddodiadol y werin amaeth-yddol, gwelir ei ddrwgdybiaeth o'r dorf yn brigo i'r wyneb hyd yn oed wrth drafod cymunedau taleithiau'r De. Yn ei draethawd ar 'The Faith of the Fathers' daw Du Bois wyneb yn wyneb â gwasanaeth crefyddol yn Georgia. Wedi cyfarfodydd tawel ei bentref genedigol ym Massachusetts, rhyfedda at y 'pythian madness and demoniac possession' y daw wyneb yn wyneb â hi mewn cwrdd diwygiad yn y De. Mae'r 'scene of human passion such as I had never conceived before' yn ei wthio yn ôl i safbwynt y deallusyn o'r Gogledd ac mae'i arddull yn cyfleu'i bellter oddi wrth y bobl: 'Those who have not thus witnessed the frenzy of a Negro revival in the untouched backwoods of the South can but dimly realise the religious feeling of the slave; as described, such scenes appear grotesque and funny, but as seen they are awful.'[50] Hyd yn oed mewn testun lle ymdrecha'r awdur i greu darlun positif o'r bobl, fe deimlir y pellter rhwng y cenedlaetholwr o'r Gogledd a gwerin y De. Drwy gydol gweithiau Du Bois, o'i erthygl ar y 'Talented Tenth' ymlaen, y lleiafrif addysgiedig sydd â'r gallu i newid cyflwr y gymdeithas Affro-Americanaidd, nid y bobl eu hunain.

Gwelir yr un pellter rhwng y cenedlaetholwr bwrgeisol a'r bobl y dibynna arnynt am lwyddiant gwleidyddol yng ngweithiau Saunders Lewis. '[I]ndustrialism is the destroyer of all nationhood, reducing men to hands and community to a mass', meddai yn ei ddarlith, *Is There an*

Anglo-Welsh Literature?[51] 'Yma bu unwaith Gymru', medd wrth bortreadu'r cymunedau glofaol yn ei gerdd adweithiol 'Y Dilyw', a thrwy gydol y 1930au bu'n dadlau y dylid dad-ddiwydiannu de Cymru 'er mwyn iechyd moesol Cymru ac er lles moesol a chorfforol ei phoblogaeth'.[52] Dadleuodd yn ogystal na fedrai'r cymunedau glofaol esgor ar lenyddiaeth yn yr iaith Saesneg am mai'r Gymraeg yn unig oedd priod iaith llenyddiaeth y genedl, a hynny'n tarddu o gymdeithas amaethyddol. Roedd Lewis eisoes wedi datblygu'i syniadaeth gymdeithasol erbyn iddo draddodi darlith ar 'Tueddiadau Cymru rhwng 1919 a 1923' i Ysgol Haf y 'Welsh School of Social Service':

> Sylfeini gwareiddiad yw traddodiad, cysylltiadau lleol, atgofion am orffennol sy'n cysylltu dynion â'i gilydd ac yn eu gwneuthur yn genedl . . . Dinistrio atgof, dinistrio cenedl, dinistrio gwareiddiad yw amcanion y blaid Lafur, a dyma'r blaid sy'n ffynnu heddiw yng Nghymru. Dyn heb iddo wreiddiau, heb iddo orffennol, heb fod ganddo unrhyw ddiddordeb personol yn y darn daear y mae'n byw arno – dyna'r Cymro newydd . . . Beth yw'r iaith Gymraeg iddo fo? Peth sy'n cadw dyn yn Gymro yw'r Gymraeg, yn gwneuthur y gweithiwr a'r ysgolhaig yn frodyr yng Nghymru, y tlawd a'r cyfoethog yn aelodau o'r un teulu. A chas ganddo ef hynny. Ei frodyr ef yw'r gweithwyr eraill yn yr Almaen ac yn America, dynion nas gwelodd erioed. Ac felly, Saesneg yw iaith swyddogol y blaid Lafur.[53]

Dyma ymosodiad diflewyn-ar-dafod ar werthoedd sosialaeth ryng-wladol, gan ei gweld yn fygythiad i barhad y genedl. Daw ei atgasedd greddfol at gymdeithasau proletaraidd de Cymru yn amlycach fyth yn ei lythyrau. Ysgrifennodd at Kate Roberts yn 1927:

> mi roddais innau dair darlith yn ddiweddar ar y nofel Gymraeg ym Mlaen Dulais . . . os drwg yw Aber Dâr, beth am leoedd fel Blaen Dulais a'r cymoedd eraill oll? . . . Ni welais erioed y fath gynulleidfa o anwariaid syml. Petawn yno ddiwrnod mi'm lladdwn fy hun, 'rwy'n siwr bron.[54]

Er yn genedlaetholwr, roedd eisoes yn esgymuno dros hanner poblogaeth y wlad o'i ddiffiniad o Gymru.

Gwelir felly sut y bu i gefndir bwrgeisiol, annodweddiadol, Du Bois a Lewis ddylanwadu ar ddatblygiad eu cenedlaetholdeb. Er i'r ddau ddeall yr angen gwleidyddol am gysylltu â'r bobl er mwyn hyrwyddo eu hachos, bu eu hagweddau snobyddlyd, elitaidd, yn rhwystr rhag gwneud hynny. Adlewyrchir y tensiwn hwn, rhwng yr angen ac eto'r anallu i gysylltu, y dyhead ac eto'r methiant i berthyn, yn eu gweithiau. Moderniaeth ddeuol yw moderniaeth Lewis a Du Bois, yn cael ei nodweddu gan dyndra rhwng yr hen a'r newydd, y chwyldroadol a'r traddodiadol, y lleol a'r rhyngwladol. 'A ddywedid gormod', gofyn Dafydd Glyn Jones mewn trafodaeth ar ddramâu Lewis, 'pe dywedid bod cwrdd dau fyd yn bwnc ymhob un o'i ddramâu, ac mai symud rhwng dau gylch gwahanol, weithiau'n llwyddiannus ac weithiau fel arall, ond bob amser gan ddwyn gyda hwy ryw bethau o un cylch i'r llall, ydyw profiad ei brif arwyr i gyd?'[55] Rhydd Dafydd Glyn Jones bwyslais ar ffactor sy'n cysylltu moderniaeth gynnar Lewis a Du Bois.

Wrth wraidd dadansoddiad Du Bois o sefyllfa'r Affro-Americaniaid yn ei lyfr enwocaf *The Souls of Black Folk* (1903) gorwedd y syniad o'r 'ymwybod dwbl' (*double consciousness*). Gellir olrhain y term i weithiau Emerson, Henry James a George Eliot, ond ceir llinach fwy uniongyrchol yng ngweithiau'r athronydd, a fu'n athro a chyfaill agos i Du Bois, William James.[56] Yn ei ddadansoddiad arloesol *The Principles of Psychology* (1890) dadleuodd James nad yw hunaniaeth byth yn sefydlog ond bod yr hunan yn gymathiad o 'alternating selves' yn dibynnu ar fodolaeth barhaol 'primary and secondary consciousness'. Trwy ei ddylanwad ar bobl megis Gertrude Stein bu gwaith James yn ganolog yn natblygiad moderniaeth yn America.[57] Egyr dadansoddiad James o lefelau'r ymwybod ar liaws o gysyllt-iadau ehangach yn ysgrifau Du Bois, lle pwysleisir y tyndra rhwng materoliaeth Americanaidd ac ysbrydegaeth Affricanaidd, rhwng hanes datblygiad democratiaeth America a'i seiliau'n baradocsaidd mewn caethwasiaeth.

> After the Egyptian and Indian, the Greek and Roman, the Teuton and Mongolian, the Negro is a sort of seventh son, born with a veil, and gifted with second-sight in this American world – a world which yields him no true self-consciousness, but only lets him see himself through the revelation of the other world. It is a peculiar sensation, this double-consciousness, this sense of always looking at one's self through the eyes of others, of measuring one's soul by the tape of a world that looks on in amused contempt and pity. One ever feels this twoness – an American, a Negro; two souls, two thoughts, two unreconciled strivings; two warring ideals in one dark body, whose dogged strength alone keeps it from being torn asunder.[58]

Os yw'r ymwybod dwbl yn ffactor negyddol am nad yw'n esgor ar 'hunan ymwybyddiaeth go iawn', mae hefyd yn bositif am fod yr Affro-Americaniad wedi'i freintio â'r gallu i edrych yn dreiddgar ar natur cymdeithas America; 'gifted with a second sight in this American world'. Mae dwy broses yn cymryd lle yma; ar y naill law ceir ymdrech genedlaetholgar i bwysleisio nodweddion unigryw yr Affro-Americaniaid, tra ar y llaw arall ceir ymwybyddiaeth fodernaidd o luosogedd – 'an American, a Negro' – sy'n arwain at gwestiynu seiliau a gwerthoedd America. Tanlinellir y cysyniad o ddeuoliaeth yn strwythur poliffonaidd, aml-leisiog *The Souls of Black Folk*, sy'n rhagweld arbrofion modernaidd mewn strwythur a ffurf wrth gyfuno storïau byrion, cerddi, dadansoddiadau cymdeithasegol, enghreifftiau cerddorol, dadleuon gwleidyddol a phenodau hunangofiannol. Tra bod y llyfr fel cyfanwaith yn alwad am gyfiawnder cymdeithasol, tystia hefyd i luosogedd y profiad croenddu yn America, a'r problemau sy'n wynebu'r gwleidydd wrth geisio cymathu ymwybyddiaeth fodernaidd o luosogedd ag agenda wleidyddol genedlaethol bendant.

Adlewyrchir y tyndra hwn rhwng moderniaeth a chenedlaetholdeb yng ngwaith Saunders Lewis. Noda Ioan Williams mai 'camp Saunders Lewis fel dramodydd, yw ei allu i greu sefyllfa ar lwyfan lle y mae gwerthoedd a gyflwynir yn ddiamod yn ei feirniadaeth yn dod wyneb yn wyneb ag ystyriaethau sy'n gwrthdaro â hwy'.[59] Perthyn pŵer gweithiau Lewis yn rhannol i'r tyndra sy'n deillio wrth i genedlaetholdeb gwleidyddol ddod wyneb yn wyneb â moderniaeth ddiwylliannol. Mae hyn yn arbennig o wir yn achos y ddrama *Blodeuwedd*. Er na chwblhawyd y ddrama tan ddiwedd Medi 1947, fe ymddangosodd yr act gyntaf yn *Y Llenor* yn 1923, a'r ail yn 1925. Seilir y ddrama ar y gymhariaeth rhwng yr ysfa fodernaidd i dorri'n rhydd o hualau gwlad, crefydd ac iaith, a dyhead y cenedlaetholwr i osod yr hunan mewn cyddestun cymdeithasol a chenedlaethol. Bu consensws beirniadol ers tro fod y ddrama yn troi o gwmpas atyniad Lleu at gariad teulu ac atyniad Blodeuwedd at serch y nwydau.[60] Gorsymleiddir y cymeriadau mewn darlleniad o'r fath serch hynny, oherwydd, gan ddilyn awgrym Dafydd Glyn Jones, cymeriadau deufyd yw Blodeuwedd a Lleu. Os gall Blodeuwedd ddathlu ei rhywioldeb afieithus yn y geiriau a ganlyn –

> Gyda mi
> Nid oes yn ddiogel ond y funud hon.
> A'm caro i, rhaid iddo garu perygl
> A holl unigedd rhyddid . . .

Ond cawod fel fy ngwallt
A leinw ei synnwyr dro, a'm bronnau dwfn
A'i cudd ef ennyd rhag murmuron byd,
A'r eiliad fydd ei nefoedd.[61]

– gall hefyd ddyheu am y cysylltiadau teuluol a chenedlaethol hynny
a wêl ymysg y bobl o'i chwmpas:

. . . chwilia Wynedd draw
A Phrydain drwyddi, nid oes dim un bedd
A berthyn imi, ac mae'r byd yn oer,
Yn greulon estron im, heb gwlwm câr
Na chadwyn cenedl.[62]

Yn ferch o flodau a garcharwyd gan 'gadwynau cnawd', yn wraig 'cyn
i mi fod yn ferch', ysa Blodeuwedd am gysylltiadau teuluol ar yr un
llaw, ac am fodloni ei rhywioldeb dilyffethair ar y llall. Yr anghenion
cydamserol am berthyn ac am ddianc sy'n ysbrydoli gweithredoedd
Blodeuwedd, sy'n creu'r tyndra yn ei chymeriad, ac sy'n tanlinellu
deuoliaeth ei hymwybyddiaeth. Er bod Lleu yn arddel gwerthoedd
ceidwadol ei gymdeithas gan obeithio gweld Blodeuwedd yn sefydlu
llinach iddo, gwêl hefyd apêl ei naturioldeb gwyllt hi. Mae tinc o
ryfeddod ac edmygedd, yn ogystal â siom, wrth iddo sôn am
ddarganfod Blodeuwedd yng nghanol y dymestl a sylweddoli '[n]ad
oedd i mi ddim cyfran yn ei bywyd', ac erfyn yn nes ymlaen arni i'w
ddysgu, ar ei thelerau ei hun,

. . . pa ddull
Yr elwyf heibio i'r petalau oll
A'm claddu fel gwenynen yn dy gôl.[63]

Defnyddio delwedd o fyd natur i'w ddisgrifio'i hun a wna Lleu yma,
a hynny'n awgrymu apêl agwedd Blodeuwedd at fywyd iddo. Bu
Lleu, fel Blodeuwedd, yn un a fu'n 'ddieithr . . . i freichiau mam', ac
awgryma'r tebygrwydd allweddol yma rhwng y ddau gymeriad mai
ymwybyddiaeth fodernaidd o draddodiad sy'n sail i ddatblygiad y
ddrama. Proses o greu llinach, o greu traddodiad, sy'n wynebu'r
ddau. Mater o hunanddewis yw traddodiad iddynt yn hytrach na
rhywbeth sy'n bodoli'n barod, a gellir gweld y cysylltiad rhwng
athroniaeth o'r fath a chefndir y dramodydd a ddarganfu ei
Gymreictod a'i genedlaetholdeb. Traddodiad sydd wrth wraidd

ideoleg cenedlaetholdeb, a gellid ei arddel fel sail i hunaniaeth, neu ei weld yn llyffethair. Egyr ar y ddau bosibiliad yma yn nwy act gynta'r ddrama a ymddangosodd yn Y Llenor yn y 1920au. Er bod Lewis y gwleidydd eisoes wedi'i gysegru ei hun i genedlaetholdeb yn y 1920au, awgryma'r ffaith na lwyfannwyd y ddrama tan 1948 nad oedd Lewis y dramodydd yn siŵr sut i ddatrys y tyndra rhwng moderniaeth a chenedlaetholdeb yn foddhaol.

Tyndra diddatrys rhwng y dyhead aruchel i godi uwchlaw'r dorf anarchaidd a'r angen gwleidyddol i gysylltu â'r bobl sy'n nodweddu moderniaeth gynnar Saunders Lewis a W. E. B. Du Bois. Dyma ganlyniad y ffaith i foderniaeth Harlem a Chymru ddatblygu ar y cyd â chenedlaetholdeb bwrgeisiol. Cyn gynted ag yr ymddangosodd y foderniaeth aruchel hon, serch hynny, bu adwaith yn ei herbyn ac, fel ei rhagflaenydd, roedd y ffrwd newydd hon yn ymateb i newidiadau pellgyrhaeddol mewn diwylliant a chymdeithas.

Moderniaeth boblogaidd a chenedligrwydd: Langston Hughes ac Idris Davies

Un o nodweddion rhyfedd Dadeni Harlem, fel y noda Henry Louis Gates, yw'r ffaith i'w ddatblygiad gydredeg â chwymp economaidd Harlem i'w safle bresennol fel un o ardaloedd tlotaf yr Unol Daleithiau.[64] Roedd cyfradd marwolaethau babanod yn yr ardal ddwywaith yn uwch nag yng ngweddill Efrog Newydd hyd yn oed cyn cwymp economaidd 1928. Roedd y niferoedd a fyddai farw o'r ddarfodedigaeth yn y 1920au bedair gwaith yn uwch ymysg yr Affro-Americaniaid nag ymysg unrhyw grŵp arall. Roedd di-weithdra dros 50 y cant ymysg y boblogaeth Affro-Americanaidd erbyn 1929, ac o'r 18 miliwn o bobl a ddibynnai ar gymorth ariannol oddi wrth y llywodraeth yn 1935, roedd tair miliwn ohonynt yn groenddu.[65]

Gellid gwneud sylwadau tebyg yn achos dadeni diwylliannol Cymru hefyd. Rhwng 1921 a 1936 gwelwyd 241 o byllau glo yn cau yn ne Cymru a'r llafurlu yn lleihau o 271,161 yn 1920 i 126, 233 yn 1936 gan achosi lefelau eithafol o ddiweithdra. Erbyn 1939 roedd diweithdra ym Merthyr – calon y Gymru ddiwydiannol am gyhyd – yn 69.1 y cant.[66] Fel y nododd Gwyn Williams: 'In terms of social disruption and identity crisis, the depression plays the same role in Welsh history as the famine in Irish.'[67]

Gwelwyd eisoes i Saunders Lewis ystyried cymunedau diwyd-iannol de Cymru yn 'anwariaid syml', a bu'r dirwasgiad i'r modern-wyr aruchel yn brawf pellach o fethdaliad llwyr rhyddfrydiaeth obeithiol y ganrif gynt. Bu'n dueddiad i nifer ohonynt, megis Pound, Yeats a Lewis ei hun, droi at wleidyddiaeth asgell-dde eithafol am ateb i broblemau cymdeithas.[68] I rai, serch hynny, bu'r cyfnod o gyni economaidd, a'r twf cydamserol mewn gwleidyddiaeth ddosbarth-gweithiol, yn sbardun i ailystyried perthynas y llenor â'i gymdeithas ac yn ysgogiad i fynd ati i wrthod elitiaeth y modernwyr aruchel gan geisio creu celfyddyd ac iddi bwys gwleidyddol uniongyrchol.

Yn ei draethawd 'The Negro Artist and the Racial Mountain' (1926) aeth y bardd Langston Hughes ati i ymosod ar elitiaeth y llenorion dosbarth canol hynny, megis Du Bois, a fu mor nawddoglyd eu hagwedd at ddiwylliant poblogaidd y gymdeithas ddinesig. Credai Hughes ei bod yn bryd i'r bardd uniaethu â'r bobl ac â'u diwylliant, i ddringo i ben y mynydd a wahanai'r artist oddi wrth y werin:

> But then there are the low-down folks, the so-called common element, and they are the majority – may the Lord be praised! The people who have their nip of gin on Saturday nights and are not too important to themselves or the community, or too well fed, or too learned to watch the lazy world go round . . . Their joy runs, bang! into ecstasy. Their religion soars to a shout. Work maybe a little today, rest a little tomorrow. Play awhile. Sing awhile. O, let's dance! These common people are not afraid of spirituals . . . and jazz is their child. They furnish a wealth of colorful, distinctive material for any artist because they still hold their own individuality in the face of American standardizations . . . Most of my own poems are racial in theme and treatment, derived from the life I know. In many of them I try to grasp and hold some of the meanings and rhythms of jazz. I am as sincere as I know how to be.[69]

Hoffwn osod y dyfyniad yma ochr yn ochr â'r hyn a ddywedodd y Cymro Idris Davies mewn llythyr at y beirniad Saesneg, a golygydd y cyfnodolyn dylanwadol *New Verse*, Geoffrey Grigson.

> In the current issue of NEW VERSE you have a word or two about my book of verse, *Gwalia Deserta*. I did not, of course, expect any favourable comment upon it in NEW VERSE, and I certainly was not surprised to see it called 'simple'. I wish it were simpler than it is, for even now it is too 'difficult' for some folk in South Wales – the folk whom I have tried to write about, the folk who have never heard of NEW VERSE and literary cliques.

Without any hesitation, I admit that *Gwalia Deserta* is simple, but I think you do me an injustice when you say it is superficial. I have written about coal-miners, employed and unemployed, in as realistic a way as I possibly could. I did not try to be pretty-pretty about them. I tried to give an objective account of the whole show. When I tell you that I worked for 7 years in the coal-face, I think you will agree that I had some practical knowledge of my subject.

It would have been very easy to make *Gwalia Deserta* obscure . . . I did what I could do, openly and honestly, and I let the book take any chance it had.[70]

Mae'r weledigaeth farddonol yn y ddau ddyfyniad yn debyg iawn. Dywed Hughes ei fod yn ysgrifennu am 'the life I know', a noda Davies iddo dreulio saith mlynedd yn y pwll glo er mwyn tanlinellu'r profiad personol sy'n sail i'w farddoniaeth. Mae'r pwyslais, felly, ar brofiad, ac ar onestrwydd gwrthrychol. 'I am as sincere as I know how', medd Hughes, tra noda Davies mai ei ymdrech i ysgrifennu'n ddidwyll ac agored sy'n esbonio 'symlrwydd' ymddangosiadol ei gasgliad cyntaf *Gwalia Deserta*. Portreadu'r werin yn onest, nid ceisio eu dyrchafu na'u 'deffro' o drwmgwsg i ymwybyddiaeth o'u cenedligrwydd, yw bwriad y ddau fardd yma.

'Dream no more on your mountains', medd Idris Davies wrth y bardd yn *Gwalia Deserta VI*, 'But face the savage truths',[71] neges sy'n cael ei hailgadarnhau'n fanylach yn ei gerdd 'Come Down'.

Come down, young mountain dreamer, to the crowded public square
Where anger breaks into music and thrills through the common air. (B.74)

Ceir neges gyffelyb gan Langston Hughes yn ei 'Call to Creation':

Listen!
All you beauty makers,
Give up beauty for a moment.
Look at harshness, look at pain,
Look at life again.[72]

Gelwir ar feirdd i sylwi ar broblemau eu cymdeithas – 'Come!' medd Davies, 'Listen', medd Hughes. Ymateb yn uniongyrchol i freuddwydwyr y cyfnod rhamantaidd, ac i'r tueddiad modernaidd i synio am gelfyddyd fel sffêr uwchlaw gwleidyddiaeth, tlodi, gwaith a diwylliant y werin ddosbarth-gweithiol a wna'r beirdd. 'If you will to Merthyr Tydfil / Ride unarmed of dreams', medd Idris Davies yn *Gwalia Deserta XXX*, gan ein rhybuddio fod breuddwydion y delfrydwr yn sicr o gael eu chwalu pan ddônt wyneb yn wyneb â'r dirwasgiad. 'What happens to a dream deferred?' gofyn Langston Hughes yn ei gerdd rymus 'Harlem':

> Does it dry up
> like a raisin in the sun?
> Or fester like a sore –
> And then run?
> Does it stink like rotten meat?
> Or crust and sugar over –
> like a syrupy sweet?
>
> Maybe it just sags
> like a heavy load.
>
> *Or does it explode?* (t.426)

Archwilir yr hyn sy'n digwydd i'r freuddwyd nas gwireddir mewn cyfres o ddelweddau. Efallai y bydd y freuddwyd yn sychu'n grimp, yn dechrau cosi neu ddrewi, neu barhau'n bwysau ar gydwybod cymdeithas. Tanlinellir mai breuddwyd gymdeithasol yw hon yn nheitl y gerdd – 'Harlem' – ac yn y llinell olaf fygythiol, lle rhagwelir y perygl o derfysg cymdeithasol wrth i'r Affro-Americaniaid weld nad yw'r freuddwyd Americanaidd o gydraddoldeb yn eu cynnwys hwy.

Ystyrir goblygiadau sefyllfa economaidd lle na fodola unrhyw obaith i weld gwireddu breuddwydion cymdeithas gan Idris Davies yn ei ail gasgliad *The Angry Summer: a poem of 1926* (1943). Er bod y broblem yn cael ei phersonoli yng nghymeriad Dai, mae'r gerdd ganlynol, fel 'Harlem', yn datblygu drwy gyfres o gwestiynau:

> What will you do with your shovel, Dai,
> And your pick and your sledge and your spike,
> And what will you do with your leisure, man,
> Now that you're out on strike?
> What will you do for your butter, Dai,
> And your bread and your cheese and your fags,
> And how will you pay for a dress for the wife,
> And shall your children go in rags? . . .

And how will you stand with your honesty, Dai,
When the land is full of lies,
And how will you curb your anger, man,
When your natural patience dies? (A.2;5)

Er mai unigolyn yw Dai, mae'n cynrychioli'r gymdeithas lofaol yn gyffredinol, ac felly pan yw'r bardd yn holi 'how will you curb your anger man', mae'n rhagweld, ac yn ofni, cyfnod o derfysg os na cheir cyfiawnder cymdeithasol. Nid ofn y modernydd aruchel o bŵer y dyrfa anarchaidd sydd yma. Drwy dynnu sylw at gyni economaidd, at yr angen i edrych ar ôl buddiannau'r teulu, ac at 'amynedd naturiol' Dai, fe'n hanogir i uniaethu â'r glöwr. Fel Hughes, serch hynny, ofn Davies yw mai cyfnod o derfysg sydd i ddod; cyfnod a fyddai'n peryglu swyddogaeth y bardd o fynegi realiti'r gymdeithas ddosbarth-gweithiol.

Uniaethu â'r gymdeithas honno fu ymdrech Langston Hughes ac Idris Davies wrth iddynt geisio ailddiffinio rôl y bardd mewn cymdeithas. Bu eu hymdrechion nodweddiadol fodernaidd i ddarganfod ffurfiau barddonol newydd, ac i arbrofi ag iaith, yn rhan o brosiect ehangach o uniaethu â diwylliant poblogaidd eu pobl. Noda Dafydd Johnston mai dewis personol ac nid hap a damwain na gorfodaeth a arweiniodd Idris Davies i gyfansoddi mwyafrif llethol ei gerddi yn Saesneg.[73] Er bod y Rhymni y ganwyd ef iddo yn graddol Seisnigeiddio'n ieithyddol, fe anwyd Idris mewn teulu cwbl Gymraeg ei iaith. Yn wir, yn Gymraeg yr ysgrifennwyd y gerdd gyntaf a gyhoeddodd, 'Rhywle yng Nghymru'. Yn arwyddocaol, methiant y bardd i fynegi'i hun yn ei iaith genedlaethol yw'r thema.

Crwt o gartref Cymreig oedd
A lliw hen Gymru arno,
Ond eto aeth i'r ysgol nos
I ddysgu iaith y Cymro!

Sut y bydd yn dysgu hon,
Ond amser a ddywedai,
Gadewch e'n llonydd yr awrhon –
Mae'r ferf yn methu chwarae. (B.1)

Dengys bodolaeth y gerdd mai dewis barddonol, a gwleidyddol, fu penderfyniad Davies i ddatblygu'n fardd Saesneg yn hytrach na

Chymraeg ei iaith. Er bod y Gymraeg yn parhau'n ffactor pwysig yn nifer o gymunedau glofaol de-ddwyrain Cymru, Saesneg oedd iaith bywyd sifil y gymdeithas yn gyffredinol. Am ei fod yn awyddus i roddi portread byw o'r bywyd diwydiannol, penderfynodd mai Saesneg y gymdeithas honno fyddai'r sylfaen i'w gerddi. Nodwyd droeon mai un o nodweddion y cyfnod modernaidd fu hunan-ymwybyddiaeth newydd ynglŷn â natur iaith a'r berthynas amrwd ac amwys rhwng y gair a'r gwrthrych.[74] I Idris Davies, a fagwyd mewn cymdeithas ddwyieithog, mewn gwlad â'i hiaith genedlaethol yn araf ddiflannu, roedd iaith eisoes yn fwy nag arfer cymdeithasol.

Bu'r gymdeithas Affro-Americanaidd yn gwbl ymwybodol o gymlethdodau ieithyddol ymhell cyn dyfodiad moderniaeth ddi-wylliannol hefyd. Yn wir, mewn trafodaeth sy'n arbennig o berth-nasol i'm dadl yma, dywed Ann Douglass mai bardd dwyieithog oedd Langston Hughes.

> Blacks en route to the New World or just landed there were compelled to seize upon their first chance at a common language; pidgin English, the bastard idiom used in the multinational business of slave trading in the seventeenth and eighteenth centuries, supplied it. Black English, its heir, developed much as white standard English had some five hundred years earlier, out of a mixture of part-foreign, part-native idioms . . . Langston Hughes's bilinguality, his ability to use both Standard English and Black English, was not a new phenomenon.[75]

Tra dewisodd Idris Davies rhwng dwy iaith, dewis hunanymwybodol hefyd oedd defnydd Hughes o iaith dafodieithol yn ei gerddi, a hynny'n rhan o'i ymgais i gysylltu a rhoddi mynegiant i brofiadau'r werin ddinesig.

Gellir edrych ar enghreifftiau o'r defnydd o dafodiaith ar y cyd â thrafodaeth ar elfen arall a fu'n ganolog yn ymgais y beirdd i uniaethu â'r werin – eu defnydd o ffurfiau poblogaidd yn eu cerddi. *The Weary Blues* (1926) oedd teitl arwyddocaol casgliad cyntaf Langston Hughes, a bu cerddoriaeth y felan yn ganolog i'w farddoniaeth drwy gydol ei yrfa. Penillion 'blues' syml yw nifer o'i gerddi, ac ni ellir eu gwir werthfawrogi heb ymgyfarwyddo â'r traddodiad llafar. Ymdrechir i gyfleu sŵn a rhythm y felan ar bapur mewn nifer fawr o gerddi Hughes yn y 1920au.[76] Dyma'r gerdd nodweddiadol 'Homesick Blues':

De railroad bridge's
A sad song in de air.

De railroad bridge's
A sad song in de air.
Ever time de trains pass
I wants to go somewhere.

Homesick blues, Lawd,
'S terrible thing to have.
Homesick blues is
A terrible thing to have.
To keep from cryin'
I opens ma mouth an' laughs. (t.72)

Caledir y 'Th' i 'D' drwy gydol y gerdd, talfyrrir 'every' i 'ever', a cheir
sawl talfyriad arall yn yr ymgais i gyfleu'r traddodiad llafar. Dim ond
drwy ganu'r felan y gellid odli 'have' gyda 'laughs' yn y pennill olaf
hefyd. Ar brydiau gall ieithwedd o'r fath gyfleu stereoteip ffôl, ond
yma defnyddir tafodiaith yn bwrpasol i atgyfnerthu'r ymdeimlad o
hiraeth y mae'r canwr yn ei deimlo am ei gynefin.

Er mai ffurf gymharol gaeth sydd i'r felan, gwelir ymdrech barhaol
yng ngherddi Hughes i ehangu ar ffurfiau traddodiadol barddoniaeth.
Efelychir rhythmau trawsacennog y bandiau jazz yn 'Harlem Night
Club' er enghraifft:

Sleek black boys in a cabaret.
Jazz-band, jazz-band, –
Play, PLAY, PLAY!
Tomorrow . . . who knows?
Dance today! (t.90)

Defnyddir ailadrodd a chyflythreniad i greu rhythm, cwestiwn
i dorri'r rhythm hwnnw, a phriflythrennau i gyfleu deinameg y
gerddoriaeth. Nid y cynnwys sy'n bwysig mewn cerdd fel hon, ond
rhythm a sain. Mae'r gerdd yn tynnu sylw at ei strwythur yn hytrach
na'i chynnwys mewn dull modernaidd iawn, ond o ddiwylliant
poblogaidd y daw'r ysbrydoliaeth i wneud hynny. Mewn cerddi eraill
defnyddir doethinebau poblogaidd yn sail i gynnwys a ffurf y gerdd,
fel y gwelir yn 'Advice':

Folks, I'm telling you,
birthing is hard

and dying is mean –
so get yourself
a little loving
in between. (t.400)

Ac ar achlysuron eraill defnyddir traddodiadau eglwysig Affro-Americanaidd yn sail i farddoniaeth, fel a geir yn 'Moan':

I'm moanin', moanin',
Nobody cares just why.
No, Lord!

Moanin', moanin',
Feels like I could die.
O, Lord!

Sho, there must be peace,
Ma Jesus,
Somewhere in yo' sky.
Yes, Lord! (t.118)

Tanlinellir yma eto mai gwreiddiau tafodieithol sydd i'r cerddi. Cerdd i'w darllen yn gyhoeddus yw hon, a'r dyrfa'n ymateb i bob gosodiad, yn llinell olaf pob pennill. Ceir datblygiad yn naratif y gerdd o droi at gymdeithas ddigydymdeimlad yn y pennill cyntaf, at yr hunan yn yr ail, ac at grefydd am obaith i'r dyfodol yn y trydydd. Yn y dilyniant o gerddi a geir yn *The Weary Blues* cynigir croesdoriad eang o ddulliau a ffurfiau sy'n ymateb i'r byd a'i broblemau.

Adlewyrchir ymdrech Langston Hughes i adfywio barddoniaeth fodern wrth droi at arferion, iaith a strwythurau canu poblogaidd, yng ngweithiau Idris Davies hefyd. Yn ei ddilyniant cyntaf, *Gwalia Deserta*, er enghraifft, gwelir dylanwad y traddodiad crefyddol ar ei waith wrth iddo ddefnyddio ffurf yr emyn yn sail i'w anthem sosialaidd.

Who seeks another kingdom
Beyond the common sky?
Who seeks the crystal towers
That made the martyrs sigh? . . .
Your cities shall be founded
On human pride and pain,
And the fire of your vision

Shall clean the earth again. (A.1;XXV)

Delweddau emynau'r traddodiad Anghydffurfiol sydd yma – y ddinas uwch yr awyr, y merthyron, y tân a'r weledigaeth yn glanhau'r byd syrthedig – ond emyn gwleidyddol yn hytrach na chrefyddol yw hwn. Drwy ei ddefnydd o ffurf a delweddau'r emyn fe ddynn Idris Davies sylw yn gynnil at ddylanwad y capeli ar wleidyddiaeth ei gyfnod. Gwneir yr un pwynt yn *Gwalia Deserta XI*, lle defnyddir ffurf y weddi yn sail i'r gerdd, ond nid ffurfiau crefyddol yn unig a ddefnyddir serch hynny. Yn *Gwalia Deserta XV* cyflwynir dioddefaint cymdeithas ar ffurf parodi o rigwm plentynnaidd:

> Oh what can you give me?
> Say the sad bells of Rhymney.
>
> Is there hope for the future?
> Cry the brown bells of Merthyr.
>
> Who made the mineowner?
> Say the black bells of Rhondda.
>
> And who robbed the miner?
> Cry the grim bells of Blaina. (A.1;XV)

Tanseilir y rhythm plentynnaidd gan y dioddefaint a'r ecsbloetiaeth a bortreedir gan gynnwys y gerdd. Tra personolir y clychau yn y gerdd uchod, fe ddefnyddir lleisiau unigolion, a lleisiau'r dorf hefyd fel dulliau o greu rhythm a chyfleu undod cymdeithasol, fel y gwelir yn *Gwalia Deserta XXVII*:

> So we're Welsh boys gathered together,
> Boys bach, boys bach,
> We have roamed from the rain and the ruins,
> Boys bach, boys bach . . .
>
> And we come to the gates of Londinium,
> Begging with broken hands,
> Boys bach, boys bach all together,
> Out of the derelict lands. (A.1;XXVII)

Mae ailadrodd 'boys bach' yma yn creu'r un math o 'riff' cerddorol ag a geir yng ngherddi Langston Hughes.[77] Creu rhythm yw'r bwriad, tra hefyd yn tanlinellu'r gwerthoedd cymdeithasol sy'n sail i wleidyddiaeth y glowyr. Rhoddir ffurf Ladin ar Lundain gan bwysleisio'r gagendor rhwng profiad y gymdeithas Gymreig o ddirwasgiad, a mawredd ymerodrol y ddinas y maent yn cerdded ati. Fel yng ngherddi Langston Hughes, defnyddir iaith a ffurfiau diwylliant y werin yn sail i feirniadaeth gymdeithasol.

Anodd yw gwneud cyfiawnder â'r cerddi wrth eu trafod yn unigol, serch hynny, oherwydd yng nghyd-destun y dilyniant ehangach y mae gwir werthfawrogi gweithiau Langston Hughes ac Idris Davies. Mae casgliadau o gerddi megis *Gwalia Deserta* a *The Weary Blues* yn llawn o leisiau yn dadlau â'i gilydd – yn canu a chwyno, yn gweiddi a gweddïo. Yn wir, ceir ymgais yng ngherddi'r ddau i gyfleu rhythmau ac egni'r bandiau jazz, a hynny'n pwysleisio'r cysylltiad y dymunant ei greu rhwng eu barddoniaeth a cherddoriaeth boblogaidd.

> Play it once.
> O, play some more.
> Charlie is a gambler
> An' Sadie is a whore (t.88)

bloeddia Hughes yn ei gerdd 'Saturday Night', a thra bo rhythm cyson cerdd Idris Davies yn awgrymu bod pethau rywfaint yn dawelach yn Rhymni nag yn Harlem, yr un yw pwrpas ei gerdd wrth gyfleu'r rhyddid a deimlir wrth fynd allan ar nos Sadwrn:

> Let us dance tonight in Tredegar,
> Jazz to a lively tune,
> Toss our troubles behind us,
> Laugh with the girls of June. (A.2;33)

Fel gyda'r unawdydd jazz, un llais yw pob cerdd mewn cyd-destun ehangach. Dilyniant o gerddi yw gweithiau Hughes a Davies a'r cyfan yn rhoddi darlun amrywiol ac amryliw o gymdeithas. Egyr Hughes ei ail gasgliad o gerddi, *Fine Clothes to the Jew* (1927), dan ganu 'Sun's a settin', / This is what I'm gonna sing . . .', ac fe ddaw'r casgliad i ben gyda'r geiriau 'Sun's a risin', / This is gonna be ma song . . .' Rhoddir yr argraff felly fod holl gerddi'r gyfrol yn digwydd mewn un noson nodweddiadol yn Harlem. Mae profiadau'r noson honno yn amrywio o'r gŵr sy'n pwnio'i wraig ('Bad Man', t.112), i'r ddynes ar fin cyflawni hunanladdiad ('Suicide', t.82), i grŵp o ddynion yn chwarae cardiau ('Crap game', t.114), i'r gweithiwr lifft newydd yn un o westai'r ddinas

('Elevator Boy', t.85). Ceir yr un ymgais i roddi undod i gasgliad o gerddi yn ail gyfrol Idris Davies, *The Angry Summer,* sy'n cychwyn â'r geiriau 'Now it is May among the mountains / Days for speeches in the valley towns' (t.1), gan ddod i ben drwy nodi 'The summer wanes, and the wine of words / Departs with the departing birds' (t.50). Nid mewn noson y digwydd cerddi Davies, ond dros gyfnod misoedd streic 1926. Mae effaith gosod y cerddi mewn dilyniant yn debyg, serch hynny, wrth i ni gael ein cyflwyno i wahanol leisiau'r gymdogaeth, o lais Dan y groser (t.7), i lais y teiliwr Shinkin Rees (t.18), o lais gwerthwr tocynnau i'r 'penny concerts' a gynhaliwyd i godi arian (t.40), i lais y Ficer yn poeni am y streic (t.12). Defnyddir y dilyniant gan Davies a Hughes fel dull o gyflwyno, rheoli, a chyfosod y lluosogedd o leisiau, safbwyntiau ac arddulliau gwahanol a fodolai o fewn eu cymdeithasau. Er bod Dafydd Johnston yn dadlau mai gwendid strwythur o'r fath 'yw'r diffyg llais barddonol cyson', gellir ystyried hyn yn strategaeth bwrpasol gan y beirdd i uniaethu â'r cymdeithasau y ceisiant eu darlunio.[78] Os tuedd barddoniaeth yw mynegi safbwynt unigolyddol cyson, yn nilyniannau Hughes a Davies fe chwelir y traddodiad hwnnw wrth greu barddoniaeth fodernaidd, ddeialogaidd. Crëir barddoniaeth o ran ffurf, iaith a chynnwys sy'n gweddu i'r dasg o fynegi a chydymdeimlo a dathlu bywyd y werin ddiwydiannol.

Nid dyma'r stori i gyd, serch hynny, ac mae'n hawdd anwybyddu'r elfen genedlatholgar yng ngweithiau Langston Hughes ac Idris Davies. Er bod seiliau eu hestheteg boblogaidd yn ymddangos yn gwbl wrthwynebus i werthoedd Du Bois a Lewis, fe geir yr un ymgais yn nifer o'u cerddi i droi yn ôl at gyfnod cynt sy'n gymysgedd o'r chwedlonol a'r hanesyddol.[79] Yng ngherddi Idris Davies mae'r symudiad hwn yn aml yn cymryd ffurf hiraeth rhamantaidd am fywyd gwledig a chwalwyd gan ddiwydiannaeth:

> I stood in the ruins of Dowlais
> And sighed for the lovers destroyed
> And the landscape of Gwalia stained for all time
> By the bloody hands of progress.
> I saw the ghosts of the slaves of The Successful Century
> Marching on the ridge of the sunset
> And wandering among derelict furnaces,
>
> And they had not forgotten their humiliation,
> For their mouths were full of curses. (A.1;XXII)

Dyma dirlun wedi'i ddryllio gan ddatblygiadau diwydiannol a'r bobl wedi'u gwaradwyddo. Nid uniaethu â'r gymdeithas ddiwydiannol a wna'r bardd yma. Trwy gyfeirio at Gymru yn ôl ei ffurfiau chwedlonol 'Gwalia', ac fel 'Land of my Fathers' yn hwyrach yn yr un gerdd, fe grëir pellter rhwng y bardd a'r gymdeithas ddiwydiannol, a rhwng y Gymru a fu a'r Gymru gyfoes. Atgyfnerthir y pellter hwn yn y gerdd 'I was born in Rhymney' lle cysylltir colled diwylliant cynharach gyda cholli iaith:

> I lost my native language
> For the one the Saxon spake
> By going to school by order
> For education's sake. (A.46)

Er nad yw hyn yn union fywgraffyddol wir yn achos Idris Davies, fe berthyn y gerdd gyda sawl un arall a wêl ddatblygiad diwydiannaeth fel colled ddiwylliannol. Yn cydredeg â'r cerddi'n dathlu bywyd beunyddiol y gymdeithas ddiwydiannol, felly, ceir cerddi sy'n hiraethu am hen ddiwylliant cenedlaethol, chwedlonol, yn wyneb hagrwch y byd cyfoes.

Mae'r un duedd i'w gweld yng ngherddi Langston Hughes hefyd. Ystyrier, er enghraifft, ei 'Afro-American Fragment', lle hiraethir am ddiwylliant a gollwyd, a hynny hefyd yn cael ei gyplysu gyda cholli iaith:

> So long,
> So far away
> Is Africa.
> Not even memories alive
> Save those that history books create,
> Save those that songs
> Beat back into the blood –
> Beat out of blood with words sad-sung
> In strange un-Negro tongue –
> So long,
> So far away
> Is Africa. (t.129)

Gall caneuon, fel llyfrau hanes, geisio rhoddi mynegiant geiriol i'r profiad croenddu yn Affrica, ond mae hynny yn y bôn yn tanlinellu cymaint o bellter sydd rhwng y bardd a'r realiti hanesyddol hwnnw.

Fel yng ngherddi Idris Davies, ymddengys bod tyndra yng ngherddi Hughes rhwng yr ysfa i ddathlu diwylliant poblogaidd y werin ddiwydiannol a'r dyhead i ailgydio yn niwylliant yr hyn a gollwyd.

Y cwestiwn sy'n codi yw i ba raddau y bu i'r newidiadau chwyldroadol a achoswyd gan ddiwydiannaeth agor pennod gwbl newydd yn hanes y gymdeithas Gymreig neu Affro-Americanaidd, ac i ba raddau y gellid sôn am barhad diwylliannol yn wyneb y newidiadau hynny? Dyma'r broblem a wynebai Du Bois a Saunders Lewis hefyd. Yr ateb iddynt hwy oedd gwrthod hagrwch y byd cyfoes, a philistiaeth ddiwylliannol y werin, gan ymroi i genedlaetholdeb â'i wreiddiau mewn syniad o ddiwylliant hŷn chwedlonol. Er sylwi fod Davies a Hughes yn gweld atyniad y safbwynt hwn, mae'n cydfodoli'n anesmwyth yn eu gweithiau hwy gyda chydymdeimlad greddfol at fywyd a brwydrau'r werin. Yn wir, ymddengys ar brydiau fod eu moderniaeth boblogaidd yn wrthwynebus i werthoedd cenedlaetholdeb.

Yn *Gwalia Deserta XX*, er enghraifft, ystyrir cenedlaetholdeb yn annigonol yn wyneb y ffaith fod Dai yn yfed te o dùn ar strydoedd Llundain. 'What is the nation, gentlemen', gofyn Idris Davies yn *The Angry Summer*, t.48, 'Who are the nation, my lords?' Mae'r ddau gwestiwn hyn yn tanlinellu pellter y bardd, llais y gymdeithas, oddi wrth yr arglwyddi a'r boneddigion sy'n diffinio ffiniau a gwerthoedd y 'genedl'. Y 'gentlemen' sy'n diffinio'r genedl, ac aelodau'r dosbarth gweithiol yn gorfod gofyn a ydynt yn perthyn i'r diffiniad hwnnw. Codir cwestiynau tebyg yng ngherdd Langston Hughes, 'Let America Be America Again' (t.189):

> Let America be America again.
> Let it be the dream it used to be.
> Let it be the pioneer on the plain
> Seeking a home where he himself is free.
>
> (America never was America to me.)

Tra bo llinellau agoriadol y gerdd yn ailadrodd geiriau a glywir yn ddigon aml o enau gwleidyddion Americanaidd, o fyfyrwyr delfrytgar i arweinwyr y Dde Gristnogol, fe glywir llais yr Affro-Americaniaid, mewn cromfachau, y tu ôl i'r ystrydebau gwag. Dengys sut y gall y 'freuddwyd Americanaidd' o gydraddoldeb fod yn ddull o esgymuno rhai grwpiau o'r bywyd cenedlaethol drwy eu hanwybyddu. Rhoddir mynegiant dramatig yma i'r broblem o geisio ailafael mewn traddodiad lle nad oes un yn bod mewn gwirionedd. Os na fu 'America' yn gysyniad perthnasol i'r gymdeithas Affro-Americanaidd, sut y gellir newid hynny? Dyma broblem sy'n wynebu Idris Davies hefyd; pa berthnasedd sydd i'r syniad o Gymru i gymunedau amlieithog, aml-ethnig newydd y de-ddwyrain diwydiannol?

Hwyrach mai'r ymwybyddiaeth fodernaidd o ddiffyg traddodiad y gellir ci fabwysiadu'n syml sy'n cysylltu gweithiau'r modernwyr aruchel a'r modernwyr poblogaidd yng Nghymru a Harlem. Ymroi i brosiect o greu ymwybyddiaeth genedlaethol fu ymateb W. E. B. Du Bois a Saunders Lewis i hyn, er i'w gwerthoedd modernaidd aruchel danseilio llwyddiant eu cenedlaetholdeb. Gwelir i'r tyndra rhwng moderniaeth a chenedligrwydd gymryd ffurf dra gwahanol yng ngweithiau Idris Davies a Langston Hughes. Ymroi i fywyd y gymdeithas ddosbarth gweithiol ar ei thelerau ei hun fu eu bwriad hwy, gan geisio creu traddodiad newydd a'i seiliau ym mywyd y werin ddiwydiannol. Eto, gwelir tyndra yn eu gweithiau hwythau rhwng gwerthoedd eu moderniaeth boblogaidd, ac apêl y syniad o barhad cenedlaethol.

Diweddglo

Cyfeiriwyd at foderniaeth fel 'a misleading and now dominant ideology' gan Raymond Williams yn nyfyniad agoriadol y bennod hon. Dengys Williams yn *The Politics of Modernism* sut y bu i ddiffiniad penodol o foderniaeth – fel mudiad rhyng-genedlaethol, anghym-deithasol, dinesig, aruchel – gael ei bwysleisio gan feirniaid ar draul diffiniadau eraill.[80] Pwysleisia Williams luosogedd y mudiad, a phwrpas y bennod hon fu atgyfnerthu'r ddadl honno, gan ddiwygio rhai o'r prif ddamcaniaethau ynglŷn â moderniaeth. Tra dadleuodd Adorno, er enghraifft, mai prif nodwedd moderniaeth oedd ei hymosodiad ar werthoedd diwylliant bwrgeisiol, fe welwyd yng ngweithiau Du Bois a Saunders Lewis i'w moderniaeth aruchel ddat-blygu ar y cyd â dosbarth bwrgeisol, hunanhyderus, newydd. Bu i Andreas Huyssen ddadlau, ymhellach, i estheteg fodernaidd ddat-blygu drwy ymwrthod â diwylliant torfol, a thra gwelwyd perthna-sedd y ddadl honno yn achos y modernwyr aruchel, gwreiddiwyd moderniaeth Langston Hughes ac Idris Davies yn niwylliant pob-logaidd y werin drefol. Yn olaf, os cred Hugh Kenner i'r modernwyr ddianc rhag hualau cenedligrwydd gan fabwysiadu hunaniaeth alltud rhyng-genedlaethol, fe welir mai'r hyn sy'n nodweddu traddodiadau modernaidd Harlem a Chymru fu ymdrech yr awduron i gymathu eu moderniaeth â'u hymwybyddiaeth genedlaethol.

Daw'r drafodaeth hon i ben yn Aberpennar, ar 7 Rhagfyr 1938. Roedd dros 7,000 o bobl wedi ymgynnull yno i gofio'r 33 o Gymru, a ffrindiau agos i Idris Davies yn eu plith, a fu farw yn ymladd Ffasgaeth yn Rhyfel Cartref Sbaen.[81] Yno i annerch y dorf yr oedd y canwr a'r sosialydd Affro-Americanaidd, Paul Robeson. Daeth Robeson i amlygrwydd fel actor a chanwr yn ystod y 1920au yn Harlem. Bu'n arwr i genedlaetholwyr aruchel y Dadeni, megis ei gyfaill W. E. B. Du Bois, am iddo wneud ei farc fel actor yn nrama fodernaidd arloesol Eugene O'Neill *The Emperor Jones,* ac am iddo ganolbwyntio ar ganu'r *spirituals* traddodiadol yn hytrach na'r felan neu jazz.[82] Radicaleiddiwyd gwleidyddiaeth Robeson yn y 1930au wrth iddo ymroi ei hun i'r frwydr yn erbyn hiliaeth ac anghyfiawnder cymdeithasol. Darllenodd ddwy gerdd gan Langston Hughes o'r llwyfan yn Aberpennar, ac aeth ymlaen i ddweud:

> I have waited a long time to come down to Wales because I know there are friends here. I am here tonight because as I have said many times before, I feel that in this struggle we are waging for a better life, an artist must do his part. I am here because I know that these fellows fought not only for Spain but for me and the whole world.[83]

Ymhen blwyddyn byddai'n chwarae'r brif ran yn y ffilm am lowyr Cymru, *Proud Valley,* ac yn ôl yn America yn recordio'r gân 'King Joe' – teyrnged i'r bocsiwr Joe Louis – gyda band Count Basie.[84] Os daeth dau draddodiad ynghyd pan ddringodd Tommy Farr i mewn i'r sgwâr yn Yankee Stadium i wynebu Louis yn 1937, fe seliwyd y berthynas yn Aberpennar y flwyddyn ganlynol. Yn ganwr clasurol ac yn sosialydd, unir y traddodiadau modernaidd aruchel a phoblog-aidd, sosialaeth a hunaniaeth, yn ffigwr urddasol Paul Robeson. Ac fe unir y Coch a'r Du – Harlem a Chymru.

Nodiadau

[1] Raymond Williams, *The Politics of Modernism* (Llundain, 1989), 31.
[2] Miroslav Hroch, 'From National Movement to the Fully-Formed Nation' yn Gopal Balakrishnan (gol.), *Mapping the Nation* (Llundain, 1996), 78.

³ Ymadrodd R. M. Jones yn *Llenyddiaeth Gymraeg 1902–1936* (Llandybïe, 1987), 569.

⁴ Yn yr hyn sy'n dilyn defnyddiaf y term 'cenedligrwydd' i ddynodi ymwybyddiaeth o hunaniaeth genedlaethol yn gyffredinol, a'r term 'cenedlaetholdeb' i ddynodi mynegiant gwleidyddol o'r cenedligrwydd hwnnw. Gall cenedligrwydd fodoli heb genedlaetholdeb, felly, ond ni all cenedlaetholdeb fodoli heb genedligrwydd.

⁵ Perry Anderson, 'Modernity and Revolution', *New Left Review*, 144 (Mawrth–Ebrill 1984), 104.

⁶ Daw'r syniad o 'ganoloesoldeb' o erthygl Jerry Hunter 'Y Nos, Y Niwl a'r Ynysig: Estheteg Fodernaidd T. Gwynn Jones', *Taliesin*, 98 (Haf 1997), 37–54. Am drafodaeth ar oblygiadau cenedlaethol defnydd Ernest Hemingway o'r ymladdfa deirw, gweler Walter Benn Michaels, *Our America: Nativism, Modernism, and Pluralism* (Durham, 1995), 26–9, 72–4.

⁷ John Hutchinson, *The Dynamics of Cultural Nationalism* (Llundain, 1987), 33.

⁸ Gw. John Davies, *Hanes Cymru* (Llundain, 1992), 384–6. Tim Williams, 'The Anglicisation of South Wales' yn Raphael Samuel (gol.), *Patriotism: The Making and Unmaking of British National Identity, Vol. 2* (Llundain, 1989), 195; Gwyn A. Williams, 'Imperial South Wales' yn *The Welsh in their History* (Beckenham, 1982), 171–87.

⁹ John Davies, *Hanes Cymru*; Gwyn A. Williams, *When Was Wales* (Llundain, 1985); Dai Smith, *Wales! Wales?* (Llundain, 1984) ac *Aneurin Bevan and the World of South Wales* (Caerdydd, 1993).

¹⁰ Saunders Lewis, *An Introduction to Contemporary Welsh Literature* (Wrecsam, 1926), 14; A. Jones a G. Thomas (goln.), *Presenting Saunders Lewis* (Caerdydd, 1973), 30.

¹¹ Gilbert Osofsky, *Harlem; the Making of a Ghetto* (Efrog Newydd, 1968), 17.

¹² Mary White Ovington, *Half a Man; the status of the Negro in New York* (Efrog Newydd, 1911), 48.

¹³ Ar UNIA gw. Edmund David Cronon, *Black Moses: The Story of Marcus Garvey and the United Negro Improvement Association* (Madison, 1955).

¹⁴ Gw. Nathan Huggins, *Harlem Renaissance* (Rhydychen, 1971); David Levering Lewis, *When Harlem Was in Vogue* (Rhydychen, 1979); Houston A. Baker Jr., *Modernism and the Harlem Renaissance* (Chicago, 1987); Ann Douglass, *Terrible Honesty; Mongrel Manhattan in the 1920s* (Efrog Newydd, 1995); George Hutchinson, *The Harlem Renaissance in Black and White* (Cambridge, MA, 1995).

¹⁵ Alain Locke (gol.), *The New Negro: An Interpretation* (Efrog Newydd, 1925), 7.

¹⁶ Dafydd Johnston, 'Moderniaeth a Thraddodiad', *Taliesin*, 81 (Ionawr/Chwefror 1993), 13.

¹⁷ Bruce Kellner, *Harlem Renaissance: A Historical Dictionary for the Era* (Efrog Newydd, 1984); Houston A. Baker Jr., *Modernism and the Harlem Renaissance*; George Hutchinson, *The Harlem Renaissance in Black and White*.

¹⁸ Gerald Early, 'Introduction', *My Soul's High Song: The Collected Writings of Countee Cullen* (Efrog Newydd, 1991).

¹⁹ Ibid., 54.

²⁰ Am drafodaeth ar ddelwedd y bocsiwr yn y gymdeithas Affro-Americanaidd gw. Lawrence W. Levine, *Black Culture and Black Consciousness*

(Rhydychen, 1977). Am syniad o bwys diwylliannol Louis darllener atgofion amdano'n ymladd yn *The Autobiography of Malcolm X* (Efrog Newydd, 1989), 23–4, Maya Angelou, *I Know Why the Caged Bird Sings* (Efrog Newydd, 1973), 111–15, a Langston Hughes, *I Wonder as I Wander* (Efrog Newydd, 1956), 315.

21 Dyfynnwyd yn Bob Lonkhurst, *Man of Courage: the Life and Career of Tommy Farr* (Llundain, 1997), 190. Am drafodaeth ar yr ornest gweler Dai Smith, 'Focal Heroes' yn *Aneurin Bevan and the World of South Wales*, 321–2 a Tommy Farr, *Thus Farr* (Llundain, 1989).

22 Gweler Bob Lonkhurst, 164.

23 Gerald Early, 'Introduction', 54.

24 Credaf fod y dyddiadau yn awgrymog. Rhaid cyfaddef, serch hynny, na fyddaf yn cadw'n haearnaidd at y fframwaith hwn yn yr hyn sy'n dilyn, er i'r prif weithiau rwy'n eu trafod gael eu hysgrifennu rhwng 1910 a 1937. Perthyn rhai o ysgrifau Du Bois i gyfnod cynt, ond gwelwyd eu dylanwad cryfaf yn y 1920au. Perthyn casgliadau Idris Davies i'r 1940au yn ogystal â'r 1930au, ond ymateb y maent i ddirwasgiad y blynyddoedd cynt.

25 Andreas Huyssen, *After the Great Divide; Modernism, Mass Culture, Postmodernism* (Bloomington, 1986). Gw. hefyd Peter Burger, *Theory of the Avant-Garde* (Minneapolis, 1984).

26 Andreas Huyssen, *After the Great Divide*, vii.

27 Theodor Adorno, *Aesthetic Theory*, cyfieithwyd gan Robert Hullot-Kentor (Minneapolis, 1997).

28 Hugh Kenner, *The Pound Era* (Berkeley, 1971).

29 Raymond Williams, *The Politics of Modernism*, 43.

30 Datblygwyd y theori yn wreiddiol yn Houston A. Baker Jr., *Modernism and the Harlem Renaissance*. Daw'r dyfyniad o dalfyriad yr awdur o'i theori ei hun yn Baker Jr., *Afro-American Poetics; Revisions of Harlem and the Black Aesthetic* (Madison, 1988), 4.

31 John Hutchinson, *The Dynamics of Cultural Nationalism*, 266–8.

32 Gw. bywgraffiad David Levering Lewis, *W. E. B. Du Bois; Biography of a Race 1868–1919* (Efrog Newydd, 1993). Am ddadansoddiad mwy trylwyr o syniadaeth gynnar Du Bois gweler S. Zamir, *Dark Voices: W. E. B. Du Bois and American Thought, 1888–1903* (Chicago, 1995).

33 W. E. B. Du Bois, *Dusk of Dawn; An Essay Toward an Autobiography of a Race Concept* (1940), yn *Writings* (Efrog Newydd, 1986), 565.

34 Gw. y bennod 'Of the Black Belt' yn *The Souls of Black Folk* a gasglwyd yn *Writings*, 439–55.

35 W. E. B. Du Bois, 'The Talented Tenth' (1903), yn *Writings*, 842.

36 Ibid., 846.

37 Gw. Henry Louis Gates Jr. a Cornel West, *The Future of the Race* (Efrog Newydd, 1996), 126.

38 Gareth Miles, 'O Na Bawn i Fel S.L.', yn *Tafod y Ddraig: Misolyn Cymdeithas yr Iaith Gymraeg*, 38 (Ebrill 1971), 2–6.

39 Saunders Lewis, 'Safonau Beirniadaeth Lenyddol', *Y Llenor*, Cyf.1, Rhif 4 (Gaeaf 1922), 245.

40 Saunders Lewis, 'Cyflwyniad' i'w gyfieithiad o Molière, *Doctor Er Ei Waethaf, Cyfres y Werin, Rhif 13* (Wrecsam, 1924), 7.

41 C. L. R. James, *The Future in the Present: Selected Writings* (Westport, 1980), 202.

[42] Ymddangosodd yn *The Crisis* ym mis Chwefror 1919 a dyfynnir gan Wilson Jeremiah Moses, *The Golden Age of Black Nationalism 1850–1925* (1978, Rhydychen, argraffiad 1988), 143.

[43] Henry Louis Gates Jr. a Cornel West, *The Future of the Race*, 115.

[44] Dyfynnwyd gan John Davies yn *Hanes Cymru*, 567.

[45] *Y Cymro* (Dolgellau), 9 Ionawr 1918. Dyfynnwyd yn D. Tecwyn Lloyd, *John Saunders Lewis: Y Gyfrol Gyntaf* (Dinbych, 1988), 138–9.

[46] Tom Nairn, *The Break-Up of Britain* (London, 1977), 100–1.

[47] W. E. B. Du Bois, *Writings*, 370; Saunders Lewis, *Is There an Anglo-Welsh Literature?* (Caerdydd, 1939), 9.

[48] W. E. B. Du Bois, 'Van Vechten's "Nigger Heaven"', yn *Writings*, 1216.

[49] Am drafodaeth ar ymateb Du Bois i gerddoriaeth y cyfnod gweler Kathy J. Ogren, *The Jazz Revolution* (Rhydychen, 1989), 116–22.

[50] W. E. B. Du Bois, *The Souls of Black Folk* yn *Writings*, 494.

[51] Saunders Lewis, *Is There an Anglo-Welsh Literature?*, 9.

[52] Saunders Lewis, 'Y Dilyw 1939' yn *Cerddi*, gol., R. Geraint Gruffydd (Caerdydd, 1992), 10. Yr ail ddyfyniad o 'Deg Pwynt Polisi' (1933) yn *Canlyn Arthur* (1938, Llandysul, argraffiad 1985), 16.

[53] Saunders Lewis, 'Tueddiadau Cymru rhwng 1919 a 1923', *Baner ac Amserau Cymru*, 6 Medi 1923, 5. Euthum ar ôl yr erthygl hon wedi cyfeiriad ati ym mywgraffiad D. Tecwyn Lloyd, *John Saunders Lewis*, 227.

[54] Saunders Lewis a Kate Roberts, *Annwyl Kate, Annwyl Saunders*, gol., Dafydd Ifans (Aberystwyth, 1992), 16.

[55] Dafydd Glyn Jones, 'Dwy Olwg ar Saunders Lewis', *Taliesin*, 66 (Mawrth 1989), 22.

[56] Ceir trafodaeth ddiddorol ar gefndir syniadau Du Bois yn erthygl Henry B. Wonham, 'Howells, Du Bois, and the Effect of "Common-Sense"; Race, Realism, and Nervousness in *An Imperative Duty* and *The Souls of Black Folk*', yn Henry B. Wonham (gol.), *Criticism and the Colour Line: Desegregating American Literary Studies* (New Jersey, 1996). Trafodir dylanwad William James ar foderniaeth America yn gyffredinol yn Ann Douglass, *Terrible Honesty*, ac ar Ddadeni Harlem yn fwy penodol yn George Hutchinson, *The Harlem Renaissance in Black and White*.

[57] Ann Douglass, *Terrible Honesty*, 129–43.

[58] W. E. B. Du Bois, *Writings*, 364–5.

[59] Ioan Williams (gol.), *Dramâu Saunders Lewis: Y Casgliad Cyflawn, Cyfrol 1* (Caerdydd, 1996), 211.

[60] Gw., er enghraifft, Ioan Williams, *The Straitened Stage; a study of the theatre of J. Saunders Lewis* (Penybont, 1991), 79.

[61] Daw'r dyfyniadau o fersiwn 1923/1925 a ymddangosodd yn *Y Llenor*. At-gynhyrchir y fersiwn yma yn Ioan Williams (gol.), *Dramâu Saunders Lewis*, 300.

[62] Ibid., 295.

[63] Ibid., 313.

[64] H. L. Gates Jr., 'Harlem on Our Minds' yn *Rhapsodies in Black: Art of the Harlem Renaissance* (Llundain, 1997), 166. Gw. hefyd Gilbert Osofsky, *Harlem; the Making of a Ghetto*.

[65] H. L. Gates Jr., 'Harlem On Our Minds', 166; Ann Douglass, *Terrible Honesty*, 465–6.

66 Dai Smith a Hywel Francis, *The Fed: A History of the South Wales Miners in the Twentieth Century* (Caerdydd, 1980), 33–6; John Davies, *Hanes Cymru*, 527–30.

67 Gwyn A. Williams, 'Mother Wales, get off me back?', *Marxism Today* (Rhagfyr 1981), 16.

68 Nodwyd y cysylltiad rhwng moderniaeth a gwleidyddiaeth eithafol gan Frank Kermode yn *The Sense of an Ending: Studies in the Theory of Fiction* (Rhydychen, 1967). Bu sawl dadansoddiad ers hynny. Gw. yn arbennig Fredric Jameson, *Fables of Aggression: Wyndham Lewis, the Modernist as Fascist* (Berkeley, 1979), a Michael North, *The Political Aesthetic of Yeats, Eliot and Pound* (Caergrawnt, 1991).

69 Langston Hughes, 'The Negro Artist and the Racial Mountain' yn David Levering Lewis (gol.), *The Portable Harlem Renaissance Reader* (Llundain, 1994), 91–5.

70 Idris Davies, 'Response to Geoffrey Grigson's Review of Gwalia Deserta', yn Dafydd Johnston (gol.), *The Complete Poems of Idris Davies* (Caerdydd, 1994), 328–9.

71 Idris Davies, *Gwalia Deserta* yn Dafydd Johnston (gol.), *The Complete Poems of Idris Davies*, 5. O gasgliad Dafydd Johnston y daw'r dyfyniadau i gyd, lle rhennir y cerddi yn dair adran. O hyn ymlaen rhoddir rhif yr adran a rhif y gerdd yn unig.

72 Langston Hughes, 'Call to Creation', yn Arnold Rampersad (gol.), *The Collected Poems of Langston Hughes* (Efrog Newydd, 1994), 135. Daw'r cerddi i gyd o ddwy ran gyntaf y casgliad hwn, 1921–1940. Rhoddir rhif y tudalen yn unig o hyn ymlaen. Ar fywyd Hughes gw. Rampersad, *The Life of Langston Hughes, Vol.1: 1902–1941. I, Too, Sing America* (Rhydychen, 1986).

73 Dafydd Johnston, 'Idris Davies a'r Gymraeg' yn M. Wynn Thomas (gol.), *DiFfinio Dwy Lenyddiaeth Cymru* (Caerdydd, 1995), 96–119. Gw. hefyd drafodaeth Johnston ar 'Ddwy Lenyddiaeth Cymru yn y Tridegau' yn John Rowlands (gol.), *Sglefrio ar Eiriau* (Llandysul, 1992), 42–62.

74 Gw., er enghraifft, Raymond Williams, *The Politics of Modernism*, 45–6.

75 Ann Douglass, *Terrible Honesty*, 404–5.

76 Ceir trafodaeth lawn ar ddefnydd Hughes o'r felan gan Steven C. Tracy, *Langston Hughes and the Blues* (Chicago, 1988).

77 Noda Anthony Conran fod Idris Davies fel 'symphonist using popular tunes or jazz in his music' yn *The Cost of Strangeness* (Llandysul, 1982), 136. Gw. hefyd drafodaeth Conran ar waith Davies a Gwenallt yn *Frontiers in Anglo-Welsh Literature* (Caerdydd, 1997), 42–64.

78 Dafydd Johnston, 'Idris Davies a'r Gymraeg', 117.

79 Yn wir, hwyrach na ddylid gorbwysleisio'r gwahaniaeth rhwng sosialaeth Davies a Hughes a chenedlaetholdeb Lewis a Du Bois. Cyflwynodd Hughes un o'i gerddi cynharaf ac enwocaf 'The Negro Speaks of Rivers' (t.23) i Du Bois, ac fe ysgrifennodd Davies gerdd o foliant i Saunders Lewis (A.50).

80 Raymond Williams, *The Politics of Modernism*, 31.

81 Noda Islwyn Jenkins i Idris Davies golli cyfeillion yn Rhyfel Cartref Sbaen yn *Idris Davies of Rhymney* (Llandysul, 1986), 126.

82 Gw. Martin Blau Duberman, *Paul Robeson* (Llundain, 1991), 177. Gw. hefyd Jeffrey C. Stewart, 'Paul Robeson and the Problem of Modernism', yn *Rhapsodies in Black: Art of the Harlem Renaissance*, 92–101.

[83] Duberman sy'n nodi i Robeson ddarllen o waith Langston Hughes, ibid., 228. Dyfynnir geiriau Robeson gan Hywel Francis yn *Miners Against Fascism: Wales and the Spanish Civil War* (Llundain, 1984), 249. Gw. y *Western Mail*, 8 Rhagfyr 1938.

[84] Fel Du Bois, bu Robeson yn gwbl ddirmygus o jazz. Newidiodd ei feddwl rywfaint yn y 1930au. 'King Joe' fyddai'r unig dro i Robeson weithio gyda band jazz. Mae'n bosib fod rhesymau da am hynny. Nododd Count Basie ar y pryd: 'It certainly is an honour to be working with Mr Robeson, but the man certainly can't sing the blues.' Martin Blau Duberman, *Paul Robeson*, 177.

11

Byw Mewn Bydoedd Cyfochrog

GWYNETH LEWIS

Roeddwn yn ymwybodol o America fel man pell ond perthnasol i mi pan oeddwn yn ifanc iawn. Roedd chwaer fy mam wedi mynd allan i Chicago i fyw yn ystod yr Ail Ryfel Byd a phob Nadolig a phen-blwydd cyrhaeddai parseli o ddillad lliwgar a lluniau o gefndryd dieithr mewn heulwen gref. Bob tro y pasiai awyren uwch ein pennau roeddwn yn chwifio, yn y gobaith mai Megan oedd yn teithio tuag atom. Gadawai'r awyren farc fel crafiad ewin ar groen glas yr awyr, ond ni laniodd y fodryb.

Cefais gyfle i dreulio'r haf ar ôl gwneud lefel O allan yn Danville, Illinois, yng nghartref Megan a'i gŵr. Roedd yn gyfnod o brofi pethau am y tro cyntaf. Ar yr awyren blasais ddiod o'r enw *7-Up*; yn Danville, gwelais ddyn noeth am y tro cyntaf (roedd fy nghefnder wedi anghofio bod merch yn y tŷ) a rhoddais fys bawd fy nhroed yn afon Mississippi, a theimlo gwefr o ddeall bod mapiau'n gallu dod yn fyw.

Mae pawb yn tueddu i dderbyn bod teithio dramor yn beth da i blentyn, heb ofyn pam. I mi, y profiad mawr oedd mynd i rywle lle'r oedd pethau gwahanol yn bwysig i bobl. Treuliais y mis cyfan yn aros i dderbyn llythyr oddi wrth Alan Llwyd i gael gweld a fyddai cerdd a anfonais at *Poetry Wales* yn cael ei chyhoeddi. Gartref roedd yr Eisteddfod, yr ysgol, ffrindiau yn bwysig. Yn Danville yr haf hwnnw, roedd y corff yn bwysig, roedd cwmni a mwynhau'ch hunan yn cael y flaenoriaeth. Cefais fy ngwahodd i gyfres o *pool parties* ac ymuno â chlwb nofio. Anghofia' i byth mo'r gwres na'r golau yr Awst hwnnw; roedd fel dod yn rhan o gorff newydd synhwyrus i'w adnabod. Rwy'n cofio cerdded draw at y llyn bach oedd ar dir Hafod y Coed, fferm fy modryb, y golau mor gryf nes ei fod yn ymddangos fel dŵr, elfen ac iddi ei phwysedd a'i disgyrchiant ei hun. Roedd nofio ar fy mhen fy hun, drwy'r cerrynt oer a chynnes yn y llyn yn brofiad cynhyrfus, ac roedd yr adar yn y coed cyfagos bron i gyd yn ddieithr i mi.

Bu America fel rhyw fath o fywyd cyfochrog ag Ewrop i mi erioed, man digon pell i ffwrdd i alluogi i mi gymryd golwg feirniadol, ond nid negyddol, ar fy mywyd yng Nghymru. Ar ôl y coleg roedd gen i broblem. Roeddwn wedi bod yng Nghaer-grawnt yn astudio Saesneg ac, er i mi fod yn fardd yn yr ysgol, roeddwn wedi methu ag ysgrifennu dim yn y coleg. Teimlwn o dan bwysau i fod yn deyrngar i'm cefndir Cymraeg, ac eto teimlwn fy mod am fynegi pob math o emosiynau a phrofiadau nad oedd yn cael llawer o le yn y traddodiad llenyddol cyfoes. Roeddwn i hefyd yn ymwybodol iawn o an- wybodaeth a snobyddiaeth llawer o'r Saeson tuag at y traddodiad Cymreig, felly roedd troi at y Saesneg yn teimlo'n rhy beryglus a gelyniaethus tuag at fy magwraeth. Roeddwn i'n 'styc', heb wybod lle i droi. Daeth America fel ateb ataf. Cynigiais am ysgoloriaeth i fynd am ddwy flynedd i'r Unol Daleithiau, er mwyn cael gweld a fyddai bod ar dir diwylliannol niwtral yn fodd i weld y ffordd ymlaen. Gwyddwn nad oedd llawer o ddyfodol i mi'n bersonol pe na fedrwn ddechrau ysgrifennu eto.

Roedd Efrog Newydd yn edrych yn gyfarwydd iawn yn weledol, ond roedd cyrraedd America yn sioc fawr i'r system. Un tro, es i mewn i archfarchnad a gorfod gadael yn sydyn gan fod cymaint o wahanol fathau o fenyn ar gael, na fedrwn i ymdopi â'r dewis. Roedd hiraeth ofnadwy arna' i. Rwy'n cofio gweld coeden yn danbaid o felyn yn hydref Lloegr Newydd a meddwl am Lleu Llaw Gyffes fel eryr yn y goeden, yn gollwng ei gnawd yn ddail llachar. Pe bawn i wedi defnyddio'r ddelwedd hon mewn cerdd, ni fyddai neb wedi ei deall yn Boston. Dechreuais deimlo bod America fel rhyw fath o burdan lle'r oedd y golau a'r awyr yn dwyllodrus o debyg i'r hyn a geid gartref, ond lle nad oedd neb yn dyst i'r bywyd a fu gen i o'r blaen.

Wrth gwrs, ar ôl dechrau dod dros boen yr esgid fach yn gwasgu, roedd hyn yn beth iachus iawn i mi. Gorfu i mi ddechrau diffinio, ymhell o'r cwestiwn Cymreig/Seisnig, beth oedd o werth i mi mewn diwylliant a barddoniaeth. Roedd Seamus Heaney yn cynnal gweithdy yn Harvard, lle roeddwn i'n fyfyriwr, a chefais gyfle i wrando ar sut yr oedd Gwyddel wedi ymgartrefu mewn traddodiad byd-eang, heb golli gafael ar ei ddiwylliant cynhenid ef ei hun. Dysgais iaith arall, Almaeneg, a mwynhau rhythmau Rilke a'r brawddegau dieithr. Roedd hi'n bleser cael dysgu iaith heb ddeall y cysylltiadau a'r cymhlethdodau diwylliannol a oedd ynghlwm wrthi, iaith er ei mwyn ei hun, er mwyn ei cherddoriaeth yn unig.

Ar ôl blwyddyn es lawr i Efrog Newydd a chael cyfle i astudio ysgrifennu creadigol ym Mhrifysgol Columbia. Ni ddylwn fod wedi bod yno. Es i Columbia i astudio Saesneg fel pwnc academaidd, ond gyrrwyd fi gan nofelydd yr oeddwn i wedi cwrdd ag ef yng Nghaliffornia i ddweud helô wrth ei gyfaill a oedd yn gadeirydd yr adran Ysgrifennu Creadigol. Dechreuais siarad gyda rhyw fenyw yn y swyddfa, a darganfûm mai hi oedd gweinyddwraig y cwrs. Fe gynigiodd hi pe bawn i'n gallu dangos peth o'm gwaith i'r cadeirydd, y byddai modd, efallai, i mi gael eistedd yn y dosbarthiadau. Y broblem oedd nad oedd gen i unrhyw gerddi'n barod. Es adref, ac erbyn y dydd Llun roedd gen i bump yn Gymraeg wedi eu cyfieithu i'r Saesneg. Cefais wybod bod y cerddi'n ddigon da, ac y byddai modd i mi gymryd rhan yn seminarau beirdd fel Joseph Brodsky a Derek Walcott, profiad bythgofiadwy. Hyd heddiw rwy'n amau mai fi yw'r unig fardd i gael mynediad i'r brifysgol honno trwy ddangos cerddi yn y Gymraeg.

Mae wedi cymryd deng mlynedd o leiaf i mi i ddechrau deall pa mor bwysig oedd dylanwadau y cyfnod hwn arna' i fel llenor. Yn gyntaf, dyna'r profiad o adnabod fy nghyfoedion, beirdd Americanaidd a oedd yn ceisio gwneud eu ffordd yn y byd creadigol, ac yn darllen ac yn trafod beirdd eraill yn frwd. Hoffais ehangder y weledigaeth Americanaidd, y ffordd nad oedd unrhyw destun yn rhy fawr neu'n rhy fach i'w gwmpasu. Ambell waith teimlwn fod yr Americaniaid yma yn rhy anfeirniadol o'u diwylliant eu hunain, ond snobyddiaeth Ewropeaidd ar fy rhan i oedd hyn. Wedi'r cyfan, dyna pam y des i'r Unol Daleithiau yn y lle cyntaf, i gael dogn o'r ysbryd hwnnw a chael modd i ganiatáu mwy i mi fy hunan fel bardd ac fel person.

Dyna'r fraint wedyn o gael y fath athrawon. Deallodd Derek Walcott, gyda'i brofiad o gael ei godi'n ddyn croenddu yn system drefedigaethol St Lucia, yn union beth oedd cymhlethdodau agwedd rhywun fel fi at y Saesneg. Anogodd fi i ddechrau ysgrifennu yn yr iaith fain, a rhoi'r hyder i mi i goelio bod modd gwneud hynny heb dderbyn gwerthoedd 'y gormeswr'. Yn wir, dechreuais weld y byddai modd y gallwn i wneud pethau â'r Saesneg nad oedd ar gael i'r Sais ei hun mwyach, gan fy mod i'n gwybod mwy am y profiad o fod yn ymylol nag a fedr yr un sydd ar y brig erioed, er y byddai hynny o fudd enfawr iddo.

Wrth gwrs, mewn ffordd, does dim angen mynd i'r wlad ei hun er mwyn cael profi'r *psyche* Americanaidd. Mae pawb yn Ewrop yn gwybod am America oherwydd y cyfryngau torfol. Mae'n hagwedd ni wedi bod yn amwys erioed tuag at y cynnyrch hwn. Rydym ni'n hanner piwritanaidd, hanner cenfigennus o'r fateroliaeth remp, y parodrwydd i fod yn agored i bob math o newydd-deb a'r gallu i fod yn amharchus tuag at draddodiad. Rwy'n cofio fy chwaer yn arfer adrodd deialog cartŵn Americanaidd wrthi hi ei hunan. 'Howdy pardner. Mighdy ffaine to meet you', ac yn anadlu awyr y paith yn y geiriau. Mewn ffordd, bûm yn yr Unol Daleithiau am flwyddyn cyn i mi adael y coleg, gan i mi astudio llenyddiaeth Americanaidd ar gyfer fy arholiadau. Roeddwn i'n drachwantus iawn am gelfyddyd America, gan fy mod yn ei thrin fel teithlyfr ar gyfer y wlad yr oeddwn i ar fin mynd iddi. Llyncais y nofelau cynnar – Hawthorne, Edgar Allan Poe, Cooper. Roeddwn i'n dwli ar Melville, a rhuthrais trwy nofelau hir a hanner-aflwyddiannus fel *Typee* ac *Omoo*, dim ond er mwyn cael pleser y gorwelion moesol eang a'r lliwiau dieithr yn y tirlun llenyddol. Traflyncais Whitman hefyd a rhyfeddu at haelioni dynol y math o ddemocratiaeth rywiol ac ysbrydol a oedd wrth wraidd ei waith. Roedd hwn yn ddarganfyddiad pwysig yn wleidyddol ac yn farddonol – byd lle nad pwy oeddech chi neu beth oedd eich hanes chi oedd yn arwyddocaol, man lle'r oedd eich agwedd at y presennol yn hollbwysig.

Yn y cyfnod hwn y darllenais lyfr rhyfedd gan William Bird o'r enw *A History of the Dividing Line*. Hanes tynnu'r ffin rhwng dwy dalaith oedd hwn, ac roedd y stori ei hun wedi ei chwalu'n ddwy, un yn hanes swyddogol, a'r llall yn cynnwys helyntion llai parchus, fel y dynion yn mynd bant gyda'r merched lleol neu'n meddwi'n rhacs yn y corsydd. Gwnaeth y testun hwn am yr arloeswyr yma argraff ddofn arna' i a phan ddaeth 'Y Ffin' yn destun yn un o'r eisteddfodau, cofiais am y llyfr a mynd yn ôl i'w ddarllen. Wedi'r cyfan yn un o'r *cantos* mae Ezra Pound yn dweud

> What thou lovest well remains
> > the rest is dross
> What thou lov'st well shall not be reft from thee
> What thou lov'st well is thy true heritage.
>
> (*Canto* LXXXI)

Roedd y syniad yma, fod modd creu eich traddodiad eich hunan yn agoriad llygad mawr i mi yn ystod fy amser yn America. Wrth gwrs, 'cas gŵr na châr y wlad a'i maco', ac mae unrhyw un nad yw'n dioddef o broblemau seicolegol dybryd yn mynd i garu'r pethau da a gafodd yn blentyn, er nad oes modd eu dewis. Ar gyfer y bryddest, penderfynais gyfuno'r hanes trefedigaethol am y ffin gyda'r syniad o newid siapau a geir yn y cerddi a dadogir ar Daliesin y ddegfed ganrif. Rwy'n amau na ddeallodd y beirniaid fy nngherdd. Ar y pryd fe dorrais fy nghalon, ond nawr, erbyn meddwl, roedd y ffaith nad oedd y beirniaid yn adnabod hon fel pryddest eisteddfodol yn arwydd o lwyddiant y bryddest, yn hytrach na'i methiant. Nid wyf yn dweud mai hon oedd y gerdd orau yn y gystadleuaeth, ond i mi roedd yn arbrawf yn y modd y gellwch drawsnewid eich traddodiad eich hun yn beth dieithr trwy ei gyfuno ag un arall.

Cyn i mi fynd i America, bûm yn meddwl yn galed iawn am y cysylltiad rhwng gwleidyddiaeth ac iaith, a'r graddau y gallwch chi fynd yn groes i raen hanesyddol traddodiad barddonol. Roedd Milton yn esiampl ardderchog o rywun yn defnyddio hen draddodiad barddonol Lladinaidd ac yn ei foldio ar gyfer mynegi godidowgrwydd gweledigaeth wleidyddol newydd y Chwyldro Seisnig. Yn y 1970au rwy'n cofio edrych ar y pryddestau eisteddfodol diweddar yn y llyfrgell yng Nghaerdydd a digalonni'n llwyr, gan nad oeddwn i'n gweld sut yn y byd y gallasant ganiatáu i mi ysgrifennu'r cerddi yr oeddwn i'n eu teimlo'n llosgi yn fy enaid, fel arian yn fy mhoced. Os oedd y traddodiad Cymraeg fel pe bai wedi penderfynu i raddau helaeth beth y medrwn i ei ddweud oddi mewn iddo, roedd problem hollol wahanol gan y beirdd Americanaidd. Roedd hi'n anodd iddynt deimlo fod barddoniaeth yn berthnasol o gwbl i'r byd modern na bod unrhyw werth cymdeithasol i waith y bardd. Dysgais werthfawrogi'r ffordd y mae'r bardd yn ffigwr sylweddol yng Nghymru ac yn Ewrop. Teimlwn i a'm cyd-fyfyrwyr y problemau hyn i'r byw ac fe yfwyd llawer o gwrw wrth i ni geisio eu datrys. Erbyn hyn, rwyf wedi dod i'r casgliad bod yr ymdrech i ddweud yr hyn nad yw'ch diwylliant na'ch iaith am i chi ei ynganu'n rhy hawdd yn rhan hanfodol o addysg y bardd. Yn yr un ffordd y mae'n rhaid bod yn fwy parod i goelio'ch fersiwn chi o'r byd nag i ymddiried yn fersiwn eich rhieni, pa mor deilwng bynnag fo eu gwerthoedd; mae'n rhaid i fardd benderfynu rhwng plesio ei draddodiad cynhenid a dweud ei ddweud ei hun. Dyma'r gwahaniaeth rhwng ystrydeb gysurus a gwir farddoniaeth. Os na wynebir yr her yma, waeth i chi aros yn eich cewynnau fel bardd.

A dyma oedd pwynt America i mi. Bu'n dir niwtral hollbwysig i alluogi i mi glywed rhythmau fy llais fy hun, ar wahân i rythmau cryfion y Gymraeg. Wrth gwrs, rhaid priodi'r ddau wrth ysgrifennu, ond roedd harddwch y traddodiad Cymraeg yn rhy agos ata' i yng Nghymru i'm galluogi i weld gwirioneddau anghysurus y foment bresennol. A dyna un o gryfderau mawrion America a'r Americaniaid, eu parodrwydd i geisio gweld gwirionedd unrhyw sefyllfa, waeth pa mor anhrefnus neu annymunol. Mewn barddoniaeth, y mae ffurf gwirionedd yn bwysicach nag unrhyw brydferthwch, yn enwedig pan fo'n mynd yn groes i ewyllys y bardd ei hun – ac mae hynny bob tro yn arwydd o rywbeth da yn digwydd.

Mae'r ysbryd democrataidd yn America wedi sicrhau bod unrhyw un sydd am astudio cwrs mewn ysgrifennu creadigol yn y coleg yn cael gwneud. Yn wir, mae'r pwnc wedi troi'n dipyn o ddiwydiant. Mae'n hawdd edrych i lawr yn elitaidd ar hyn. Mewn unrhyw oes ychydig iawn o bobl sy'n gallu ysgrifennu barddoniaeth fawr. Ond, fel y dywedodd Ezra Pound: 'It is extremely important that great poetry be written but it is a matter of indifference who writes it.' Wedi dweud hynny, mae'r Americaniaid wedi deall fod yna gysylltiad rhwng ffyniant person a'i allu i'w fynegi ei hun. Yn yr ystyr hwnnw, mae poblogrwydd y cyrsiau ysgrifennu creadigol yn beth ardderchog, hyd yn oed os yw hi'n demtasiwn ei weld fel ffurf rad ar therapi. Dros y Nadolig diwethaf, aeth fy ngŵr a minnau i México, ac fe gwrddon ni â thair Americanes a oedd yn eu cyflwyno eu hunain fel beirdd. Wedi holi, roedd hi'n glir nad oedd y merched hyn yn golygu eu bod yn feirdd mewn unrhyw ffordd broffesiynol, gan nad oedd yr un ohonynt wedi cyhoeddi cyfrol, neu'n rhoi llawer o ddarlleniadau nac yn disgwyl ennill bywoliaeth oddi wrth eu gwaith. Ac eto roedd eu hysgrifennu'n rhan ganolog o'u bywydau. Fe ddywedais i o'r blaen nad oedd America yn gyffredinol yn rhoi fawr o barch i'w beirdd, ond roedd hi'n glir fod y merched hyn yn cysidro fod barddoniaeth yn rhan sylfaenol o'u hiechyd fel unigolion. Dyma natur pwysigrwydd barddoniaeth mewn cymdeithas, ac nid ymlyniad wrth ryw draddodiad barddol yn ymwneud â Choron neu Gadair. Dyma reddf ddemocrataidd go iawn mewn barddoniaeth, yr ystum a arweiniodd Walt Whitman i ganu:

> O you shunn'd persons, I at least, do not shun you,
> I come forthwith in your midst, I will be your poet,
> I will be more to you than to any of the rest.
>
> ('Native Moments', t.109)

Ond, wrth gwrs, mae'n rhaid i bawb ddod adref. Rwy'n cofio darllen Goronwy Owen yn y Widener, llyfrgell fawr Harvard, a chael fy swyno gan ei ddisgrifiad ef o'r mafon enfawr a geid yn Virginia, fel pe bai'r Byd Newydd yn fath o baradwys. Daeth hi'n amser penderfynu a oeddwn am aros yn America. Soniais wrth ffrind i mi am y broblem ac fe ddywedodd, 'ond fe fydd yn rhaid i ti droi'n fardd Americanaidd!' Fe wyddwn i na allwn i wneud hynny, felly adref yr es i. Mae angen ei hiaith a'i hacen ei hun ar fardd fel sydd rhaid i bysgodyn wrth afon. Dim ond trwy glywed geiriau'n tasgu yn erbyn ei gilydd bob dydd, fel gro mân, y mae modd creu'r tywod a'r traeth lle gellir sefyll i edrych allan ar fôr ebargofiant. Mae America yn lle da i greu eich hunan o'r newydd, ond i mi roedd yna derfyn ar y stori yr oeddwn am ei chreu o'm dychymyg fy hun. Allwn i ddim golygu Cymru allan o'r ffilm yr oeddwn i'n ei byw.

Wedi cyrraedd adref i Gaerdydd, sylweddolais am y tro cyntaf beth oedd cost bod i ffwrdd. Er fy mod i'n deithiwr profiadol, erbyn hyn am y tro cyntaf roeddwn i'n teimlo fy mod yn medru canolbwyntio ar un lle, nad oedd yna ymwybyddiaeth o gartref fel cefnwlad swnllyd y tu ôl i bob gweithred. Roedd y bydoedd cyfochrog wedi eu tynnu'n un o'r diwedd. A'r daith go iawn ar bapur ar fin dechrau.

Llyfrau y cyfeiriwyd atynt

The Cantos of Ezra Pound (Llundain, 1964), t.556.
Walt Whitman, 'Native Moments', yn H. W. Blodgett a Sculley Bradley (goln.), *Leaves of Grass: Reader's Edition* (Llundain, 1965).

12

Miss America: America a Diwylliant Poblogaidd Cymraeg ei Iaith

SIMON BROOKS

Yr hanesydd Dai Smith a fathodd y term *American Wales*, a hynny er mwyn cyfeirio at y tebygrwydd rhwng crochan tawdd maes glo de Cymru a chenedl newydd America. Mae'n gymhariaeth hanesyddol gyffrous, a dim ond ag un manylyn y byddwn yn anghytuno. Yn nhyb yr hanesydd, mae'r cysyniad o *American Wales* yn un sy'n berthnasol yn bennaf i'r gymuned *anglophone* yng Nghymru, nid i'r Cymry Cymraeg. Yn wir, mae'r gymuned honno i'w chyferbynnu â'r 'Gymru Gymraeg'. Nod y bennod hon yw gwneud iawn am y cam hwnnw, gan nodi rhai o'r ffyrdd y bu i'r Cymry Cymraeg ymgyfranogi o weledigaeth o'r 'Gymru Americanaidd', a hynny yn y modd mwyaf hygyrch iddynt, sef trwy gyfrwng eu diwylliant poblogaidd.

Ond beth yw'r apêl sydd gan America at y dychymyg Cymreig? Hwyrach fod a wnelo ag ymateb y Cymry i Loegr. Yn naturiol ddigon, carai'r Cymry i'w diwylliant fod yn rhan o brofiad byd-eang, profiad a fynegir, gan amlaf, trwy gyfrwng y Saesneg. Ond iaith Lloegr yw Saesneg yn gynhwynol, ac am resymau seicolegol, roedd hi'n eithriadol o anodd i'r Cymry wireddu'u hawydd drwy iaith a gysylltid â'r wlad honno. Fe chwilid felly am gymunedau Saesneg eu hiaith ond anseisnig eu teithi, ac fe'u cafwyd mewn dwy wlad: America ac Iwerddon. Nid oes gofod yma i drafod perthynas astrus Cymru ac Iwerddon, ond yn ddi-os, rhagoriaeth yr Unol Daleithiau i'r Cymry yw ei bod, er yn rhan o'r byd Saesneg, eto'n meddu ar arwahanrwydd oddi wrth Loegr.

Er hynny, bu tuedd gan genedlaetholwyr a gwladgarwyr i ddadlau bod America, Americana a'r Americaneg yn gweithredu fel grym imperialaidd yng Nghymru. Mae'r agwedd yma wedi'i dal yn dwt gan y band Edward H. Dafis yn nheitl dychanol eu hail albwm, *Y Ffordd Newydd Eingl-Americanaidd Grêt o Fyw*[1] i'w chyferbynnu, wrth gwrs, â theitl moliannus eu halbwm gyntaf, *Yr Hen Ffordd Gymreig o Fyw.*[2] Ond mae'n bwysig nodi nad oes mo'r fath beth ag 'Eingl-Americaniaeth'. Syniad diwylliannol ydyw. Ac fel pob syniad diwylliannol, mae'n syniad gwneud. Beth pe bai'r 'Eingl' mewn 'Eingl- Americaniaeth' yn cael ei ffeirio am 'Gymro'? Pe penderfynem fynd ati i arddel 'Cymro-Americaniaeth' fel syniad gwneud, oni fyddai modd dadlau, yr un mor rymus ag y gwnaeth Edward H. Dafis i'r cyfeiriad gwrthwynebol, o blaid 'y ffordd newydd Gymro-Americanaidd grêt o fyw'?

Mae'r 'Gymro-Americaniaeth' hon ar ei chryfaf mewn diwylliant poblogaidd, lle mae'r cyweiriau'n Americanaidd ond yr iaith yn Gymraeg. Ac eto, fe'i ceir mewn celfyddyd aruchel hefyd. Yn 'Rhigymau Taith' T. H. Parry-Williams, clodforir grym metaffisegol America mewn arddull Nietzscheaidd braidd; y wlad, ei thechnoleg a'i nerth. Mae America yn wagle y mae dyn â'i fod (*being*) yn ei feddiannu. Yn y rhigwm 'Nebraska', fe ddisgrifir trên yn teithio ar draws un o daleithiau'r *great plains*, gan chwalu ehangder a gwastadedd:

> Chwythed y peiriant y mwg o'i gorn
> Dros y gwastadeddau indian-corn,
>
> Gan leibio'r dwyrain i'w grombil tân,
> A hollti'r pellterau ar wahân.[3]

Felly hefyd yn 'Empire State Building (New York)' lle mae presenoldeb yn *preswylio* – a defnyddio un o dermau Heidegger, ac yntau hefyd, wrth gwrs, dan ddylanwad Nietzsche – ymhlith y duwiau, ychydig islaw y nen.

> Ar y grib anhygoel mae llawr y tŵr
> Yn siglo gan daldra fel llong ar ddŵr.
>
> Nid yw'r dynion sydd arno, mor bell o'r tir,
> Ond ychydig yn is na'r angylion, yn wir.
> Ond yno'n entrych mewn cawell rhad
> Mae aderyn bach melyn sy'n uwch na'i stad.[4]

Mae rhywbeth arallfydol bron yn naws y cerddi hyn, ac eto eu cyd-destun anochel yw cyfyngiadau diwylliant sydd yn llai 'uchelgeisiol' nag un America, sef diwylliant Cymru. Fel y gwelir eto, mae'r duedd hon i ddefnyddio America i adrodd catecismau wrth Gymru yn nodwedd ar holl ymwneud y ddwy wlad â'i gilydd. Er gwaetha'r cefndir Americanaidd, mae'r myfyrdodau barddonol hyn yn drylwyr Gymreig, ac mae obsesiwn Parry-Williams â thechnoleg a modern-iaeth yn dangos sut y gellid grymuso'r iaith Gymraeg gyda gweledig-aeth o America.

Ceir ymateb Cymreig cyffelyb, yn canmol America fel cartref mawredd, mewn diwylliant poblogaidd hefyd. Ond yma, mae'r cywair ychydig yn llai soffistigedig, ychydig yn fwy amrwd, ac, yn sicr, yn fwy torfol ei apêl. Ym mis Tachwedd 1993, roedd tîm pêl-droed Cymru yn wynebu Rwmania yn eu gêm olaf mewn grŵp rhagbrofol ar gyfer Cwpan y Byd. Roedd y rowndiau terfynol i'w cynnal yn yr Unol Daleithiau: doedd Cymru ddim wedi ymddangos ym Mhencampwriaeth y gystadleuaeth ers 1958. Chwaraeid y gêm mewn awyrgylch o ffanaticiaeth feseianaidd. Baneri, mwg, tân gwyllt a'r stadiwm yn gefnfor o goch: roedd fel gwylio un o dimau Môr y Canoldir; Barcelona neu Juventus. Ond collodd Cymru: gadawodd Neville Southall, y gôl-geidwad gorau yn y byd yn ôl rhai, i bêl hawdd lithro rhwng ei goesau a chyrraedd cefn y rhwyd; methodd Paul Bodin gic o'r smotyn. Daeth y cwbl i ben mewn trasiedi pan daniwyd fflêr diogelwch, o'r math y dylid ei ddefnyddio mewn argyfwng ar y môr, a'i saethu ar draws y Stadiwm Genedlaethol. Lladdwyd cefnogwr o Ferthyr Tudful. Y diwrnod wedyn, roedd y wasg yn llawn straeon yn edliw i'r Cymry eu dibyniaeth apoc-alyptaidd ar ganlyniad y gêm. Ym marn *The Western Mail*, roedd hyn wedi cyfrannu at awyrgylch a achosodd y farwolaeth.

O safbwynt mytholeg y Cymry, mae'r gêm yn ddiddorol fel motiff. Dengys yr hen drywydd o obaith, a fynegwyd yn eithriadol o ddwys, nes iddi ymddangos ymron yn filflynyddol ei naws, cyn troi'n siomedigaeth egr. A'r ddelwedd, neu'r weledigaeth, a sbardunodd y teimladau hyn oedd America. Pesgasai'r BBC ar y waredigaeth Americanaidd hon trwy ddarlledu nifer o *trailers* teledu yn defnyddio'r gân, 'New York, New York', er mwyn hyrwyddo'r gêm. Am flynyddoedd wedyn, bu'n anthem i gefnogwyr pêl-droed Cymru. Dangosodd rhifyn arbennig o'r 'cefnograwn' pêl-droed, *Twll Tin Pob . . .!,*[5] lun o fynydd Rushmere ar ei glawr. Ond yn lle arlywyddion yr Unol Daleithiau, engrafwyd wynebau streicwyr Cymru ar y graig – y 'fab four', fel y'u gelwid: Dean Saunders, Mark Hughes, Ian Rush a Ryan Giggs – ac yn gydymaith i'r cartŵn ohonynt, y chwedl 'I have a dream that I will see the promised land'. Mae'n siŵr nad oedd ergyd waredigol y dyfyniad hwnnw wedi'i golli ar Dylan Llywelyn, y golygydd ifanc a oedd yn Gymro Cymraeg o Bwllheli. Roedd y cefnograwn wedi cynnig i'r Cymry, grŵp a deimlai eu bod yn lleiafrif, slogan ac achubiaeth lleiafrif ethnig arall: pobl dduon America.

Y *Fab Four*: pêl-droedwyr Cymru fel arlywyddion Mynydd Rushmere ar glawr y cefnograwn, *Twll Tin Pob . . . !* Drwy ganiatâd caredig y golygyddion.

Ond pa un o'r ymatebion hyn, ymateb y bardd metaffisegol ynteu ymateb y dorf, yw'r fwyaf dilys? Yn draddodiadol, byddai beirniaid diwylliannol yn astudio rhigymau Parry-Williams, ond yn anwybyddu cefnograwn Dylan Llywelyn.

Eto pa mor ddoeth yw hynny? Ymateb athrylith, gŵr a wyddai'n iawn ei fod yn torri rhigol newydd, dyna sydd yn 'Rhigymau Taith'. Oherwydd hynny, mae'r myfyrdodau sydd yn y rhigymau hyn yn rhai neilltuol o hunanymwybodol. Go brin, ar y llaw arall, fod llaw-forynion diwylliant poblogaidd yn disgwyl bod yn destun sylwebaeth yn yr un modd. Mae rhywbeth mympwyol, damweiniol bron, am ddiwylliant y dorf. Nid oes gofyn ychwaith am hunan-sensoriaeth er mwyn cyd-fynd â chanllawiau cudd tybiedig y sefydliad beirniadol. Ymhellach, mae diwylliant poblogaidd yn ddibynnol o raid ar chwaeth y lliaws, un ai yn uniongyrchol trwy'r farchnad, neu'n anuniongyrchol wrth ddilyn rhagfarnau tybiedig y gynulleidfa gyfun. Gan hynny, onid diwylliant poblogaidd yw'r cofnod gorau a feddwn o ddyheadau cudd y Cymry Cymraeg?

Ac, yn wir, i'r Cymry Cymraeg, mae a wnelo America â dyhead; dyhead am rywbeth amgen na bywyd Cymru, dyhead am fywyd Cymreig ar wastad Iwtopaidd.

Gellid pwysleisio hynny trwy gymharu'r llu o ganeuon Cymraeg am America â'r dyrnaid prin o ganeuon am Loegr, er bod Lloegr yn gwbl ganolog i'r profiad Cymreig mewn ffordd na all America fyth fod. Dangosir hyn hefyd mewn meysydd eraill heblaw am ganu poblogaidd. Ym maes hanes, er enghraifft, ysgrifennwyd hen ddigon am Scranton yn Nhalaith Pennsylvania, ond dim oll am Slough, yn swydd Berkshire, er mai yn y dref honno yr oedd y gymuned Gymreiciaf o dipyn y tu allan i Gymru yn y 1930au. Fe allai astudiaeth ohoni fod yn ffynhonnell ddihysbydd o hanes llafar dirwasgiad mawr y 1930au a'r mudo o Gymru a'i dilynodd. Ond 'cymunedau alltud' yn yr Unol Daleithiau a Phatagonia sy'n cael y sylw. Pam? Mae'n amlwg fod gwerth metafforig i America yn y Gymru Gymraeg, oherwydd mae'r sylw a gaiff yn fwy na'i harwyddocâd 'empeiraidd' yn unig.

Fe dybiwn i fod i'r dyhead Americanaidd hwn dair agwedd. Yn gyntaf, yr adwaith i America, sydd yn wedd ar elyniaeth y Chwith Ewropeaidd tuag at 'imperialaeth' Americanaidd, yn enwedig ei pholisïau tramor yn ystod y Rhyfel Oer; yn ail, achlesiad o America fel Iwtopia, ac yn enwedig felly trwy gyfrwng ei 'diwylliant poblogaidd'; ac yn olaf, ymdreiddiad *genres* cerddorol Americanaidd i Gymru, gan newid y diwylliant brodorol.

Ar sawl cyfrif, yr adwaith yw'r wedd leiaf diddorol. Er hynny, mae wedi bod yn greiddiol i ddiwylliant cyfoes, gyda chaneuon Cymraeg yn rhan o wead Ewropeaidd o brotestiadau gwrth-Americanaidd. Nid yw'n syndod, gan hynny, fod cydweithredu wedi bod ar draws ffiniau ieithyddol. 'Nefoedd Un, Uffern Llall', er enghraifft, oedd un o ganeuon mwyaf milwriaethus Yr Anhrefn, grŵp ôl-bync gyda chyd-ymdeimlad adain chwith ac anarchaidd amlwg. Fe ymddangosodd fel yr unig gân Gymraeg ar LP amlgyfrannog Saesneg, *God Save Us From the USA*[6] (daeth y teitl o'r gerdd 'Gringos' gan Robb Johnson, 'And every night I pray / God save us from the USA'), a recordiwyd er mwyn codi arian at Ymgyrch Solidarity Nicaragua.

Ond nid llais unig yn yr anialwch oedd Rhys Mwyn, canwr Yr Anhrefn. Lleisiodd cantorion eraill eu gwrthwynebiad i imperialaeth Americanaidd. Yr enghraifft enwocaf, o bosib, oedd Dafydd Iwan â'i anthem, 'Cân Victor Jara',[7] yn collfarnu cefnogaeth y CIA i *coup* milwrol Pinochet yn erbyn llywodraeth sosialaidd ddemocrataidd Chile 'yn Santiago yn '73'. Ugain mlynedd yn ddiweddarach, byddai Geraint Jarman a Meic Stevens yn condemnio Rhyfel y Gwlff mewn modd tebyg. Yn ôl Jarman yn 'Caffi Baghdad':

> Mae pob dim yn rhad yn Caffi Baghdad
> Y stereos a'r fridges a'r teledu lliw
> ... mor ddi-werth, mor ddi-werth yw byw.[8]

Ac yn 'Iraq', honnodd Stevens fod 'bomiau trwm yn disgyn ar Somaria mas o'r nefoedd' a bod 'arfau NATO / arfau NATO / arfau NATO yn codi cyn y wawr'.[9]

Efallai mai'r wedd fwyaf 'Cymreig' ar yr wrth-Americaniaeth hon, serch hynny, oedd gwrthwynebiad i imperialaeth *fewnol* yr Unol Daleithiau. Mewn cân fel 'Y Navaho',[10] cystwyai baledwr fel Tecwyn Ifan Americanwyr gwyn am iddynt erlid diwylliannau brodorol eu cyfandir newydd. Roedd yr awgrym yn ei ganeuon yn glir: dymunai gymharu tynged diwylliannau cynhenid peithiau America â ffawd diwylliant cynhenid Cymru.

Roedd yr ofn apocalyptaidd hwn fod y byd cyfan yn ysbail i rymoedd Americanaidd ynghlwm hefyd wrth bryder fod America yn camreoli'r economi fyd-eang gan nadu cyfiawnder cymdeithasol. Sylweddoliad o'r fath a gymhellodd y bardd-ganwr, Steve Eaves, yn ei gerdd 'Coca-Cola, F'Anwylyd',[11] i bortreadu'r cynnyrch hudolus ond diangen hwnnw fel symbol o bydredd a thlodi mewn byd lle gall cwmnïau rhyngwladol wneud fel y mynnant.

Roedd pryder gwrthgyfalafol i'w weld yn y ffrydiau mwyaf radicalaidd o ganu pop Cymraeg hefyd. Roedd bron â bod yn *raison d'être* y grŵp Datblygu, ac er nad cyfalafiaeth benodol o American-aidd oedd hyn, roedd yn anodd lladd ar gyfalafiaeth heb gyffwrdd yn achlysurol ag Americaniaeth, megis yn y sengl 'Maes E (cnwch)'[12] yn cymharu diwedd y Rhyfel Oer â chariad at ferch. A beth bynnag, roedd gwrth-Americaniaeth amlycach yn nodwedd ar fandiau llai adnabyddus, megis Yr Enwogion Colledig:

Rwyt ti'n wleidydd enwog, rwyt ti'n byw yn Beverly Hills,
Yn bennaeth ar gwmni sy'n gwerthu radiation pills
Ac mae'r byd wedi cael ei ddinistrio, ac eto yn ffoi rhag y gwir
Mai celwydd oedd y geiriau hir.[13]

Yn eu melodi, 'Cwsg, cwsg, cwsg', mynegodd y grŵp pop o Fethesda,
Ffa Coffi Pawb, yr un ofn hefyd. Wrth wylio cyfalafiaeth yn cau am
Gymru, adleisiwyd ganddynt, yn anymwybodol o bosib, farwnad
Gruffudd ab yr Ynad Coch i Lywelyn ein Llyw Olaf:

Wyt ti'n teimlo'r gwlith
yn disgyn i'n plith?
Wyt ti'n gweld yr haul
yn diflannu i'r môr?
Dan nenfwd tonnau, ar y traeth
a weli'r lloer yn esgyn i'r nos?
Paid â chysgu
cwsg, cwsg, cwsg
na nid nes fod golau dan y drws. Mae'r gorwel pell amdanom
yn cau
Wyt ti'n synhwyro'r diwedd yn nesáu?
Dan bwysau punnoedd Doleri a Yen
dwi ofn i'r awyr fawr
ddisgyn lawr am fy mhen
roedd y byd mor dlws.[14]

Roedd y Gymru Gymraeg felly yn hyglyw ei gwrthwynebiad i
wleidyddiaeth America a chyfalafiaeth, gan ddilyn patrwm clasurol y
Chwith Ewropeaidd.

Er hynny, roedd y cantorion hyn a'u cymheiriaid 'gwleidyddol'
mewn mudiadau fel Cymdeithas yr Iaith Gymraeg yn chwennych
America yn ddiwylliannol. Rhys Mwyn oedd prif ganwr Yr Anhrefn,
ac ef hefyd oedd y symbyliad y tu ôl i label o'r un enw. Er gwaethaf ei
wrth-Americaniaeth wleidyddol, mewn EP a drefnwyd ar y cyd â
Chymdeithas yr Iaith a'r Mudiad Gwrth-Apartheid, roedd yn barod i
ddefnyddio delweddau diwylliannol Americanaidd i hyrwyddo'r
achos. Enw'r EP amlgyfrannog oedd 'Galwad ar Holl Filwyr Byffalo
Cymru'.[15]

Mae gweddill llenyddiaeth a cherddoriaeth boblogaidd Gymraeg
yn frith o gyfeiriadau cynnes at yr Unol Daleithiau. Cân nonsens, er
enghraifft, yw cân ysgafn Hogiau Llandegai, 'Anti Henrietta o

Chicago',[16] ond yn ei hoffter rhyfeddol o America – a ddelweddid fel dynes lawn, hwyliog, nid annhebyg ei hosgo i 'Dame Wales' – fe geir awch rymus am fan gwyn 'yr ochr draw i'r dŵr'. 'Hen fenyw ffein ydi hon, coeliwch chi / Hen fenyw garedig yn llawn o hwyl a sbort a sbri' ydoedd na fyddai 'byth yn dweud "sut wyt ti?" neu "helô"' ond am 'roi clamp o gusan' i bob 'un yn eu tro' gan '[dd]ywedyd "lovely boys".' Roedd cân Hogiau Llandegai yn un o nifer o ganeuon yn perthyn i *genre* a ddathlai fudo i'r Unol Daleithiau. Motiff digon cyffredin yw hwn, wrth reswm, ac roedd yn ffordd o ddeisyf newid byd.

Yn 'Stryd America',[17] er enghraifft, mae Pedwar yn y Bar yn canu am 'Manhattan yn croesawu'r Wawr' ac am 'ymuno â'r fflyd i wlad yr hud / gobaith gwaith yn y newydd fyd', ac yn 'Gwlad yr Addewid'[18] fe gân yr un band am 'America'n galw â'i llaw dros y don / Gwlad yr Addewid a rhyddid yw hon'. Ac eto, fel y gwna penillion eraill o'r gân honno'n glir, nid gwynfyd yw popeth yn y Taleithiau, a cheir gormes yno gyn waethed ag unrhyw beth a ddioddefasai'r chwarelwr (yn ôl y gân, mae'r chwarelwr hwn – mewn motiff cyfarwydd arall – yn ffoi rhag Streic Chwarel y Penrhyn, Bethesda) yng Nghymru. Yn wir, mae yna dristwch wrth golli'r byd cysurus Cymraeg, a hogia Pesda yn gorfod 'gadael y llech'. Ac nid 'gadael y llech' yn unig yr oedd pobl Cymru. Fe gân Meic Stevens am bruddglwyf tebyg mewn baledi fel 'Dociau Llwyd Caerdydd' a 'Storom':[19] 'rwy'n mynd i hel fy ffortiwn, dros y môr i America / hiraeth fydd gyda mi, ffarwél i wlad y gân'. Er hynny, mae arwr Stevens yn 'falch mewn ffordd o fynd, mae'n anodd ei esbonio'.

Ond nid yw'r profiad o fudo corfforol i America yn ganolog, ar lefel torfol, i ddiwylliant poblogaidd Cymraeg; yn sicr, nid yn yr un ffordd ag y bu yn Iwerddon ac Ucheldiroedd yr Alban. Mae'r rheswm am hyn yn syml: aeth llai o Gymry i America nag a wnaeth o Albanwyr a Gwyddelod. I Gymry Cymraeg o'r gorllewin a'r gogledd, roedd maes glo de Cymru yn ardal o dwf economaidd y gellid ei chyrchu wrth chwilio am waith. Yn lle mudo corfforol, felly, yr hyn a geir mewn caneuon pop Cymraeg, ac yn wir mewn diwylliant poblogaidd Cymraeg ar ei hyd, yw mudo dychmygol. Hynny yw, fe gyrchir delfryd a breuddwyd America yn hytrach na'r realiti ei hun.

Fel arfer, ceir cywair llymach yn y mudo dychmygol hwn, yn rhannol, efallai, wrth i Gymry Cymraeg ifainc, o'r ardaloedd gwledig yn bennaf, awchu am gyffro dinesig a pheryglus. Mewn caneuon fel 'Gwanwyn yn Detroit',[20] bu Ffa Coffi Pawb yn creu awyrgylch enigmatig o America. Ond enigma ydyw gydag awgrym – rhywiol, o bosib – o drais:

> rwy'n cerdded
> ar y pafin
> mae'n wanwyn
> yn Detroit

cyn y ceir:

> cyllell ar fy ngwddw
> mae hi'n bwrw.

Yn 'Hydref yn Sacramento',[21] mae'r canwr, Gruff Rhys, yn sôn am gowboi yn y dref wyllt honno yng Nghaliffornia sydd, rywfodd neu'i gilydd, yn cynrychioli diwedd ieuenctid a diniweidrwydd:

> Wel mae hi'n hydref yn Sacramento
> ac mae'r awyr yn glir
> mae 'na lwch rhwng dannedd fy ngheffyl
> ac mae 'nhafod yn sur
> dwi'n mynd i fyny i'r bar agosaf
> i leddfu fy mhoen
> o'r deg ar hugain bwled
> sy'n sownd dan fy nghroen.

Dyna flas o brofiadau hedonistaidd ar wedd Americanaidd sydd yn nodweddu ffrwd arall o ddychmygu Cymraeg am America. Enghraifft dda arall yw cân-deyrnged y band Rheinallt H. Rowlands i Charles Bukowski,[22] un arall o eiconau Califfornia. 'Dwi eisiau bod fel Charles Bukowski', meddir yn y gân, 'dwi eisiau crwydro dros y byd yn yfed gormod / Gael fy ngofyn am fy marn . . .'. Ond er iddo ddymuno meddwi gyda'i arwr, '[rh]edeg i'r Senedd' a 'gwneud pobl yn hapus tros y byd', fe ŵyr hefyd mai rhywbeth brau a darfodedig yw'r freuddwyd Americanaidd. 'Wel, mae'r dyddiau wedi rhedeg i ffwrdd fel ceffylau gwyllt dros y bryniau / Mae'r haul yn dal i godi a mynd i lawr yng Nghaliffornia.' Hedonistiaeth hefyd, dybiwn i, a gymhellodd Ian Morris, canwr Tynal Tywyll, yn 'Jack Kerouac'[23] i freuddwydio am fod yn *beatnik*:

> Mynd yn noeth yn y tywydd poeth
> A hongian yn llac gyda Jack Kerouac

Freuddwydiais i 'rioed am ddyddiau gwell
. . . yn edrych yn bell i ffwrdd, bell i ffwrdd . . .

Dengys clawr y sengl hon olygfa o ffilm ddu-a-gwyn Americanaidd, gyda dynes yn gweini ar ddyn a dynes mewn *diner*, enghraifft dda o eiconiaeth weledol yn ategu diwylliant poblogaidd Cymraeg. Effaith debyg a gâi clawr un o senglau cynnar Y Cyrff, 'Yr Haint / Ar Goll yn Fy Mywyd Fy Hun', gyda baner America wedi'i rhwygo ond yn hedfan yn herfeiddiol yn y gwynt, delwedd a osodai'r caneuon mewn cyd-destun gwrthryfelgar yn syth. 'Chwaraewch yn uchel . . . ac yn aml', meddai'r broliant ar ei gefn.[24]

Y CYRFF

Clawr sengl Y Cyrff, 'Yr Haint / Ar Goll yn Fy Mywyd Fy Hun'. Hawlfraint: Y Cyrff / Recordiau Anhrefn.

Gan mai mudo dychmygol, ac nid corfforol, sydd y tu cefn i'r delweddau hyn, a chan na ellir mudo i America go iawn, fe fynnir y dylai America ddod i Gymru. Diben hyn, wrth gwrs, yw dangos Cymru ar wedd newydd, ac yn aml iawn, fe gynigir moeswers. Yng nghân Geraint Jarman, 'I've arrived',[25] er enghraifft, daw Cymro alltud o Americanwr 'nôl i Gymru am yr ha", ac wrth ymweld â'r Eisteddfod, sylwa ei bod yn 'bert i fod yn ôl yng ngwlad fy ieuenctid ffôl / lle dysgais sut i fyw a bod yn ddyn'. Ond nid diniweityn llwyr yw'r Americanwr hwn oherwydd, er ei fod yn 'myned adre bore fory, a wir i chi dwi ddim yn seboni, hon yw'r wlad fach bertaf yn y byd', mae'n gwybod yn iawn am wendidau Cymru fach, gan ategu,

> Ond cofiwch am y crafwr tin sy'n gwneud y lle yn anghytûn
> cofiwch am y rhai sy'n dweud fel hyn
> I've arrived
> I've arrived . . .

Mae eraill hefyd yn defnyddio tirwedd diwylliannol America i sylwebu ar Gymru a Chymreictod. Delwedd gyffredin yng ngwleid-yddiaeth wrth-Gymraeg y 1990au fu ymosodiadau ar y *ghetto* Cymraeg yng Nghaerdydd, y 'Welsh Quarter' fel y'i gelwid gan Rhodri Morgan, yr Aelod Seneddol lleol. Dyma ardal cymdogaethau gorllewin Caerdydd, Pontcanna a Threganna yn enwedig, ac yno yr heidiai Cymry Cymraeg ifainc o'r 'broydd Cymraeg' yn eu cannoedd gan weithio yn bennaf ym myd addysg a'r cyfryngau. Am y rheswm hwnnw, fe'u gwatwerid: 'I think of them as Pobl Pontcanna . . . as they make their way bilingually from Broadcasting House to Le Cassoulet, the epicentres of their known universe', meddai Tim Williams yn ei fonograff gwrth-ddatganoli, *The Patriot Game*.[26] Ond fe'u dirmygid hefyd gan lawer o Gymry yn yr ardaloedd gwledig a gasâi'r 'sefydliad' diwylliannol a gysylltid ag S4C.

Yn ôl Y Pregethwr, grŵp yn rhyddhau deunydd ar label R-Bennig, label gwrth-sefydliadol o Ynys Môn a arbenigai mewn dawns, hip-hop a cherddoriaeth indi, roedd bywyd Cymraeg cyfryngol Caerdydd yn brawf fod byd bas Hollywood wedi gadael America ac ymgartrefu yng Nghymru. Yn y 'Pontcanna Hunlle Mics' a'r 'Holly-weird Caerdydd Mics'[27] cyfeirir at Bontcanna yn benodol fel 'Hollywood' neu 'Holly-weird' Cymru. Mewn *lyrics* fel hyn roedd America yn cael ei defnyddio er mwyn mynegi dirmyg tuag at y Gymraeg fel iaith dosbarth ariangar yng Nghaerdydd.

Hunllef yng Nghymru Fydd, mae'n amlwg, oedd y weledigaeth honno o Gymru gyfalafol gorfforaethol Americanaidd i Johnny R, rheolwr R-Bennig, ond nid negydd oedd America ar bob achlysur. Mae Twm Morys, canwr Bob Delyn a'r Ebillion, yn gwyrdroi'r ddelwedd o fudo i America er mwyn cynnal ei weledigaeth adferaidd yntau o Gymru. Yn y gân, 'Dacw Dir',[28] â ati'n gwbl fwriadol i ganmol cyneddfau sydd, yn ei dyb ef, yn oesol; serch, sefydlogrwydd a llinach:

Dacw dir y tadau gynt
a gwenith cariad yn y gwynt
dwi'n sefyll yma ar y bryn
yn meddwl am y pethau hyn
Dacw'r tad a dacw'r brodyr
dacw'r caeau'n llawn o lafur.

Mae'r fytholeg o fudo i America, wrth gwrs, yn arwain yn anochel at genhedlu, gan boblogi tir newydd. Ond yn y gân hon, bydd cenhedlu – 'gwenith cariad yn y gwynt' – yn digwydd yng Nghymru. Er, yn gwbl eironig, nid oes gan Twm Morys ddelwedd fwy eirias i gyfleu llawnder bywyd Cymraeg *yng Nghymru* nag America ei hun.

Hira'n byd y bydd dyn byw
mwya'n byd welith o mwya'n byd glyw
ac i be'r â'i foddi yng ngwin America
mae fan hyn i mi'n America

Os yw rhesymeg Twm Morys yn dal dŵr mae'n amlwg mai trosiad yw America am Gymru. Ond trosiad go wahanol i drosiad Johnny R ydyw. Ac mae'n rhaid dod i'r casgliad fod yna gynifer o ffyrdd o gyfeirio at America ag sydd o gyfeirio at Gymru.

Enghraifft wych o'r gwamalwch hwn yw cân gan un o fandiau mwyaf 'Americanaidd' y sîn roc Gymraeg ar ddiwedd y 1980au. Roedd Y Gwefrau yn fand chweched dosbarth o Ysgol Gyfun Gymraeg Glantaf, Caerdydd, ac yn gwbl nodweddiadol o ddiwylliant ieuenctid ysgolion dwyieithog de-ddwyrain Cymru. Diwylliant ydoedd a asiai'r iaith Gymraeg wrth werthoedd 'Eingl-Americanaidd'. Fel y rhan fwyaf o'r adloniant a ddarperir ar gyfer pobl ifainc yn eu harddegau, nid trafod ideoleg oedd priod nod Y Gwefrau, ond cael hwyl. Er hynny, roedd yn fand blaengar a deallus. Fel Hogia Llandegai gydag 'Anti Henrietta o Chicago', lluniodd Y Gwefrau ddelwedd o America ar lun menyw; ac nid cloben o ddynes galonnog ydoedd y tro hwn, ond menyw ifanc rywiol. Ond *mirage* yw rhywioldeb yr Americanes honno – effaith a ddyfnheid, o bosib, gan y ffaith mai *girl-band* tra rhywiol oedd Y Gwefrau.

Yn 'Miss America',[29] mae'r gytgan yn crynhoi'r berthynas ryfeddol unffordd honno sydd gan Gymru ag America:

Miss America, ti yw'r un ni'n efelychu
Miss America, dy enw ni'n pesychu
Miss America, dwyt ti'n ddim mwy na minlliw
Miss America, maen nhw'n credu fod ti'n Dduw.

Yn y penillion, fe gyfeirir at 'Miss America' fel *simulacrum* o fenyw neu genedl go iawn. Mae'n fenyw berffaith, yn genedl ddelfrydol; ac eto, gan nad yw perffeithrwydd byth yn bosib, mae ci hymdrech i fod yn lân ac yn ddihalog yn ei gwneud yn ddiffygiol iawn.

Ti'n gweld hi'n cerdded lawr y stryd
troi dy ben a syllu
ei gwallt yn aur, a'i chorff mor fain
ond does dim teimlad ynddi

Ceiniogau brwnt sydd ar dy berson
mae dy wên yn o mor felys
a dy wyneb o mor ddi-hun
rwyt ti i mi yn elyn

Pam na elli di weld trwyddi
mond colur yw hi'n unig
falle mod i ddim mor rhywiol
ta waeth, beth am hynny?

Yn yr ymdrech fethedig honno i geisio perffeithrwydd, mae 'Miss America' yn dangos pa mor anneniadol y gall fod yn ymyl diwylliannau hynafol, amrwd a chymysg Ewrop. Dyma feirniadaeth ar America fel gwlad *newydd*, fel gwlad *heb* hanes, heb y cleisiau a'r dyfnder 'dan y croen' sy'n llunio ymddygiad gwlad go iawn.

Y drydedd wedd ar ddylanwad America ar ddiwylliant Cymru yw'r un fwyaf pellgyrhaeddol, ac eto yr un, bellach, sydd yn cymell y gwrthwynebiad lleiaf. Yn anochel bron, gan fod gafael yr Unol Daleithiau ar y rhwydweithiau sy'n *traddodi* diwylliant mor gadarn, mae bron y cwbl o'n profiadau diwylliannol newydd yn American-aidd eu tarddiad. Er gwaethaf adfywiad y gynghanedd ymhlith rhai Cymry ymwybodol, nodweddir diwylliant poblogaidd Cymraeg yr ugeinfed ganrif gan ymbellhad oddi wrth adloniant traddodiadol: y noson lawen, cerdd dant, canu plygain ac ati. Yn lle hynny, cafwyd ffurfiau torfol, mwy Americanaidd o fwynhau. Er gwaethaf peth anniddigrwydd, megis ymhlith beirdd caeth,[30] derbyniwyd y newid byd hwnnw oherwydd, o ystyried y grymoedd economaidd a'i gyrrai, credid ei fod yn anorfod. Canolbwyntiai cenedlaetholwyr, felly, nid ar wrthwynebu Americaniaeth ddiwylliannol *per se*, ond, yn hytrach, ar geisio ei Chymreigio pan ddôi i Gymru. Roedd 'Maes B', sengl Y Blew, y grŵp Cymraeg roc a rôl cyntaf, yn enghraifft glasurol o hyn: ymdrech fwriadus ydoedd i wneud canu 'Eingl-Americanaidd' yn offeryn yn nwylo'r mudiad iaith.[31]

Ailadroddwyd y Cymreigio hwnnw ddegau o weithiau, wrth i *genres* cerddorol Americanaidd gael eu benthyg a'u haddasu at anghenion y diwylliant Cymraeg. Yng nghefn gwlad, er enghraifft, buan y sylweddolwyd bod y 'werin bobl' yn rhannu cefndir sosio-economaidd a theithi meddwl a oedd yn syndod o debyg i werin groenwyn cefn gwlad America. Yn y 1990au, go brin y ceid gweithgarwch amser hamdden mwy poblogaidd yn yr ardaloedd Cymraeg gwledig na 'dawnsio llinell'. Ac yn y broydd hyn hefyd, y math mwyaf poblogaidd o ganu oedd canu gwlad, a oedd, wrth gwrs, yn ddigywilydd o Americanaidd. Diddorol nodi fod y diddordeb hwnnw ar ei gryfaf ym Mhen Llŷn, yr ardal Gymreiciaf yng Nghymru, a bod deuawd leol, John ac Alun, yn 'arwyr gwerin' go iawn yno. Hwyrach hefyd y gellid dadlau bod arddull bedantig, bregethwrol – yn ystyr orau y gair – Dafydd Iwan o ganu yn tynnu ar ffynonellau tebyg; fel yn wir y bu'r grwpiau 'gwlad' a oedd yn eu hanterth yn y 1960au; yr 'Hogia' amrywiol: Hogia Llandegai, Hogia'r Wyddfa, Hogia'r Garreg, Hogia'r Moelwyn ac ati.

Yn yr ardaloedd trefol, lle y ceisid llunio diwylliant Cymraeg ar weddau mwy ymwybodol ddinesig, nid oedd y dylanwad American-aidd yn llai. Drwy gydol ei yrfa hir, dibynnai Geraint Jarman yn helaeth ar *reggae*. Yn y gân enwocaf o'i eiddo yn dathlu hyn, 'Ethiopia Newydd', canodd fod 'clustiau Cymru fach yn clywed reggae ar y radio'.[32] Yn ôl un sylwebydd, y cyfansoddwr Pwyll ap Siôn, roedd hyn yn ymdrech amlwg i fathu diwylliant poblogaidd Cymraeg ar wedd apocalyptaidd: Cymru, wrth reswm, oedd Ethiopia.[33] Ar ôl troi at gyweiriau cerddorol eraill yn y 1980au a'r 1990au, cynhyrchodd Jarman albwm *reggae* gyfan ar ddiwedd y 1990au, gyda phwyslais ar *dub*.[34]

Mae'r defnydd hwn o gerddoriaeth pobl croenddu a lleiafrifoedd eraill America a'r Caribî yn un sydd yn gyffredin i ystod eang o gerddoriaeth Gymraeg. Roedd y grŵp dawns, Diffiniad, yn arddel Samba;[35] roedd Cajuns Denbo, yn ôl eu haddefiad eu hunain, yn canu cerddoriaeth *cajun* er mwyn dangos y tebygrwydd rhwng diwylliannau dwyieithog Louisiana a Chymru.[36] Dewis Steve Eaves a'i Driawd yn y 1980au oedd mynd ati i ganu'r felan, arddull a fabwysiedid gan Meic Stevens hefyd, megis mewn caneuon fel 'Gwely Gwag' y dywedodd amdani mai honno oedd y 'gân *blues* Gymrâg gynta i fi sgrifennu'.[37] Roedd Steve Eaves hefyd yn hoff o jazz.

Ddegawd wedi hynny, cododd grŵp Cymraeg mwyaf trawiadol diwedd y 1990au, Y Tystion, ganu rap o'i darddle yng nghymunedau croenddu difreintiedig dinasoedd America a'i gymhwyso i Gymru. Y nod oedd traddodi rhywfaint o ddicter a nerth a 'chyfiawn ddig' i Gymru a chynysgaeddu'r 'frwydr genedlaethol' â hi. Mewn caneuon fel 'MG yn y Tŷ' – Meibion Glyndŵr oedd MG – roedd y rapwyr yn dehongli gormes Saeson ar Gymry mewn termau ethnig, nid annhebyg i ormes pobl croenwyn ar bobl croenddu. Mewn stadau tai cyngor fel 'Sgubor Goch' yng Nghaernarfon, roedd Cymry yn 'herio'r moch': 'MG yn y ffycin tŷ-o, MG yn y ffycin tŷ-o / MG yn cefnogi'r gymdogaeth, Dyna'r mother-fuckin' dystiolaeth / Coming to get yer, Sais.'[38] Roedd ganddynt neges hefyd i William Hague, arweinydd y Blaid Geidwadol: 'Pwy ffyc, pwy ffyc sy'n rheoli? / Pwy ffyc sy'n rheoli? / Does neb yn holi / Chwarae teg i William Hague, dwi'n mynd i gael dryll a'i saethu yn ei geg / Byddai'r gwaed yn treiglo lawr ei siwt . . . / Gawn ni weld wedyn pwy di'r bòs.'[39] Benthycwyd hefyd dipyn o slang rapwyr America: cyfeiriodd un o'r rapwyr, Gruff Meredith, er enghraifft, ato'i hun fel 'G-Man'.[40] Roedd cymhariaeth amlwg iawn mewn caneuon felly rhwng *gansta rap* America a *gangsta rap* Cymru.

Fel yn achos *lyrics* y caneuon, nid unffurfiaeth yr arddulliau hyn o ganu yw eu nodwedd amlycaf, ond eu hamrywiaeth. Ond o estheteg dawedog, hiraethlon canu gwlad i noethni treisgar rap, yr hyn a brofir ganddynt yw tuedd Cymry Cymraeg, o bob lliw a llun, i ddefnyddio diwylliant America fel un o nodweddion pennaf y diwylliant Cymraeg. Ond nid oes cysondeb o gwbl yn y modd y dehonglir ef. *Chameleon* yw diwylliant America yng Nghymru. Gan na fynnai Cymry Cymraeg droi at Loegr am ysbrydoliaeth, a chan fod pob gwlad angen ei 'harall', daeth America ac Americana yn ddrych o wahaniaethau mewnol Cymru ei hun.

Nodiadau

[1] Edward H. Dafis, *Y Ffordd Newydd Eingl-Americanaidd Grêt o Fyw* (Sain, 1975).
[2] ——, *Yr Hen Ffordd Gymreig o Fyw* (Sain, 1974).

³ T. H. Parry-Williams, 'Rhigymau Taith X: Nebraska', *Synfyfyrion* (Aberystwyth, 1937), 75.

⁴ ——, 'Rhigymau Taith I: Empire State Building (New York)', *Synfyfyrion*, 75.

⁵ Dylan Llywelyn (gol.), *Twll Tin Pob . . .!*, rhifyn 3 (Medi 1993).

⁶ Yr Anhrefn, 'Nefoedd Un, Uffern Llall' yn *God Save Us From the USA* (Happy Mike Records/Revolver, ni nodir dyddiad, tua 1985).

⁷ Dafydd Iwan, 'Cân Victor Jara', *Bod yn Rhydd* (Sain, 1979).

⁸ Geraint Jarman a'r Cynganeddwyr, 'Caffi Baghdad', *Rhiniog* (Ankst, 1992).

⁹ Meic Stevens, 'Iraq', *Er Cof am Blant y Cwm* (Sain, 1993).

¹⁰ Tecwyn Ifan, 'Y Navaho', *Y Dref Wen* (Sain, 1977).

¹¹ Steve Eaves, 'Coca-Cola, F'Anwylyd' yn Aled Islwyn (gol.), *A sydd am Afal* (Caernarfon, 1989), 71–2.

¹² Datblygu, *Maes E (cnwch)* (Ankst, 1992).

¹³ Yr Enwogion Colledig, 'Beth am y Bobl?' (ni nodir y label; ni wyddys y dyddiad). Gw. Steve Eaves (gol.), *Y Trên Olaf Adref: Casgliad o Ganeuon Cyfoes* (Talybont, 1984), 99.

¹⁴ Ffa Coffi Pawb, 'Cwsg, cwsg, cwsg', *Clymhalio* (Ankst, ni nodir dyddiad, tua 1991).

¹⁵ Beirdd Coch / Cathod Aur / Plant Bach Ofnus, *Galwad ar Holl Filwyr Byffalo Cymru* (Anhrefn, ni nodir dyddiad, tua'r 1980au hwyr).

¹⁶ Hogia Llandegai, *Anti Henrietta o Chicago*, Teledisc Pops-y-Cymro (1967).

¹⁷ Pedwar yn y Bar, 'Stryd America', *Stryd America* (Fflach, 1992).

¹⁸ ——, 'Gwlad yr Addewid', *Newid Cynefin* (Sain, 1986).

¹⁹ Meic Stevens, 'Dociau Llwyd Caerdydd' a 'Storom', *Gitâr yn y Twll Dan Stâr* (Sain, 1983).

²⁰ Ffa Coffi Pawb, *Gwanwyn yn Detroit* (Headstun, 1989).

²¹ ——, 'Hydref yn Sacramento', *Clymhalio*.

²² Rheinallt H. Rowlands, 'Bukowski', *Bukowski* (Ankst, 1996).

²³ Tynal Tywyll, *Jack Kerouac* (Fflach, 1990).

²⁴ Y Cyrff, *Yr Haint / Ar Goll yn Fy Mywyd Fy Hun* (Anhrefn, 1985).

²⁵ Geraint Jarman a'r Cynganeddwyr, 'I've arrived', *Gobaith Mawr y Ganrif* (Sain, 1976).

²⁶ Tim Williams, *The Patriot Game* (Tynant Books, 1997), 16.

²⁷ Pregethwr II, 'Pontcanna Hunlle Mics' a 'Holly-weird Caerdydd Mics', *Hollywood Caerdydd* (R-Bennig, 1993).

²⁸ Bob Delyn a'r Ebillion, 'Dacw Dir', *Gwbade Bach Cochlyd* (Crai, 1996).

²⁹ Y Gwefrau, *Miss America* (Ankst, 1990).

³⁰ Gw. Gerwyn Wiliams, 'Darlunio'r Tirlun Cyflawn', yn John Rowlands (gol.), *Sglefrio ar Eiriau* (Llandysul, 1992), 115–50.

³¹ Y Blew, *Maes B* (Qualiton, 1967).

³² Geraint Jarman a'r Cynganeddwyr, 'Ethiopia Newydd', *Hen Wlad Fy Nhadau* (Sain, 1978).

³³ Pwyll ap Siôn, 'Y Gwrthleisiau yn *Fflamau'r Ddraig* Geraint Jarman', *Tu Chwith*, cyfrol 4 (1996), 20–32.

³⁴ Geraint Jarman a'r Cynganeddwyr, *Sub Not Used/Eilydd na Ddefnyddiwyd* (Sain, 1998).

³⁵ Diffiniad, 'Samba', *Dinky* (Ankst, 1994).

³⁶ Cajuns Denbo, *Stompio* (Sain, 1996).

[37] Meic Stevens, 'Gwely Gwag', *Gwymon* (Dryw, 1972). Gw. yr hanes yn Lyn Ebenezer [cofnodydd], *I Adrodd yr Hanes* (Llanrwst, 1993), 17.
[38] Y Tystion, 'MG yn y Tŷ', *Rhaid i Rywbeth Ddigwydd . . .* (Fitamin 1, 1997).
[39] ——, 'Dyma'n Rhêg', *Shrug EP* (ankstmusik, 1999).
[40] ——, 'Euro 96', *Rhaid i Rywbeth Ddigwydd . . .*

13

Far Rockaway yn y Galon

IWAN LLWYD

> *And losing track*
> *of where I was coming from*
> *with the amnesia of an immigrant*
> *I traveled over*
> *the extrovert face*
> *of America*
> *But no matter where I wandered*
> *off the chart*
> *I still would love to find again*
> *that lost locality*
> *Where I might catch once more*
> *a Sunday subway for*
> *some Far Rockaway of the heart.*
>
> (A Far Rockaway of the Heart, t.4)

Cof dyn wedi blino sydd gen i o Far Rockaway. Roeddwn i newydd deithio am y tro cyntaf ar draws yr Iwerydd i'r Unol Daleithiau, gan groesi'r arfordir, yn addas ddigon, ddegau o filoedd o droedfeddi uwchben Bangor, Maine. Ar ôl cyfarfod y criw teledu oedd i gyd-deithio â mi am dair wythnos o lannau'r Iwerydd i fae San Ffransisco, dyma ddal trên gyda'r bwriad o gyrraedd Manhattan. Ond oherwydd rhyw gamddealltwriaeth – y sioc o glywed y porthorion a'r merched yn y swyddfa docynnau yn siarad Sbaeneg â'i gilydd efallai – aeth y trên â ni i faesdref glan môr Far Rockaway, i gyfeiriad Brooklyn a Coney Island. Doeddem ni ddim yno fwy na rhyw hanner awr, digon i ddal y trên nesaf yn ôl am Manhattan, a phrin y byddwn i'n nabod y lle tase'n rhaid i mi ddychwelyd. Ond mae'r argraffiadau'n aros o le a welodd ddyddiau gwell, traethau budron, heddlu arfog, graffiti. A'r enw gwych yna, Far Rockaway.

Ers hynny fe sylwais ar yr arwydd ar raglenni teledu a ffilmiau heddlu. Derbyniais gopi mewn cyfieithiad o gerdd gan Miroslav Holub – '11.30 p.m., Far Rockaway' – 'And in the distance the last bus / leaves, / so now there's nothing / from which you can exit'. A chopi o gyfrol ddiweddaraf un o'i olaf o feirdd *beat* y 1950au a'r 1960au, Laurence Ferlinghetti. Ac mae ei eiriau o yn crynhoi yr hyn mae Far Rockaway, ac America, yn ei olygu i mi. Yr ymdeimlad yna o lacio cadwynau'r gorffennol, o fwynhau'r allblygrwydd a'r arwynebolrwydd, y 'wefr o fod yn nabod neb', ond eto, drwy'r adeg, y dyheu yna am wynfyd, am wlad yr addewid, er eich bod yn gwybod yn iawn mai dim ond yr enw sy'n aros o dan y sbwriel a'r graffiti.

'Pwy ti'n 'i nabod ydi hi, sti.' Dyna fyddai fy nhad yn ei ddweud bob tro y byddai'n clywed am rywun yn cael dyrchafiad, neu yn darllen am ryw lwyddiant honedig yn y Gymru fach. Ac mae'n rhaid i mi gyfaddef mai rhan fawr o wefr America i mi yw bod rhywun yn teithio'n ddifagej, yn ddi-gof chwedl Ferlinghetti. Mae yna ymdeimlad yna o hyd bod pob bore newydd yn dod â phosibiliadau newydd. Mae pawb rywsut yn ymfudwr – yn dianc rhag rhywbeth, yn chwilio am rywbeth – a rhwng y ddau begwn yna mae yna gymaint o bosibiliadau. Ond i lwyr ddeall sut y cefais i fy swyno gan y lle, mae'n rhaid edrych ymhellach na hynny.

Ar yr olwg gyntaf rwy'n dod o gefndir cwbl draddodiadol Gymreig. Fy nhad yn weinidog, fy mam yn athrawes gynradd, a minnau a'm brawd wedi ein magu yng nghôl y capel a'r ysgol Sul, yr eisteddfod leol, yr Urdd, *Band of Hope*. O gymharu ag eraill o'm cyfoedion sydd wedi rhannu'r un weledigaeth o geisio creu barddoniaeth Gymraeg sy'n herio rhai o'r hen hualau – fel Ifor ap Glyn, Steve Eaves neu Twm Morys – mae fy nghefndir i yn solat yn y traddodiad Anghydffurfiol Cymreig. Ac mae gen i lawer o gydymdeimlad â'r cefndir hwnnw. Ond eto, ynghlwm wrth y cefndir hwnnw, yn arbennig yn ystod y 30 mlynedd diwethaf, mae yna groesdyniadau a thensiynau. Doedd gen i ddim gwreiddiau dyfnion mewn un ardal arbennig. Fel teulu buom yn byw yn Sir Drefaldwyn, Dyffryn Conwy a Bangor, ac roedd fy nhad o Fôn a'm mam o Geredigion. Roedd teithio yn rhywbeth cyffredin bob gwyliau. A chan fy mod wedi treulio y rhan fwyaf o'm hoes ym Mangor, roedd ac mae tensiynau y ddinas ffiniol honno yn rhan ohono'i. Roedd yr ymwybod hwnnw o ffin yn arbennig o effro yn ystod fy arddegau yn y 1970au. Roedd criw bach ohonom yn ysgol 'ddwyieithog' Friars yn glynu at y Gymraeg, ac wedi gwirioni ar dwf diwylliant cyfoes Cymraeg, a chenadwri grwpiau roc fel Edward H. Dafis i greu ieithwedd a diwylliant Cymraeg oedd yn herio yr hen gonfensiwn mai rhywbeth yn perthyn i gapel ac eisteddfod oedd yr iaith.

Daeth hyn ar frig ton hyderus cenedlaetholdeb Cymreig y 1970au wrth i Blaid Cymru bwyso'r glorian ar ochr y llywodraeth Lafur leiafrifol, ac wrth i ymgyrchoedd Cymdeithas yr Iaith dros statws i'r iaith a sianel Gymraeg fagu momentwm. Ond fel glaslanc ym Mangor roeddwn i hefyd yn cael fy nylanwadu gan y Rolling Stones a David Bowie a Marc Bolan, ac yn ymwybodol o gynyrfiadau cynnar diwylliannau cyffuriau ac efengyliaeth a'r holl wahanol ddylanwadau sy'n ffrwtian mewn dinas brifysgol. Roeddwn i'n barhaol yn croesi ffiniau rhwng ieithoedd, cenedlaethau, diwylliannau. Ond eto, yn y 1970au, y llif oedd yn denu oedd llif newydd, hyderus y Cymry Cymraeg ifainc, gydag arwyr fel Meic Stevens, Geraint Jarman ac Emyr Llywelyn. Penllanw hyn, wrth gwrs, oedd yr ymgyrch dros Ddatganoli i Gymru yn 1978–9.

O edrych yn ôl dros ysgwydd ymgyrch lwyddiannus (o drwch blewyn) 1997, mae'n hawdd iawn bod yn ddoeth a dweud nad oedd gan ymgyrch 1979 obaith mul mewn ras drotian. Ar y pryd, a ninnau'n dal yn laslanciau delfrytgar, yng nghanol y bwrlwm diwylliannol hyderus a welem ni o'n cwmpas, a'n bod ni'n ddigon hy i chwarae castiau fel pleidleisio unwaith yn ein tref brifysgol, ac eilwaith drwy'r post adref, doedd dim rheswm i wan-galonni. Wrth gwrs y byddai hi'n agos, ond pwy fyddai yn ddigon gwirion i wrando ar Kinnock, Abse a'u tebyg? Ysywaeth, gan y gwirion y ceir y gwir, ac wrth weld gobeithion a delfrydau ein penllanw bach ni yn chwalu ar forglawdd mawr styfnig y bleidlais 'Na' dyma orfod cychwyn croesi traeth gwastad, diderfyn Thatcheriaeth heb na mul na chwmni hogiau hyderus y 1970au. Roedd rhaid chwilio am gyfeiriadau a gwaredigaeth newydd. Yn bersonol, yr ymchwil honno am iaith i fynegi yr hyn oedd bod yn Gymro yn byw yng Nghymru wedi 1979 oedd yr hyn a'm harweiniodd yn y pen draw i ganol paent treuliedig Far Rockaway.

Rwy'n dal heb fy argyhoeddi bod y Gymru Gymraeg wedi llwyr ddadansoddi a deall y creithiau a'r croesdyniadau a ddaeth i'r wyneb yn 1979. Erbyn hyn mae'n hawdd iawn twt-twtian y cyfan a thorheulo yn haul gwantan 1997. Ond i genhedlaeth a ddisgynnodd yn glep o uchelfannau y Steddfod yn y Ddinas yn 1978 i bydew oer 1979, dyma brofi methdaliad un dehongliad o Gymreictod. Y dehongliad oedd yn credu yn sancteiddrwydd y 'traddodiad' Cristnogol, rhyddfrydig, gwaraidd, gwreiddiedig. 'Yr Hen Ffordd Gymreig o Fyw', chwedl Edward H. Ac roedd y grŵp allweddol hwnnw eisoes wedi bwrw amheuaeth ar eu creadigaeth eu hunain. I ganol gwlad y mecynnau coch-a-gwyn, yr hetiau tal a'r tirluniau sepia, daeth 'Y Ffordd Newydd Eingl-Americanaidd grêt o fyw!' lliwgar a swnllyd. Ac roeddem ninnau wrth ein bodd efo fo. Roedd pentrefi bach tlws cefn gwlad Môn a Cheredigion yn farw ac eithrio mis neu ddau yn yr haf ac ambell benwythnos hir. Roeddem ni'n dechrau mwynhau siopa yn Tesco a Safeway. Roedd angen ail gar, a chymudo i'r gwaith. Gan fod ymgyrch Datganoli wedi methu, beth oedd y dewis naturiol? – wel dwysáu yr ymgyrch am Sianel Deledu, wrth gwrs, er mwyn rhoi'r Gymraeg ar lwyfan byd-eang y byd newydd. Bu ambell unigolyn fel Jennie Eirian yn ddigon dewr i awgrymu, ar baith anial diweithdra a chwalfa cymunedau a chymdeithas, bod yna ymgyrchoedd mwy teilwng na'r un am Sianel. Wfftio wnaeth y Cymry ifainc oedd eisoes wedi penderfynu nad oedden nhw yn mynd i ddychwelyd yn waglaw i'w cymunedau. Penllanw rhesymegol hyder y 1970au oedd Sianel yng Nghaerdydd a fyddai'n ein dwyn yn ddigon pell o weddillion trist yr hen ffordd Gymreig o fyw.

I'r rhai ohonom a oedd wedi dechrau ymhél ag ysgrifennu a llenydda, roedd yn rhaid cael hyd i iaith newydd a fedrai ymateb i amgylchiadau newydd y cyfnod ôl-1979 a rhoi llais i'r tensiynau hyn. Roedd yn rhaid mynd i'r afael â'r ffaith fod geiriau caneuon Bruce Springsteen a Bob Dylan a Paul Weller yn fwy perthnasol i ni bellach na 'bryniau Dyfed' Hergest neu 'Nant Gwrtheyrn' Ac Eraill, heb sôn am 'Fryn Calfaria' neu 'Borthdinllaen'. Roeddem ni ar yr un lôn â Springsteen,

> Got my bags packed in the back and I'm tryin' to get going again
> But red just goes to green and green goes red and then
> Then all I hear's the clock on the dash tick-tocking
> Loose change in my pocket.
>
> ('Loose Change')

Roeddem ninnau'n rhan o'r un byd ansefydlog, anniddig, a'r farchnad waith yn mynnu nad oedd y ffasiwn beth â swydd am oes, bod yn rhaid dal 'Traws Cambria' Steve Eaves a dilyn y lôn i pwy a ŵyr ble. Ac roedd yn rhaid torri allan o gwysi traddodiadol barddoniaeth a llenyddiaeth Gymraeg. Yn gynnar yn y 1980au aeth criw ohonom, yn feirdd a cherddorion, ar daith flêr 'Fel yr Hed y Frân' gan sefydlu patrwm ar gyfer y teithiau barddol sy'n dal i gael eu hystyried yn 'newydd' hyd yn oed 20 mlynedd yn ddiweddarach. Ac roeddem ni'n ffodus fod ganddom ni label hwylus. Roeddem ni i gyd naill ai yn 'feirdd answyddogol' eisoes, neu ar fin bod, yn sgil cyfres bwysig Y Lolfa. Mae enwau'r beirdd a fu'n cymryd rhan yn y teithiau hynny yn cynnwys Gerwyn Wiliams, Ifor ap Glyn, Steve Eaves, Menna Elfyn, Elin ap Hywel, Gareth Siôn, Elin Llwyd Morgan – i gyd yn enwau sydd wedi cynhyrchu a chyhoeddi'n rheolaidd yn ystod yr 20 mlynedd diwethaf.

Fel un a oedd yn dod o gefndir eithaf 'traddodiadol' roedd yn rhaid i minnau chwilio am gyfeiriadau newydd i ganfod iaith a geirfa a delweddau newydd a fedrai roi mynegiant didwyll i fywyd a chymdeithas ar ôl 1979. Cyn hynny roedd rhywun wedi tynnu'n helaeth ar ganu'r Hen Ogledd a Llywarch Hen a Heledd, wedi eu hidlo drwy Gerallt Lloyd Owen ac Alan Llwyd, ac yn union wedi 1 Mawrth 1979, roedd y delweddau hyn yn ymddangos yn addas iawn. Onid oedd hanes yn dysgu i ni mai geiriau fel 'brad' a 'thwyll' a 'gwyll' a 'machlud' oedd fwyaf addas i'n disgrifio ni fel pobol? Ond yng nghaneuon Dylan a Springsteen roedd yna ddelweddau eraill. Delwedd y lôn nad oedd iddi na chychwyn na diwedd. Y lôn ei hun oedd y stori. Delwedd yr hobo a'r crwydryn, a'r ddelfryd a oedd wastad yn rhywle dros y gorwel, er pob methiant a chwithdod. Drwy gyd-ddigwyddiad, darllenais ddwy gyfrol a ddylanwadodd arna'i yng nghanol yr ymdeimlad yma o ansefydlogrwydd ac ansicrwydd. Y gyntaf oedd *Wales! Wales?* Dai Smith a'r llall oedd *Songlines* Bruce Chatwin.

Un o ddadleuon canolog Dai Smith yw bod dau fath o fudo wedi ffurfio'r Gymru gyfoes, a'i densiynau a'i groesdyniadau – mudo allan i America a'r byd newydd, a'r mudo mewnol o'r Gymru wledig, draddodiadol i'r cymoedd a'r dyffrynnoedd diwydiannol. O ganlyniad i'r ddau fath o fudo – a hynny ar anterth y chwyldro diwydiannol a drawsnewidiodd Gymru, a chreu yr hollt rhwng y Gymru wledig 'draddodiadol' a fethdalodd yn 1979, a'r Gymru ddiwydiannol, Lafur – mae Dai Smith yn dadlau bod yna ryw berthynas gyfrin wedi datblygu rhwng Cymru ac America yn yr un cyfnod. Mae'n dyfynnu Gwyn Thomas (y de):

My father and mother were Welsh-speaking, yet I did not exchange a word in that language with them. The death of Welsh ran through our family of twelve like a geological fault. Places like the Rhondda were parts of America that never managed to get to the boat. (t.152)

Ac meddai Dai Smith am y berthynas ryfedd yma rhwng y Gymru ddiwydiannol ac America,

> If 'American' Wales is a metaphor far more than it is a reality, then it is still a profoundly suggestive one, acute in its understanding that what had taken place in Wales was not merely industrialization or urbanization or anglicization but rather a process of discovery as profound for Wales as the making of a specifically American identity in the USA was during that country's own dramatic nineteenth century.
>
> (t.152)

Mae'r delweddau hyn o Gymru yn drwm gan yr union densiynau yr oeddwn i am eu mynegi a'u harchwilio yn sgil methiant y refferendwm. Roedden nhw'n densiynau y gwelwn i botensial creadigol ynddyn nhw. Wrth chwilio am ddiffiniad newydd o'r hyn oedd bod yn Gymro ar ôl 1979, roeddwn innau hefyd wedi cychwyn ar daith a oedd am fy arwain i America.

Ar yr un adeg darllenais *Songlines* Bruce Chatwin a'i ddadl mai'r anian grwydrol yw anian hynaf y ddynoliaeth. Yn sgil darganfyddiadau archaeolegol yn Ne Affrica daeth i'r casgliad fod y dynion cynharaf yn crwydro o le i le oherwydd eu hofn o'r bwystfil, neu'r bwystfilod rheibus a fyddai'n ymosod ar unrhyw gymuned sefydlog. Dyma hefyd, yn ei farn ef, a symbylodd y defnydd cynharaf o dân. Mae llawer wedi dadlau wedyn mai'r rheswm am gymeriad ansefydlog Chatwin ei hun oedd ei anallu i wynebu y bwystfil oddi mewn. Ond beth bynnag y rheswm, aeth ei grwydriadau ag ef i blith brodorion Awstralia, yr *aborigines*, lle y cafodd ei swyno gan eu chwedloniaeth, a'u cred yn y llwybrau cerdd a oedd yn fap cyfrin o Awstralia gyntefig. Meddai Nicholas Shakespeare am ddarganfyddiad Chatwin, a'i effaith arno,

> A 'songline' is the term popularised by Bruce for 'tjuringa line' or 'dreaming track'. It is not translatable in any sense. It is at once a map, a long narrative poem, and the foundation of an Aboriginal's religious and traditional life . . . But to a writer like Bruce, searching for the essence of 'wandering', how attractive: to imagine that the meaning of a country could be established by the stories written across its landscape.
>
> (t.411)

I mi, a drwythwyd ym mhwysigrwydd a dylanwad bro a chynefin pan yn ifanc, yng ngwaith T. H. Parry-Williams a Kate Roberts a Waldo, ond eto nad oeddwn erioed wedi teimlo rhyw ymlyniad arbennig wrth un fro arbennig, roedd dadansoddiad a dehongliad Chatwin o'r ysfa grwydrol yn ddeniadol. Ar ôl 1979, onid oedd raid i ninnau ailddiffinio Cymru yn ôl ei chwedlau a'i straeon a'i cherddi, ac nid yn ôl y rhagdybiaethau a'r rhagfarnau a aeth o'r blaen? Creu map newydd o Gymru. Nid un haearnaidd wedi ei ddal ym maglau'r gorffennol, ond un newydd, creadigol a fedrai ymateb i'r newidiadau mawr yn y gymdeithas o'n cwmpas, ond heb ildio'n ddiymadferth i'r newidiadau hynny; yn hytrach eu dwyn yn rhan o'r map, yn rhan o'n hiaith a'n mynegiant. Gyda methiant gwleidyddiaeth gyfansodd-iadol, naill ai hynny neu ymuno â rhengoedd Meibion Glyndŵr. Agorodd Thatcher ddrysau y farchnad fyd-eang, ac roedd maestrefi siopa a'r *burger bars* bellach yn gyffredin hyd yn oed yng Nghymru. A ninnau ar y ffin annifyr rhwng herio y Satan mawr byd-eang neu ei dderbyn â breichiau agored.

Yn 1990 ymgorfforais ddamcaniaeth Chatwin yn y cerddi ar y thema 'Gwreichion' a enillodd Goron Eisteddfod Genedlaethol Cwm Rhymni yng nghanol gweddillion y Gymru ddiwydiannol. Yn sgil y llwyddiant hwnnw daeth y cyfle yn 1994 i deithio i America gyda Michael Bayley Hughes a chwmni Telegraffiti i greu cyfres o gerddi teledu yn rhoi fy argraffiadau cyntaf o America. Roeddwn yn hedfan yno â'm pen yn llawn delweddau ystrydebol. Fe ddois i oddi yno wedi fy ysbrydoli. Wrth gwrs roedd y delweddau disgwyliedig i gyd yno – Big Macs a Mickey Mouse, rhagfarnau hiliol, cyfalafiaeth remp, trais a chwac-grefydda – ond roedd yno hefyd lonydd llydan yn arwain i dwn-i-ddim-lle, brwdfrydedd am lenyddiaeth a barddon-iaeth, cymdeithas amlddiwylliannol, amlieithog, rhyw obaith di-niwed ond eto anorchfygol. Medrwn restru llond trol o enghreifftiau. Cyfansoddais fwy o gerddi yn sgil yr ymweliad hwnnw, ac ymweliadau pellach â'r cyfandir rhyfeddol, nag yn sgil unrhyw brofiad neu achlysur arall, gynt nac wedyn. Mae'r rheini'n llawn o argraffiadau a arhosodd, fy llwybrau cerdd personol i. Un enghraifft na chafodd ei chynnwys mewn cerdd, hyd yma. Ni wna'i fyth anghofio cyfarfod boi o Detroit mewn bar yn Nashville. Roedd o yno i fynychu aduniad ei flwyddyn yn y coleg. Pan ddeallodd fy mod i'n ysgrifennu barddoniaeth, aeth i sôn am y sesiynau barddoni oedd yn digwydd yn Detroit yn yr hen iardiau sgrap lle'r oedd gweddillion y diwydiant ceir a fu'n unig reswm bodolaeth Motown. Bellach roedd y fasnach geir fyd-eang, a chynnyrch rhad y dwyrain pell, yn peri i furiau haearn Motown wegian. Ac eto yng nghanol y chwalfa medrai o a'i griw farddoni ar sgerbydau'r hen geir. Ar ôl y sgwrs honno, aeth allan o'r bar a dychwelyd hefo dau CD o Hank Williams, eilun mawr Bob Dylan, yn rodd i mi. I mi mae'r cyfarfyddiad bach hwnnw yn dweud llawer am hud a lledrith America, ac am y gwersi sydd yna i ninnau wrth wynebu cyfnod newydd. Er gwaethaf y chwalfa economaidd a chymdeithasol, a drylliol hen batrymau byw a bod a ymddangosai'n ddi-sigl, mae modd creu llenyddiaeth a diwylliant newydd ar sail y chwalfa honno, yn rhydd o ragdybiaethau a rhagfarnau'r gorffennol. Ac mae yna awydd i rannu, i greu cysylltiadau, rhyw haelioni brwdfrydig yn ganolog i'r profiad.

> Driving west in the afternoon,
> Tallahassee to Tupelo
> and Memphis, through Montgomery,
> Birmingham, all that history . . . (t.199)

Dyna linellau agoriadol cerdd o'r enw 'Sphinx' gan Van K. Brock a geir mewn antholeg o farddoniaeth Americanaidd, *Sweet Nothings*, a ysbrydolwyd gan hanes a breuddwyd roc a rôl. Fe allwn yn hawdd hefyd fod wedi agor yr erthygl hon â dyfyniad o waith Wiliam Llŷn o'r unfed ganrif a'r bymtheg – 'O Lŷn i Dywyn ein dau, / O Dywyn i dir y daeau'. Hanes diweddar sydd i drefi a lonydd America. Mae ein henwau a'n llwybrau ni yn ymestyn yn ôl fileniwm. Ond eto, yn Nashville neu Gaernarfon, Llandeilo neu Santa Fe, gyda phob ymweliad, pob cyfarfyddiad, pob cerdd neu stori newydd yr ydym ni'n ychwanegu at ystyr ac arwyddocâd yr enwau hynny. Nid rhywbeth marw ydynt, yn perthyn i un ffordd o fyw mewn un cyfnod arbennig. Dyna berygl y diwylliant treftadaeth bondigrybwyll. Nid waliau a thyrau o garreg sy'n gwneud Caernarfon, ond y bobl sy'n byw yno, yn frith o sgyrsiau a hanesion. Dyna hefyd i mi y tensiwn yn nyfyniad Ferlinghetti, yr awydd i ddianc rhag arwyddocâd enw a lle, ond eto yr hiraeth am ryw atgof o'r lle hwnnw. Dyna a ddarganfyddais yn America, y tensiwn creadigol hwnnw, sydd, er gwaethaf pob gormes ac anghyfiawnder, yn dal i danio breuddwydion y brodorion a'r duon, a'r holl fewnfudwyr sy'n dal i chwilio am y freuddwyd Americanaidd. A chraidd y tensiwn hwnnw yw rhyddid creadigol.

Mae'r lôn chwedlonol honno, a theithio, a chyd-deithio wedi bod yn ysbrydoliaeth i feirdd erioed, ac ar bob cyfandir, ac yn dal i danio'r dychymyg. Highway 61, Route 66, y Panamericana – mae lonydd America wedi bod yn ganolog i'r diwylliant aflonydd yno gydol y ganrif hon. Y lonydd hyn oedd yn cynnig gorwelion newydd a chyfle newydd, i gaethweision ac anturiaethwyr, cenhadon a phechaduriaid. Mae'r stori am ganwr y felan, Robert Johnson, yn cyfarfod â'r diafol ar y groesffordd a bargeinio am gael gwella'i ddawn ar y gitâr yn enwog. Ac ar bob croesffordd, mae yna bedair lôn yn arwain i rywle. Daeth y caneuon, y ffilmiau a'r nofelau â'r ddelwedd ddiorffwys hon i ganol ein diwylliant mwy sefydlog ni. Mae'r *road movie* wedi datblygu'n *genre* ynddo'i hun, lle mae anturiaethau'r cymeriadau ar y lôn yn brif ysgogiad y ffilm, ac nid unrhyw blot gyda chychwyn-canol-a-diwedd. Ac mae yna ryddid yn hynny. Ac ar hyd rhyw lôn neu'i gilydd yr ydym ni i gyd, yng ngeiriau Paul Simon, 'yn ei chychwyn hi i chwilio am America' neu ryw wlad yr addewid arall. Roedd gan fy nhad ryw arfer od, ymhlith llawer. Bob tro y byddem ni fel teulu yn mynd i alw heibio ein perthnasau ym Môn, ei ddymuniad o oedd, 'Dowch i ni gyrraedd er mwyn cael cychwyn adref!' Prin nad oedd o drwy ddrws y tŷ nad oedd o'n cyhoeddi, 'Wel, mae'n bryd ei throi hi!' Ac mae yna ryw elfen felly yn perthyn i'r 'lôn'. Nid y cychwyn na'r cyrraedd sy'n bwysig, ond y daith ei hun. Y fflachiadau o gyfarfyddiadau mewn bar neu gaffe, yr oedi dros nos mewn gwestai na welwch chi fyth mohonyn nhw eto; y cymeriadau sy'n bodio, y gweledigaethau wrth fynd heibio. Ac yn fwy na dim, fel mae Van Brock yn ei awgrymu, yr helyntion a'r hanesion sy'n perthyn i'r lleoedd ar hyd y lôn.

Mae lonydd llydain America, eu trefi a'u dinasoedd, ac yn fwy na dim, eu teithwyr brith, wedi mynd yn rhan o gymeriad y cyfandir mawr hwnnw erbyn hyn. Ac yn fwy na dim yr ysfa i deithio'r lôn tua'r gorllewin, lle mae'r haul yn machlud. I orfod ystyried troi'n ôl. Mor aml, mewn ffilm a chân, y lôn yw'r ddihangfa, lle mae yna ffin i'w chroesi tuag at ryddid, neu gyfiawnder, neu fywyd newydd. Ac yn aml iawn mae'r ffilm neu'r gân yn ein gadael heb wybod yn iawn a gyrhaeddwyd y ffin honno. Wrth i Gymru hefyd edrych y tu hwnt i ddatganoli, tuag at orwel newydd, mae'n bwysig ein bod ninnau yn dathlu chwedloniaeth ein lonydd, ac yn gwneud hynny yn hyderus, nid yn unig yn arwyddocâd yr enwau a'r lleoedd sydd ar y lôn, ond hefyd yn y posibilrwydd o fedru'u trawsnewid nhw trwy'n straeon a'n helyntion a'n cerddi ni. Nid rhywbeth gosodedig, set, oedd llwybrau cân yr *aborigine*, ond llwybrau a oedd yn cael eu hail-greu o'r newydd gyda phob cerddediad. Efallai mai diwylliant y pulpud sydd wedi peri ein bod ni fel Cymry Cymraeg yn chwilio am wirionedd ystyr hanes, neu stori, neu ddameg. Efallai mai dyna pam na fagodd y theatr wreiddiau go iawn erioed, na'r nofel ddychmygus tan yn ddiweddar. Rhyfeddod y lôn yw bod pob bore newydd yn dod â gwirionedd newydd, posibiliadau newydd. Mae'n bosib i ryddid o'r fath fynd yn benrhyddid, ond mae'n bosib iddo hefyd agor gorwelion newydd. O ganol cymhlethdodau rhyfedd y ddeunawfed ganrif, mentrodd dau Gymro delfrytgar nad oedd eu cyd-Gymry yn eu llwyr ddeall, na'u gwerthfawrogi, i chwilio am America. Dros y blynyddoedd dilynodd sawl delfrydwr arall ôl traed Goronwy Owen a John Evans, Waunfawr, a Dylan Thomas yn eu plith. Bu farw'r tri hynny yn Virginia, New Orleans ac Efrog Newydd, heb lwyr wireddu eu breuddwydion. Hyd yma bûm yn lwcus a dychwelyd yn groeniach bob tro. Ond mae'r lôn yn dal i ddenu rhywun i chwilio, i hiraethu, i ddyheu. Ac yn rhywle mae Far Rockaway yn fy nisgwyl o hyd, yn llawn teithiau drwy'r nos mewn *pick-up* du, a rhyddid caeth cerddoriaeth y felan, ac awyr nad oes pen draw iddi. Rywle, yng ngeiriau Steve Eaves, 'ymhellach i lawr y lôn'.

Llyfrau y cyfeiriwyd atynt

Lawrence Ferlinghetti, *A Far Rockaway of the Heart* (Efrog Newydd, 1997).
Bruce Springsteen, *Tracks* (Columbia, 1998).
Dai Smith, *Wales! Wales?* (Llundain , 1984).
Nicholas Shakespeare, *Bruce Chatwin* (Harvill, 1999).
Jim Elledge, *Sweet Nothings* (Bloomington, 1994).

Mynegai

Anhrefn, Yr 215, 216, 217
Ann Morgan (*A String in the Harp*) 108
Annerch i'r Cymru 92
Annibynwyr 130, 133–4
'Anti Henrietta o Chicago' 27, 218, 222
Anwar Anrhydeddus, yr 34
ap Glyn, Ifor 229, 232
ap Hywel, Elin 232
ap Lewys, Edgar 84
ap Siôn, Pwyll 224
Apocalypse Now 4
'Ar y trên o Fangor' 65
Arawn, brenin Annwfn 102, 109–10, 111, 113
'Arbrawf Sanctaidd', yr 51–2
Arbuckle, Fatty 38
Arbus, Diane 122
Ariaeth 131, 132
Ariannin, Yr 96
Arianrhod 104
Arizona 151
Armies of the Night, The 14
Arminiaeth 131–2
Armstrong, Louis 5, 125, 179
Armstrong, Neil 14
Arthur 36, 114, 115
A-Team, The 4
Atlanta 83, 84, 85, 88–9
Autobiography, An 146, 149–50
Awstralia 233
Awstria 117

'Bad Man' 194
Baez, Joan 4
Baker Jr., Houston A. 170, 173–4, 175, 177
Balcanau, y 54
Baldwin, James 10
Baner America 93
Bangor (Gwynedd) 34, 229–30
Bangor (Maine) 228
Barnes, Maginel Wright 146
Basie, Count 198
Batman 5
Baudrillard, Jean 24
Bear Run 150
Beard, Charles 136
Beast in the Jungle, The 11
Beaton, Cecil 118
Beats, y 14
Beckett, Samuel 173
Becky Morgan (*A String in the Harp*) 105, 108
Bedo, Lincoln 18

Bedwas 93
Bedyddwyr 97, 165
Beibl, y 17, 90
Beirdd yr Uchelwyr 20
Belin (cyfres Lloyd Alexander) 110–11
Bellow, Saul 4
Benito Cereno 11
Berkshire 215
Berlant, Lauren 43, 69
Bernheimer, R. 34
Bernstein, Lennie 5
Berrigan, Daniel J. 75
Berrigan, Philip F. 75
Bethesda 217, 218
Beverly Hills 217
Bilko 4
Billy Budd 11
Billy Cotton Band 158
Bird, William 207
Birmingham (Alabama) 235
Black Cauldron, The 99, 109
Blaen-rallt-ddu 132, 133, 137, 153
Blaenafon 163
Blaenau Ffestiniog 30
Blaenau Gwent 92, 192
Blaendulais 180
Blake, William 75
Blew, Y 224
Blithedale Romance, The 11
Blodau yr Oes a'r Ysgol 93
Blodeuwedd 100, 182–3
Blodeuwedd 182–3
Blorens, y 165
'blues', y, *gweler* felan (y)
Bob Delyn a'r Ebillion 26–7, 221–2
'Bod yn Ffan i Elizabeth Taylor' 4
Bodin, Paul 213
Bolan, Marc 230
Bond, Nancy 100, 104–8, 112, 113, 115
Book of Three, The 99, 109
Book of the Three Dragons 99
Booth, William 137
Border Country 163
Boston 1–2, 4, 205
Bowen, R. F. 2, 3
Bowie, David 230
Bowler, Mr 8–9, 11
Brad y Llyfrau Gleision 92, 94
Brenin Corniog, y (cyfres Lloyd Alexander) 110; *gweler hefyd* Gwyn yr Heliwr
Brenin y Corachod (cyfres Lloyd Alexander) 110

Dracula 34
'Draenog, Y' 17
Dreiser, Theodore 9
Dresden 7
'Drop Down Mama' 160, 161
Dros Gyfanfor a Chyfandir. . . 2, 97
Drych a'r Gwyliedydd, Y 93, 96, 97
Du Bois, W. E. B. 170, 173–84, 185, 194,
    195, 197, 198
Dukes of Hazzard, The 2
Dulyn 93, 169
Dunne, Irene 120
Duwies Driphlyg, y 111
Dyffryn, Y (ger Spring Green) 129–30,
    134, 146–7, 148
Dyffryn Conwy 229
Dyffryn Silicon 39
Dyffryn Wysg 162
Dylan, Bob 4, 14, 26, 231, 232, 234
Dyn Gwyllt o'r Coed, y 34–5

Eames, Marion 51–2, 56, 90
Early, Gerald 170, 171, 172
Earp, Wyatt 20
'East Coker' 33
Eastwood, Clint 4
Eaves, Steve 216, 225, 229, 231, 232, 237
Edward H. Dafis 212, 230, 231
Edwards, Hywel Teifi 90, 143
Edwards, O. M. 97
Edwards, Thomas (Cynonfardd) 93
Efnisien 109
Efrog Newydd (dinas) 52, 54, 55, 56, 60,
    62, 63, 69, 80, 84, 86, 87–8, 93, 96, 97,
    117, 118, 120, 123, 124, 127, 133, 137,
    152, 169, 170, 171, 184, 205, 206, 237
Efrog Newydd (talaith) 169
Eglwys Anglicanaidd 131, 168
Eichmann, Adolf 75
Eidal, Yr 95, 144–5, 150
Eiddileg (cyfres Lloyd Alexander) 110
Eilonwy (cyfres Lloyd Alexander) 111
Einion fab Anarwyd 178
Eira Wen (Snow White) 8, 30
Eirian, Jennie 231
Eisenhower, Dwight D. 8
Eisteddfod Genedlaethol Cwm Rhymni
    234
Eisteddfod Ryngwladol, *gweler* Ffair
    Fawr y Byd, Chicago
'Elevator Boy' 194
'11.30 p.m., Far Rockaway' 229
Elfyn, Menna 47, 232

Elias John (*Anadl o'r Uchelder*) 19
Eliot, T. S. 4, 33–4, 173, 176, 181
Ellington, Duke 170, 179
Ellis, Morgan Albert 93
Ellis, Rowland 92
Ellis Island, *gweler* Ynys Ellis
'Ellis Island' 56–7, 68
Ellison, Ralph 10, 12
Elmwood 94
Elphin ab Urien Rheged 107
Elphin ap Gwyddno Garanhir (*The Tale of
    Taliesin*) 107
Ely, Richard 136
Ellidyr (cyfres Lloyd Alexander) 109, 110
Emerson, Ralph Waldo 10, 11, 76, 137,
    138–9, 140, 149, 153, 181
Emperor Jones, The 198
Empire State Building 63, 87
'Empire State Building (New York)' 60,
    62, 212–13
Emrys ap Iwan (Robert Ambrose Jones)
    178
'Encounter with Fantasy, The' 113
Encyclopaedia Cambrensis 3
Enoc Huws (*Profedigaethau Enoc Huws*)
    40–1, 47
Enwogion Colledig, Yr 217
Eryri 85
Estes, Sleepy John 160, 161
ET 4
'Ethiopia Newydd' 224
Evans, Frederick (Ednyfed) 93
Evans, Gwynfor 84
Evans, John (Waunfawr) 79, 133, 237
Evans, William Davies 2, 3, 97
Ewrop 5, 6, 8, 9, 10, 20, 21, 26, 39, 53, 87,
    95, 169, 177, 205, 206, 208, 223
Examiner, The 38

Fairwood 85
'Faith of the Fathers, The' 179
Fall of the House of Usher, The 11
Fallingwater 150–1
Far Rockaway 67, 228–9, 230, 237
'Far Rockaway' 66–7
Farr, Tommy 171, 172, 198
Farrell, James T. 9
Fates of the Princes of Dyfed, The 99
Faulkner, William 4, 12–13, 163, 173
'Fel yr Hed y Fran' 232
felan (y) 26, 160–2, 164–5, 189–90, 198,
    225, 236
Fellig, Arthur (Weegee) 117–27

Lloyd-Jones, Ellen 146, 147
Lloyd-Jones, Jane 146, 147
Lloyd-Jones, Jenkin 136–7, 143, 148, 150
Lloyd-Jones, Mallie 131, 132, 133–5, 147, 148
Lloyd-Jones, Nannie 133
Lloyd-Jones, Richard 129, 131, 132, 133, 134–5, 147, 148
Lloyd-Jones (teulu) 129, 130, 132–4, 136, 140, 141, 145
Locke, Alain 169, 170, 174
Logan (maes awyr)1
Lolfa, Y 232
Lone Ranger, The 4
'Lonesome Day Blues' 160
'Long Way Round, The' 78
'Loose Change' 231
Lord of the Rings 114
Los Alamos 16
Los Angeles 62, 63, 93
Louis, Joe 4, 170–1, 172, 198
Louisiana 225
Lunar Light of Whitman's Poetry, The 14
Lydney 163

Llanarthneu 93
Llanbedr Pont Steffan 131
Llandeilo 235
Llandudno 44
Llandybïe 93
Llandysul 131
Llanllechid 44
Llannerch-y-medd 93
Llantilio Croesenny 163
Llanvapley 163
Llanvetherine 183
Llanwenog 148
Llenor, Y 182, 183
Lleu Llaw Gyffes 101, 182, 183, 205
Lloegr 7, 9, 11, 12, 30, 95, 127, 162, 178, 211, 215, 225
Lloegr Newydd 10, 12, 129, 130, 146, 205
Llundain 15, 95, 134, 172, 192, 193, 196
Llwyd, Alan 204, 232
Llwyd, Dafydd (Brynllefrith), *gweler* Lloyd, David
Llwyd, Iwan 4, 22, 25–7, 55–7, 58, 64–9, 71, 86, 98
Llwynrhydowen 131, 132, 133, 134, 148, 150
Llychlyn 50
Llychlynwyr 50
Llyfr Coch Hergest 110

Llyfr Gwyn Rhydderch 110
Llŷn 224, 235
Llywarch Hen 232
Llywelyn, Dylan 214
Llywelyn, Emyr 230
Llywelyn, Robin 52–5
Llywelyn ein Llyw Olaf 217

Mabinogi, y, *gweler Pedair Cainc y Mabinogi*
Mabinogion, *gweler Pedair Cainc y Mabinogi*
Mabinogion, The (Charlotte Guest) 104, 146
Mabinogion, The (Thomas Jones a Gwyn Jones) 99, 100, 146
Mabon (*Madog*) 49–50
McDonalds 5
McGregor, Iowa 129
Machynlleth 93
Madison 129
Madog 48–51
'Madog' 79–80
Madog ab Owain (Owen) Gwynedd 2, 48–51, 57, 69, 97, 133
Madonna 4
Maelgwn Gwynedd 107
'Maes B' 224
'Maes E (cnwch)' 216
Mafia, y 120
'Mail Early for Delivery before Christmas' (lluniau Weegee) 120
Mailer, Norman 5, 14
Maine 228
Malcolm X 4
Mamon 16, 17, 18
Manceinion 27
Mandaniaid, y 79–80, 133
Manhattan 87, 118, 169, 228
Manitoba 94
Mansfield, Jayne 125
Marconi, Guglielmo 85
'Married Woman Blues' 160
Massachusetts 129, 175, 179
Matthews, Abraham 96
Math Fab Mathonwy 104
Maximus 77
Mead, Jane 80
Medwyn (cyfres Lloyd Alexander) 110
Meibion Glyndŵr 225, 234
Melville, Herman 4, 10–11, 12, 32, 207
Melyn Griffiths (*Anadl o'r Uchelder*) 19
Memphis 162, 235
'Memphis' 68

Rappe, Virginia 38
Ray, Johnny 35
R-Bennig (label) 221
Reagan, Ronald 4
Rebay, Hilda 152
Rebel, Y 92
Red Rock River Valley 129
Red Wolf 83
reggae 225
Relph, Edward 133
Rhode Island 129
Rich, Adrienne 77, 78
Richmond Centre 128
Rilke, R. M. 205
Rimbaud, Arthur 75
Road Runner 8
Robie House, y 141
Robin Hood 36
Roberts, Geraint 27
Roberts, J. A. 44
Roberts, Julia 27
Roberts, Kate 180, 234
Roberts, William 93
Robeson, Paul 198
roc a rôl 26, 159, 160, 223, 230
Rock Around the Clock 159
Rockies, y 137
Rogers, Roy 30
Rolling Stones 230
'Roman Dream, A' 19
'Romeo a Juliet' (melin) 146–7, 148
Roosevelt, Theodore 136
Roser, Rob 89
Ross, Edward 136
Route 66 236
'Route 66' 25–6
Rowlands ('Deio'r Swan') 45–6
Rumble in the Jungle 4
Rush, Ian 214
Ruskin, John 137–8
Rwmania 213
Rwsia 16, 17, 18, 30

Rhandir Mwyn, Y 51–2
Rheinallt (*Gwen Tomos*) 46–7
Rheinallt H. Rowlands 219
'Rhigymau Taith' 23, 58, 59–63, 64, 212, 214–15
Rhodd Mam 4, 65
Rholben, y 165
Rhondda 171, 192, 233
Rhos, Y 164
Rhufain 19, 114

Rhun (cyfres Lloyd Alexander) 110
Rhyddfrydiaeth 3, 168
Rhyfel Byd Cyntaf 48, 169
Rhyfel Cartref America 13, 85, 89, 95, 97, 137
Rhyfel Cartref Sbaen 172, 198
Rhyfel Corea 7, 16, 18
Rhyfel Oer 16, 18, 215, 216
Rhyfel y Gwlff 216
Rhymni 188, 192, 193
Rhys, Dulais 94
Rhys, Gruff 219
Rhŷs, Syr John 104
Rhys, Keidrych 172
Rhys Mwyn 216, 217
'Rhywle yng Nghymru' 188

Sabw 30
Saesneg 7, 9, 25, 30–1, 97, 117, 131, 150, 180, 188–9, 205, 206, 211, 228
'Safonau Beirniadaeth Lenyddol' 176
Salmau yr Eglwys yn yr Anialwch 146
Salt Lake City 24–5
Salvation Army 137
Samba 225
San Francisco 62, 228
St Lucia 206
St Petersburg 85
Santa Cruz 63
Santa Fe 4, 61, 63, 66, 97–8, 235
'Santa Fe' 60, 61, 63, 66, 67
Santa Monica 63
Santiago 216
'Saturday Night' 193
Saunders, Dean 214
Sbaen 3, 30, 198
Scarlet Letter, The 11
Schmeling, Max 170
Scranton 90, 92, 93, 94, 215
Seacombe, y Wirral 176
Seion Waungron 27
Sexton, Anne 78–9
sgiffl 17, 159–60
Shakespeare, Nicholas 233
Shakespeare, William 147
Sherman, William T. 89, 97
Shinkin Rees (*The Angry Summer*) 194
'Shorty, the Bowery Cherub' (lluniau Weegee) 125
Sianel Pedwar Cymru (S4C) 221, 230, 231
Siapan 80
Silsbee, Joseph Lyman 140
Silver on a Tree 100

Wisconsin (talaith) 86, 94, 128, 129, 134, 136, 139–40, 148, 150, 152
Wladfa, Y 91, 96, 133
Wladfa, Y 95
'Wmgawa' 21
Wolfe, Gary K. 113
Woodstock 4, 26
'Woodstock' 57
Wright, Anna Lloyd 129, 136
Wright, Frank Lloyd 27, 88, 128–31, 133, 135–53
Wright, Richard 10
Wright, William Carey 129
'Wrth wrando ar Bob Delyn ym maes awyr Manceinion' 65
Wyddgrug, Yr 14

Wyn, Eirug 4
Wysg (afon) 165

Yankee Stadium 171, 198
Yeats, W. B. 185
Ymgyrch Solidarity Nicaragua 216
Ynys Ellis 2, 26, 56, 86
Ynys Môn 229, 231
Yoknapatawpha County 163
Young Goodman Brown 11
'Young Offender 1938' (lluniau Weegee) 119
Ysgol Friars 130
Ysgol Gyfun Glantaf 222
Ystradgynlais 84, 94